認認真真讀歷史

天涯社区人气佳作

五代十国风云

【全二卷】
卷二

孙峰·著

中国文史出版社

图书在版编目（C I P）数据

五代十国风云. 卷二 / 孙峰著. -- 北京 : 中国文史出版社, 2019.7
（认认真真讲历史）
ISBN 978-7-5205-1062-2

Ⅰ. ①五… Ⅱ. ①孙… Ⅲ. ①中国历史－五代十国时期－通俗读物 Ⅳ. ①K243.09

中国版本图书馆CIP数据核字(2019)第066566号

责任编辑： 刘　夏
封面设计： 陈欣欣

出版发行： **中国文史出版社**
社　　址： 北京市海淀区西八里庄路 69 号　**邮编：** 100036
电　　话： 010-81136606　81136602　81136603（发行部）
传　　真： 010-81136655
印　　装： 北京温林源印刷有限公司
经　　销： 全国新华书店
开　　本： 1/16
印　　张： 26.25　　**字数：** 453 千字
版　　次： 2019 年 8 月北京第 1 版
印　　次： 2019 年 8 月第 1 次印刷
定　　价： 73.00 元

目 录

一〇一 山雨欲来（三）/ 001
一〇二 敬瑭叛乱 / 005
一〇三 太原之战 / 009
一〇四 敬瑭称帝 / 013
一〇五 团柏大败 / 017
一〇六 末帝自焚（一）/ 021
一〇七 末帝自焚（二）/ 025
一〇八 淫昏二主 / 029
一〇九 建立南唐 / 033
一一〇 天福初年 / 038
一一一 天雄之乱（一）/ 043
一一二 天雄之乱（二）/ 047
一一三 天雄之乱（三）/ 051
一一四 威信大损 / 055
一一五 安州之叛 / 059
一一六 闽国内讧 / 063
一一七 南唐之初 / 067
一一八 南国政事（一）/ 072
一一九 南国政事（二）/ 076
一二〇 淫昏之主 / 080
一二一 二王之乱（一）/ 084
一二二 二王之乱（二）/ 089
一二三 敬瑭之死 / 093
一二四 粤东民变 / 097
一二五 李璟继位 / 101
一二六 内忧外患 / 106

一二七　辽国南侵（一）/ 111
一二八　辽国南侵（二）/ 115
一二九　平定光远 / 119
一三〇　战云密布 / 123
一三一　卷土重来 / 127
一三二　阳城大捷 / 131
一三三　安而忘危 / 135
一三四　剑拔弩张 / 138
一三五　生死之战（一）/ 142
一三六　生死之战（二）/ 146
一三七　后晋灭亡（一）/ 150
一三八　后晋灭亡（二）/ 154
一三九　入主大梁（一）/ 158
一四〇　入主大梁（二）/ 162
一四一　建立后汉 / 166
一四二　德光之死（一）/ 170
一四三　德光之死（二）/ 175
一四四　收复河南（一）/ 180
一四五　收复河南（二）/ 184
一四六　辽世宗即位 / 188
一四七　闽国内乱 / 192
一四八　福州之战（一）/ 196
一四九　福州之战（二）/ 201
一五〇　骨肉相残 / 205
一五一　小国之政 / 210
一五二　李荣举义 / 214
一五三　平定邺都 / 219
一五四　隐帝继位 / 223

一五五　三镇之叛（一）/ 227
一五六　三镇之叛（二）/ 231
一五七　三镇之叛（三）/ 235
一五八　三镇之叛（四）/ 239
一五九　三镇之叛（五）/ 243
一六〇　三镇之叛（六）/ 247
一六一　汉宫惊变（一）/ 251
一六二　汉宫惊变（二）/ 255
一六三　汉宫惊变（三）/ 259
一六四　汉宫惊变（四）/ 263
一六五　郭威篡汉（一）/ 267
一六六　郭威篡汉（二）/ 271
一六七　郭威篡汉（三）/ 275
一六八　刘崇称帝 / 279
一六九　辽宫惊变 / 283
一七〇　晋州之战 / 287
一七一　平定兖州（一）/ 291
一七二　平定兖州（二）/ 296
一七三　楚国灭亡（一）/ 300
一七四　楚国灭亡（二）/ 304
一七五　楚国灭亡（三）/ 308
一七六　楚国灭亡（四）/ 312
一七七　楚国灭亡（五）/ 316
一七八　郭威之死（一）/ 321
一七九　郭威之死（二）/ 325
一八〇　郭威之死（三）/ 329
一八一　高平之战（一）/ 334
一八二　高平之战（二）/ 338

一八三　潞州整军 / 342
一八四　无功而返 / 346
一八五　精兵之路 / 350
一八六　孜孜求治（一） / 353
一八七　孜孜求治（二） / 357
一八八　移兵南唐（一） / 361
一八九　移兵南唐（二） / 365
一九〇　移兵南唐（三） / 369
一九一　移兵南唐（四） / 373
一九二　移兵南唐（五） / 377
一九三　夺取寿州（一） / 381
一九四　夺取寿州（二） / 385
一九五　夺取寿州（三） / 389
一九六　三征淮南（一） / 393
一九七　三征淮南（二） / 397
一九八　壮志未酬（一） / 401
一九九　壮志未酬（二） / 406
二〇〇　世宗驾崩 / 410

一〇一 山雨欲来（三）

清泰二年终于平安度过。

在这一年的年底，末帝又把司马冯道召回朝廷，拜为司空，而将中书侍郎、同平章事，充枢密使韩昭胤拜为同平章事、护国节度使。次年三月，末帝又将翰林学士、礼部侍郎马胤孙提拔为中书侍郎、同平章事。自天下大乱以来，很长时间都没人专任司空了，以致大家都不清楚司空是管什么的。卢文纪认为司空是在皇家祭祀时负责打扫卫生的，实际上，三公地位崇高，与皇帝坐而论道，参与朝廷决策，在祭祀时，皇帝主祭，太尉亚祭，司徒端祭肉，司空负责打扫卫生，卢文纪只知道司空在祭祀时的临时工作。司马冯道得知后，也不辩驳，只是淡淡地说道："司空掌管祭祀时打扫卫生，也是本分，我有什么可害怕的呢。"不久，卢文纪也觉得不合适，就没再提了。马胤孙素来就对中书省事务不熟悉，又谨慎小心，胆小怕事，只是在文书上署名而已，回朝之后也闭门谢客，致使中书省的工作几乎陷于停顿状态。时人称其为三不开宰相，即口不开、印不开、门不开。《纪异录》也有类似记载，称当时人们称其为"三不开相公"。入朝，印不开；见客之时，口不开；归宅，门不开。

清泰三年（公元936年），石敬瑭已经决定要谋反了。他先是试探幕僚们。据《玉堂闲话》记载，一天，石敬瑭对幕僚、门客们说道："近来午睡，我突然做了一个梦，梦见好像还在洛阳时，我与天子并马而行，经过一座旧宅，天子请我进去，我推让再三，不得已骑马而入，等到了厅堂前下马，面西而坐，天子已经坐车而去了。"众人听了，情知是什么意思，都不敢作答。这段记载说明，石敬瑭早已有了谋反之心，不过是借这个梦来迷惑众人罢了。

石敬瑭之所以决定铤而走险，可能还是源于对末帝的恐惧。末帝即位后，对后唐宗室十分猜忌，原任护国节度使、洋王李从璋和归德节度使、泾王李从敏都是明宗的侄儿，末帝剥夺了二人的兵权，让二人在洛阳家中闲居。尤其是李从敏在宋州曾经参与了杀害李重吉的行动，末帝对他更是厌恶。一次，二王在宫中陪末帝喝酒，酒醉之后，末帝对二人说道："你等是个什么东西，竟然当上方镇大员！"二人当时吓得面如土色，曹太后见状，呵斥二人道："皇帝喝醉了，你们还不赶快退下！"显然，末帝的举动极大地刺激了石敬瑭的神经。

该年一月十三日是末帝的生日，末帝设宴，晋国长公主在敬酒之后，告辞返回晋阳。这时，末帝已经喝醉了，脱口说道："为何不多留几日？这么匆匆而归，是想和石郎一起谋反吗？"原本就与末帝有隔阂的石敬瑭听后，更加害怕起来了。趁着晋国长公主返回晋阳之际，石敬瑭让人将洛阳城内以及留在各地的钱财都运回晋阳，对外谎称拿这些钱来补充军需的不足，然而，人人都知道这是托词，其肯定是要谋反了。

末帝夜里与近臣们一起谈话，说道："石郎是朕的至亲，没有什么可怀疑的，可是，社会上却不断传出流言，万一将来闹出一些不愉快的话，该怎么处理呢？"这事太过敏感，众人都闭口不言。等到退下后，端明殿学士、给事中李崧对同僚吕琦说道："我等受皇上厚恩，岂能与他人一样，袖手旁观呢？该怎么应对？"吕琦回答："如果河东有所行动，一定会联络契丹为外援。契丹皇太后述律平因其长子李赞华还在中国，屡次派人前来请求缔结和亲，只因索要荝剌等人，我们一直没有答应，所以和亲未成。如今，我们如果真能送回荝剌等人，与之和亲，每年再送给他们大约十万串礼金，他们肯定会欣然答应，如此一来，就算石敬瑭想有异谋，也无能为力了。"李崧说道："我也是这个意思，然而，钱谷之事归三司，我们该与张宰相再商量商量。"二人遂转告给了张延朗。张延朗一听，也极力赞成，说道："假如按学士的意思办，我看不仅能制服河东，也会节省十分之九的边防经费，再没有比这个计策更好的了。如果主上听从，只要交给我来办，我会在军需经费之外另辟财源办妥此事。"

数日后，二人偷偷告诉了末帝，末帝听后大喜，称赞二人忠心，二人退下后，又偷偷起草了《遗契丹书》，等候末帝下一步的命令。又过了一段时间，末帝将二人的打算告诉给了枢密直学士薛文遇，薛文遇说道："以天子之尊，屈身侍奉夷狄，这不是太屈辱了嘛！再者，假如契丹人搬出旧例，向陛下求娶公主，陛下拿什么话来拒绝呢？"并随口背诵起戎昱《昭君诗》中"安危托妇人"之句。末帝听了，顿时改变了主意，反而怪罪起李崧、吕琦二人来。一天，末帝派人紧急召见二人，二人来到后楼，见末帝一脸盛怒，斥责二人道："你们都是博古通今的人，想辅佐君王令天下太平，如今竟然出这么个主意！朕女儿还乳臭未干，你们就想把她远嫁到荒漠？况且，你们还想把供应给军队的经费送给夷狄，你们是什么居心？"二人一听，吓得汗流浃背，连忙说道："臣等尽心竭力想报国，绝非替夷狄着想，请陛下明察。"二人跪下磕了无数个头，其间，末帝一直谩骂个不停。吕琦磕头磕得筋疲力尽，稍稍停顿下来，末帝见状，大喝一声："你吕琦傲慢无礼，还肯把朕当你的皇上吗？"吕琦回答："臣等思量不周，请陛下治罪，多磕几个头有什么用！"末帝的怒气稍稍平息，就摆手让他们不再磕头了，从此以后，群臣谁也不敢再言和亲之事了。三月二十八日，末帝调任吕琦为御史中丞，御史台在外朝，而翰林学士是内官，可以接近皇帝，末帝让吕琦担任御史中丞，意味着吕琦已经失宠了。

石敬瑭一直想摸清末帝的真实意图，曾屡屡上书称自己身体不好，请求朝廷解除自己的兵权，调往别的军镇任职。末帝与执政大臣们一起研究后，决定答应他的请求，将他调往郓州担任天平节度使。房暠、李崧、吕琦等人认为不可信以为真，万万不可，司天监赵延乂也称星辰运行紊乱，更应安静以待，末帝犹豫了很久，拿不定主意。到了五月二日夜晚，李崧家中有急事请假，只有薛文遇一人值班。末帝与薛文遇商议河东之事，又是这个薛文遇提出："谚语说过：'当道筑室，三年不成。'这件事陛下自己决断，群臣各自替自身着想，岂肯说出肺腑之言！以臣判断，将他石敬瑭调走，他也是反，不调走他，他仍然还会造反，只是时间问题而已，既然这样，不如先下手。"末帝很是迷信，前不久，术士们称朝廷今年将得到一位大才来辅佐国家，出奇策，定天下，末帝听了薛文遇的话，就觉得薛文遇正是这个奇才，顿时大喜，说道："爱卿所言正合我意，不论成败，我已经决定了！"当即写下要点，交给翰林院起草人事任免诏书。

五月三日，末帝下诏调任石敬瑭担任天平节度使，任免马军都指挥使、河阳节度使宋审虔担任河东节度使。当宣布诏书时，满朝文武听到石敬瑭的名字，顿时大惊失色。六日，末帝又任命建雄（今山西省临汾市）节度使、蕃汉马步副总管张敬达为西北蕃汉马步都部署，敦促石敬瑭前往郓州上任。

石敬瑭接到诏书后，顿生疑惧。他召集幕僚将佐们商议道："孤再次被任命为河东节度使之日，皇上亲口对我说：'把北门托付给你，终生不再调离。'今天突然有了这项任命，莫不是去年在忻州时乱兵逼迫我称帝之事，主上过度猜疑我？另外，今年千春节（末帝的生日），公主入朝，辞别时，主上对公主说：‘你归心似箭，是想和石郎一起谋反吗？’主上怀疑我已昭然若揭了。主上如今重用皇后一家，宠信奸邪之臣，沉湎美酒，糊涂昏聩，政务停顿，刑赏失当，国家不灭亡还等什么时候！我在应顺时少主出奔之日，目睹民心已失，却不能拯救危难，心中埋藏着愤恨已经三年了。如今，我没有异心，是朝廷自己找事，我不能死在半道上。何况太原乃险要之地，存粮极多，如果他宽厚待我，我就继续侍奉他；如果一定要加兵于我，我就向外国求援。兴亡定数，全在上天。我现在想上书称病，再探他的心思，你们以为怎样？”

一〇二　敬瑭叛乱

石敬瑭的僚佐们意见并不统一。

段希尧极力劝阻石敬瑭，石敬瑭以其淳朴正直，也没有责备他。节度判官赵莹劝说石敬瑭从命，前去郓州上任；问到观察判官薛融，薛融没有正面回答，说道："我是个书生，只读过三五卷书，至于军旅之事，生死存亡之机，我没有学过。"只有都押牙刘知远和掌书记桑维翰极力赞成造反。刘知远说道："大人长期带兵，深得士卒之心。如今，居于形胜之地，兵强马壮，如果起兵，传檄各地，则能建立帝业，为何就因一纸诏书就自投虎口呢！"桑维翰也说："主上刚即位时，明公入朝，主上怎能不知蛟龙不可放入深渊之中的道理？然而，最终还是让大人当了河东节度使，这是天意如此，是上天借他的手把夺国利器交给大人啊。人们还怀念明宗的恩德，主上以养子身份夺取天下，人心不服。大人是明宗心爱的女婿，如今，主上把大人视为叛逆，这种事不是磕头就能免祸的，只能依靠力量才能保全。契丹主过去就与明宗结为兄弟，如今将部落移至云州、应州一带，大人如果真能推心置腹，委曲求全，侍奉他们，一旦遇到危急关头，契丹援军将很快就能赶到，还怕什么事办不成呢？"石敬瑭遂下定了决心。朝廷怀疑石敬瑭后，就派遣羽林将军杨延询担任北京副留守，石敬瑭起兵之前，也将实情转告给了他。杨延询想劝阻石敬瑭，但又不便明言，只好问道："不知河东军队、粮食多少？能抵挡朝廷吗？请大人深思。"石敬瑭说道："我忍不了被小人取代，我已经决定了！"杨延询见石敬瑭决心已下，只好闭口不言了。石敬瑭的侍从们建议杀掉杨延询，石敬瑭说道："只有他我自己担保没有问题，你们就不要多言了！"杨延询，字成章，河中宝鼎人。自幼追随原平卢节度使王师范，后梁杨师厚击败王师范后，杨延询就随王师范一起投降了后梁。等王师范被杀后，杨延询又改投杨师厚，到后唐庄宗得到魏州后，杨延询又成为庄宗的部下。庄宗灭梁后，杨延询被晋升为引进副使，曾奉命出使西川、淮南，圆满完成使命，明宗时，担任客省使，末帝即位后，改任羽林将军。杨延询为人深沉厚重，所以末帝才派他担任北京副留守。

赵莹，字元辉，华阴人。赵莹风度翩翩，性格纯正谨慎。后梁时期，曾担任过康延孝的从事，后唐庄宗时，康延孝被任命为陕州节度使，赵莹随之来到陕州，明宗即位后，曾任命石敬瑭担任陕州节度使，赵莹前来拜谒，与石敬瑭一见如故，石敬瑭当即任命其担任掌书记。此后，石敬瑭历任各地节度使，都带着赵莹。等到石敬瑭被末帝任命为河东节度使后，赵莹已经担任了他的节度判官了。

薛融，是汾州平遥人。为人纯正平和，曾任李存璋的幕僚，明宗年间，历任华州节度判官，右补阙、直宏文馆，河东观察判官。石敬瑭当上河东节度使后，他也就成了石敬瑭的部下。

桑维翰，字国侨，洛阳人。他的父亲是后梁、后唐河南尹张全义的幕僚，桑维翰长相奇特，个头很低，脸庞却很大，他自己经常对着镜子叹息道："七尺之身，安如一尺之面！"《春渚记闻》称，桑维翰考进士时，官员们见其长相丑陋，又嫌弃他的姓，没有录取。有人劝他以后别再参加了，桑维翰拿着铁砚台说道："铁砚磨穿，我再改行！"还写了一篇《扶桑赋》以明志。此后通过张全义的关系，终于考中了进士。《续世说》记载，桑维翰进士及第时，同榜四人，秦王府的门客陈保极戏称："今年有三个半人及第。"嘲笑桑维翰身穿矮小，容貌丑陋。《清异录》记载，桑维翰没发达之前，曾经对友人说："我富贵在天，因未还了三种债，所以我明知此事。一是钱财债、二是女人债、三是书籍债。"等发达后，桑维翰与酒友说："我原来的理想没到这一步，我有三个爱好，一是钱财，二是女人，三是不敢放过天下的书籍。"继而又说："我透露得太多了，自罚一杯！"石敬瑭兼任河阳节度使时，征辟桑维翰担任掌书记，此后，就一直追随着石敬瑭。

清泰三年（公元936年）五月十日，昭义节度使皇甫立上奏后唐朝廷称石敬瑭叛乱了。石敬瑭上奏称："明宗的江山，陛下篡夺，人心不服，应当让位。许王李从益是明宗的血脉，请让位于许王。"末帝李从珂将石敬瑭的奏表撕烂，扔到地上，召来马胤孙起草回复诏书，称："父亲的社稷，传给儿子；君王有难，依靠亲戚。你跟鄂王李从厚的关系并不疏远，往年你在卫州杀掉鄂王之事，天下人都一清二楚；如今，你有说出要拥戴许王之言，谁还肯相信！英雄建立功业，怎是你这个样子！"十四日，末帝下诏削夺了石敬瑭的官爵。十七日，末帝任命西北蕃汉马步都部署张敬达兼任太原四面排陈使，河阳节度使张彦琪（史书无传，后文又记作张彦琦，疑为同一人）为马步军都指挥使，安国节度使安审琦为马军都指挥使，保义节度使相里金为步军都指挥使，右监门上将军武廷翰为壕寨使，不久，又任命张敬达为太原四面兵马都部署、知太原行府事，义武节度使杨光远（杨檀）为副部署，彰武节度使高行周为太原四面招抚、排陈等使。杨光远领兵离开军镇后，定州又发生了兵变，牙将千乘方率军平定了叛乱。

张敬达率领三万军队进驻晋安乡（今山西省太原市西南晋祠南）。雄义都原在代州（今山西省代县）驻扎，代州刺史张朗对其指挥使安元信很好，安元信也把张朗视同兄长。张朗，徐州萧县人，其十八岁时就已经是臂力过人，擅长射箭，后梁太祖朱温听说后，就让他当了萧县镇使，此后，历任宣武军内牙都将、郓州都指挥使、卫州刺史等职，后唐建立后，张朗随魏王李继岌讨伐前蜀，在军中担任先锋桥道使。明宗时期，又历任兴州、忠州、登州三州刺史。末帝即位后，因防御契丹，被任命为西北面行营步军都指挥使，隶属于石敬瑭，驻军代北，不久兼任代州刺史。石敬瑭起兵时，曾派人招诱过张朗，张朗说道："我身为人臣而怀有二心，这能行吗？"拒绝了石敬瑭。雄义指挥使安元信风闻契丹人可能会救援石敬瑭，就偷偷劝说张朗道："张敬达虽然包围了晋阳，可是部队并未集结到位，代州正在雁门关要道之上，一旦敌人扑来，我们将拿什么来抵御？我看石大人是一位忠厚长者，此次起兵一定能够成功，大人为何不暗中派人联络，坐观双方成败，这是一条自保之计。"张朗不从，安元信也后悔对张朗说出了真心话，二人遂产生了隔阂。安元信阴谋刺杀张朗，事发后，安元信率部投奔西北先锋马军都指挥使安审信，五月二十日，安审信率领雄义左第二指挥二百二十七名骑兵以及本部五百骑兵，劫掠百井（今山西省阳曲县西北），叛逃进入太原。石敬瑭对安元信说道："你到底看出了什么端倪，为何要离开强大一方而投奔我这弱小一方呢？"安元信回答："我不会看什么天象气数，只是从人事上做出的判断。帝王统治天下，靠的就是信用。我听说主上曾经答应大人一生担任河东节度使，如今却突然改变，这是自欺欺人，况且，像大人这样尊贵的近亲尚且性命不保，还说我们这些微贱之人呢？他很快就要灭亡了，还强什么强！"石敬瑭听了，很是高兴，将晋阳的军事交给其处理。次日，振武西北巡检使安重荣也率领五百步骑（《旧五代史·安重荣传》称一千骑兵）投奔了石敬瑭。此处的安元信与在李克用时代曾任铁林军使的安元信同名，不是同一人，后者为后唐元老，代北人，末帝即位后，担任昭义节度使，本年二月已病死。此处的安元信，是朔州马邑人，庄宗时期投军，后成为明宗部下，明宗即位后，被提拔为捧圣军使。清泰三年，安元信被提拔为雄义都指挥使，奉命进驻代州。安审信，字行光，是安金全的弟弟安金祐之子，其兄安审通曾任沧州节度使。安重荣，是振武蕃汉马步军都指挥使安全之子，明宗时，安重荣曾任振武巡边指挥使，犯法下狱，当时高行周为振武节度使，打算杀掉他，其母亲自进京向枢密使安重诲求情，安重诲向明宗求情，明宗下诏赦免了他。石敬瑭起事时，曾派张颖招诱安重荣，安重荣遂招募边地勇士，前来投奔。石敬瑭大喜，答应自己登基后，给安重荣一个节度使之位。得知安审信投奔石敬瑭后，末帝大怒，下诏将其留在洛阳的妻子、两个儿子以及雄义士兵的家眷全部处斩，家财充公。

紧接着，到了五月二十五日，天雄军镇也发生了兵变。天雄节度使刘延皓是刘皇后的弟弟（《废帝实录》称是刘皇后的侄儿），末帝镇守凤翔时，以刘延皓为元随都校，末帝即位后，任命其为宫苑使，次年晋升为枢密使，出镇邺都。刘延皓过去一直以温和厚道受到人们的普遍称赞，所以末帝即位后，对他委以重任，谁知等到他担任天雄节度使后，性格大变，自恃朝中有皇后这座靠山，无法无天，强夺他人财产、花园，沉溺于酒色之中，还克扣将士们的粮饷、赏赐。捧圣都虞候张令昭趁众人怨恨，遂发动兵变响应石敬瑭。二十五日凌晨，张令昭率众攻入牙城，刘延皓狼狈逃走，乱兵大肆劫掠一番。兵变后，张令昭上奏称："刘延皓统御无方，导致兵变，臣已经安抚好军队，暂时主持军府，请求陛下赐给节钺、印信！"刘延皓逃回洛阳后，末帝大怒，打算将其贬谪到边地。刘皇后再三求情，最终，末帝仅仅将其撤职，勒令回家闲居。

一〇三　太原之战

六月六日，末帝任命张令昭为右千牛卫将军、权知天雄军府事。张令昭以天雄军府还不稳定，暂且接受了任命，不久，末帝又下诏将其调任齐州防御使，张令昭借口被士兵挽留，拒不上任，实际上是想坐观石敬瑭的成败。末帝派使者前去劝说，张令昭又杀了使者。六月十七日，末帝任命宣武节度使兼中书令范延光为天雄西面行营招讨使、知魏州行府事，以张敬达为太原四面招讨使，以杨光远为副使。十九日，末帝又任命西京留守李周为天雄四面行营副招讨使。石敬瑭之子、右卫上将军石重殷，皇城副使石重裔听说其父举兵的消息，躲藏在民家的井中；石敬瑭的弟弟、沂州都指挥使石敬德杀掉自己的妻子、女儿，逃走，不久就被抓获，死在狱中；石敬瑭的堂弟、彰圣都指挥使石敬威自杀。七月二日，后唐官府抓获了石重殷和石重裔，将二人杀掉，并将窝藏二人的那家人灭族。

云州（今山西省大同市）步军都指挥使桑迁上奏称，应州（今山西省应县）节度使尹晖驱逐云州节度使沙彦珣，接管了云州军队响应石敬瑭。七月十一日，沙彦珣上奏称，桑迁阴谋响应石敬瑭，领兵包围了内城。沙彦珣突出重围，逃往西山，拒守雷公口（今山西省大同市西北），次日，沙彦珣领兵反攻州城，将桑迁击败，稳定了州城。同日，尹晖抓获桑迁，将其送往洛阳斩首。沙彦珣，朔州山阴人。史书无传，沙彦珣的墓在今山西省朔州市山阴县。二十一日，范延光攻克魏州，张令昭与部下逃出魏州，追兵在邢州沙河赶上，将张令昭及其部下三百人斩杀。末帝下诏将其同党七名指挥使全部杀掉。数日之内，邢州、洺州、磁州又相继擒获、斩杀了魏州乱兵。张敬达调派戍守怀州（今河南省沁阳市）的彰圣军进驻虎北口（今山西省太原市西北），其指挥使张万迪率领部下五百骑兵逃入太原，末帝下诏将这些人留在怀州的家属全部杀掉。张万迪，出身不详。

石敬瑭派赵莹（一说何福）从小路向契丹人求救，契丹皇帝耶律德光禀报太后述律平说："李从珂弑君自立，人神共怒，应当代天讨伐。"但契丹国内意见并不统一，迟迟没有决定。《契丹国志》引《纪异录》称：一天，耶律德光白天睡觉，梦见一个神人从天而降，将一只黑兔放入耶律德光怀中，但不久黑兔就逃走了。神人说道："石郎派人召唤你，你该前去。"梦醒之后，耶律德光告诉了述律太后，述律太后没有在意。后来，耶律德光又做了一个梦，还是原来的那个神人对他说道："石郎已经派人来了。"梦醒后，耶律德光又告诉给了述律太后，这一次，述律太后说道："占卜一下。"占卜师占卜后说道："是太祖皇帝从西楼来，称中国将要立一个天子，需要你的帮助，你要前去。"不几天就传来了石敬瑭反叛的消息。等赵莹前来后，耶律德光答应兴师，并对他说道："我并非替石郎兴师的，是奉了天帝之命。"

见契丹国内没有动静，石敬瑭又命桑维翰起草奏表，向契丹皇帝耶律德光称臣，并请求以儿子侍奉父亲的礼节侍奉耶律德光，还约定事成之后，把卢龙军镇以及雁门关以北各州都割让给契丹人。刘知远劝谏道："称臣就行了，称儿就太过分了。答应给他们送去金银布帛就足以让他们出兵，不用再答应给他们土地了，恐怕将来会成为中原大患，后悔就来不及了。"石敬瑭不从。刘知远后来成为后汉皇帝，关于他的实录多"增饰之言"，在当时，刘知远到底是否这样劝阻过石敬瑭，很值得怀疑。石敬瑭的奏表送到契丹国后，耶律德光大喜，对其母述律平说道："孩儿梦见石郎派遣使者前来，今天果然应验，这是天意啊。"遂接受了石敬瑭的请求，答应等入秋之后将率领全国军队南下支援。

八月三日，末帝任命范延光为天雄节度使，李周为宣武节度使、同平章事。七日，应州禀报有三千契丹骑兵前来攻城。末帝命令端明殿学士吕琦前往河东、代州等地犒赏军队。张敬达下令在太原城外构筑长墙，围困守军。石敬瑭任命刘知远为马步都指挥使，安重荣和张万迪等降兵也都划归他统领。刘知远执法无私，对这些降兵一视同仁，大家同心协力，没有二心。石敬瑭冒着箭雨亲自登上城墙督战，刘知远说道："我看张敬达这些人只想深沟高垒，长期围困我们，并没有什么好办法，不足为虑。大人向各地派出使者，专心搞好对外联络，守城太简单了，我一人足以应付得了。"石敬瑭深受感动，紧紧握住他的双手，抚摸着他的后背，对其称赞有加。此时，后唐朝廷也已经得到了契丹打算秋天南下救援石敬瑭的消息，二十二日，末帝任命成德节度使董温琪为东北面副招讨使，以辅佐卢龙节度使赵德钧，防备契丹南下。二十五日，张敬达上奏称，晋阳守军从城内杀出三十队骑兵、三千步兵冲击长墙，高行周领兵将敌人逼入壕沟，城内守军淹死一大半，生擒守军将领安小喜等一百余人，缴获战马一百八十匹。吕琦来到河东行营后，杨光远对吕琦说道："请转告陛下不要多虑。叛贼如果没有外援，很快就能被消灭；如果契丹南下，就放他们进来，一战就可将其击破。"吕琦回复给末帝后，末帝大喜，尽管如此，末帝仍然命令张敬达向晋阳发起猛攻，可是，未能攻下。当时经常下雨，官军构筑的长墙始终未能合龙，而晋阳城内也日渐困窘，粮食行将吃尽。

九月，契丹皇帝耶律德光亲率五万骑兵，号称三十万大军从扬武谷（今山西省原平市西北）南下，旌旗连绵五十余里。代州刺史张朗、忻州刺史丁审琦闭城固守，契丹军队不予理会，直接越城而过。丁审琦，生平不详。十五日，契丹军队抵达晋阳城下，陈兵于汾河以北的虎北口。耶律德光先派人入城告知石敬瑭："我打算今天就击破敌人，你看怎么样？"石敬瑭连忙派人转告耶律德光："官军实力雄厚，不可轻视，请等到明天再商议交战之事不迟。"可是，石敬瑭的使者还未到契丹军中，契丹军队就已经与后唐骑兵将领高行周和符彦卿的军队交锋起来了，契丹军队被后唐骑兵击退，石敬瑭赶忙派遣刘知远领兵出城相助。

到巳时（上午 9 点到 11 点）时，契丹军队又重新列队整齐，张敬达、杨光远、安审琦率领步兵在晋阳城西北山下列队迎战，耶律德光派遣三千轻装骑兵，不披铠甲，朝后唐军队发起冲锋。后唐将士奋勇杀敌，将契丹人击退，而实际上，这是契丹的诱敌之计。后唐军见契丹骑兵如此不堪一击，遂争先恐后发起追击，一直追杀到汾河河曲，契丹骑兵涉水逃去。到当天傍晚，后唐步兵沿着汾河河岸继续前进，突然，契丹伏兵从东北方向杀出，将后唐步兵与骑兵一分为二，高行周、符彦卿的骑兵部队无法救援前突的步兵，而已经渡过汾河的步兵几乎被契丹骑兵全歼，在汾河以南的骑兵逃往晋安寨（今山西省太原市西南晋祠南）。契丹人趁机发起猛攻，后唐军队大败，被斩杀了数万人（一说近万人），尸横遍野，丢弃的武器铠甲也堆积如山。有一千多后唐降兵，石敬瑭想作为自己的亲军，刘知远劝说将这些人全部斩杀。当晚，张敬达等人收拾残兵败将，退守晋安寨，契丹人也收军返回虎北口。石敬瑭从晋阳北门出城，与耶律德光相见，并行父子之礼。时年石敬瑭四十五岁，耶律德光三十五岁，耶律德光握住石敬瑭的双手说道："遗憾我们现在才见面！"《契丹国志》记载，石敬瑭当时询问为什么刚到就与后唐军队开战，耶律德光回答："一开始，我判断后唐一定会切断雁门关各个要道，埋伏在险要之处，令我不能迅速南下，谁知派人侦察后得知都没有，所以才长驱直入。我军士气正盛，如果不趁此时机立即发起攻击，旷日持久的话，胜负就难料了。这就是我立即下令进攻并取胜的原因，不可用以逸待劳这些常理来衡量。”石敬瑭听后非常佩服。

次日，石敬瑭率领本部人马与契丹军队一起将晋安寨团团围住，他们在晋安寨以南安营扎寨，在长一百余里，纵深五十余里的地域内布满毡帐，安置铃铛，配备警犬，将后唐军队困于晋安寨之内。当时，张敬达等人尚有五万军队，一万多匹战马，却无处可逃。《辽史·太宗本纪》记载，夷离堇的鲁在追击作战中战死，以其子徒离骨继任夷离堇。南府宰相鹘离底、奚监军寅你已、将军陪阿临阵退缩，受到耶律德光的严厉斥责。十八日，张敬达向后唐朝廷禀报战败的消息，从此以后再无音信。末帝得知前方战败的消息后，大吃一惊，连忙派遣彰圣都指挥使符彦饶率领洛阳驻军进驻河阳（今河南省孟州市），又下诏命令天雄节度使兼中书令范延光率领两万魏州军队由青山（今河北省邢台市西北青山口）向榆次（今山西省晋中市榆次区）进发；命令卢龙节度使、东北面招讨使兼中书令、北平王赵德钧率领幽州军队从飞狐口（今河北省涞源县南）直扑契丹军队的后方；命令耀州（今陕西省铜川市耀州区）防御使潘环集结西路守军从晋州（今山西省临汾市）、绛州（今山西省新绛县）二州之间的两乳岭（今山西省乡宁县西南），穿越慈州（今山西省吉县）、隰州（今山西省隰县），救援晋安寨。契丹皇帝耶律德光将自己的大帐移至柳林（今山西省太原市东南），契丹侦察骑兵已前突至石会关（今山西省武乡县西北），也未发现后唐军队的踪迹。

一〇四　敬瑭称帝

清泰三年（公元936年）九月二十一日，末帝下诏亲征。

皇子、雍王李重美劝谏道："陛下眼病尚未痊愈，不可长途跋涉，臣虽然年幼，愿意替陛下出征。"末帝内心原本也不想去，听了李重美的话很是高兴。张延朗、张延皓以及宣徽南院使刘延朗都劝末帝亲征，末帝不得已，只好于二十二日出发。他路过明宗的徽陵，在陵墓大门前拜祭，停在门前房舍休息。宰相卢文纪随驾，末帝责备他道："朕听说过让君王忧愁是臣子的耻辱，我从凤翔而来，最先任命你当宰相，听人之言，你将很快就会令国泰民安，如今，叛贼纷扰，致使皇帝亲自领兵与敌人交战，你真的很安心吗？"卢文纪听了，吓得诚惶诚恐，连连谢罪。自从末帝登基以来，各军都是些骄兵悍将，不听将令，符彦饶唯恐他们作乱，也不敢严加约束。二十三日，末帝只好派遣刘延朗担任监军，督促符彦饶领兵赶赴潞州，作为晋安寨的后援。

末帝来到河阳，心怀恐惧，不愿继续北行，就召来宰相、枢密使们一起商议。卢文纪迎合末帝的心思，说道："国家根本所在，一多半都在黄河以南。契丹军队忽来忽往，肯定不能久留。晋安大寨非常坚固，何况朝廷已经调派了三道援军前去救援。河阳是天下的军事要地，陛下应该留在此地，以镇抚南北，另外，陛下已经派遣了近臣前往督战，假如仍然无法解围，陛下再亲自前往也不迟。"张延朗想趁机解除赵延寿的枢密使一职，也随声附和说："卢文纪之言在理。"末帝又征求其他人的意见，众人都不敢提出异议。泽州刺史刘遂凝是后梁名臣刘鄩的另外一个儿子，早已暗中与石敬瑭勾结，他上书称陛下不可越过太行山。

末帝开始征求近臣们的意见谁可以代替自己领兵北行，张延朗与翰林学士和凝等人纷纷说道："赵延寿的父亲赵德钧率领卢龙兵马前来赴难，让赵延寿领兵与之会合最好。"于是，末帝即任命枢密使、忠武节度使、随驾诸军都部署兼侍中赵延寿率领两万人马赶赴潞州。和凝，字成绩，其九代祖和逢尧在唐高宗时期曾任监察御史。和凝自幼聪敏，风采照人，能文能武，十九岁就高中进士。后梁时期，他在宣义节度使贺瓌的幕府任职，夹河之战中，贺瓌战败，幸赖和凝相救才得以脱身，贺瓌遂将女儿嫁给了和凝。后唐明宗时期，和凝入朝被拜为殿中侍御史，后为翰林学士知贡举、中书舍人、工部侍郎，均兼任翰林学士。《渑水燕谈》记载，和凝自视甚高，理想就是当上宰相，他考中进士时名列第十三名，等范质考进士时，和凝正担任主考官，看了范质的文章，十分赞赏，也将其名列第十三名，后来范质果然继和凝（后晋宰相）之后当上了后周宰相。

九月二十五日，末帝来到怀州，又任命右神武统军康思立为北面行营马军都指挥使，率领护驾骑兵赶赴团柏谷（今山西省祁县东南）。同日，末帝召见吏部侍郎龙敏商议对策。龙敏建议册封李赞华为契丹皇帝，命令天雄、卢龙两镇军队护送其返回国内，从幽州直扑西楼，朝廷发布公告透漏这一消息，耶律德光得知后一定会有后顾之忧，然后再招募军中壮士发起反攻。末帝听了，深以为然，而朝中重臣们则担心不会有什么效果，最终也没有定下来。龙敏，字欲讷，幽州永清人。庄宗得到魏博后，龙敏听说旧友司马冯道当了庄宗的记室，就前去投奔，后被监军张承业任命为巡官。庄宗灭梁后，龙敏担任兴唐少尹，此后又历任兵部侍郎、吏部侍郎。龙敏外柔内刚，能断大事。

无计可施的末帝一脸忧愁，整日里只是借酒浇愁而已，喝得烂醉，醉后就放声悲歌。有人劝其北行，他竟然说道："你别再提石郎了，听到他的名字让我心惊肉跳、肝胆俱裂！"

十月十七日，末帝采纳了张延朗之计，下诏强行征收全国官民的马匹，又下令每七户人出一人当兵，自备铠甲武器，号称"义军"，约定十一月全部集结完毕，命令陈州刺史郎万金负责训练。诏书下发后，一共征收了五千匹马（一说两千匹），五千人义军，根本是杯水车薪，毫无用处，却令民间一片骚动。不久，就发生了延州叛乱。前坊州（今陕西省黄陵县）刺史刘景岩是延州（今陕西省延安市）人，家财很多，喜欢结交各地豪杰，家中还私藏很多武器，是当地一霸。彰武（治所延州）节度使杨汉章贪污腐败，失去了当地人心，正遇上末帝命令征收马匹、招募义军，杨汉章率领数千步骑准备前往京师报到，在田野上检阅。刘景岩暗中派人散布流言说："契丹强盛，你们此行将有去无回了。"众人都很害怕，就杀掉了杨汉章，拥立刘景岩为留后。末帝闻讯后，只好承认既成事实。又过了一段时间，丹州（今陕西省宜川县）的义军也驱逐了刺史康承训，康承训逃奔鄜州（今陕西省富县）。

赵德钧早就心怀异志，想趁中原大乱夺取天下，所以才自请领兵救援晋安寨，而末帝命其领兵从飞狐口威胁契丹的后路，劫掠契丹的部落，可是，赵德钧由于另有打算，就请求率领契丹降众组成的三千银鞍骑兵从土门（今河北省鹿泉市西）翻越太行山进入河东，末帝答应了。赵州刺史、北面行营都指挥使刘在明领兵戍守易州，赵德钧途经易州时，命刘在明率领本部加入自己的队伍。刘在明，幽州人，唐末为幽州节度使刘守光的心腹，刘守光被庄宗所灭，刘在明又投奔了庄宗，明宗时，曾历任捧圣左厢都指挥使、汴州马步军都指挥使等职，闵帝即位后，改任其为贝州刺史，末帝即位后，将其调往赵州，兼任北面行营马军都指挥使，领兵进驻易州。赵德钧来到镇州，又借口董温琪兼任招讨副使，也让董温琪率领本部与自己一起西行，（《旧五代史·赵德钧传》称其率领华温琪同行，错误，华温琪此时已经退休在家，董温琪生平不详）并上书朝廷称军队人数太少，还需要与赵延寿统领的泽潞军队会合，遂从吴儿谷（今河南省涉县与山西省黎城县之间的太行山通道）前往潞州。十八日，赵德钧等人进抵乱柳（今山西省沁县东南）。当时，范延光受命率领两万人马驻扎在辽州（今山西省左权县），赵德钧又请求与范延光的军队合兵一处。范延光知道赵德钧此举居心叵测，就上表称自己统领的魏博军队已经进入敌境，没有理由再往南走数百里与赵德钧所部会合，此事才不了了之。

十一月初，末帝任命赵德钧为诸道行营都统，仍然兼任原来的东北面行营招讨使一职；任命赵延寿为河东道南面行营招讨使，刘延朗为副使，以翰林学士张砺为判官；以范延光为河东道东南面行营招讨使，以宣武节度使、同平章事李周为副使。赵延寿在西汤（今山西省沁县东北）见到父亲，即将自己带来的军队交给了父亲指挥。张砺，字梦臣，自幼好学，后唐同光年间进士及第，郭崇韬领兵伐蜀时，张砺担任他的掌书记，郭崇韬被杀后，只有张砺到魏王李继岌那里痛哭了很久。明宗即位后，张砺被任命为翰林学士，后历任礼部、兵部员外郎、知制诰等职。张砺素来耿直，末帝原来想让和凝前往，张砺原本就轻视和凝，担心和凝会误事，就自请随赵延寿前往。

末帝因吕琦曾在幽州幕府任过职，就派他前往赵德钧军中安抚，并送达任命其担任都统的命令。赵德钧对吕琦说道：“既然将军队交给了我，我怎敢爱惜生命！”又提出想兼并范延光军队的要求，末帝下诏敦促范延光，但范延光不从。末帝屡屡下诏催促赵德钧进兵，赵德钧不得已才领兵推进到团柏谷口（今山西省祁县东南）。

十一月，契丹皇帝耶律德光与石敬瑭在军营里相见，他对石敬瑭说道：“我三千里赴难，一定要把事情办成。我看你容貌器宇非凡，见识深远，真是一名国主啊。天命有归，机不可失，我打算顺应各族人民的心愿，册封你为皇帝。”石敬瑭假装推辞了很久。部下们又纷纷劝进，最终石敬瑭才答应了。耶律德光发布册书，任命石敬瑭为大晋皇帝，解下自己的衣服交给石敬瑭穿上，并在柳林（今山西省太原市东南）构筑高台，举行登基仪式。石敬瑭当即答应将幽州（今北京市）、蓟州（今天津市蓟州区）、瀛州（今河北省河间市）、莫州（今河北省任丘市北）、涿州（今河北省涿州市）、檀州（今北京市密云区）、顺州（今北京市顺义区）、新州（今河北省涿鹿县）、妫州（今河北省怀来县）、儒州（今北京市延庆区）、武州（今河北省张家口市宣化区）、云州（今山西省大同市）、应州（今山西省应县）、寰州（今山西省朔州市东）、朔州（今山西省朔州市）、蔚州(今河北省蔚县)等十六州割让给契丹,并允诺每年送给契丹人三十万匹丝绸。

十一月十四日，后晋皇帝石敬瑭下诏改元为天福元年，大赦，法律制度遵照明宗时期的执行。任命节度判官赵莹为翰林学士承旨、户部侍郎、知河东军府事；掌书记桑维翰为翰林学士、礼部侍郎、权知枢密院事；观察判官薛融为侍御史知杂事；节度推官窦贞固为翰林学士；军城都巡检使刘知远为侍卫马军都指挥使；客将（礼宾官）景延广为步军都指挥使。册封妻子、晋国长公主李氏为皇后。窦贞固的父亲窦专，任后唐左谏议大夫。窦贞固自幼好学，善写文章。后唐庄宗同光年间考取进士，授河东节度推官。他为官清廉，深受石敬瑭的器重。景延广，字航川，陕州人。其父景建擅长射箭，曾教育他说：“射出的箭如果穿不透生铁，还不如不射。”经过苦练，景延广以善射闻名。后梁时期，景延广是邵王朱友诲的部下，朱友诲被杀后，景延广逃亡，后来又追随王彦章，王彦章与庄宗交战大败，景延广身负重伤，侥幸逃出一命。明宗时，景延广又是朱守殷的部下，等朱守殷谋反后，石敬瑭时任六军副使，负责处理朱守殷的部下，爱惜景延广是个人才，就偷偷把他放掉了，此后，景延广就在石敬瑭手下当了客将。

一〇五　团柏大败

契丹耶律德光的大军虽然驻扎在柳林，但其老弱、辎重都还在虎北口，每天傍晚柳林的军队都要整顿行装，以备受到后唐军队的攻击，好迅速北逃，然而，由于后唐主帅赵德钧是想借契丹的力量，推翻后唐朝廷，夺取天下，因此，他领兵来到团柏谷一个多月仍然按兵不动，此地距离后唐被围的晋安寨才一百里之遥，可是一直不与张敬达所部联络。

不仅如此，赵德钧还屡屡上书请求任命其子赵延寿为成德节度使，说："臣如今远征，幽州空虚，势单力薄，让赵延寿镇守镇州，南北相邻，便于联络。"末帝很是恼火，回复道："赵延寿正要消灭反贼，哪有工夫去镇州！等消灭反贼之后，就答应你。"可是，赵德钧仍不死心，还是不停地提出这个要求，最终惹得末帝大怒，说道："你们赵氏父子坚持要得到镇州，究竟是什么用心？如果能击退契丹，就算取代我的皇位，我也心甘情愿！如果你们再拿反贼来要挟君王，只恐怕到时候会玉石俱焚的！"赵德钧听了很不高兴，于是，他就公然与契丹皇帝耶律德光写信联络起来了。

闰十一月，日南（越南）使者来到末帝的行宫，群臣祝贺。末帝说道："晋安寨内将士，应思念家乡啦！"说完，哭泣了很久。赵延寿向末帝献上契丹皇帝耶律德光赏赐的诏书、铠甲、战马、弓箭，谎称其父赵德钧派人给契丹皇帝耶律德光写信，替后唐说情，以恢复两国和平。实际上，赵德钧是给契丹皇帝耶律德光送去了密信和大量金银财宝，请求耶律德光帮助自己当皇帝，他在信中说："如果立我为皇帝的话，我将率领本部人马南下平定洛阳，与契丹结为兄弟之国，并仍然答应让石敬瑭终生镇守河东。"耶律德光自忖深入敌境，晋安寨迟迟未能攻下，赵德钧的军队实力尚强，而范延光又在契丹的东面，还唯恐山北各州切断他的退路，因此打算接受赵德钧的请求。

石敬瑭听说后，大为恐慌，赶忙派桑维翰去面见耶律德光，乞求道："大国兴起义兵，以解救危难之人，一战就击败了后唐军队，后唐军退守一个营寨，已经黔驴技穷了。赵德钧父子不忠不信，畏惧大国兵力强大，况且他们素来心怀不轨，按兵不动，以观胜负，并非以死殉国之人，有什么值得害怕的呢？竟然要相信他们这些荒唐之言，贪图一些蝇头小利就放弃了即将到手的大功？还有，要是让我大晋得到了天下，我们将会竭尽中原的财富去侍奉大国，岂是赵氏父子进贡的这些小利比得了的呢？"耶律德光说道："你难道没见过捉老鼠吗？如果不防备，老鼠也能咬伤手的，何况是强大的敌人呢？"桑维翰回答："如果大国军队已经掐住了他们的咽喉，他们怎能咬人？"耶律德光说道："我并非要毁约，只是兵家权谋，不得不如此而已。"桑维翰说道："皇帝以信义来救人危难，四海之人都亲眼所见，为何突然改变主意，令皇帝您的信义有始无终呢？臣替皇帝您很是难受。"遂跪在耶律德光的帐前，从早上一直跪到日暮，边哀号边争取，最终，耶律德光才答应下来，指着帐前的石头对赵德钧的使者说道："我已经答应石郎了，这块石头烂掉之日，才更改誓言。"

末帝没有采纳龙敏北送李赞华之计，龙敏又对末帝的心腹、前郑州防御使李懿说道："你是国家近亲，如今社稷危亡，在顷刻之间，你难道就不担忧吗？"李懿遂说赵德钧一定能击破契丹人。龙敏说道："我就是幽州人，深知赵德钧的为人，此人胆小如鼠，又没有谋略，只擅长守城寨、挖壕沟、鼓励将士罢了。如果遇见大敌，让他去奋不顾身，冲锋陷阵，他是肯定做不到的。况且，他的名位已经震主，内心怀有奸计，岂肯依靠得住！我有一个疯狂的计划，只恐朝廷不肯罢了。我听说随驾战马尚有五千匹，战士还有一万余人，请从中间挑选一千猛士良马，我愿意与郎万金（陈州刺史，当时的猛将）二人率领这一千骑兵，从介休山山中趁夜穿越敌人的封锁线，进入晋安寨中，只要有一半骑兵进入，大事可成。张敬达等人身陷重围之中，只是不知朝廷方面的动向，假设他们知道朝廷已经派遣大军就在团柏谷附近接应，就算外面是铜墙铁壁也能冲破，何况是一些契丹骑兵呢！"李懿禀报末帝，末帝说道："龙敏壮志凌云，可惜已经为时太晚了啊！"也许，此时的末帝已经知道了赵德钧父子的动向了。

晋安寨中的五万后唐军队从九月底被围直到闰十一月，已经被围了三个多月了，期间，高行周和符彦卿屡屡率领骑兵出战，均因众寡不敌而没有成功。最终，寨中军粮吃尽，草料用完，守军只好毁掉茅屋，淘取马粪，削去松柿喂马，马匹因饥饿相互撕咬，马尾、马鬃都被咬光了；最终，有一多半的战马饿死，守军们就将这些马吃掉，苦苦支撑着等待后唐援军，而援军始终未到，与此同时，耶律德光则派遣南院夷离堇耶律颇德率领轻装骑兵奔袭潞州，切断了后唐军队的粮道。耶律颇德，字兀古邻，自幼追随耶律阿保机，为侍卫近臣，后晋升为南院夷离堇，有政绩。

杨光远曾对张敬达说："再等下去人马都没了，不如拼命血战，杀出去十分之三四的人，也比坐以待毙强。"张敬达没有答应。张敬达性格刚烈，人称"张生铁"，副招讨使杨光远、安审琦劝说张敬达向契丹人投降，张敬达说道："我受明宗及当今皇上厚恩，身为元帅而战败，罪过已经很大了，更何况还要投降敌人！如今，援军很快就要到了，暂且等待一下，我们行将一雪前耻，各位为何逼迫我呢。真到了山穷水尽之时，你们可以砍下我的人头，带着出寨投降，自求多福，也为时不晚啊。"杨光远（杨檀）用眼神向安审琦示意，让安审琦杀掉张敬达，安审琦于心不忍。高行周得知杨光远想杀掉张敬达，经常率领精锐骑兵跟着张敬达，远远护卫，张敬达不知缘故，对他人说道："行周经常跟在我身后，是什么意思？"高行周这才不敢继续尾随。

众将每天早晨都要到招讨使大营报到，闰十一月九日，高行周和符彦卿尚未到来，杨光远趁机砍下张敬达的人头，率领众将向契丹送去降表投降。契丹皇帝耶律德光素来就听说过众将之名，一一慰问，赏赐给众人皮袄、毡帽，并嘲笑道："你们也都是一群恶棍，不用食盐能吃掉一万匹战马！"杨光远等人听后，一脸羞愧之色。耶律德光称赞张敬达的忠烈，命人将他的尸体入殓安葬，对部下以及这些降将们说道："你们身为人臣，就该以张敬达为榜样。"当时，晋安寨内尚剩余五千匹战马、铠甲武器也有五万件之多，契丹人全部取回国内，而将后唐降兵都交给了石敬瑭，并对这些降兵们说道："好好侍奉你们的君主。"（《辽史》则称，五千战马和降卒一并交给了石敬瑭）马军都指挥使康思立听说杨光远等人投降，气愤难耐，怒火攻心，旧病复发而死。

石敬瑭以晋安寨已经归降，派人通报并招降河东各州。代州刺史张朗斩杀了石敬瑭的使者；吕琦奉末帝之命北上慰问各州守军，行至忻州，遇到石敬瑭的使者，也将其使者斩杀，他对忻州刺史丁审琦说道："契丹人南下时经过州城，径直而过，其用意可想而知，等他们北返时，州城肯定难逃一劫，不如趁早率领军民经过五台（今山西省五台县）投奔镇州（今河北省正定县）。"可是，等到临行之前，丁审琦又反悔了，关闭内城不行。州兵们想反攻内城，吕琦说道："家国到了如此地步，何苦再相互残杀呢！"遂率领州兵返回了镇州，丁审琦就投降了契丹。

耶律德光对石敬瑭说道："桑维翰对你很忠心，应该让他当宰相。"闰十一月十一日，石敬瑭任命赵莹为门下侍郎、同平章事，桑维翰为中书侍郎、同平章事，桑维翰仍旧管理枢密院事务。又任命杨光远为侍卫马步军都指挥使，刘知远为保义节度使、侍卫马步军都虞候。石敬瑭将与耶律德光联兵南下，打算挑选一子镇守河东，征求耶律德光的意见，耶律德光让石敬瑭把儿子们都叫出来，由他亲自挑选。石敬瑭哥哥石敬儒早死，留下一子石重贵，石敬瑭收为养子，长相与石敬瑭相似，只是身材矮小，耶律德光指着石重贵说道："这个大眼睛的可以。"石敬瑭遂任命石重贵为北京留守、太原尹、河东节度使。

耶律德光派遣部将高谟翰为先锋，与后唐降兵一起南下。闰十一月十二日，联军推进到团柏，与后唐军队交战，赵德钧、赵延寿父子好无战心，望风先逃，符彦饶、张彦琦（应与张彦琪为同一人，生平不详）、刘延朗、刘在明随后逃走，后唐军队大败，相互践踏而死的有上万人。十五日，耶律德光命令弟弟耶律洪古（《辽史·太宗本纪》记载，皇太子）率领轻装骑兵占领要道，追上后唐败兵上万人，全部予以招降。高谟翰，一记作高模翰，一名高松，渤海人，有膂力，擅长骑射，喜欢兵法。耶律阿保机平定渤海后，高谟翰投奔高丽，高丽国王将女儿嫁给了他，此后，高谟翰犯法又逃回契丹国，因酒醉杀人被打入大牢，耶律阿保机知道其才能，免其一死。此战之后，耶律德光称赞高谟翰道："朕自起兵以来，经过上百次战斗，爱卿功劳第一，即便古代的名将也比不过你！"

一〇六 末帝自焚（一）

清泰三年（后晋高祖天福元年，公元936年）闰十一月十四日，刘延朗和刘在明逃至怀州，这时，末帝才得知石敬瑭已经称帝、杨光远投降的消息。

群臣商议认为："天雄军府兵力尚强，契丹人肯定忌惮其东翼，不敢贸然南下，陛下应当驾临魏州。"末帝知道李崧曾任范延光的幕僚，与范延光私交很好，就把李崧召来商量。薛文遇不知末帝是要单独召见李崧，也跟着进来了。末帝见到薛文遇，想起调任石敬瑭全是此人出的主意，结果闹到国破家亡的地步，顿时勃然大怒，脸色大变。李崧见状，赶忙偷偷踩了踩薛文遇的脚，暗示他离开，薛文遇这才退下。末帝对李崧说道："我一看见这个东西，就气得浑身打战，刚才差一点抽出佩刀杀了他！"李崧说道："文遇不过是个小人，见识浅薄，贻害家国，杀了他反而让我们更显难堪。"李崧没有劝说末帝前往天雄镇，而是劝其南返河阳。至于李崧为什么没有劝末帝离开洛阳，史无明文，可能有两种完全相反的解释：一是李崧也许当时觉察出范延光并不可靠。《旧五代史·范延光传》记载，范延光一个叫张生的门客，自称深通术数，范延光还没发达时，张生就曾预言其将来一定能出将入相，等范延光富贵后，对张生的话更是笃信不疑。范延光连任成德、宣武、天雄节度使，一天对张生说："我梦见一条大蛇从我的肚脐进入腹中，进去一半，我将它拔出扔掉，这是什么预兆？"张生回答："蛇就是龙，进入腹中是称帝之兆。"从此以后，范延光遂逐渐萌生了不臣之意。李崧可能认为，在当时的情况下，皇帝投身寄居于天雄军，不如洛阳安全。二是李崧本人政治态度可疑。李崧与石敬瑭关系暧昧，明宗挑选河东节度使时，正是李崧举荐了石敬瑭，石敬瑭暗中曾给李崧捎话，有"浮屠七级，重在合尖"之言。当末帝调走石敬瑭时，李崧又提出反对意见，等到石敬瑭进入洛阳之后，找到李崧，很快就任命李崧为户部侍郎、判户部（李崧原官职为端明殿学士、户部侍郎），月余就将其晋升为中书侍郎、同平章事，拜为宰相，与其心腹桑维翰同时还兼任枢密使。虽然石敬瑭在进入洛阳之后，对后唐朝臣进行了一番筛选，后唐末帝的一个三公：司空司马冯道，四个宰相：张延朗（判三司）、卢文纪、姚顗、马胤孙，两个枢密使：房暠、刘延朗（副使），只有司马冯道留任，降职的卢文纪和姚顗，除名的马胤孙、房暠，被杀的张延朗、刘延朗，与李崧同一级别的吕琦，也仅仅被石敬瑭任命为秘书监，而石敬瑭却直接将李崧提拔为中书侍郎、同平章事兼枢密使，这在末帝近臣中间显得非常突兀，显然是酬庸李崧之功，至于李崧究竟干了些什么，竟然与桑维翰平起平坐，不言自明。

末帝的这次不成功的平叛战争，后果非常严重，直接导致了身死国灭，然而，回顾前因后果，我们不能以成败论英雄，唯其如此，才能更好地判断参与者们在当时可能持有的政治立场。其实，薛文遇所言调不调走石敬瑭，石敬瑭都会造反也可能就是当时的真实情况，而石敬瑭早反叛总比晚反叛要好，起码来说，在此次石敬瑭造反之时，河东很多郡县还是忠于朝廷的，如果等石敬瑭在河东坐稳的话，消灭他就更困难了，另外，从讨伐石敬瑭的战况来看，后唐军队战力并不弱，即便是契丹军队加入后，以其倾国之军也不过区区五万之众，后唐军队如果没有中计，确实也是有希望击败契丹军队的，如果那样的话，历史将会改写，因此，从这个角度上说，薛文遇的建议未必就是错误的，李崧的反对意见未必就是正确的，不能排除另有隐情的可能。《旧五代史·范延光传》同时还记载说，范延光"初为近臣，及领重镇，礼贤接士，动皆由礼，故甚获当时之誉"。并且，范延光也刚刚领兵消灭了天雄军的张令昭的叛乱，并无不臣之迹，对比石敬瑭进入洛阳之后范延光与李崧二人的行为，李崧加官晋爵，范延光则在魏州举兵，二人政治倾向自明。在契丹军队不敢继续深入中原腹地的情况下，末帝离京前往天雄军集结兵力，号召各地勤王，对付以刚刚叛附的降兵为主体的石敬瑭，并非没有翻盘的可能，因此，李崧劝说末帝返回洛阳，坐以待毙，极有可能是其向末帝出的坏主意，史料没有记载他所言内容，也可能是其当权后有意删除了。根据上述分析，第二种的可能性更大一些，那就是，李崧是除了石敬瑭两个儿子之外另外在末帝身边安插的内线，一直在出卖末帝。

洛阳城内百姓同时也得到了前线战败的消息，军民大为惊骇，百姓四散逃出京师，藏匿在山谷之中。洛阳守城官吏请求严禁百姓出入，河南尹、雍王李重美说道："国家多难，未能替百姓们做主，又禁止他们求生，徒增恶名啊！不如听其自便，事情过去后，自然会回城的。”遂下令允许百姓自由出入，人心才稍稍安定一些了。闰十一月十七日，末帝回到河阳，命令众将分别防守河阳南城、北城。张延朗请求末帝驾临滑州，与天雄军声势相接，可是末帝没有下定决心。

团柏战败后，赵德钧父子没有逃回怀州，而是逃到了潞州。后唐败兵不少人也追随二人，逃到这里，赵德钧的部将时赛趁乱率领卢龙轻骑返回了幽州。石敬瑭先派遣降将、昭义节度使高行周赶赴潞州准备军粮，高行周来到潞州城下，见赵德钧父子在城内，就对二人说道：“我与大王是同乡，怎敢不对大王忠言相告，城内没有一点粮食，怎能守住？不如速速迎接圣驾！”闰十一月十九日，耶律德光与石敬瑭领兵来到潞州，赵德钧父子前往高河（今山西省屯留县东南）迎接，耶律德光对二人安慰了一番。二人在石敬瑭的马前叩拜，搭讪道：“别来无恙？”石敬瑭还记恨赵德钧与自己争当皇帝之事，正眼也不看二人一眼，也不答话。耶律德光对赵德钧说道：“你在幽州设置的银鞍契丹直，现在都在哪里？”赵德钧用手指了指，耶律德光下令将这些叛降的三千契丹骑兵全部押至西郊处死，又将赵德钧父子捆绑起来，押回国内。等赵德钧父子被押至契丹后，二人将从行的财宝以及自己在幽州的田宅契约都献给了述律太后。述律太后问道：“前不久你为何前往太原？”赵德钧回答：“奉后唐皇帝之命。”述律太后又指着上天，说道：“你向我儿子请求当天子，怎敢如此胡言乱语？”又指了指自己的心口，说道：“这里不可欺啊！”又说：“我儿将要南下时，我告诫他说：‘赵大王如果领兵北上，向榆关（今山海关附近）挺进（按：此正是龙敏之计），你需要立刻北返，不可再救援太原了。’你想当天子，为何不先打败我儿，再当也不迟。你身为臣子，不仅背叛了主子，不能击破敌人，还想趁乱渔利，你竟然干出这种无耻之事，还有什么脸面求生呢？”赵德钧被说得无言以对，低头不语。述律太后又问：“你送的金银财宝都在这里，田宅又在哪里？”赵德钧回答：“幽州。”述律太后追问：“幽州现在归谁所有？”回答：“太后。”述律太后说道：“既然已经属我所有，你还献什么献呢？”赵德钧更是羞愧。在契丹国内，赵德钧郁郁寡欢，食欲大减，不久就死掉了，等赵德钧死后，契丹人就放了赵延寿，任命其为幽州节度使，封燕王。此后，因赵延寿之妻在中原，耶律德光下令后晋送还，赵延寿对耶律德光非常感激。张砺是赵德钧的招讨使判官，随赵德钧一起归降了契丹，耶律德光见张砺刚直，富有文才，就提拔他当了翰林学士。张砺遇事敢于直言，无所回避，耶律德光对他非常看重。不久，张砺逃归，被追兵抓住，耶律德光责备道："你为何要逃？"张砺回答："臣不习惯北方饮食、风俗、住所，经常郁郁不乐，所以才南逃。"耶律德光对通事高彦英说道："朕曾经告诫你要善待这个人，为何令其不满？张砺逃了，还能再找一个这样的人吗？"遂将高彦英棍打一顿，并向张砺道歉。

一〇七　末帝自焚（二）

在潞州稍作停留，石敬瑭即领兵南下。《辽史》记载，耶律德光与石敬瑭是辛未日（闰十一月十六日），到达潞州的，次日，即壬申日，也就是末帝到达河阳的同一天开始南下的，而《旧五代史》《资治通鉴》则称二人是甲戌日，即闰十一月十九日才来到潞州，同日石敬瑭南下。

当时，耶律德光召集契丹众将商议，大家纷纷建议撤军，耶律德光同意，遂命令南府宰相解领、鹘离底、奚监军寅你已、将军陪阿率领本部先行回国。耶律德光举杯对石敬瑭说道："我遵从道义自远方而来，如今大事已成，我如果领兵南下，黄河以南的百姓一定会很害怕，你自己率领汉兵南下，百姓肯定不会太害怕。我命令太相温［《辽史·太宗本纪》称林牙（契丹国学士之意）迪离毕］率领五千骑兵护送你到黄河岸边，愿意随你南渡黄河的，不论多少，各随他们心意，余下的契丹军队就留在此地，等待你的消息，如有危急，我就下山救你，等洛阳安定之后，我就北返了。"遂握住石敬瑭的双手，二人洒泪不止，久久不愿分开。这场四十五岁的儿子与三十五岁的父亲道别的场景似乎非常动人，其实却十分滑稽。耶律德光解下自己的白色貂皮大衣披在石敬瑭的身上，又赠送给石敬瑭二十匹骏马，一千二百匹战马，对他说道："以后世世代代子孙都不要相忘。"又叮嘱石敬瑭道："刘知远、赵莹、桑维翰都是你创业功臣，他们没有犯下大错，就不要抛弃。"

当初，建雄（又称晋昌，治所晋州，今山西省临汾市）节度使张敬达出兵时，末帝派遣左金吾大将军高汉筠领兵接替张敬达驻守晋州。高汉筠，字时英，后梁时担任卫州牙校，后唐庄宗夺取魏州后，高汉筠说服卫州刺史投降了后唐，被庄宗提拔为洺州都校，此后，他曾任北京（当时是镇州）皇城使，明宗时期，又历任成德节度副使、曹州、亳州刺史、左金吾卫大将军。高汉筠性情宽厚，身材伟岸，虽然担任军职，仰慕士大夫所为，从不口吐不法之言，在亳州任职期间，曾经拿出自己的俸禄代替百姓上缴赋税，他还为官十分廉洁，是五代时期少有的好官。等张敬达死后，建雄节度副使田承肇领兵进攻军府，高汉筠开门请田承肇入内，对田承肇说道："我与你同朝为官，为何如此相逼呢？"田承肇说道："我只是想拥戴大人当节度使而已。"高汉筠回答："我已经老了，不敢带头作乱，是死是活就交给你处治吧。"田承肇向身边的士兵们使眼色，想杀掉高汉筠。谁知士兵们却将武器扔掉，说道："高大人历朝德高望重之人，不可妄杀。"田承肇见众意难违，只好道歉说："与大人开个玩笑而已！"遂放高汉筠返回洛阳。石敬瑭在半路上遇到了高汉筠，对他说道："朕担忧你会被乱兵所杀，如今见到你真是高兴啊！"

符彦饶和张彦琪来到河阳，暗中对末帝说道："如今契丹军队大举南下，黄河河水很浅，人心已经离散，此地不可守。"闰十一月二十二日，末帝命令河阳节度使苌从简与赵州刺史刘在明留守河阳南城，遂切断了黄河浮桥，从河阳北城南撤，回到了洛阳。回到洛阳后，末帝派遣宦官秦继旻、皇城使李彦绅在李赞华家中将其处死。二十四日，石敬瑭领兵来到河阳，苌从简、刘在明渡河迎降，并准备好了渡河船只。同日，末帝命令马军都指挥使宋审虔、步军都指挥使符彦饶、河阳节度使张彦琪、宣徽南院使刘延朗率领一千多骑兵前往白马阪（今河南省洛阳市东北）查看阵地，其间，又有五十余名骑兵脱离队伍，渡河投奔石敬瑭。众将对宋审虔说道："何处不可以打仗？谁肯站在这里打！"于是，众人又返回城内。二十五日，末帝又召见宋审虔、符彦饶、张彦琪、刘延朗四位将领，商议再回河阳，而军中将校们都已给石敬瑭送去投降信，准备迎接石敬瑭了。

石敬瑭担心末帝会西逃关中，就派遣一千多契丹骑兵扼守了渑池（今河南省渑池县）。闰十一月二十六日，走投无路的末帝李从珂与曹太后、刘皇后、雍王李重美以及宋审虔等人携带传国玉玺，登上玄武楼自焚。据说，秦始皇下令以和氏璧制成的传国玉玺从此下落不明，此后出现的所谓传国玉玺都有人怀疑是假的。《五代史阙文》记载，末帝从怀州回到洛阳时，京师百姓在上东门外迎接，末帝一直流泪不止。百姓们上奏说："臣等听说唐朝时中国有难，帝王大多避难蜀地以图进取。陛下为何不西入西川？"末帝说道："唐朝两川节度使用的都是文臣，所以玄宗、僖宗才到那里避难。如今，孟氏已经在那里称帝了，我又能到哪里去呢？"遂大哭进宫，举族自焚。

刘皇后打算烧毁宫室，李重美劝阻道："新天子来了，肯定不会住在露天之下，将来还会劳累百姓，我们现在死了，又招致怨恨，何苦这样呢？"于是，刘皇后才作罢。王太妃（原来的王淑妃、花见羞）对曹太后说道："事情危急了啊，还是暂且躲避一下，等待姑父（曹太后的亲女婿石敬瑭）。"曹太后说道："我家儿子、媳妇、孙子都在此自焚，到了今天这个地步，我还有什么脸面自个儿活下去呢！妹妹你自便吧！"于是，王太妃带上明宗的幼子、许王李从益藏匿在球场之中，得以保全了性命。

至此，后唐灭亡，共存续十四年。末帝李从珂仅在位两年半，终年五十三岁，比石敬瑭大八岁。（根据不同的版本，还有五十一、五十二另外两种说法，《新五代史》认为后唐末帝李从珂与后晋高祖石敬瑭这两个对手均死于五十一岁）次年三月，石敬瑭命人将李从珂的骨灰收集起来安葬在徽陵之内。

末帝李从珂能文能武，治国并无荒政，又以如此惨烈的方式结束了自己的生命，不禁引起后人们的一阵感叹，正如《旧五代史·末帝纪下》史臣所言："末帝负神武之才，有人君之量。由寻戈而践阼，惭德应深；及当宁以居尊，政经未失。属天命不祐，人谋匪臧，坐俟焚如，良可悲矣！稽夫衽金甲于河壖之际，斧眺楼于梁垒之时，出没如神，何其勇也！及乎驻革辂于覃怀之日，绝羽书于汾晋之辰，涕泪沾襟，何其怯也！是知时之来也，雕虎可以生风；运之去也，应龙不免为醢。则项籍悲歌于帐下，信不虚矣！"

末帝自焚的当天晚上，石敬瑭即进入洛阳，住在洛阳旧宅。后唐军队均丢下铠甲武器，等待新皇帝的惩处，石敬瑭一一进行安抚，并予以赦免，并敦促百官前来觐见。石敬瑭命令刘知远负责京师治安，刘知远命令汉军全部返回军营，令契丹军队住在天宫寺内，城内秩序井然，无人敢于违反军令。逃出京城的洛阳百姓数日之后又恢复了旧业。

当初，石敬瑭在河东时，受到朝廷的猜忌，时任中书侍郎、同平章事、判三司的张延朗不想让河东得到太多粮食储备，规定凡是军镇应当留下自用的财赋之外，一律上缴朝廷，石敬瑭因而对张延朗怀恨在心。闰十一月二十七日，后唐百官前来拜谒石敬瑭，石敬瑭当即下令将张延朗拿下，打入御史台大牢，其他人等都叩谢石敬瑭的不杀之恩。二十九日，石敬瑭进入皇宫，驾临文明殿接受百官的朝贺，其间使用的还是后唐礼乐。同日，石敬瑭下诏宣布大赦，在大赦令中，他宣布："凡是内外官吏一概不予追究，只有贼臣张延朗、刘延皓、刘延朗三人奸邪贪婪，罪不容赦；中书侍郎、同平章事马胤孙、枢密使房暠、宣徽使李专美、河中节度使韩昭胤等人，虽然居于高位，不随波逐流，一律赦免除名释放；其余原来归顺的内外官僚，一律交由中书门下省甄别录用。追谥少帝（即闵帝）及其皇后孔氏。”并减轻北京盐户税负、洛阳百姓分配的食盐价格，要求各道公布税收条例。刘延皓藏匿在龙门广化寺内，数日后自杀而死；刘延朗与数人将要逃往南山，途经家宅时，他指着自家宅院叹息道：“我在家里聚集了三十万贯家财，不知将为何人所得。”不久，就被人抓获杀掉。石敬瑭下令杀掉了张延朗，不久，他又挑选三司使，却一直找不到合适的人选，非常后悔。

十二月一日，石敬瑭前往河阳，送别契丹将领太相温以及契丹人。追废末帝为庶人。三日，任命司马冯道为兼门下侍郎、同平章事；步军都指挥使符彦饶为滑州节度使；河阳节度使苌从简为许州节度使；泽州刺史刘凝为华州节度使；以皇子石重乂为河南尹。七日，又任命后唐宰相姚顗为刑部尚书。九日，任命邠州节度使张希崇为灵武（治所灵州，今宁夏回族自治区灵武县）节度使（亦称朔方节度使）；邓州节度使皇甫遇为定州节度使。自卢文进南归之后，张希崇也从契丹南归后唐，明宗先任命其担任汝州防御使，继而晋升为朔方节度使。张希崇为人纯朴仁厚，虽然身为大将，却非常喜欢看书，为政之余，手不释卷，不好饮酒、听音乐，也不蓄养姬妾、奴仆，又疾恶如仇。在灵州任内，他大力屯田，为政清明，深得边地军民的爱戴。此后，张希崇请求内迁，后唐末帝将其调任静难（邠州）节度使，石敬瑭即位后，因与契丹人关系正好，唯恐契丹人趁机强行夺取了灵武（今宁夏回族自治区灵武县），就又将张希崇调任朔方节度使。张希崇接到任命后，叹息道：“我看我是要终老于边城了，天命如此，躲也躲不过去啊。”郁郁不得志，后来就病死了。

一〇八 淫昏二主

闽国百姓听说后唐末帝自杀的消息，叹息道："潞王（指末帝）有什么罪过，天下都没人听说，可是我们皇帝之罪，我们是知道的，可是我们又能怎么办呢？"

说到闽国，我们再看看南方的情况。

闽国皇帝王璘（王延钧）自后唐明宗长兴四年（公元933年）登基称帝后，昏庸奢侈，重用奸臣，猜忌功臣，同年就逼反了建州土豪吴光，次年（后唐清泰元年）招致了吴国入侵，所幸的是，因吴国权臣徐知诰猜忌吴军领兵将领蒋延徽，闽国得以逃脱一场灭顶之灾。王延钧的妻子早死，继室金氏贤明，王延钧却不喜欢。《资治通鉴》则称，王延钧先后娶了两位刘氏（南汉皇帝刘岩之女）为妻，都出身高贵，容貌美丽，可是王延钧不宠爱。他反而喜欢自己父王王审知的一个婢女陈金凤，这个陈金凤长相丑陋，荒淫无耻，王延钧脑子进水，受到她的迷惑而不能自拔，到后唐清泰二年，竟然册封陈金凤为皇后，还提拔陈金凤的同族陈守恩、陈匡胜为殿使。

王延钧爱好奇特，他迷恋丑陋的女人，又喜爱年轻貌美的男色。一个名叫归守明的小吏就因貌美而受到王延钧的宠爱，人称归郎，后来，王延钧得了中风，陈金凤就与归守明有了奸情。一个归守明，陈金凤还不满足，她又通过归守明的介绍，与百工院使李可殷私通。陈皇后的奸情闽国人尽皆知，王延钧曾命人制作九龙帐，闽国百姓传唱道："谁说九龙帐，只藏一归郎？"

王延钧称帝后，就加封其子王继鹏为福王，充宝皇宫使。父亲荒淫无道，儿子也如法炮制。王延钧有个美貌的婢女名叫李春鷰，王继鹏与她私通，当时，王延钧已经生病，王继鹏就通过皇后陈金凤向王延钧索要，王延钧不得已，勉强把李春鷰赏赐给了王继鹏。王延钧的次子王继韬见哥哥如此无礼，非常恼火，企图杀死王继鹏，王继鹏遂与皇城使李倣决定先下手，闽国局势骤然紧张起来。

李可殷曾经在王延钧面前说皇城使李倣的坏话，而陈金凤的同族、殿使陈匡胜又对福王王继鹏无礼，王继鹏和李倣均对陈皇后等人怀恨在心。后唐清泰二年（公元935年）九月，王延钧病重，王继鹏面露喜色。十月初，王延钧在大酺殿宴请将士们，席间头脑昏聩，口称见到被自己所杀的王延禀也来了，李倣断定王延钧肯定快死了，到了十月十八日，派数名壮士手持木棍到李可殷家中，将其活活打死，闽国朝野一片震惊。十九日，王延钧病情稍有好转，陈金凤向其禀报了此事。王延钧拖着病体登上大殿，追问李可殷的死因，李倣吓得赶忙逃出宫去，索性一不做二不休，很快就与王继鹏一起率领军队杀入皇宫。王延钧听到兵变，赶忙藏身于九龙帐下，被乱兵一阵乱刺，只得爬出帐外，这时，王延钧已经被刺得遍体鳞伤，痛苦难耐，在地上翻滚哀号。宫人们不忍心看到他痛苦的样子，遂举刀将他砍死。继而，李继鹏、李倣又杀掉了陈皇后、陈守恩、陈匡胜、归守明以及王继鹏的弟弟王继韬。

在弑父的同日，王继鹏登基称帝，改名为王昶。追谥父皇王璘为齐肃明孝皇帝，庙号惠宗。《新五代史》称追谥惠皇帝，庙号太宗。不久，他又自称权知福建节度事，派人向后唐称臣，大赦境内；封李春鷰为贤妃，任命李倣为判六军诸卫事。李倣有弑君之罪，王继鹏继位后，李倣把持了朝政，暗中养了很多死士，王继鹏遂与拱宸指挥使林延皓等人策划除掉李倣。林延皓等人假装依附李倣，李倣信以为真。十一月二十一日，李倣入朝，林延皓等人在内殿提前埋伏了数百卫士，遂将其擒杀。李倣所部一千余人手持木棒围攻应天门未果，焚烧了启圣门，抢夺李倣的人头逃奔吴越国。

杀死李倣后，王继鹏下诏宣布其弑君以及杀害王继韬等罪行，任命建王王继严权判六军诸卫事，以六军判官叶翘为内宣徽使、参政事。叶翘博学质朴，王延钧在世时，提拔他当了王继鹏的福王友，王继鹏一直以师傅之礼对待他，宫中称之为“国翁”。王继鹏继位后，骄傲放纵，不与叶翘商议国事。一天早晨，王继鹏正在办公，见叶翘身穿道士袍从眼前经过，王继鹏命人召其返回，向他拜谒，说道：“军国事务繁重，很久没有与师傅见面了，这是我的过错。”叶翘回答：“老臣辅导无方，以致陛下继位以来，没有干出一件善事，值得人称道的，请求告老还乡。”王继鹏说道：“先帝把我托付给您，政令有什么不好之处，您尽管说出来，为何丢下我？”王继鹏的夫人李氏是同平章事李敏之女，他与其父一样，不爱正妻，偏爱婢女出身的李春鷰，对李氏感情十分淡薄。叶翘劝谏道：“夫人是先帝的外甥女，陛下以礼娶来，为何喜新厌旧？”王继鹏听后，顿时不悦起来，遂疏远了叶翘，不久，叶翘又上书言事，王继鹏在其奏表上批示道：“一叶随风落御沟。”遂将叶翘放归老家。

王继鹏与其父亲王延钧一样，也都迷信巫术，他拜道士谭紫霄为正一先生，陈守元为天师，而术士林兴也因巫术受到王继鹏的宠信，大小事务，林兴总是以宝皇之名命其执行。陈守元让王继鹏修建三清台三层，以数千斤黄金铸造了宝皇、元始天尊、太上老君像，每天要焚烧数斤龙脑等香，在台下演奏音乐，昼夜不绝。任命将相、刑罚、选举，王继鹏都与陈守元商议定夺，对他言听计从，陈守元因之收受贿赂，接受请托，门庭若市。林兴还传达神人之言，称：“宗室将要作乱。”王继鹏就派其率领壮士杀掉了叔父王延武、王延望及其儿子五人。

叶翘被勒令退休后，王继鹏遂于后唐清泰三年封贤妃李春鷰为皇后。

术士们对王继鹏说夜晚在螺峰（今福建省福州市北）见到一条白龙，王继鹏就命人修建了一座白龙寺。当时，王继鹏还修建了一座紫微宫，宫室之内都用水晶装饰，比宝皇宫还豪华。由于他大兴土木，国库不足，王继鹏就对吏部侍郎、判三司蔡守蒙说：“听说各部门任命官员都收受贿赂，是真的吗？”蔡守蒙回答：“谣言不足信。”王继鹏说：“朕早就知道，如今我全权委托你任命官员，挑选贤人授予官职，不过，那些不合格的人以及冒名顶替的，只要他们送给你钱财，你也把他们登记在册，把钱财上缴给我。”蔡守蒙原本就很清廉，认为这么做不合适，王继鹏大怒，蔡守蒙只得从命。从此以后，闽国任命官吏全看个人上缴的钱财多少。王继鹏仍嫌不足，还交给医工陈究很多空白委任状，让他公然卖官，大肆聚敛财物；又严刑峻法，下诏称凡是隐瞒年龄、逃避劳役的杖打脊背；凡是隐瞒家中人口的处死；凡是举家逃亡的灭族。百姓种菜、养猪、养鸡都要缴纳沉重的赋税，他还经常派人到各地刺探情况，严密监控官民的一举一动。

显然，王继鹏（王昶）与其父王延钧（王璘）所为并没有太大区别，闽国政治仍然黑暗，所以，闽国百姓才如此评价后唐末帝之死。

无独有偶，南汉皇帝刘岩同样十分骄奢淫逸，贪婪暴虐，妄自尊大。他经常对北方人称自己原本是关中人，耻于当蛮夷之主，还称呼中国皇帝为洛州刺史。虽说与清泰年间动荡的后唐朝局相比，偏安一隅的南汉国内相对比较稳定，但其国内政治也非常黑暗。刘岩命令其子、判六军诸卫事、秦王刘弘度招募一千名宿卫士兵，结果招来的都是一些市井无赖子弟，刘弘度整日与这些人混在一起。同平章事杨洞潜劝谏说："秦王是国家的嫡子，应当亲近品行端正的士人，让其统领军队就已经过分了，何况还纵容他亲近这些小人！"刘岩却不以为意，说道："教小孩子学习一些军事知识而已，你过于操心了！"始终不警告刘弘度。杨洞潜退下后，见到这些卫士们公然劫掠商人们的金银财宝，被害商人却不敢投诉，遂叹息道："国家政治混乱到这个地步，还要宰相干什么！"遂声称患病请假回家。刘岩也不派人请他上班，后唐末帝清泰元年，杨洞潜就病死在家了。杨洞潜，字昭元，广东始兴人。自幼喜爱读书，博通经史。唐末，刘岩之兄刘隐担任清海节度使，招聘杨洞潜为辅佐，对其以师礼相待，后任命其为节度判官。

一〇九　建立南唐

除了闽国和南汉之外，在清泰这短短三年左右的时间里，吴国也发生了巨变。

在这几年里，吴国徐知诰朝着篡位又向前迈进了一步。作为徐温的养子，徐知诰要想夺取吴国大权，不仅要与吴王杨溥的杨氏集团斗争，而且还得与徐氏的嫡系子孙斗争，因此，他不仅打压吴王杨溥及其直系亲属的势力，还得防范徐氏嫡系对自己的排挤。不过，到清泰年间，徐知诰已经清除了养父徐温的嫡子徐知询、徐知谏等人，在吴国的权势已经得到很大程度的巩固，清泰元年，即有人劝说徐知诰废黜吴王，自立为帝，徐知诰也开始经营金陵，为篡夺吴国政权做最后的准备。徐知诰对吴王杨溥之兄、临川王杨濛十分猜忌，就在后唐末帝刚刚篡位之时，徐知诰也派人诬陷杨濛藏匿亡命之徒，后唐清泰元年六月七日，吴王杨溥被迫将杨濛贬为历阳公，软禁于和州（今安徽省和县），命控鹤军使王宏率领两百士兵看管。与此同时，徐知诰还把反对自己篡位的尚书右仆射宋齐丘从扬州召至金陵，任命其为诸道都统判官，剥夺了他的实权，宋齐丘屡屡请求退隐，徐知诰把南园拨给他居住。清泰元年十一月，徐知诰又把一直在扬州辅政的儿子、司徒、同平章事徐景通召回金陵，任命其为宁国节度使、诸道副都统、判内外诸军事，而任命次子、牙内马步都指挥使、海州团练使徐景迁担任左右军都指挥使、尚书左仆射、参政事，留在江都辅政。徐景通是徐知诰的长子，徐景迁是次子，据称，当时，宋齐丘忌恨徐景通，欲与徐景迁结为一党，在扬州辅政期间，宋齐丘多行不法之事，而又嫁祸于徐景通，最终，让徐知诰把宋齐丘和徐景通都调离扬州。原本徐知诰就不喜欢徐景通，而偏爱次子徐景迁，再加上宋齐丘在其间推波助澜，结果让徐景迁有了夺嫡之望。徐景迁到了扬州辅政之后，很快就被晋升为同平章事、知左右军事。徐知诰还让尚书郎陈觉辅佐他，并告诫陈觉说：“我年少之时曾与宋子嵩一起谈论，喜欢相互辩论，有时，我丢下宋子嵩，气呼呼地回家，也有时，宋子嵩拂袖而去。有好多次宋子嵩拿起行李就直奔秦淮门而去，我干吗告诫守门人不放他。如今，我老了，尚未通达世间事务，何况徐景迁年少主持朝政，所以就委屈您了，请您好好辅导教育他。”徐知诰的养父徐温一共有六个儿子，分别是：徐知训、徐知询、徐知诲、徐知谏、徐知证、徐知谔。其中，徐知训、徐知询、徐知诲、徐知谏都已去世，徐温的幼子徐知谔，时任润州团练使，亲昵小人，横行不法，饮宴无度，还在牙城西面设置市场，自己亲自去做买卖。徐知诰听说后大怒，召来徐知谔的侍从责问斥责一番，徐知谔大为恐慌。有人对徐知诰说道：“忠武王（指徐温）最喜欢徐知谔了，他却把后事都托付给了您。往年徐知询失去职位，被调往扬州，至今社会上对您仍议论纷纷。假如徐知谔把地方治理得井井有条，训练士卒，爱惜百姓，对大人您又有什么好处呢？”徐知诰听后顿时醒悟，从此对徐知谔更加优厚起来。

到后唐清泰二年十月，徐知诰又向篡位迈进了一步。吴国加封其为尚父、太师、大丞相、大元帅，晋封齐王，享受特殊礼仪，以昇州、润州、宣州、池州、歙州、常州、江州、饶州、信州、海州十州为齐国，徐知诰推辞尚父、丞相，也不接受特殊礼仪。次年，徐知诰又任命其长子徐景通为太尉、副元帅，都统判官宋齐丘、行军司马徐玠为元帅府左右司马。同年，荆南国高从诲就派人送给徐知诰书信，劝说其登基称帝。虽然徐知诰宠爱次子徐景迁，可是徐景迁无福消受，年纪轻轻就得了重病，无法处理政务，徐知诰只好将其免职，改任三子徐景遂代为门下侍郎、参政事。

当清泰三年年初，徐知诰开始设置大元帅府，以原来的幕僚分别主管吏部、户部、礼部、兵部、刑部、工部、盐铁事务，正式在吴国内部形成“国中之国”，也预示了行将取代吴国。就在同年，当后唐末帝李从珂与后晋高祖石敬瑭打得不可开交之时，徐知诰也加紧了篡位的步伐。他觉得荆南节度使、太尉兼中书令李德诚和德胜节度使兼中书令周本二人德高望重，想让二位率领群臣推戴自己。周本说道：“我受先王大恩，自从徐温父子把持朝政以来，我恨不能解救杨氏之危，又指使我干出这等事来，这可能吗！”其子周弘祚再三请求，周本不得已才与李德诚一起率领众将前往扬州，上书吴王，称颂徐知诰的功德，请求吴国杨溥发布册命，此后，这群人又赶赴金陵请徐知诰接受册命。宋齐丘对李德诚的儿子李建勋说道：“你父亲是吴国的佐命元勋，今天他的威望算是扫地无余了！”当时，吴王宫中总是出现妖异事件，吴王杨溥说道：“吴国国祚要结束了吗？”身边之人说道："这是天意，不是人力所能左右的啊。"

当石敬瑭入主洛阳、开始君临天下之时，徐知诰篡位的步伐也进入了倒计时。到后晋高祖天福二年（公元 937 年）年初，吴国太子杨琏娶了徐知诰之女为太子妃，与此同时，徐知诰在金陵开始修建太庙、社稷，并将金陵改名为江宁府，牙城成为宫城，厅堂改称为殿，又任命左右司马宋齐丘、徐玠为左右丞相，以马步判官周宗、内枢判官周廷玉为内枢密使。其余百官均仿照吴国朝廷的制度，还设置了骑兵八军和步兵九军。不久，吴王杨溥派遣宜阳王杨璟前往金陵，册封徐知诰为齐王，徐知诰接受了册命，宣布大赦境内，册王妃为王后。徐知诰册封长子徐景通为王太子，徐景通坚决推辞，没有接受。徐知诰改名为徐诰。接着，徐诰又采纳了宋齐丘的建议，打算联络契丹以夹击后晋，遂派遣使者送去美女、珍宝，契丹皇帝耶律德光也派人回报。徐景通之所以拒绝父王册封自己，就是看准了父王喜爱的是弟弟徐景迁，这番表态不过是掩人耳目而已，可是，让徐诰始料不及的是，就在他自己刚刚当上齐王之后，他最心爱的次子徐景迁就因病去世了。

在徐诰篡位过程中，毫无反抗之力的杨氏子弟还是进行了有限的抗争。历阳公杨濛见吴国行将灭亡，后晋天福二年（公元 937 年）八月十五日，他决定孤注一掷，杀掉了看管自己的军使王宏，王宏的儿子领兵前来，杨濛又将其射杀。环顾吴国境内，再无投身之处，杨濛想到周本是开国元勋，就率领两名骑兵朝庐州（今安徽省合肥市）而来，想投靠周本。周本听说杨濛来了，要出门相见，其子周弘祚苦苦劝谏，周本大怒道："我家郎君来了，为何不让我与他见面！"周弘祚紧闭家门，就是不让周本出门，并派人把杨濛逮捕，送往扬州。徐诰派人谎称奉吴王之命将杨濛在采石杀掉，追废其为忤逆平民，并将其从吴国皇家户籍中剔除。侍卫军使郭悰又在和州诛杀了杨濛的妻子儿女，徐诰趁机把责任推到郭悰的身上，将其贬到了池州。

在徐诰早已把持了吴国朝政的前提下，杨濛的抗争都是徒劳的，相反，吴国国内劝进的声浪却日益高涨。吴国司徒、门下侍郎、同平章事、内枢密使、忠武节度使王令谋已行将就木，还不辞辛苦亲自赶往金陵劝进，有人劝他推辞，他却说："齐王大事还未完成，我岂敢只顾个人安逸！"不久，王令谋就一病不起，病中还劝说徐诰接受禅让。到后晋天福二年八月，吴王杨溥终于下诏宣布禅让给齐王徐诰。李德诚等人再次赶往金陵，率领百官劝进，唯独宋齐丘不在劝进表上签字。九月，吴王杨溥又派遣江夏王杨璘携带玉玺送给了齐王徐诰。十月五日，齐王徐诰在金陵登基称帝，宣布大赦，改元昇元元年，建立国号大唐，为区别于之前的唐朝和后唐，史称南唐。徐诰追尊武王徐温为武皇帝。次日，徐诰又派遣徐玠来到扬州，叩拜杨溥称："受禅老臣徐诰拜谒上皇帝尊号为高尚思玄弘古让皇，宫室、车马、服饰照旧，宗庙、年号、徽章、服色均遵照吴国制度。"八日，南唐皇帝徐诰又册封五弟徐知证为江王、六弟徐知谔为饶王；任命吴国太子杨琏兼任平卢节度使兼中书令，封弘农公。吴国至此灭亡。吴国的建立是渐进性的，很难说清楚是什么时候建立的，假如从杨行密最先进入扬州时算起的话，就存续了五十一年，而从杨隆演称吴王算起的话，则是二十八年，从杨溥称帝算起的话，仅十一年。

新登基即位的南唐先主徐诰在天泉阁设宴款待群臣。席间，李德诚说道："陛下上应天命，下顺人心，唯独宋齐丘不高兴。"遂拿出宋齐丘劝阻李德诚劝进的书信，徐诰看也不看，说道："宋齐丘是我三十年的旧相识，肯定不会对不起我的。"宋齐丘叩头谢罪。十月十日，徐诰上书杨溥，按照道教经典里出现过的字眼，更改了杨溥所居住的宫殿名，显然，这是暗示让皇杨溥不问世事，修身养性。杨溥自然明白，就经常身穿道袍，学习辟谷之术。十二日，徐诰下诏将吴国宗室、建安王杨珙等十二人的爵位由王降为公，同时晋升官职、增加食邑。十七日，徐诰任命吴国同平章事张延翰、门下侍郎张居咏、中书侍郎李建勋为同平章事；让皇杨溥以徐诰所送奏表，回信表示不敢当，请求徐诰更改，徐诰没有同意。十八日，徐诰加封宋齐丘为大司徒。在吴国时期，宋齐丘作为徐知诰的心腹被委以重任，掌握着吴国的实权，然而，在徐知诰篡位之际，宋齐丘因为种种原因行动并不积极，从而失去了徐知诰的宠信，南唐建立之后，虽然宋齐丘仍然身为左丞相，但已被剥夺了实权，南唐朝廷的大权实际上掌握在张延翰、张居咏、李建勋三个新任命的宰相手中，这让宋齐丘十分不满。如今，为了安抚宋齐丘，徐诰又将他晋升为大司徒，当宋齐丘听见诏书上称：君臣二人是"布衣之交"时，当场提出异议，说道："臣为布衣时，陛下是刺史；如今陛下是天子，大可不必再用老臣了！"弄得徐诰十分尴尬。等宋齐丘回到家中后，回想起来也很是后悔，又上书谢罪，徐诰亲笔写信安慰，但并不更改前命。过了很久，宋齐丘不知该如何讨好徐诰，就上书请求把让皇杨溥迁居他处，并把吴国太子杨琏贬至边地，解除徐诰之女与杨琏的婚姻关系，但徐诰都没有采纳。二十六日，徐诰册封王后宋氏为皇后。二十九日，徐诰晋封皇长子、诸道都统、判元帅府事徐景通为诸道副元帅、判六军诸卫事、太尉、尚书令、吴王。十一月六日，徐诰将长子徐景通改名为徐璟。徐诰赐女儿、吴国太子妃徐氏为永兴公主，徐氏每当听人称呼自己公主时，自然而然就会想到婆家的国家被自己的父亲篡夺，都会流泪不止。九日，徐诰册封三子徐景遂为吉王、侍中、东都留守、江都尹；以四子徐景达为寿阳公。徐诰一生一共有五子七女，五子分别是：徐景通、徐景迁、徐景遂、徐景达、徐景逷；七女分别是：永兴公主、丰城公主、盛唐公主、太和公主、建昌公主、玉山公主、兴国公主。徐景迁本有夺嫡之望，可惜的是，他在南唐立国之前刚刚去世，终年十九岁。

一一〇 天福初年

回过头来继续说刚刚建立的后晋。

在石敬瑭反后唐时，后唐各地不少军镇也都趁机发动了叛乱，当石敬瑭进入洛阳之后，全国各地在短时间内仍然动荡不已。曹州刺史郑阮贪婪残暴，曹州指挥使石重立趁乱将其杀死，并将灭门；成德节度使董温琪同样贪婪残暴，聚敛了巨额财物，以牙内都虞候祕琼为心腹。等到董温琪与赵德钧父子一起被送至契丹国内后，祕琼觊觎其家钱财，就杀害了董温琪的全家，自称留后，向后晋朝廷谎称发生了兵变；同州小校门铎也杀掉了节度使杨汉宾，焚烧了州城。同时，受到石敬瑭入洛的影响，后唐安远（治所今湖北省安陆市）节度使卢文进听说石敬瑭是契丹人所立，自忖自己本为契丹降将，遂杀掉节度副使，率领亲兵叛逃到了吴国。

后晋高祖天福二年（公元 937 年）一月，后晋高祖石敬瑭下诏任命前北面招收指挥使安重荣为成德节度使，将祕琼改调为齐州防御使，并派引进使王景崇前去说服祕琼。安重荣与契丹将领赵思温（后唐降将）一起率领大军来到镇州，祕琼不敢抗命。王景崇，邢州人。为人明敏巧辩，擅长侍奉上级。唐明宗镇守邢州时，任命其为牙将。后唐末帝素来就与天雄节度使范延光关系很好，等赵德钧团柏战败后，范延光也领兵从辽州返回了魏州，虽然上书后晋高祖石敬瑭表示归降，但内心一直忐忑不安，曾派遣牙将范郸给祕琼送信，想与成德镇结盟对抗后晋朝廷。祕琼接到范延光的书信后，但并没有回复，范延光对祕琼怀恨在心，同时担心他会泄露了自己的阴谋。等祕琼途经天雄军前往齐州上任时，为了杀人灭口，范延光派遣精锐骑兵在夏津（今河北省清河县境内）将祕琼全家杀害，祕琼刚刚到手的董温琪家的财宝、女伎，也都落入范延光之手了。天福二年一月十四日，范延光向后晋朝廷禀报称，夏津捕盗兵误杀了祕琼，石敬瑭未予追究。

契丹皇帝耶律德光从上党北返时，途经云州（今山西省大同市），大同节度使沙彦珣出城相迎，耶律德光遂将其扣留下来。节度判官吴峦在城内对守军们说道：“我中华乃礼仪之邦，岂可臣服夷狄呢！”众人一致推举他主持州务，关闭城门，不接受契丹人的命令。耶律德光大怒下令进攻，但经过半年的进攻，始终无法破城，后来，吴峦派人向后晋朝廷求救，石敬瑭给耶律德光写信替吴峦求情，耶律德光才命令契丹军队撤离，石敬瑭改任吴峦为武宁节度副使。吴峦，字宝川，年少好学，后唐明宗时担任沙彦珣的从事，后晋升为节度判官。《辽史》则称，耶律德光派遣崔廷勋领兵围城，后耶律德光亲征，说降了吴峦，与《旧五代史》的记载不同，《资治通鉴》采纳了《旧五代史》的记载。

石敬瑭将应州划归契丹人后，应州（今山西省应县）马军都指挥使郭崇威耻于当契丹人的臣子，毅然南归。郭崇威，应州人，他稳重宽厚，沉默寡言，有谋略。父祖都是代北的酋长，他二十岁时投军，累迁至应州马军都指挥使。后来，后周太祖郭威登基以后，为了避讳，郭崇威改名为郭崇。

耶律德光率军途经新州（今河北省涿鹿县）时，此时新州也被划归契丹，耶律德光遂命令威塞（治所新州）节度使翟璋筹措十万串犒赏军队的赏钱。翟璋是员猛将，被人比作老虎，有“痴虎”之名。后唐时期，历任邺都马步军都指挥使领平州刺史、复州防御使、威塞军节度使等职。山北历来贫瘠，契丹人的命令让百姓们苦不堪言，生活陷入极端困顿之中。当初，在耶律阿保机时期，相继征服了室韦、奚人、霫人，奚王去诸不堪忍受契丹的压迫，率领部众逃往到了妫州（今河北省怀来县），依附于唐朝末年幽州节度使刘仁恭父子，号称西奚。去诸去世后，其子扫剌继位，唐庄宗灭掉刘守光后，给扫剌赐名为李绍威。李绍威原来娶了契丹舍利（契丹统兵官）逐不鲁的姐姐为妻，后来，逐不鲁在契丹犯法，投奔李绍威，李绍威收留了逐不鲁，契丹人很恼火，发兵进攻李绍威，但没有得手。此后，李绍威、逐不鲁相继去世，李绍威的儿子拽剌继任西奚奚王。如今，拽剌慑于契丹的兵威向耶律德光投降，耶律德光说道：“你确实无罪，这是扫剌和逐不鲁背叛了我。”遂命人挖出二人的尸骨，挫成粉末，撒入风中。耶律德光欺骗翟璋说：“我想法再给你找个继任者，让你南返。”翟璋信以为真，就上书后晋朝廷请求返回中原，但不久，契丹人又派其领兵围困云州以及叛乱的奚人，见翟璋立下了军功，耶律德光又食言了，不让他南返了。翟璋在契丹国内郁郁不乐，很快就得病而死了。

后晋刚刚得到天下，国内很多藩镇都没有明确表态服从新朝廷，一些表态臣服的藩镇，也大多心存观望。战乱之余，国库十分空虚，百姓也非常贫困，而契丹人又贪得无厌，不断勒索。新任宰相桑维翰劝说石敬瑭对各个方镇大员都要推诚相见，忘掉昔日的怨恨，以安抚各地；对契丹人则卑躬屈膝，尽力讨好；对内则整顿军队，加强战备，劝课农桑，鼓励商贸，经济得以稍稍恢复。

范延光始终内心不安，聚集军队，修缮武器，还把辖区之内的刺史们都召集到魏州，时刻准备脱离后晋朝廷。后晋朝廷很快就得知了这一消息，桑维翰对石敬瑭说道："大梁北面控制着燕赵之地，南面则连接长江、淮河流域，是水路陆路交通的交会点，府库十分充裕。如今，范延光谋反的迹象已经显露出来，大梁距离魏州不过十个驿站（三百里）的路途，魏州一旦有变，我平叛大军很快就能赶到，正所谓迅雷不及掩耳之势啊。"石敬瑭也有迁都大梁之意，遂于天福二年三月十三日下诏，借口洛阳漕运困难，粮食不足，决定东巡大梁。二十七日，石敬瑭从洛阳出发，留下前朔方节度使张从宾担任东都（洛阳）巡检使。四月四日，石敬瑭抵达大梁，次日，下诏大赦天下。大赦令中称："本日之前各道州府所欠赋税一律黜免。凡是清泰元年所欠各司钱物，一律免除。昨天，我经过荥阳县时，见路边有因虫灾和旱灾导致庄稼减产的耕地，已派人负责调查酌情减免赋税。河阳辖区酿酒人家所欠天福元年闰十一月二十五日以前的酒税，一律减免。各处经历战火的，也照此办理。清泰年间被处死的，允许家属收敛安葬。全国凡是八十岁以上的老人，免除一个儿子的劳役，并授予老人当地官府高等佐官官衔。后梁原滑州节度使王彦章尽忠为国，流芳千代，破格追赠为太师，其子孙随才录用。各道因反抗前朝暴政而啸聚山林的，各地官府要予以招抚，令其恢复旧业。本日之前为非的，一律不予追究，如果从今往后两个月不归的，则照样论罪。"十五日加授宣武节度使杨光远兼侍中。

五月一日，石敬瑭驾临崇元殿接受朝贺，因洛阳、魏州辖区稍有旱灾，下诏减免两地五分之一的赋税。五日，石敬瑭下诏将入居的汴州牙城暂时命名为大宁宫。二十一日，石敬瑭下诏晋封天雄节度使范延光为临清王，加食邑三千户；凤翔节度使李从曮为岐王；二十五日，又晋封平卢节度使王建立为临淄王；调任昭信节度使、侍卫马军都指挥使景延广为宁江军节度使，典侍卫马军如故。又下诏追赠自己的先祖为皇帝。

按：石敬瑭有两个叔父：石万友、石万诠；一个哥哥六个弟弟，哥哥是石敬儒（早死），六个弟弟（不知亲疏）分别是：石敬威（堂弟、石万友所生）、石敬德、石敬殷、石敬赟（堂弟、石万友所生）、石敬晖（堂弟、石万诠所生）、石重胤（石敬瑭喜爱，以弟为子，有人认为石重胤就是以前被杀的石敬瑭的儿子石重裔）。七个儿子：石重贵（石敬儒之子、石敬瑭养子）、石重英（又记作石重殷）、石重信、石重乂、石重进、石重睿、石重杲，《资治通鉴》又有石重裔之名。在石敬瑭即位之前，他两个叔父、一个哥哥以及弟弟石敬殷、五儿子石重进都已经死了，到他造反后，三个弟弟石敬威、石敬德、石重胤、石重英（石重殷）被杀，另有石重进，不知何时去世，石重杲，小字冯六，生下就夭折了。因此，到他即位之后，堂弟中只剩下石敬赟、石敬晖二人，儿子中只剩下养子石重贵、石重信、石重乂、石重睿四人。

二十七日，石敬瑭下诏任命中书舍人、权知贡举王延为御史中丞；翰林学士承旨、兵部侍郎程逊为检校礼部尚书、太常卿；检校吏部尚书、太常卿梁文矩为吏部尚书；御史中丞张昭远为户部侍郎；吏部尚书卢文纪为太子少傅。不久，又任命翰林学士、礼部侍郎和凝为端明殿学士。和凝当上学士后，在大门上写上不接待来客的告白，前耀州团练推官张谊给和凝写信，认为和凝所任之官是天子近臣，也是天子的耳目，应当了解各地情况，为何要不接待宾客，虽然自己安生了，却辜负了国家的期望。和凝觉得张谊是个人才，就推荐给了桑维翰，不久，朝廷就提拔张谊为左拾遗。张谊上书称："契丹人有佐命之功，对他们应当继续友好，但内部要加强边防，切不可放松警惕，以防引起他们的野心。"石敬瑭深以为然。

王延，字世美，郑州人。年少学儒，擅长辞赋，后被推荐为即墨县令，明宗时期，其同乡司马冯道、赵凤担任宰相，提拔其为左补阙，不久，又晋升为水部员外、知制诰，中书舍人。清泰末年，以本官权知贡举。前任宰相崔协素来与吏部尚书卢文纪不和，崔协之子崔颀应举，卢文纪告诫王延说："你素来严谨厚重，所以我在相位时才推荐你担任中书舍人，现在你主持科举考试，举子们有很多是熟面孔。有个寓言不是说过：'一个南方擅长游泳的人生下一子，婴儿刚生一百天，乳母就把孩子放进水中。有人大吃一惊，赶忙制止，乳母却说他父亲擅长游泳，儿子一定淹不死。'如今，如果仅凭名字门第取士，与此相似，舍人你可要选拔真才实学啊。"王延退下后对人说道："卢大人说这番话是冲着崔颀来的啊，就算与其父不和，何必如此呢！"遂不听卢文纪之言，仍然让崔颀高中了。程逊，字浮休，寿春人。天福三年秋，出使吴越，返回途中溺水而亡。《十国春秋》记载：程逊曾经写了一首诗："幽室有时闻雁叫，空庭无路见蟾光。"同僚见了，都觉得诗的意境很怪异，不久，他就溺亡了。梁文矩，字德仪，郓州人。其父梁景，官至秘书少监。后梁时期，梁文矩历任秘书郎、项城令、兖州观察判官。后唐时期，担任李嗣源的掌书记。明宗即位后，历任谏议大夫、御史中丞、吏部侍郎、礼部尚书、西都副留守、兵部尚书。末帝即位后，改任其为太常卿。梁文矩生平喜欢道教清净之术，搜集有数千卷道教书籍。

一一一 天雄之乱（一）

范延光平素把天雄军镇的军务都交由元随左都押牙孙锐处理，孙锐自恃有范延光撑腰，下级的汇报稍不如意，竟然当着范延光的面撕掉。天福二年五月，范延光生病了十余日，孙锐趁机偷偷召来澶州刺史冯晖，一起商议逼迫范延光谋反，而范延光也想到那位张生的预言，就同意了。

六月十三日，奉命出使天雄军的六宅使张言回到了大梁，上奏石敬瑭称范延光已经反了；义成节度使符彦饶也上奏称范延光派兵南渡黄河，焚烧了滑州城外的草屋市场，并传闻范延光已经到了黎阳，请求发兵防御。石敬瑭派遣客省使李守贞前去范延光处问罪，又命令侍卫马军都指挥使、昭信节度使白奉进率领一千五百骑兵赶赴白马津（今滑州古黄河南岸渡口）巡逻。李守贞，河阳人，原为本郡牙将，石敬瑭即位后，被任命为客省使。白奉进，字德升，云州人，他擅长骑射，年少就追随晋王李克用，夹寨之战中，白奉进最先杀入敌军，晋王李存勖见状，对其赞赏有加，此后夹河之战中，他又屡立战功，被晋升为龙武指挥使。魏王李继岌伐蜀时，他被提拔为亲军指挥使，此后，历任捧圣右厢都指挥使、唐州刺史。白奉进的女儿嫁给了石敬瑭的二儿子石重信，所以石敬瑭对白奉进非常倚重，等他即位后，就召回了白奉进，让他担任护圣左厢都指挥使，又晋升为护圣左右厢都指挥使、领昭信军节度使、充侍卫马军都指挥使。

六月十六日，石敬瑭下诏任命东都巡检使张从宾为魏州西南面都部署。十七日，石敬瑭派遣侍卫都军使杨光远率领一万步骑进驻滑州。十八日，又派护圣都指挥使杜重威领兵进驻卫州。杜重威，祖上是朔州人，后来迁居太原，其祖父杜兴曾任振武军牙将，父亲杜堆金曾任晋王李克用的先锋使。杜重威自幼侍奉李嗣源，杜重威是石敬瑭的妹夫，石敬瑭称帝后，就任命其掌管禁卫军。

范延光任命冯晖为都部署，孙锐为兵马都监，率领两万步骑进抵黎阳渡口（今河南省浚县南古黄河渡口）。六月二十日，杨光远上奏称，自己已经领兵渡过了胡梁渡口（今河南省滑县古黄河北岸渡口）。二十六日，石敬瑭任命侍卫使杨光远为魏府四面都部署，张从宾为副部署兼各军都虞候，昭义节度使高行周率领本部进驻相州（今河南省安阳市），为魏府四面都部署。士兵郭威原是刘知远的部下，应当随杨光远北征，郭威请刘知远留下自己。有人询问缘故，郭威说道："杨大人素来没有英雄之气，得到我有什么用处？我看能重用我的还是刘大人啊！"据《宋史·李琼传》记载，郭威与李琼等十人从军之后，结拜为兄弟，李琼见郭威不是寻常之人，就建议："我们是兄弟，龙蛇混杂，将来富贵了都不要相忘，谁违背誓言，神明降罪！"遂将胳膊刺出鲜血发誓。李琼与郭威二人关系最好，一天，他见李琼正襟危坐正读书，就问李琼读的什么书，李琼回答："这是《阃外春秋》，讲的是以正道守国、以奇策用兵之事，对比以往存亡的经验教训，记载古代贤愚成败的事迹。"郭威就说："哥哥你要教我。"从此以后，郭威随身就带着这本书，一有空就读。郭威聪明伶俐，曾在石敬瑭麾下负责军籍事务，此后，刘知远担任侍卫马步都虞候时，又把他召至身边任职，成为刘知远的心腹。

范延光反叛之后，石敬瑭曾对侍臣们说道："朕虽德薄寡谋，自以为不在范延光之下，而冯晖、孙锐过于儿戏，很快就会被擒，怎能抗拒大军！"然而，东都洛阳却突然发生了变故，让他着实吓得不轻。

后晋朝廷命令张从宾率领数千人赶赴前线，而范延光则派人引诱张从宾一起造反，张从宾遂决定起兵响应。当时，张从宾领兵驻扎在河阳，就杀掉了石敬瑭的儿子、河阳节度使石重信，以前河南尹张全义之子、上将军张继祚为河阳留后，自己则领兵返回洛阳，又杀掉了石敬瑭的另外一个儿子、权东都留守石重乂，任命东都副留守、都巡检使张延播为知河南府事。张从宾下令取出内库的钱财赏赐士兵，留守判官李遐不从，乱兵将其杀掉。张从宾领兵东进至汜水关，将要进逼大梁。石敬瑭听说后，大吃一惊，赶忙下诏命令奉国都指挥使侯益率领五千禁卫军，会同杜重威一起讨伐张从宾，又下诏命令宣慰使刘处让从黎阳分出一部分军队协助。当时，军令众多，朝廷百官无不震恐，唯独桑维翰泰然自若，从容指挥，接见宾客还像往常一样，人心才稍稍安定下来。

七月，张从宾所部进攻汜水关，杀了巡检使宋廷浩（后唐天德节度使宋瑶之子、后汉义成节度使宋延渥之父），石敬瑭大惊，身穿军服，准备轻装骑兵，将要北逃到晋阳避难。桑维翰叩头苦苦劝谏说："敌人兵锋虽盛，但不能持久，请陛下稍稍等待一下，不可轻举妄动。”石敬瑭这才作罢。除了引诱张从宾之外，范延光还派出很多使者携带蜡丸密信，赶赴各地，引诱那些在新朝中的失意者。右武卫上将军娄继英、右卫大将军尹晖当时都在大梁，温韬之子温延濬、温延沼、温延衮都在许州，纷纷响应。范延光命温延濬兄弟夺取许州，三人已经聚集了上千人。娄继英和尹晖阴谋败露，二人逃出大梁。七月二日，石敬瑭下诏称：“范延光有意诬陷忠良，从今以后再捕获范延光的间谍，都有赏赐，杀掉间谍，焚毁蜡丸书信，不用再上奏了。”尹晖打算逃到吴国，途中被人所杀。娄继英与温延沼是儿女亲家，逃往许州，投靠温氏兄弟。忠武节度使苌从简守备严密，温氏兄弟没有动手的机会，转而想杀掉娄继英自保。温延沼劝阻后，建议一起投奔张从宾，然而，娄继英已经知道了温氏兄弟曾经要出卖自己，等到张从宾军中后，就劝说张从宾杀了三人。

一波未平一波又起。

白奉进率领三千骑兵进驻滑州，一天深夜，有军士抢劫居民，白奉进领兵搜捕，最终抓获了五个人，其中有三个人是白奉进的部下，两个人是滑州节度使符彦饶的部下，白奉进下令将这五人全部处斩了。符彦饶得知后，因其不先禀报自己而勃然大怒。次日，有人劝说白奉进去向符彦饶道歉，白奉进觉得有理，就带了数名骑兵来到符彦饶的牙城。符彦饶说道：“军法各有归属，为何将我滑州士兵一起处斩，完全没有主客之义！”白奉进也不依不饶，说道：“军士犯法，还分什么彼此！今天，我已经引咎向大人道歉了，而大人却一直不息怒，莫非你是想与范延光一起谋反吗？”遂拂袖而去，符彦饶也不挽留。其帐下亲兵突然高喊，抓住白奉进，将其杀掉。

白奉进的随从骑兵飞马而出，在外面大呼，城内各军纷纷披上铠甲，手持武器，喧哗吵闹，无法禁止。奉国左厢都指挥使马万不知该如何是好，打算率领步兵作乱，遇到右厢都指挥使卢顺密率领本部人马出营，厉声对马万说道：“符大人擅自杀了白大人，肯定与魏州乱兵勾结起来了，这里距离行宫仅二百里，我们以及士兵们的家眷都在大梁，为何不思报国，反而想帮助乱兵，自己想灭族吗？如今，我们该一起生擒符大人，送给天子，建立大功才是。士兵们服从命令的有赏，抗命不遵的诛杀，不要再迟疑了！”马万的手下还有数人在喊叫，卢顺密下令斩杀了数人，众人遂不敢乱动了。马万不得已只好从命，与奉国都虞候方太等人领兵一起进攻牙城，活捉了符彦饶，令方太将其押往大梁。七月四日，石敬瑭下令将符彦饶在班荆馆将其斩杀，其众多兄弟一律不予追究。杨光远领兵从白皋（今河南省滑县北黄河渡口）直奔滑州，军中听说滑州兵变的消息，也打算推举杨光远为主。杨光远说道："天子岂能是你等可以买卖的货物？我们在晋阳投降，是出于无奈，如今如果真的要改变主意，那才真是反贼了！"其部下才不敢再言了。方太，字伯宗，青州人，后担任杨光远的部下。卢顺密，汶阳人，原系后梁戴思远的步兵军官，夹河之战中，卢顺密投靠了庄宗。明宗即位后，他被任命为数郡太守，他性格忠厚，有仁爱之名。马万，澶州人，水性很好。夹河之战时，庄宗在德胜渡口、在黄河两岸设置了南北两座大寨，后梁军队猛攻南寨，守将氏延赏向庄宗告急。庄宗隔河眺望，无可奈何，从军中招募会水之人，当时，马万兄弟都应募了，由此升任水军小校，后一直晋升到奉国左厢都指挥使。石敬瑭见滑州上奏都以马万为首，就破格提拔马万为义成节度使，以卢顺密为果州团练使，方太为赵州刺史，不久才得知全是卢顺密之功，就改任其为昭义留后。

一一二 天雄之乱（二）

当时，魏州、孟州、滑州三镇相继发生叛乱，人心恐惧，石敬瑭向刘知远问计。

刘知远回答："帝王的兴起，自有天命。陛下昔日在晋阳时，粮食不够吃五天的，但很快就建立了帝业。如今，天下已经安定，国内有精兵，北面又结好强大的契丹，这些鼠辈们又能怎样？希望陛下以恩信安抚好将相们，臣则以严令约束住士兵们，恩威并用，京师自然安定，根本牢固了，枝叶自然不会受到伤害了。"刘知远遂下令严格军纪，宿卫各军无人敢于犯禁。一个士兵偷了人家一堆纸钱，失主捉住他，刘知远的左右请求放了此人。刘知远却说："我只追究他偷没有偷，不论偷来的东西究竟值多少钱。"最终下令杀了那人。

七月五日，石敬瑭任命杨光远为魏府行营都招讨使兼知行府事；以昭义节度使高行周为河南尹、东京留守；以杜重威为昭义节度使、充侍卫马军都指挥使；以侯益为河阳节度使。石敬瑭问侯益："社稷危如累卵，爱卿能替朕赴死吗？"侯益回答："我愿率领五千精兵，一定能够击破叛贼。"

北线，冯晖和孙锐率军行至六明镇（今河南省浚县西南），杨光远引诱他们南渡黄河，趁其渡过一半发起攻击，叛军大败，淹死了很多人，后晋军队斩首三千级，冯晖和孙锐逃回魏州。西线后晋军也取得了胜利。杜重威和侯益领兵来到汜水关，与一万余张从宾的叛军遭遇，双方隔着汜水列阵，当即发生会战，侯益亲自擂鼓，率领数千精锐禁卫军向叛军发起猛烈的进攻，大败叛军，几乎将叛军斩杀殆尽，尸体布满汜水，汜水为之不流，后晋军队又乘胜攻克了汜水关。《旧五代史·晋书·高祖》则称，杜重威等人上奏称，攻下汜水关，破贼千人，并接收护圣指挥使曹再晟一百骑兵云云，与《宋史》《资治通鉴》所载斩杀上万人相差甚远。张从宾逃出战场，骑马北渡黄河，淹死在河中。后晋军队生擒其同党张延播、张继祚、娄继英，送至大梁后斩首，并将其灭族。史馆修撰李涛上言称张全义有保全洛阳之功，请求赦免其家族，石敬瑭下令只杀掉张继祚的妻子、儿女们。李涛，字信臣，李唐宗室之后，后唐天成初年进士及第，历任监察御史、右补阙、宋王李从厚魏博观察判官、起居舍人。后晋建立，他被改任考功员外郎、史馆修撰。史称："慷慨有大志，以经纶为己任。工为诗，笔札遒媚，性滑稽，善谐谑，亦未尝忤物，居家以孝友闻。"《石林诗话》记载，李涛性格"疏达不羁，善谐谑"，《五代史补》称，李涛为人不拘礼法，与弟弟李澣虽然非常和睦，可是李涛也往往开些令人瞠目结舌的玩笑。李澣娶了窦贞固的女儿，窦氏年龄稍大，窦氏出来拜见，李涛见了，也是望尘下拜。李澣大吃一惊，问道："大哥，你是疯了吗？新媳妇来参见大哥您，哪里还有答礼？"李涛脱口而出："我没疯，只是误认是亲家母了。"说得李澣非常尴尬。

石敬瑭下令东都留守各部门官员一律前来大梁报到；杨光远上奏称知博州张晖举城投降。安州威和只是王晖听说范延光叛乱的消息，也杀掉安远节度使周瓌，自领军府，如果范延光取胜，就依附范延光，如果后晋朝廷取胜，就投奔吴国。石敬瑭派遣右领军上将军李金全率领一千骑兵前往安州巡检，答应赦免王晖之罪，以其为唐州刺史。李金全临行之前，石敬瑭专门告诫他说："王晖之乱，罪过很大，但是考虑到一旦安州动荡，百姓们受害就大了。"遂折断箭杆为誓，答应王晖不妄杀一人。李金全，原是后唐明宗李嗣源的小奴，他擅长骑射，自幼追随李嗣源征战，后成长为一员猛将，明宗即位后，李金全曾担任数郡刺史，后担任泾州节度使，在任期间，一心聚敛财物。明宗末年，李金全受代入朝，先进贡数十匹战马，不久又进贡数十匹。明宗召见他问道："你是马多吗，为何连连进贡？"又说："你在泾州时，为政如何，是不是只想着马的事？"李金全羞愧而退。末帝即位，李金全被征召回朝。

山南东道节度使安从进恐怕王晖会逃奔吴国，特派行军司马张朏领兵会同复州军队在要道上截击。王晖果然率领乱兵大肆劫掠安州，将要逃往吴国，被部将胡进所杀。李金全来到安州后，对参与兵变的数百人进行安抚，全部送回大梁。不久，李金全又听说军校武彦和等人在兵变时，劫掠了很多财物，这些财物都藏在各人的家中，于是，他就暗中在旷野中埋下伏兵，将这数百人全部斩杀，夺取了财物。武彦和临死之前大喊："王晖是首犯，天子尚且予以赦免，我们都是胁从，有什么罪过！"石敬瑭虽然知情，不愿得罪李金全，遂不予追究。

范延光见大势已去，遂把罪过都推到孙锐身上，将其全家灭门，派人向后晋朝廷请罪。杨光远转交了范延光的奏表，后晋高祖石敬瑭不答应。

八月二十五日，石敬瑭下诏赦免了张从宾、符彦饶、王晖一党，对于逃脱一死的人均不再追究。九月五日，石敬瑭任命李金全为安远节度使。李金全以自己的心腹小吏胡汉筠（《南唐书》记作胡汉荣）为中门使，军府事务全交其处理。胡汉筠狡诈残忍，贪得无厌。石敬瑭听说后，就另派一名叫贾仁沼（《旧五代史》记作贾仁绍）的廉洁官员来代替胡汉筠，并征召胡汉筠入朝，另有委任，以保全功臣。胡汉筠自知有罪，非常害怕，就劝说李金全留下自己。十一月二十六日，李金全上书称胡汉筠病重，无法成行。李金全的旧友庞令图劝说李金全道："仁沼昔日侍奉王晏球，立下大功，王晏球要重重赏赐他，仁沼谦让不言，这是天下的忠臣啊。等分到俘获的财物后，仁沼又全部分给旧友、亲戚中的贫困之人，这是天下最廉洁的士人啊，应该接纳仁沼而送回汉筠。"胡汉筠得知后，趁夜派人翻墙进入庞令图家中，将其全家杀掉，又毒死了贾仁沼，贾仁沼舌头溃烂而死。胡汉筠与推官张纬沆瀣一气，迷惑李金全，李金全对其更加信任。

后晋天福二年很快过去，魏州围城战还在持续。在这一年，吴国被南唐所取代，徐知诰终于坐上了南唐皇帝的宝座，而北方的契丹国，也在这一年改国号为大辽，改元会同元年。《资治通鉴》记载，契丹是在这一年改国号为大辽的，而《辽史》则记载，契丹是在十年后的会同十年，攻入大梁之后才改国号大辽，改元为大同元年的。暂按《资治通鉴》，以下涉及国号遂改称辽国。

契丹皇帝耶律德光在前一年帮助石敬瑭推翻了后唐王朝，可谓一石数鸟，收获巨大，不仅不费吹灰之力就得到了燕云十六州，又夺取了大量财物、武器装备，而且还得到了很多镇守当地的精兵猛将，同时，大量汉族上层官员进入契丹社会，极大地促进了契丹国内政治文化的发展，改变了契丹国内政治生态，后晋天福二年契丹的这一次改国号，就是一场政治变革，大辽朝廷政治制度仿效中原王朝，并任用汉人，还重用赵延寿为枢密使，不久又以其为兼政事令。

天福三年（公元 938 年），后晋高祖石敬瑭还在大梁，他一方面极力满足前线统帅杨光远的各种要求，以期尽快消灭叛乱的范延光；另一方面对内大力征求直言，改革弊政，对外则努力结好辽国，稳定外部环境。同年二月三日，左散骑常侍张允上书批驳经常大赦，他说："帝王每当遇到天灾大多会颁布大赦，称之为修德。假如有两个人同时下狱，遇到赦免，那么其中一个罪有应得的就幸免惩罚，而一个无罪之人就会心怀怨恨，怨气上升，导致天灾，这不是消灾之道。"

石敬瑭下诏予以褒奖，进而要求百官各自呈上密表建言献策，由吏部尚书梁文矩等十人组成详定院先行审阅，不合理的存档，合理的执行。数月之内，提出意见建议的不足十人，石敬瑭再次下诏进行敦促。在他的敦促下，中书舍人李详上书认为：“十年以来，颁布了很多次大赦令，又允许各道节度使任用各自的亲信，而这些方镇大员们动辄就推荐数百人，以致最底层的仓库保管员、文书抄写员、戏子们、奴仆们，起家就是银青光禄大夫（从三品）的官阶，身穿紫色官袍，手持朝笏，官爵泛滥，贵贱不分。从今往后，各道领兵将校之外，各道治所所在地的州只能举荐十名大将，普通的州只能举荐都押牙、都虞候、孔目官，由朝廷任命，其余官员都交由节度使根据政绩只升迁官职而已。”石敬瑭予以采纳。河南留守高行周建议重修洛阳宫，左谏议大夫薛融劝谏道：“如今洛阳宫室虽然经过兵灾，仍然比帝尧居住的茅草屋要好很多，重修费用虽少，也比汉文帝修建露台的花费多，更何况还未打下魏州，朝廷内外经费不足，这确实不是陛下修建宫室之日，等到四海平定时再修不迟。”石敬瑭采纳了他的建议，并下诏予以褒奖。金部郎中张铸上奏称：“我见乡村中一些游民，不是他们好逸恶劳，也不是不愿安居乐业，只是因为他们种树还不及十年，垦田还不到三年，看似刚刚有了一点产业，就被县里征收沉重的徭役、赋税，以严刑相逼，所以才不得不放弃生计，逃往他处。请求陛下下令从今往后，凡是百姓开垦荒地五顷以上的，三年以后县里才能征收赋税。”石敬瑭也采纳了。

一一三　天雄之乱（三）

在对外方面，石敬瑭对辽国态度非常恭顺。

天福三年八月，石敬瑭派遣司马冯道为太后册礼使、尚书左仆射刘昫为辽国皇帝册礼使，在盛大的仪仗队、车队的护送下，前往辽国，向辽国皇帝耶律德光和述律太后呈献尊号，上述律太后尊号为广德至仁昭烈崇简应天皇太后，上耶律德光尊号为睿文神武法天启运明德章信至道广敬昭孝嗣圣皇帝。后晋又派遣赵莹携带幽云十六州的图籍献给辽国。耶律德光大喜，下诏以皇都为上京，府为临潢府；升幽州为南京，南京（今辽宁省辽阳市）为东京；改新州为奉圣州，武州为归化州。升南北两院以及乙室夷离堇为王，以主簿为令，以令为刺史，以刺史为节度使等等。

石敬瑭对辽国非常谦恭，上书称臣，称耶律德光为父亲皇帝；每当辽国使者前来，他都会在别殿叩拜，接受诏书。每年除了向辽国进贡三十万金帛之外，红白喜事、节日馈赠，所送礼物更是数不胜数，络绎不绝，对述律太后、元帅太子（耶律德光弟弟耶律李胡）、伟王耶律宛（耶律李胡次子）、南北二王以及韩延徽、赵延寿等辽国高官也都有贿赂。契丹人稍不如意，就派人前来斥责，石敬瑭经常低声下气，连连谢罪。后晋的使者来到辽国，契丹人总是态度傲慢，说了很多无礼之言，等到使者回到朝廷，朝野上下都深感羞耻，可是，石敬瑭却没有一点反感之意，所以，在他在位期间，后晋与辽国之间一直没有出现太大的矛盾。不过，石敬瑭也不是毫无心眼，虽然每年献给辽国的三十万金帛不过是数县的赋税总额，不足以对后晋伤筋动骨，即便如此，石敬瑭也常常借口百姓困顿，没有足额进贡给契丹人，此后，辽国皇帝屡屡劝说石敬瑭不要再上表称臣了，只让其像一家人一样称“儿皇帝”即可。

当初辽国得到幽州之后，改名南京，以后唐降将赵思温为南京留守。赵思温的儿子赵延照在后晋为官，担任后晋祁州刺史。赵思温暗中命其子赵延照给石敬瑭传话，称辽国国内终将发生大变，请求石敬瑭允许自己以幽州回归中原，但石敬瑭没有答应。南唐建立之后，也派人出使辽国，试图南北夹击后晋，等辽国派遣使者到南唐回访时，南唐宋齐丘就建议南唐皇帝徐知诰给使者馈赠丰厚的财物，等到辽国使者北渡淮河之后，又暗中派人将其诛杀，企图嫁祸于后晋，离间后晋与辽国之间的关系，显然，在石敬瑭的"努力"下，宋齐丘的计策并没有得手。

魏州平叛战争从天福二年六月一直打到次年八月，期间，平叛军统帅杨光远自恃手握重兵，经常干预朝政，屡屡抗命，石敬瑭不得已只好曲意顺从。为了拉拢杨光远，石敬瑭任命其子杨承祚为左威卫将军，还把女儿长安公主嫁给了他，又将杨光远的次子杨承信也授予一个美差。

到天福三年（公元938年）八月八日，杨光远上奏称，前澶州刺史冯晖从广晋城内出战，趁机归降了后晋军，并称城内的范延光军粮已经吃尽，到了山穷水尽的地步了。十五日，石敬瑭下诏任命冯晖为义成节度使。战争进行了一年有余，范延光支撑不下去了，后晋朝廷同样也不想继续打下去了，后晋军队早已疲惫不堪，国内百姓也无力再承担沉重的徭役，石敬瑭遂派遣宦官朱宪进入魏州城内，传达口谕，答应给范延光同样一座军镇，并发誓说："如果你投降之后我再杀了你，太阳在上，我将失去我的帝国。"赐给范延光铁券。范延光对节度副使李式说道："主上注重信义，答应不杀我，就肯定不会杀我了。"遂撤去了魏州的守备，然而，依然犹豫不决。宣徽南院使刘处让再次入城劝说，范延光这才最终下定了决心。

九月一日，杨光远将范延光的两个儿子范守图和范守英送到大梁。八日，石敬瑭的诏书送到广晋，范延光率领魏州守军身穿白色衣服，在内城门外谢罪，使者传达了诏命，释放了他们。

九月二十四日，杨光远上表请求入朝，石敬瑭下诏以刘处让暂时主管天雄军府事。次日，石敬瑭下诏任命范延光为天平节度使，凡是广晋城内军民今日之前的罪责一律不予追究，那些张从宾、符彦饶的余党以及官军中逃入城内的，也一律赦免。范延光的心腹将佐李式、孙汉威、薛霸等人都任命为防御使、团练使、刺史一级，天雄军牙兵都升为侍卫亲军。河阳行军司马李彦珣素来就对父母不孝，从未供养过在老家的父母，张从宾叛乱后，李彦珣也随之造反，等张从宾败死后，李彦珣辗转到入魏州，范延光以其为步军都监，命其防守城池。杨光远曾经抓住其母，拉到魏州城下，想招降李彦珣，谁知李彦珣竟然弯弓搭箭，一箭射杀了自己的母亲。等范延光投降后，石敬瑭也任命李彦珣为坊州刺史。近臣上奏称李彦珣杀死自己的母亲，杀母之罪属于十恶不赦的大罪，石敬瑭说道："已经颁布了赦免令，就不可再更改了。"遂送其上任去了。

九月二十六日，石敬瑭任命杨光远为天雄节度使。十月五日，辽国派来使者加封石敬瑭为英武明义皇帝。

石敬瑭考虑到大梁是南北漕运枢纽，决定迁都大梁，七日，他下诏以汴州为东京，改汴州为开封府；将东都洛阳改称西京；将西京长安改称晋昌军镇。石敬瑭派遣兵部尚书王权出使辽国谢恩，王权深以为耻，对人说道："我老了啊，岂能向帐篷内的蛮夷之主屈膝！"遂以年老推辞。石敬瑭大怒，将王权免官。太常卿上奏称："如今建立东京，可是宗庙、社稷都在西京，请求迁至东京。"石敬瑭没有同意，只说："暂且照旧。"

当初，郭崇韬被杀后，宰相很少再兼任枢密使了，等石敬瑭即位后，因军务繁重，就让桑维翰和李崧兼任了枢密使，这让宣徽使刘处让以及宦官们很不高兴。等杨光远领兵包围广晋（魏州、石敬瑭即位后改名，今河北省大名县）后，刘处让多次奉命往来于朝廷和前线之间，传达诏命，杨光远提出很多无理要求，石敬瑭不便表态，总是模棱两可，就让桑维翰出面拒绝了杨光远很多要求。杨光远就在刘处让跟前发牢骚，刘处让说："这都是执政大臣们的意思。"杨光远遂对桑维翰非常恼火。等到范延光投降后，杨光远向石敬瑭呈递密表，说了桑维翰等人很多坏话，石敬瑭当然知道其中的原委，可是为了安抚杨光远，他又不得不免去桑维翰、李崧的枢密使一职，加授桑维翰兵部尚书，李崧工部尚书，而改任刘处让为枢密使。

范延光到天平军上任不久就上书朝廷，自请入朝，回到朝廷后，他又上书提出退休。石敬瑭顺水推舟，下诏命其以太子太师的身份退休，居住在大梁。此后，石敬瑭每次设宴招待群臣，对他的态度与对其他人没什么两样。当初范延光叛乱时，相州刺史王景拒绝从命，战后，石敬瑭提拔其为耀州团练使。

石敬瑭在天福三年总算终结了天雄军的叛乱，如今的范延光已经等同于阶下囚，对后晋朝廷再无威胁了，然而，在平乱过程中，新任天雄节度使杨光远的表现却令石敬瑭非常不安。考虑到杨光远跋扈难以驾驭，石敬瑭采纳了桑维翰的建议，将杨光远调离经常发动兵变的天雄军，采取明升暗降之策，加授杨光远为太尉，任命其为西京留守兼河阳节度使。杨光远从此开始心生怨恨起来，暗中给契丹人送去贿赂，向契丹人鸣冤，并豢养了上千亲军，蓄积力量，等待时机。十一月八日，后晋朝廷下令将广晋府改回旧称邺都，在相州（今河南省安阳市）设置彰德军，下辖澶州（今河南省内黄县东南）和卫州（今河南省卫辉市）；又在贝州（今河北省清河县）设置永清军，下辖博州（今山东省聊城市）和冀州（今河北省冀州市），分割了天雄军的军队。澶州原来的治所在顿丘（今河南省内黄县东南），石敬瑭担心将来契丹会对中原王朝带来祸患，就派遣前淄州刺史刘继勋将澶州以及顿丘县的治所都迁至德胜南北两城（今河南省濮阳市、古黄河南移之后，濮阳合二为一）；改任河南尹高行周为广晋尹、邺都留守，以贝州防御使王延胤为彰德节度使，右神武统军王周为永清节度使。王延胤，系唐末义武节度使王处存的孙子，他与后唐庄宗有姻亲关系，为人骁勇善战，能与士卒同甘共苦，明宗时，历任贝州、忻州、密州、澶州、隰州刺史；王周，魏州人，长期追随后唐庄宗、明宗，因战功被晋升为刺史。范延光叛乱时，王周曾参与了平叛战争。

一一四　威信大损

虽说石敬瑭在天福三年以和平的方式结束了天雄军的叛乱，但是，他所建立起来的后晋政权并不美妙。主要表现在朝廷威信大大降低。

五代十国，是一个中央政权与地方割据势力不断斗争的时期，二者势力在不同时期此消彼长。后梁时期存在很多所谓的羁縻军镇，以河朔藩镇为代表的半割据势力，大多都是唐末割据政权的延续，后梁太祖朱温一方面利用这些藩镇与晋王李克用斗争；另一方面也试图削弱这些军镇，以实现真正的统一，从一定程度上来说，后梁政权的灭亡就与这种斗争有着直接的关系，后唐庄宗灭梁之后，凭借着强大的武力，加强了中央的权威，不仅将河朔藩镇纳入中央直接控制之下，而且一些诸如凤翔等边远藩镇也成为朝廷的直属藩镇，甚至于在同光初年，像荆南、楚国也因恐惧而表示彻底归附，并一度灭掉了前蜀，然而，强大的武力背后，同光政治存在着巨大的危机，庄宗因轻易得到的胜利而得意忘形，朝廷内部政治斗争复杂尖锐，国内经济异常困顿等等因素，最终导致庄宗在明宗的背叛下身死国灭，同光政治昙花一现，明宗即位后，审时度势，以“放弃”蜀地、荆南、湖南的代价，采取休养生息的政策，保证了国内经济暂时得以恢复，然而，好景不长，明宗去世后，后唐在短期内经历了秦王李从荣被杀、李从厚继位、李从珂叛乱，国内不同政治势力之间相互厮杀，等石敬瑭投靠契丹篡夺李从珂之位后，由于其得位不正，且出卖民族利益，大大降低了后晋朝廷的威信。

对于自己为了一己之私而出卖民族利益的行为石敬瑭抬出“信义”二字来替自己辩护。就像他对待杀母的李彦珣那样，石敬瑭无时不刻都在塑造自己的守信形象，让人多少觉得其对契丹卖国也有了一丝正当性。天福四年（公元939年）一月，因已经自请退休的范延光尚怀恐惧，石敬瑭特意将其召来，对他说道：“你不要再伤神，也不要忧虑了，朕正要示信于天下，岂能对你食言呢？”范延光才安下心来。还有一次，北都留守、同平章事安彦威入朝，他就曾经对安彦威说道："我平生最看重的就是信与义。昔日，契丹人以大义出兵救我，我如今则以信来报答；我也听说他们征求不已，爱卿能放下身段曲意满足他们的要求，我深感满意。"安彦威回答："陛下以苍生之故，尚且以谦卑的言辞、丰厚的财物去满足他们，臣下我还有什么身段可言呢。"石敬瑭听了很是高兴。说是为了苍生，其实是为了自己，石敬瑭的做法为历代汉奸所效仿，他们以与异族的信义当遮羞布，来掩盖自己汉奸的无耻，信义自然是人必备的品德，但是，对敌人的信义和对朋友、下属的信义是完全两个概念，绝不可混为一谈，在大是大非面前，如果以与敌人谈信义来出卖国家、民族利益，以攫取私利，这可以说是无耻之尤。虽然石敬瑭拿信义给自己当遮羞布，也暂时迷惑了一部分人，但是，很多人并不买他的账，中央对地方的控制力进一步下降。

接连的内乱产生了不少跋扈功臣，这些人主要有杨光远、安重荣、安从进、刘知远、李金全等人。石敬瑭对于这些跋扈功臣手段有限，一方面极力安抚，另一方面就是防患于未然，要么调离边地，要么分散其党羽。平定范延光之后，到天福四年（公元 939 年）三月十七日，石敬瑭加授皇子、开封尹、郑王石重贵，归德（治所宋州，今河南省商丘市）节度使兼侍卫亲军马步都指挥使刘知远，忠武（治所许州，今河南省许昌市）节度使杜重威为同平章事。刘知远以自己有佐命之功，而杜重威只因是石敬瑭的妹夫，并无大功，却与自己在同一个诏书中出现，觉得是一种耻辱。诏书颁发数日之内，刘知远竟然闭门谢客，四次上书拒不接受，最终惹得石敬瑭大怒，对赵莹说道："杜重威是朕的妹夫，刘知远虽然有功，凭什么拒绝受命！可解除其兵权，勒令其返回私宅闲居！"赵莹请求道："昔日陛下在晋阳时，守军不过五千人，被十万后唐军队围攻，危在旦夕，要不是刘知远心如铁石，怎能建立帝业？为何因其犯了一点小错就嫌弃他呢？臣担心陛下此言传出去后，让人觉得陛下没有度量。"石敬瑭听了，这才回心转意，命令端明殿学士和凝前往刘知远家中传达口谕，刘知远大为惊慌，赶忙受命。

成德（治所镇州，今河北省正定县）节度使安重荣出身行伍，祖籍边地，对石敬瑭割让幽云十六州、谄媚契丹并不满意，他性格粗鲁率直，自恃骁勇，傲慢凶暴，经常对人说道："当代的天子，兵强马壮就能当上！"府衙内有数十尺高的旗杆，一次，他曾拿着弓箭对侍从们说道："我一箭如果能射中旗杆上的龙头，就一定有天命。"说完，弯弓搭箭，一箭正中龙头，从此以后，更加自负起来。

石敬瑭派其领兵接管成德时，曾经告诫道："假如祕琼不从命，我会另行给你一座军镇，不要强攻，恐怕会引起大乱。"安重荣由此感到石敬瑭内心胆怯，不足为虑，曾对人说道："祕琼不过是一介匹夫而已，皇上就对他怕得要死，何况我乃朝中将相，还兵强马壮呢！"每次上书朝廷提出过分的要求，经常被宰相们驳回，安重荣遂愤愤不平，开始招徕亡命之徒，招兵买马，扩充军队，心怀异志。石敬瑭知道后，不敢直接动安重荣，只好防患于未然，考虑到义武（治所定州，今河北省定州市）节度使皇甫遇与安重荣是姻亲，以防二者结为一体，七月五日，下诏将皇甫遇调任昭义节度使。

调离皇甫遇之后，义武节度使出现空缺。当初，前义武节度使王处直的儿子王威，因躲避王都之难而逃奔契丹，至此，辽国皇帝耶律德光就派人要求，让王威继承其父的土地，并称这是契丹国内之法。石敬瑭当然不愿辽国在自己国内再建立一个国中之国，就推辞说："中国的制度是必须要从刺史、团练使、防御使依次晋升才能提拔到节度使，请把王威送回我国，让我逐渐升迁。"耶律德光闻言大怒，又派人质问石敬瑭道："你从节度使一下子就当了天子，难道说也是逐渐升迁的吗？"石敬瑭唯恐耶律德光会纠缠不已，甚至节外生枝，只好答应让王威的侄儿、彰德节度使王廷胤担任了义武节度使，这才让耶律德光稍稍息怒。

对待西京留守杨光远，石敬瑭也采取了类似的办法。杨光远到西京上任之后，依然对中书侍郎、同平章事桑维翰耿耿于怀，他上书石敬瑭指责桑维翰办事不公以及在东西两京开店经商，与民争利，石敬瑭不得已，只好于闰七月三日，将桑维翰罢相，外派为彰德（治所相州，今河南省安阳市）节度使。次年（天福五年，公元940年），业已退休的范延光请求离开东京返回河阳闲居，石敬瑭同意了。范延光一家满载金银财宝而去，令杨光远十分眼红，他又担心将来范延光的儿孙们会继续与自己家族为敌，就上书石敬瑭说："范延光曾为叛臣，不在东西两京居住，而要移家外地，恐怕会叛逃到外国，应该趁早将其除掉。"石敬瑭没有答应。杨光远又请求石敬瑭下诏命范延光住在洛阳，石敬瑭同意了。等到范延光一家入住洛阳后，就落入了杨光远手中，他派遣儿子杨承贵领兵包围了范家，勒令范延光自杀。范延光说道："天子在上，已经赐予我铁券，答应让我活命，你们父子怎敢如此？"八月二十六日，杨承贵的士兵们用大刀逼迫范延光上马，行至黄河浮桥，将其挤入河中淹死。石敬瑭得知实情后，畏惧杨光远强悍，不敢追究，只是停止上朝，以示哀悼，并追赠范延光为太师。杀死范延光后，杨光远入朝解释。

石敬瑭想趁机将其调离西京，就对他说道："围攻魏州之战后，你身边的将领们都立下大功，朝廷还没来得及赏赐，如今，朕将给他们每人一州！"遂将杨光远的数名心腹将校任命为刺史，在稍稍安抚了杨光远之后，接着，石敬瑭这才将其调任较为偏远的平卢（治所青州，今山东省青州市）节度使，并晋封为东平王。

同年，北都留守安彦威和平卢节度使王建立都请求退休，石敬瑭没有同意。王建立为政严厉，果于杀戮，被当时的人们称为"王垛叠"，意思是说他杀的人堆积如山，到晚年，王建立开始信奉佛教，舍施财物，修建寺庙，也不再滥施刑罚，残害无辜。石敬瑭改任刘知远为邺都（治所魏州，今河北省大名县）留守，调安彦威为归德节度使，加侍中；又调王建立为昭义节度使，加封韩王，以王建立是辽州人，特意将辽州、沁州划归昭义，令其荣归故里，另以建雄（治所晋州，今山西省临汾市）节度使李德珫为北都（治所晋阳，今山西省太原市）留守。李德珫，应州金城人，自幼追随晋王李克用父子，后唐建立后，历任方镇节度使。他为人宽厚廉洁，后唐众将都将其视为兄长，号称"李七哥"。山南东道节度使安从进自恃险固，也心怀叵测，擅自截留湖南贡品，招募亡命之徒，扩充军队，其元随都押牙王令谦、押牙潘知麟知道其阴谋，极力劝谏，反被其所杀。等到王建立被石敬瑭调往昭义后，石敬瑭派人征求他的意见说："朕把青州留给你，你如果有意前往的话，我就下诏。"安从进说道："如果把青州治所迁至我这里，我就赴任。"石敬瑭听了，也不敢斥责。

一一五　安州之叛

天福三年后晋宰相四位：司马冯道、赵莹、桑维翰、李崧，到四年，因杨光远弹劾，石敬瑭不得不将心腹桑维翰罢相，朝中只剩下了司马冯道、赵莹、李崧三位宰相了。

后梁太祖朱温以来，军国大政，天子只与崇政院学士、枢密使商议，宰相们的地位下降，只是奉命执行，起草法令，搜寻典故，负责文字工作而已。等石敬瑭即位之初，有鉴于后唐明宗时期枢密使安重诲专权的教训，只以桑维翰兼任枢密使，不另设专门的枢密使，等到桑维翰被排挤出京后，刘处让当上了枢密使，可是，石敬瑭对刘处让的工作非常不满意，到天福四年正巧刘处让母亲去世，在家服丧，石敬瑭趁机收回枢密院印章，交给了中书省，将枢密院事务都交给宰相们分管，又任命原枢密副使张从恩为宣徽使，枢密院直学士、仓部郎中司徒诩和工部郎中颜衎撤去兼职，回归本职，正式取消了枢密院。张从恩，并州太原人。其父李存信，原名张污落，是十三太保中的四太保，明宗曾是李存信的下属。张从恩年少无赖，明宗对其很是鄙视，等到即位后，只给他一个散官。张从恩在京城郁郁不得志，遂返回晋阳老家。等到石敬瑭镇守晋阳时，替石重贵娶了张从恩兄弟张从训的女儿为妻（《宋史・张从恩传》记作张从恩之女），后晋建立后，张从恩以外戚身份被提拔为右金吾卫将军，后历任贝州刺史、北京副留守、澶州防御使、枢密副使、宣徽南院使。司徒诩，字德普，清河人。他自幼喜欢读书，通《五经》大义，应举不第。明宗镇守邢州时，司徒诩前去投奔，深得明宗的礼遇，历任永年、项城令。明宗即位后，潞王李从珂镇守河中，征辟其为从事，不久，司徒诩又被征召入朝，拜为左补阙、史馆修撰。秦王李从荣开元帅府时，朝廷任命司徒诩为户部员外郎，充河南府判官。李从荣遇害后，司徒诩也与秦王府其他僚佐一起被贬。李从珂即位后，司徒诩又被召回朝廷，担任兵部员外郎。后晋建立后，司徒诩被改任刑部郎中，充度支判官、枢密直学士。史称，他擅长谈论，喜欢喝酒，信奉佛教。颜衎，字祖德，兖州曲阜人。年少刻苦读书，精研《左氏春秋》。后梁时期入仕，历任北海主簿、临济令。后唐明宗时，担任邹平令、天平观察推官，后来，房知温担任平卢节度使，征辟其为幕僚。房知温刚愎自用，贪婪残暴，颜衎屡屡直言相劝，石敬瑭篡唐后，房知温一度想割据一方，颜衎劝其进贡，房知温才得以善终。房知温的几个儿子都很愚蠢，颜衎劝他们将十余万家财献给朝廷，石敬瑭对此十分赞赏，归功于颜衎，授予房知温的儿子房彦儒沂州刺史，拜颜衎为殿中侍御史，后逐步晋升为工部郎中、枢密直学士。

取消枢密院后，石敬瑭就把军国事务都托付给了首相司马冯道。天福四年八月三日，石敬瑭晋升司马冯道为守司徒兼侍中，次日，他又下诏称："中书省的印章只交付给首相管理。"改变了过去几位宰相轮流管理大印的惯例。石敬瑭之所以对司马冯道放心，关键在于司马冯道圆滑、守拙，一次，石敬瑭就国家大政方针征求司马冯道的意见，司马冯道回答："征伐大事，在于陛下一人独断。臣只是个书生，只知道谨慎遵守历代成规而已。"石敬瑭听了很是满意。一次，司马冯道称病提出辞职，石敬瑭派遣郑王石重贵亲自到其家中看望，并说："明天你再不上班，我当亲自前往。"司马冯道只好重新上班。石敬瑭对司马冯道的宠信，朝中群臣无人能及。

对于后晋朝廷而言，天福四年相对安定，可是，到了天福五年就又发生了安远节度使李金全叛逃南唐事件。如前所述，天福二年范延光作乱后，安远威和指挥使王晖趁机杀掉了节度使周瓌，石敬瑭命令李金全领兵前去平叛，李金全还没到安州，这场叛乱就已经被山南东道节度使安从进平定了，继而，石敬瑭任命李金全为安远节度使。李金全当上节度使后，贪婪残暴，信任心腹胡汉筠，在当地无法无天。石敬瑭得知后，征召胡汉筠入朝，胡汉筠说动李金全，杀掉了庞令图和朝廷派来的官员贾仁沼。事后，贾仁沼的两个儿子向朝廷控诉，到了天福五年年初，石敬瑭对各地方镇大员进行了一次较大规模的调整，这次调整也涉及李金全——石敬瑭以横海节度使马全节取代李金全担任安远节度使。马全节就是那位后唐末帝时期曾立下战功、受到枢密使刘延朗索贿的金州防御使。

听说马全节要来，胡汉筠想到自己违背诏命，拒不入朝，又风闻贾仁沼的儿子们已到朝廷鸣冤，心中很是害怕，就诓骗李金全道："进奏吏派人倍道兼行前来报告，朝廷等到大人接受朝命之后，就会追究贾仁沼的死因，认为大人心怀异志。”李金全听后大惊失色，胡汉筠趁机劝其抗命，并投奔南唐，李金全答应了。天福五年（公元 940 年）四月二十一日，石敬瑭得知李金全叛变的消息后，立即命人马全节率领汴州、洛州、汝州、郑州、单州、宋州、陈州、蔡州、曹州、濮州、申州、唐州等州的军队前去讨伐，并任命保大节度使安审晖担任招讨副使。安审晖，字明远，是晋昌节度使、京兆尹安审琦的哥哥。

李金全派遣推官张纬携带降表，向南唐求援，南唐朝廷派遣鄂州屯营使李承裕、段处恭率领三千人马前去接应。后晋天福五年六月九日，南唐李承裕、段处恭率领的南唐军队来到安州城下，当晚，李金全率领麾下数百人迎接南唐军队，其钱财、姬妾均被李承裕抢去，李承裕领兵进入安州城内，李金全等人则继续南逃。十日凌晨，李金全一行来到汉川（后改汉川，今湖北省汉川市），眺望北方，泪流满面，与此同时，马全节率领后晋军队从应山（今湖北省广水市）挺进至大化镇（今湖北省安陆市以北九十里），继而，在安州城南与南唐军队会战，大破南唐军。李承裕劫掠安州向南逃窜，马全节进入安州城内。十一日，安审晖率领后晋军又在黄花谷（今湖北省安陆市南）追上南唐败兵，再次将其击败，南唐将领段处恭战死。次日，安审晖又在云梦泽（今湖北省安陆市南五十里）再次击败南唐军队，生擒南唐主将李承裕及其部众。南唐将领张建崇领兵固守云梦桥抵御后晋追兵，安审晖这才退去。马全节下令将李承裕及其被俘的一千五百人全部在安州城下斩首，并将南唐监军杜光业等五百零七人押回大梁，交由石敬瑭处置。

石敬瑭不愿与南唐为敌，说道：“这些人又有什么罪过呢？”赏赐给他们马匹、衣服，将其送回南唐。过去，卢文进为了躲避契丹逃奔吴国，当时的吴国执政大臣、即后来的南唐主徐知诰命令祖全恩领兵迎接，就曾告诫祖全恩不要进入安州城，只在城外驻扎，等卢文进出城后，负责殿后，全军而回，不得劫掠。等到李承裕这次迎接李金全时，徐知诰（此时已经由徐知诰改名徐诰，又改名为李昪）又这样叮嘱，可是，李承裕却贪图财物，与后晋军队作战，被全歼。徐知诰悔恨了很多天，自责告诫李承裕时不够严厉。杜光业等人被石敬瑭送到南唐边境时，徐知诰以其违抗军令战败，拒绝接受，又将这群人送回淮河北岸，并给石敬瑭回信道：“边境将领贪功，企图趁机侵占你们的城池……无论是军法，还是朝廷法令，两国都不会允许出现这种情况。”石敬瑭再次派人将这些俘虏送还，使者将要从桐墟（今安徽省宿州市西南，接近涡河）南渡淮河，南唐朝廷派遣战舰阻挡，后晋使者不得已只好北返。石敬瑭授予这些南唐战俘官职，以这部分士兵组成显义都，由南唐旧将刘康统领。

李金全叛乱时，安州马步副都指挥使桑千、威和指挥使王万金、成彦温不从，被李金全杀害，马步都指挥使庞守荣为了讨好李金全，出言嘲讽三人愚蠢。七月六日，石敬瑭下诏追赠贾仁沼、桑千等人官职，并派人在安州将庞守荣杀掉。李金全来到金陵后，南唐皇帝徐知诰任命其为天威统军，后晋升为润州节度使，但对其很是冷淡。此后，李金全就死在了南唐。

一一六 闽国内讧

后晋建立后，后晋朝廷对国内核心藩镇的控制力有所下降，其对于边地藩镇以及南方各国的影响力也不断减弱。

凤翔节度使李从曮喜欢舞文弄墨，亲近文人而瞧不起武将，喜欢农民而对士兵严厉，这让军中将士们都心生怨恨。天福三年年底，遇上后晋朝廷调派军队守边，军队刚一出城就发动了叛乱，突入城内，劫掠集市。李从曮命令帐下亲军出击，将乱兵击败，这些乱兵向东溃逃，试图到朝廷鸣冤，行至华州，镇国节度使张彦泽领兵截杀，将这些乱兵全部杀害。张彦泽，突厥人，祖、父为阴山府裨将。张彦泽眼睛发黄，夜里发出光亮，仿佛野兽一般。曾担任后唐庄宗、明宗骑将，以军功被任命刺史，石敬瑭即位后，提拔其为曹州刺史，后又以平定范延光之功而晋升为华州节度使。

张彦泽不久又调任彰义（治所泾州，今甘肃省泾川县）节度使，从事张式因与张彦泽是同族，深受张彦泽的厚待。张彦泽素来看不惯自己的一个儿子，经常毒打，其子害怕逃窜到外地，齐州抓获后，送到京师，石敬瑭下令放归到张彦泽身边。张彦泽上书朝廷请求严厉惩处其子，张式以父杀亲子，有伤名教，屡屡劝谏，最终惹得张彦泽大怒，弯弓要当场射杀张式，张式吓得慌忙逃出，侥幸捡得一命。张彦泽的侍从们素来厌恶张式，又从中加以陷害，张式唯恐被杀，称病离职而去。张彦泽此时已经起了杀心，派遣二十名骑兵前去追赶。张式行至邠州（今陕西省彬县），静难节度使李周上书报告了朝廷，石敬瑭因顾及张彦泽的感受，遂将张式流放到了商州。可是，张彦泽并不满足，派遣行军司马郑元昭来到朝廷，向朝廷索要张式，并威胁道："张彦泽如果得不到张式，恐怕会发生不测。"石敬瑭不得已，只好将张式交出。张式被送至泾州后，张彦泽下令将其割开嘴巴，挖出心脏，砍断四肢。张式之妻非常美丽，张彦泽在杀掉张式后，强行霸占了张式之妻。张式之父亲往皇宫鸣冤，石敬瑭这才命令王周接任张彦泽之职。王周到任后，上奏张彦泽在任期间二十六条劣迹，致使当地五千余家百姓被迫逃往他处。按：李周，邢州人，是唐末昭义节度使李抱真之后；王周是魏州人。

天福四年前后，朔方节度使张希崇去世，当地羌族等少数民族开始作乱，石敬瑭遂将范延光的降将、刚刚被任命为义成节度使的冯晖调任朔方节度使。当时，党项部落酋长拓跋彦超最为强大，冯晖到任后，拓跋彦超前来道贺，冯晖对其十分厚待，趁机在城内给其修建宅第，送给他很多财物，将其滞留在灵州（今宁夏回族自治区灵武县）城内，辖区这才得以安定。然而，在冯晖到任不久，灵州守将王彦忠又盘踞怀远城（今宁夏回族自治区银川市）发动叛乱，石敬瑭派遣供奉官齐延祚前去招抚，王彦忠归降后，齐延祚却将其杀掉了。石敬瑭得知后大怒，说道："朕即位以来，未尝失信于人，王彦忠已经丢下武器投降，齐延祚怎敢擅自将其杀掉！"将齐延祚除名，重打一顿流放，但朝议仍然认为不应将其免死。

后晋建立后，对南方诸国的影响力也在减弱。石敬瑭即位后，派人到后蜀通报即位的消息，并叙述两国的姻亲关系。石敬瑭娶了李嗣源的女儿，后蜀后主孟昶之父孟知祥则娶了李克用的侄女，以与李氏姻亲角度，孟昶与石敬瑭是同辈。后蜀后主孟昶回信，用帝国对帝国之间的礼仪。天福二年四月，吴越王钱元瓘恢复建国，依照同光二年（十三年前）那样对外称国王。册立其子钱弘僔为世子，任命曹仲达、沈崧、皮光业为宰相，镇海节度判官林鼎掌管教育文化。后唐明宗时期，吴越王钱镠一度因得罪安重诲而被削夺王位，明宗长兴三年（公元932年）钱镠去世，遗命去掉国王称呼，自行降格为中原王朝藩镇，钱元瓘继位，后唐相继加封其为镇东、镇海节度使，守中书令，晋封吴王、吴越王，但钱元瓘始终采取低姿态，没有恢复王国，等到后晋建立后，他却自行恢复了王国制度，这也从一个侧面反映了后晋影响力的下降。

再有就是闽主王继鹏的态度。后唐末帝清泰二年，王继鹏弑杀其父王延钧自立，改名王昶，以亡父王延钧为闽惠宗，到后晋天福二年十月，王昶派遣其弟威武节度使王继恭出使后晋，上表通报自己继位的消息，并请求在后晋京师设置办事处。次年十一月，石敬瑭册封王昶为闽国主，派遣左散骑常侍卢损担任册礼使，赏赐给王昶红色龙袍，前往闽国行册封典礼。十一月五日，石敬瑭又加封王继恭为临海郡王。王昶听说后，派遣进奏官林恩通知后晋宰相，称自己已经登基称帝，拒绝接受后晋的册封和使者。闽国谏议大夫黄讽见王昶贪淫残暴，与妻子诀别，然后进宫劝谏。王昶打算杖打黄讽一顿，黄讽说道："臣如果是迷惑国家，不忠于国，就算死了也毫无怨言；我直言劝谏却被杖打，臣不会接受。"王昶大怒，遂将其废为平民。

卢损来到福州后，王昶称病不予接见，命其弟王继恭出面接待，此后又派遣礼部员外郎郑元弼带着王继恭的奏表随卢损一起返回大梁。见王昶对卢损无礼，当地的一名叫林省邹的士人私下对卢损说道："我主不侍奉君王，不爱护亲戚，不怜悯百姓，不敬奉神灵，不和好邻国，还能长远吗？我将要身穿僧服北逃，与你在中原相见了！"

王昶继位后，因猜忌其叔父前建州刺史王延武、户部尚书王延望，相继将二人诛杀；又猜忌弟弟、判六军诸卫事、建王王继严，将其废黜。当初，王昶之父、闽惠宗王延钧将其父王审知的元从亲军组成拱宸都和控鹤都这两支禁卫军，等到王昶继位后，又招募了两千壮士组成一支亲军，号称宸卫都，待遇优于拱宸都和控鹤都。有人对王昶说拱宸、控鹤两都的将士们心怀不满，意欲作乱，王昶打算将两都将士划归漳州、泉州，消息传出之后，两都将士们更加愤怒。王昶与其父皇一样纵情声色，喜欢通宵畅饮，在酒席之间还强迫臣下们饮酒，等臣下们酒醉之后，再命侍从们伺察各人的过失，王昶的堂弟王继隆就因酒后失态而被王昶所杀。王昶猜忌宗室，诛杀了很多宗室重臣，其叔父、尚书左仆射、同平章事王延羲佯装发疯以躲避灾祸，王昶送给他道士服，将其送往武夷山中，不久，又将其召回，软禁在家中。王昶屡屡羞辱拱宸、控鹤军使朱文进和连重遇，二人内心十分不满。后晋天福四年，闽主北宫突发火灾，宫殿全部化为灰土，王昶下令追查嫌犯，却一直未能抓获，又命令连重遇率领军队清扫灰烬，每天要出动上万人，士兵们非常辛苦，口吐怨言。王昶还怀疑连重遇知道纵火阴谋，打算将其诛杀，内学士陈郯得知后，私下告知了连重遇。

后晋天福四年闰七月十二日夜晚，连重遇入宫值班，率领拱宸、控鹤士兵焚烧长春宫，进攻王昶，并派人去迎来王延羲，在残垣断壁之间簇拥着王延羲，高呼万岁，同时又召唤外面的军队一起进攻王昶。王昶身边只有宸卫都的将士们抵挡，王昶与李皇后一起逃往宸卫都军营。到次日凌晨，乱兵焚烧宸卫都军营，宸卫都战败，余众千余人护卫着王昶、李皇后逃出北门，翻越梧桐岭（今福建省福州市以北），其身边的随从逐渐逃散。王延羲命令侄儿、前汀州刺史王继业率兵追赶，在村落之间追上了王昶。王昶擅长射箭，弯弓射杀了数人，不久，追兵蜂拥赶来，王昶自知难以幸免，遂将弓箭扔到地上，对王继业说道：“你当臣子的节操呢！”王继业反唇相讥道：“君王没有德行，臣子还要什么节操！新君王，是我的叔父；旧君王，是兄弟，谁远谁近？”王昶不再说话。王继业押送着王昶一起返回，行至陁庄（今福建省福州市北），将王昶灌醉后勒死，同时被杀的还有李皇后、王继恭以及王昶的儿子们。宸卫都剩余部众溃逃到吴越国。王延羲自称威武节度使、闽国王，改名为王曦，改元永隆，宣布大赦天下，追谥王昶为闽康宗，并派遣商人从小路前往后晋，向后晋称臣，然而，在闽国国内，仍然像天子一样设置百官，任命已经以太子太傅身份退休的李真为司空兼中书侍郎、同平章事。

闽康宗王昶被杀时，其派往后晋的使者郑元弼尚未到达大梁，到了十月，郑元弼才抵达大梁。王昶给后晋宰相写的信中说道：“我们闽国应运而生已经很多年了，见你们中原王朝变个不停，所以才导致我们进贡之路经常受阻。”又要求以平等国家的礼节相见。石敬瑭见其态度傲慢，不禁大怒，下令拒绝接受闽国进贡财物，并勒令郑元弼、林恩返回。兵部员外郎李知损建议道：“王昶傲慢无礼，应该扣留其使者，没收其财物。”石敬瑭遂下令将郑元弼和林恩打入大牢。此后，石敬瑭接见郑元弼等人，郑元弼说道：“王昶是蛮夷之君，不懂礼仪，陛下就算听了他的好话也不值得高兴，听了他的恶言也不用发火。”石敬瑭听后，转怒为喜，遂下令释放了郑元弼等人。

一一七 南唐之初

后晋建立后，南方各国除了吴国徐知诰篡位、建立南唐，吴越国重新立国，闽国康宗王昶被杀、闽景宗王曦篡位之外，还发生过其他一些值得一提的事件。

荆南：

高季兴在后唐明宗天成三年（公元 928 年）去世后，其长子高从诲继位，到后晋天福元年（公元 936 年）已经过去了八年。高从诲为人聪敏，多权诈，在他继位后，审时度势，采取了继续向中原王朝称臣的策略，避免了战乱，荆南经济得到了一定程度的发展。后唐明宗授予其荆南节度使兼侍中，后又加授检校太尉。后唐闵帝继位后，加封其为南平王。后唐末帝继位后，又加授其为检校太师。石敬瑭建立后晋后，又加授其为守中书令。

高从诲还礼贤下士，信任谋士梁震，以对待兄长之礼对待他，而梁震也经常称呼高从诲为郎君。楚王马希范生活奢侈，一些人在闲谈时都面露艳羡之色，啧啧称赞，高从诲听了，也不禁说道："像马王这样的人可以说是大丈夫了啊！"孙光宪反驳道："天子与诸侯之礼是有等级区别的。他马希范不过是个乳臭未干的小子，奢侈浪费，贪图一时之快，没有长远的计划，随时就会灭亡，有什么值得羡慕的呢！"高从诲一开始不以为然，过了很久终于醒悟了，对孙光宪说："你说得对。"又过了几天，他对梁震说道："我反思自己平日里的享受，已经有点过分了。"遂戒掉不良嗜好，以阅读经史书籍自乐，在境内轻徭薄赋，促进了当地经济的发展。后来，梁震说道："先王对我如同平民之间的朋友那样，又将嗣王托付给我。如今嗣王已经自立，可以守住家业了，我老了，不能再侍奉人了。"遂坚决请求退隐。高从诲挽留不住，就在长江江心的土洲岛上给他修建一处房子。梁震退休后的生活非常闲适，他自称荆台隐士，经常身披羽毛外套，偶尔想见高从诲时，总是骑着黄牛，一直骑到衙门内办事大厅前。高从诲也经常去梁震家中探望，给他赏赐了很多财物。自从梁震退隐之后，高从诲就把荆南的政事都交给孙光宪负责了。

南唐：

后唐在天福元年灭亡，南唐在天福二年建立，仿佛在一脉相承着唐朝的衣钵。

徐知诰是不是李唐宗室后裔，《十国春秋》《江南别录》《玉壶清话》《南唐书》言之凿凿，比如，《玉壶清话》称，先主昪，字正伦，唐宪宗第八子、建王李恪之玄孙；《十国春秋》称，烈祖讳昪，唐之宗室也，而《吴越备史》则称，徐知诰原本姓潘，是湖州安吉县人，其父为安吉镇将，因吴国进攻吴越的吴兴，潘氏遂被吴国大将李神福掳去。一次，徐温到李神福家见到后，就收为养子。考诸《旧唐书》，建王李恪，是唐宪宗的第十子，封王后未出阁就死了；《新唐书》则称，李恪元和元年（公元 806 年）封王，长庆元年（公元 821 年）去世，没有后嗣。因此，正史对此采取谨慎的态度，《旧五代史》就称，徐知诰本人自称自己是唐玄宗第六子、永王李璘的后裔。《新五代史》则称，李昪之父李荣，出身微贱。

至于徐知诰究竟是不是李唐后裔，已经不可考了。不过，徐知诰在篡夺吴国江山后，抛出自己是李唐宗室后裔，却有着十分现实的需要，至少有两点必要性：首先，后梁朱温弑杀唐昭宗、唐哀帝，很快就在政治上陷于被动，晋王李克用父子也是在中兴大唐的旗号下，最终夺取了后梁的天下，尤其是在庄宗李存勖消灭后梁之后，以强大的武力为后盾，更重要的是复兴大唐的政治口号，在短时期内后梁原有藩镇相继归降，诸如凤翔、荆南、楚国等一些半割据势力也纷纷归顺，甚至于吴国的徐知诰本人也大为震动，派人表示出愿意称臣的态度，显然，大唐旗号的影响力给徐知诰十分深刻的印象，如今，在后晋灭掉后唐之后，徐知诰决定重新举起大唐的旗号，以表示自己政权的正当性和合法性，以期影响全国其他割据势力。其次，对安抚国内百姓也是必要的。徐知诰作为徐温的养子，最终篡夺了吴国天下，这本来就存在两个层面的篡夺：一个是以徐氏养子的身份篡夺了徐氏嫡子的继承权；另一个则是以徐氏子嗣的身份夺取了杨氏天下，这两层意义上的篡夺，意味着徐知诰不仅不忠，而且不孝，这个名声对徐知诰来说是致命的，而假托自己是李唐宗室后裔，就可以把这个不忠不孝之名消弭在无形之中，让这两层意义上的篡夺都变成了“物归原主”，显得名正言顺起来了，因此，徐知诰假托李唐宗室的可能性是很大的。

不过，在徐知诰篡位之初，并没有急于改名换姓，他还有很多事情要做。后晋天福三年四月七日，南唐左丞相宋齐丘自称自己身为宰相，不可不参与国事的决策，徐知诰以房舍不足、没地方办公为由敷衍。吴国让皇杨溥坚决请求离开旧宫，迁往他处居住，太尉李德诚等一群新贵也纷纷劝说徐知诰答应下来。五月十二日，南唐先主徐知诰下令将润州（今江苏省镇江市）的内城改名为丹杨宫，将杨溥迁往润州，并任命李建勋为迎奉让皇使。十六日，徐知诰又任命左宣威副统军王舆担任镇海（治所润州）留后，客省使公孙圭为监军使，心腹马思让为丹杨宫使，将杨溥迁至丹杨宫。宋齐丘又向徐知诰上书称受到徐知诰身边的亲信诬陷，徐知诰大怒，宋齐丘返回家中，换上平民衣服，等待处罚。有人劝徐知诰说："宋齐丘是老臣，不该因其犯了点小错就将其抛弃。"徐知诰说道："宋齐丘虽然有才，但不识大体。"遂命儿子、吴王徐璟带着亲笔信请其重新上班。

六月七日，有人把制造毒酒的方法献给了徐知诰，徐知诰说道："犯了法的人国家自有惩处之法，要这干什么！"新贵们争相请求把朝廷机构以及各州县名字中带有"吴"和"杨"字的一律改掉，东都（扬州）留守杨嗣甚至请求改姓羊。丞相徐玠说道："陛下顺应天命、人心，登上帝位，并非篡夺，而谄媚奸邪之人只会在更名换姓上做文章，这些都不是什么要紧的事，不可听从。"徐知诰表示同意。

九月十八日，太府卿赵可封请求徐知诰恢复李姓，修建南唐宗庙。十二月二十八日，吴国让皇杨溥去世，终年二十八岁。《旧五代史》认为杨溥是徐知诰"囚死"的，《十国纪年》认为系徐知诰谋害致死。徐知诰停止上朝二十七天，以示哀悼，追谥杨溥为睿皇帝。杨溥死后，南唐群臣请求徐知诰恢复李姓的呼声又起，到后晋天福四年一月二十三日，徐知诰终于答应下来；群臣又请徐知诰接受尊号，徐知诰说道："尊号不过是个虚名，又不符合古制。"没有接受。自此，南唐继任皇帝也都遵循了这一做法，不接受尊号，也不令外戚干政，宦官亦不得干预朝政，这都是其他各国所不及的。

二月三日，徐知诰下令将太祖徐温庙宇改称为义祖。七日，他给自己的亲生父母发丧，身穿最重的孝服与皇后一起住进草棚，就像父母刚去世那样，早晚共哭泣共五十四天。江王徐知证、饶王徐知谔也要求身穿孝服一起服丧，徐知诰没有答应。李建勋的妻子、广德公主（徐温的亲生女儿）身穿普通丧服入内哭丧，就像哭临亲生父母一样。九日，徐知诰将国事交由儿子、齐王（已由吴王改封）

徐璟处理，只有军事行动才上报。十八日，徐知诰改名为李昪，并下诏命令群臣研究将李氏、徐氏祖先合在一起祭祀的问题。十九日，宋齐丘等人建议将义祖徐温的牌位放在七庙的最东面。李昪（徐知诰）命令将唐高祖李渊的牌位放在西室，唐太宗次之，徐温位居第三，这三个牌位都永远不撤换。群臣上言说："义祖徐温不过是个诸侯，不该与高祖、太祖齐位，请求在太庙正殿后面另外再建一座庙宇专门祭祀。"李昪说道："我自幼受到义祖的养育，要不是义祖在吴国立下大功，朕岂能中兴帝业？"群臣遂不敢再言。李昪想认唐太宗之子、吴王李恪为始祖，有人说："李恪因犯罪被处死，不如认唐高祖之子、郑王李元懿为始祖。"李昪遂命有关部门研究二王的后代，主管官员们发现吴王李恪的孙子李祎在唐玄宗时期立下战功，其子李岘又在肃宗朝当过宰相，遂认吴王李恪为始祖，自称自李岘以下五代传至其父李荣，其间的名字都是官员们杜撰的。李昪觉得唐朝历经十九任皇帝、近三百年，从李渊到自己只隔了十代是不是太少了，官员们说："三十年是一代，陛下到今天也已经五十多岁了。"李昪遂听从了。三月八日，李昪遂下令追尊吴王李恪为定宗孝静皇帝，自曾祖以下都追尊了庙号、谥号。四月，江王徐知证等人也请求改姓李，但李昪没有同意。十日，李昪在金陵南郊举行祭祀大典，宣布大赦天下。五月十日，李昪改封皇子、吉王李景遂为寿王，晋封皇子、寿阳公李景达为宣城王。李昪将吴国皇族又由润州迁至泰州（今江苏省泰州市），将他们居住之地称为永宁宫，严加防范，不得与外人婚配，久而久之，只得自行婚配。康化节度使兼中书令杨珙称病，被李昪撤职，举家迁入永宁宫；李昪又任命平卢节度使兼中书令杨琏为康化节度使，杨琏坚决推辞，请求替让皇杨溥服完三年丧期，李昪答应了。李昪将要册封齐王李璟为太子，李璟坚决推辞，遂以其为诸道兵马大元帅、判六军诸卫、守太尉、录尚书事、昇州、扬州二州牧。

自从唐末黄巢起义以来，天下乱离数十年，然后，各国都划定了各自的疆域，战乱才慢慢平息下来。李昪"中兴唐朝"后，江淮地区连年丰收，足食足兵，南唐群臣纷纷上书请求李昪出兵中原。李昪说道："我自幼在军旅之中长大，目睹兵灾给百姓带来的巨大灾难，不忍心再谈兵事。让他们国内百姓生活安定，我们的百姓们也就安定了，我还有什么可求的呢？"南汉皇帝刘岩也派人到南唐，请求一起出兵进攻楚国，瓜分楚国的土地，李昪也没有答应。按他自己的说法，李昪建立南唐，是中兴唐朝，如果真是如此，为何不收复失地，仅仅满足于偏安一隅呢？在他即位后，对周边国家采取友好政策，不仅表现在拒绝出兵后晋、楚国，还拒绝出兵吴越，并派人和解闽国王延羲与其弟王延政之间的关系。李昪之言说得冠冕堂皇，实际上，南唐国内承平已久，南唐军队在对外战争中鲜有骄人的战绩，李昪等人精于内斗，怯于外战，好不容易登上了皇帝宝座，自然满足于既得利益，哪里有统一天下的雄心壮志？

一一八　南国政事（一）

楚国：

马希范也有很多故事。马殷于后唐明宗长兴元年去世，马殷去世后，其次子马希声继位。马殷十几个孩子，长子马希振贤能，但是，因马希声的母亲袁夫人美貌得宠，马希振弃官出家，当了道士，所以，马希声才得以继位。马希声不仅愚蠢而且不孝，在位两年多就去世了，后唐明宗长兴三年，其四弟马希范继位。

马希范的兄弟、静江（治所桂州，今广西壮族自治区桂林市）节度使、同平章事马希杲，将桂州治理得井井有条，深得当地民心，监军裴仁煦向马希范进谗言，称其收买民心，意欲不轨，马希范很是疑虑。后晋天福元年四月，南汉将领孙德威领兵入侵楚国的蒙州（今广西壮族自治区蒙山县）、桂州，马希范以其弟弟、武安（治所潭州，今湖南省长沙市）节度使马希广为权知军府事，自己亲自率领五千步骑赶赴桂州。马希杲担心马希范会对自己动手，非常害怕，就与母亲华夫人一起到全义岭（今越城岭）迎接，华夫人向马希范谢罪道："希杲治理不当，致使外敌入侵，麻烦殿下亲自前来，历经险阻，这都是妾身的罪过。请求削去我的封邑，让我洒扫庭院，以赎希杲之罪。"马希范说道："我很久没有与马希杲见面了，听说他治理有方，所以才前来看望，没有别的意思。"南汉军队听说马希范领兵前来，就从蒙州撤去了，马希范趁机将马希杲调到了朗州（今湖南省常德市）。当后唐大将张敬达正领兵围困晋阳城内的石敬瑭时，七月四日，马希范从桂州北返。

天福三年十月，楚王马希范的妻子、顺贤夫人彭氏去世。彭氏相貌丑陋，可是治家有方，马希范对其又敬又怕。等到彭氏死后，马希范开始纵情声色，通宵达旦地饮酒作乐，还干出很多荒唐之事。一位商人的妻子长得非常艳丽，马希范杀掉这名商人，强行将此女抢入宫中，此女誓死不从，最后上吊自杀。

天福四年五月七日，后晋朝廷授予马希范天策上将军，赏赐大印，并允许其建立军府，任命官吏。此后，马希范开始建立天策府，设置护军都尉、领军司马等官职，以诸位弟弟、手下将领担任。马希范好学，喜欢文士，其身边诸如李铎、潘玘、拓跋坦、李皋、李庄、徐收、彭继英、廖图、徐中雅、邓懿文、李松年、卫曮、彭继勋、萧铢、何仲举、孟玄晖、刘昭禹等十八人，号称十八学士。其建造的天策府，非常华丽，窗户、栏杆都是金玉装饰的，九龙殿、金华殿等大殿，均用丹砂装饰墙壁，用了数十万斤，当初，人们都觉得丹砂不是一时半会能弄到的，但不久，东部山区发生山崩，丹砂到处都是。春夏的地毯用细竹片编成，秋冬的地毯则用木棉织就。

就在后晋加授马希范天策上将军不久，后蜀黔南（今重庆市彭水县）辖区的溪州（今湖南省永顺县）刺史彭士愁，率领奖州（今湖南省新晃县东北）、锦州（今湖南省凤凰县）一万多山蛮入侵楚国的辰州（今湖南省沅陵县）、澧州（今湖南省澧县），焚烧劫掠楚国边境堡垒，并向后蜀请求增援。后蜀皇帝孟昶以路途太远，没有答应。九月，楚王马希范命令左静江指挥使刘勍、决胜指挥使廖匡齐率领五千衡山军队前去讨伐。刘勍等人进攻溪州，彭士愁战败，逃往山寨自守。山寨四面都是绝壁，易守难攻，刘勍在下面搭设栈道、梯子，将山寨围困起来。廖匡齐战死，马希范派人吊唁，廖母很是坚强，并未哭泣，对使者说道："廖氏一家三百人受到大王养育，就算全族效命，也不足以报答大王之恩，何况只是一个儿子呢！希望大王别放在心上。"马希范觉得廖母非常贤明，给廖家赏赐了很多东西。刘勍等将借助大风，发射火箭，焚烧彭士愁的山寨，趁机发起强攻，彭士愁不敌，率领残兵败将逃入奖州、锦州之间的深山密林之中，不久，又派遣其子彭师暠率领众酋长交出溪州、锦州、奖州大印，向楚国投降。

马希范把溪州治所迁至交通方便之地（今湖南省古丈县，称为下溪州），以彭士愁为溪州刺史，以刘勍为锦州刺史，自此湘西各山蛮开始臣服于楚国。马希范自称是东汉伏波将军马援之后，在溪州竖起一座高一丈二尺、埋入地下六尺、重达五千斤的铜柱，在铜柱上铭刻誓文。

吴越国：

明宗长兴三年（公元 932 年）钱镠去世，遗命去掉国王称呼，自行降格为中原王朝藩镇，钱元瓘继位，到后晋天福四年（公元 939 年）已在位七年。

钱元瓘继位后，其第十二弟、顺化（治所明州，今浙江省宁波市）节度使钱元珦骄纵不法，每次向吴越王府有所请求，得不到满足时，总会上书发牢骚，言辞态度十分无礼。一次，他对一名下属大发雷霆，就将此人绑在烧红的铁床上烤炙，明州满城都能闻到皮肉被烤焦的臭味。钱元瓘听说后，就派遣牙将仰仁诠前往明州召回钱元珦，仰仁诠的亲随们担心钱元珦不从命，劝其加以戒备，仰仁诠不从，径直来到钱元珦的衙门。钱元珦见到仰仁诠，顿时被其威势所压服，吓得两腿发抖，遂顺从地随其返回了钱塘（今浙江省杭州市）。钱元瓘下令将其软禁起来，后来就把他废为平民。仰仁诠是湖州人，他的女儿嫁给了钱元瓘的长子钱佐，后官至吴越国宰相。

钱元瓘最小的弟弟钱元球在父王钱镠时期，曾经屡立战功，钱镠赏赐给他武器装备，特许他保留私人武装。等钱元瓘继位后，钱元球被任命为土客马军都指挥使兼中书令，他有恃无恐，擅自扩充自己的私人武装，增加到数千人之多，吴越国内不少人投靠了他。这立即引起了钱元瓘的猜忌，派人暗示他交出私人武器，离开钱塘，前往温州任职，钱元球却不答应。软的不行，钱元瓘决定采取强硬手段。后晋天福二年（公元 937 年），铜官庙管理人员向钱元瓘禀报称钱元球派遣亲信来到庙里祈福，向神灵祷告想夺取吴越国的江山，还曾经将蜡丸密信扔到水沟里，与被囚禁的其兄钱元珦暗通消息，阴谋发动政变。三月五日，钱元瓘派人召钱元球到宫中饮宴，等钱元球入宫后，钱元瓘的侍从们一口咬定一把尖刀从钱元球的袖中掉到地上，当即将其杀死，继而又杀死了钱元珦。钱元瓘还要追究与钱元珦兄弟二人来往的吴越国将吏们，钱仁俊劝谏道："昔日东汉光武帝消灭王郎，曹操击败袁绍时，都焚烧了部下与之来往的书信，以稳定人心，现在也该予以效仿。"钱元瓘听从了。

在清除了异己势力之后，钱元瓘这才放心地恢复建国了。后晋天福四年，石敬瑭又加封钱元瓘为天下兵马元帅。同年，钱元瓘的正妻马氏去世。马氏十分贤德，当初，钱镠曾经下令禁止内外官员、百姓不得纳妾或者拥有歌伎，钱元瓘三十多岁了，马氏还未给他生下一个男孩，马氏就请求钱镠允许丈夫纳妾。钱镠听了，很是高兴，说道："我们家能够烟火不绝，全都靠你了。"遂同意钱元瓘纳妾，随后，钱元瓘的妾鹿氏生下钱弘僔、钱弘倧；许氏生下钱弘佐；吴氏生下钱弘俶；其余小妾生下钱弘偡、钱弘亿、钱弘仪、钱弘偓、钱弘仰、钱弘信。马氏对这些小妾生的儿子们一视同仁，如同亲生，经常将玩具放在帐前，让这群小孩玩耍。

后晋天福六年（公元 941 年）七月，吴越宫室发生大火，宫殿、府库焚烧殆尽。钱元瓘受到惊吓，精神错乱。南唐群臣纷纷劝说李昇趁机发兵夺取吴越国，李昇却说：“为何要趁人家灾难时落井下石呢！”遂派人前去慰问，并赠送给吴越国财物。到了八月，钱元瓘病情沉重，见内都监章德安忠厚，能断大事，打算将后事托付给他，就试探道：“弘佐年少，应当从宗室中挑选一个年长之人拥立为主。”章德安回答：“弘佐虽然年少，但群臣都佩服他的英明聪敏，请大王不要担心。”钱元瓘这才说道：“你要好好辅佐他，我没有忧虑了。”八月二十四日，钱元瓘去世，终年五十五岁。谥号文穆王，共在位十年。

内牙指挥使戴恽是钱元瓘的心腹，全权负责军务。钱元瓘的养子钱弘侑的乳母，是戴恽一族，有人告发戴恽阴谋拥立钱弘侑为主。章德安秘不发丧，与众将一起商议，设下伏兵。八月二十五日，戴恽入内，立即被逮捕杀掉，将钱弘侑废为平民，恢复本姓孙氏，囚禁在明州。同日，吴越国将吏们以钱元瓘的遗命，拥立钱弘佐为镇海、镇东节度使，钱弘佐继位时，年仅十三岁（一说十四岁）。九月三日，钱弘佐登上吴越王位，命令丞相曹仲达摄政。军中将士以为赏赐不公，拒绝接受，众将无法制止，曹仲达亲自来到军中安抚，将士们纷纷放下武器，叩头谢罪。钱弘佐温和恭顺，喜欢读书，礼贤下士，勤于政务，明察秋毫。有人献上象征祥瑞的稻穗，钱弘佐问主管粮仓的官员：“粮食储备有多少？”回答：“够吃十年。”钱弘佐说道：“如此一来就可以减轻百姓们的负担了。”遂下令免除境内百姓三年田租。

一一九　南国政事（二）

后蜀：

后蜀先主孟知祥在后唐清泰元年（公元 934 年）称帝，同年就去世了，其子孟仁赞继位，改名孟昶，孟昶继位时年仅十六岁，仍然沿用其父的明德年号，到后晋天福三年（公元 938 年）才改年号为广政元年。

孟昶喜欢打马球，又采信方士们的房中术，从民间挑选了很多美女纳入后宫。枢密副使韩保贞苦苦劝谏，孟昶终于大悟，当即将这些美女放出宫外。有人上书建议朝廷台省之官应当挑选门第高的人充任，孟昶说道："何不直接点名说出让我任命何人？"近臣建议斥责上书之人，孟昶说道："我见唐太宗即位之初，狱吏孙伏伽上书言事，唐太宗都予以采纳了，你们又为何劝我拒谏呢！"

尽管如此，孟昶毕竟年少，又不亲政，而后蜀的将相大臣都是其父的旧臣，其父孟知祥宽厚，对这些旧臣都很放纵，等到孟昶继位后，这些人更加肆无忌惮，强夺他人良田，增修宅邸，挖人坟墓，像李仁罕、张业舅甥二人更是无法无天。孟昶继位不久就设计诛杀了李仁罕，当时，因张业掌管着禁军，孟昶担心其谋反。后晋天福三年年初，孟昶任命武信节度使、同平章事张业为尚书左仆射兼中书侍郎、同平章事、枢密使；以武泰节度使王处回兼任武信节度使、同平章事。此后，张业又兼管度支，在家中设置私狱，严刑峻法，向蜀国百姓征收重税，令蜀国百姓大为怨恨。

后蜀建国以来，节度使大多还兼管禁卫军，或者又兼任朝廷官职，留在成都，委托幕僚治理地方，这些幕僚一心只想敛财，不管民间疾苦，百姓投诉无门。孟昶得知此情后，于后晋天福六年（公元 941 年）二月，免去了武德（治所梓州，今四川省三台县）节度使赵廷隐、武信（治所遂州，今四川省遂宁市）节度使王处回、保宁（治所阆州，今四川省阆中市）节度使张公铎节度使一职，三月任命翰林学士承旨李昊知武德军，散骑常侍刘英图知保宁军，谏议大夫崔銮知武信军，给事中谢从志知武泰军（治所黔州，今重庆市彭水县），将作监张讃知宁江军（治所夔州，今重庆市奉节县）。

南汉：

南汉主刘岩（最终改名为刘龑），自后梁乾化元年（公元911年）即位，到后梁贞明三年（公元917年）七月登基称帝，改元为乾亨元年。此后又相继改元白龙、大有年号。大有四年（后唐明宗长兴二年，公元931年），爱州（今越南清化市）杨廷艺叛乱，脱离了南汉的控制，已见前述。到大有九年（后晋天福元年，公元936年），刘岩又派遣将军孙德晟领兵进攻象州（今广西壮族自治区来宾市，又记作蒙州，今广西壮族自治区蒙山县东南古湄），但没有取胜。次年，交州牙将皎公羡杀死杨廷艺自立，杨廷艺旧部吴权攻打交州（今越南河内市），皎公羡向南汉求援。刘岩也想趁交州之乱再次夺下交州，就任命其子刘弘操为静海节度使，晋封交王，率军从白藤江（流经今越南先安县境内）出发直扑交州。刘岩自己率军驻扎在海门（今广西壮族自治区合浦县），作为声援。刘岩向崇文使萧益问计，萧益回答："如今连日下雨，海路遥远，吴权狡猾，不可轻敌啊。大军需要持重，多用向导，然后才可前进。"但刘岩不从。当南汉军队出发时，吴权已经攻破交州，杀掉了皎公羡，领兵迎战。吴权先命人在海口（今越南海防市）埋下木桩，削尖顶端，包裹铁皮，派遣小船乘涨潮之时诱敌，刘弘操果然中计，指挥大军跟踪追击，不一会儿，就落潮了，南汉战舰均被木桩阻挡，无法返回大海，这时，交州军队发起反攻，南汉军大败，一多半将士落水淹死，刘弘操也在此战中战死。刘岩闻讯大哭，收拾残兵败将撤回国内。在刘岩出兵之前，著作佐郎侯融曾经劝其休兵安民，等到此次大败后，刘岩竟然追究起侯融来，下令挖开坟墓，陈尸于外。

后晋天福四年，南汉门下侍郎、同平章事赵光裔向刘岩建议："自从马皇后去世后，我们就与楚国断绝了来往，应该结好邻国，重拾旧好。"于是，刘岩就派遣谏议大夫李纾出使楚国，楚王马希范也派人回访。赵光裔在南汉担任宰相二十余年，十分称职，等他死后，刘岩又以其子、翰林学士承旨、尚书左丞赵损继任。赵损担任宰相没多久就去世了，刘岩又任命宁远节度使王定保继任，但不到一年，王定保也去世了。

纵观各国，大致情况如下：后蜀权臣当道，民不聊生；荆南政治修明，但辖境太小；湖南奢靡无度，暗流涌动；闽国政治黑暗，内斗频仍；南汉君王已老，妄自尊大；南唐立国之初，苟且一方；吴越偏处一隅，与世无争。

在这七个国家中，政治最为黑暗、百姓最为痛苦的大约就是闽国了。自从第一任闽王王审知去世后，闽国就开始了一轮又一轮、周而复始的残杀。第一任闽王王审知为人俭朴，礼贤下士，在他之后的历任闽王却都是奢侈残暴，荒淫无耻，几乎是如出一辙。后唐同光三年王审知去世后，其长子王延翰继位，开始建国，王延翰本人长相俊美，而其妻崔氏却丑陋妒忌，数月后，王审知的养子王延禀联合王延翰的弟弟王延钧起兵，诛杀了王延翰，王延钧自立为王，改名王璘。到后唐明宗长兴三年，王延禀再次起兵作乱，结果兵败被杀。王延钧迷信巫术、道家之说，断绝了与后唐的朝贡关系，并自立为帝，其间，王延钧宠信权臣薛文杰，国内政治黑暗，逼反了建州土豪吴光，引来吴国入侵。王延钧的妻子金氏贤惠，可是他却喜欢婢女陈金凤，将其立为皇后。陈金凤又与归守明、李可殷等人勾搭成奸，同时，其子王继鹏又与王延钧的婢女李春鷰私通，并于后唐清泰二年十月弑父自立。王延钧在位十年被杀，谥号惠皇帝，庙号太宗。王继鹏继位后改名王昶，后晋天福二年石敬瑭派人册封其为闽王，但他拒不接见，派使者郑元弼来到后晋，想与后晋朝廷平起平坐，致使石敬瑭大怒。王继鹏在笃信巫术、道术方面与其父王延钧相比，有过之而无不及，他在位期间，猜忌宗室，重用佞臣，奢侈无度，到后晋天福四年被其叔父王延羲所杀，在位五年，是为闽康宗。王延羲是王审知的幼子，登基后改名为王曦，恢复了向后晋的朝贡关系。

王延羲继位后，与其哥哥王延钧、侄儿王继鹏一样，骄奢淫逸，严苛残暴，猜忌宗族，睚眦必报。还是在王继鹏时期，王延羲就倔强难制，当时的宰相王倓总是压制他，王延羲对王倓也是心存忌惮，有一次，新罗派人送给王继鹏一把宝剑，王继鹏拿着宝剑让王倓看，说道："这有什么用？"王倓回答："对于那些不忠不孝之人，就拿它砍杀。"一旁的王延羲闻言顿时脸色大变，十分不安。等到王延羲继位后，新罗人又送来了宝剑，他想起王倓之言，怒火中烧，当即下令挖开王倓的坟墓，斩杀其尸体。

王延羲的倒行逆施引起了朝野的普遍不安。他的弟弟（前文既说王延羲系王审知的幼子，此处又称王延政是其弟弟，不解，但史书如此记载，存疑）、建州刺史王延政屡屡写信劝谏，最终惹得王延羲大怒，回信将王延政痛骂一番，并派遣心腹业翘到建州担任监军，教练使杜汉崇担任南镇（今福建省古田县）的监军。

二人暗中搜集王延政的隐私，向王延羲禀报，很快地，王延羲、王延政兄弟就相互猜忌起来，形同水火。一天，业翘与王延政商议政务，意见不合，业翘怒斥道："你是要造反吗？"王延政大怒，打算杀掉业翘，业翘吓得逃出建州，逃往南镇，王延政领兵进攻南镇，将南镇守军击败。业翘、杜汉崇二人逃回福州，福州以西的守军全部奔溃。

后晋天福五年（公元 940 年）二月，王延羲派遣统军使潘师逵、吴行真率领四万大军讨伐王延政。潘师逵进驻建州城西，吴行真进驻城南，两军焚烧了建州城外的民房，沿河构筑营寨。王延政向吴越王钱元瓘求救，钱元瓘派遣宁国节度使、同平章事仰仁诠，内都监使薛万忠率领四万人马前去救援，吴越丞相林鼎劝谏，钱元瓘不从。三月二日，潘师逵分兵三千人，派遣都军使蔡弘裔率领出战，王延政派遣部将林汉彻等人在茶山（今福建省建瓯市东北）将其击败，斩杀一千余人。十一日，王延政又招募一千多名敢死队员，趁夜偷偷渡河，潜入潘师逵的军营，利用风势纵火，城上守军也遥相呼应，战棹都头陈诲趁乱斩杀了潘师逵，潘师逵所部全部溃散。次日，王延政乘胜领兵进攻吴行真大营，吴行真不战而逃，被杀了上万人。王延政乘胜夺取了永平（今福建省南平市延平区）、顺昌（今福建省顺昌县）两座城池。

一二〇 淫昏之主

这时，吴越援军也赶到了建州。

王延政见福州讨伐军已被自己击败，就给吴越军送上酒肉犒劳，并请求吴越军班师，可是，请神容易送神难，仰仁诠等人不从，驻扎在建州城西北。王延政害怕起来，又派人向王延羲请求救兵。王延羲任命泉州刺史王继业为行营都统，率领两万人马前来救援，并给吴越王钱元瓘送去书信予以斥责，又切断了吴越军的粮道。正值大雨连绵不止，吴越军军粮吃尽，五月，王延政出兵发起进攻，大破吴越军，斩杀了上万人，到五月十八日，吴越将领仰仁诠等人趁夜领兵撤离。

与此同时，南唐皇帝李昪也派人来到闽国，和解王延羲、王延政兄弟。六月，王延政派遣牙将以及女奴携带誓书、香炉来到福州，在父王王审知的坟墓宣陵前盟誓，然而，他们兄弟二人的裂痕还像过去一样。

暂时和解之后，王延政命人增修建州城，扩建后的建州城方圆二十里，他向王延羲请求，以建州为威武军，自任节度使。当时，后晋朝廷已经任命王延羲为威武节度使，王延羲遂以建州为镇安军，以王延政为镇安节度使，封富沙王，可是，王延政根本不理这一套，私自将镇安改称镇武军。不久，王延羲听说王延政私下与泉州刺史王继业有来往，就将王继业召回福州，在福州郊外将其赐死，又派人在泉州杀了王继业的儿子。当初，王继业担任汀州刺史时，司徒兼门下侍郎、同平章事杨沂丰（唐末宰相杨涉的堂弟）曾担任其士曹参军，二人私交很好，王延羲杀掉王继业后，有人就告发杨沂丰与王继业合谋，当时，杨沂丰正陪着王延羲喝酒，王延羲当即命人将其打入大牢，次日就杀掉了，还灭了杨沂丰全族。杨沂丰被杀时，已八十有余，闽国百姓对他的死都深感悲痛。从此以后，闽国王族、功臣相继被王延羲所杀，人人自危。谏议大夫黄峻让人抬着棺材到朝堂上极力劝谏，王延羲却说：“这老东西是发疯了吧！”将其贬为漳州司户。

王延羲荒淫无耻，奢侈无度，国库空虚，向国计使陈匡范问计，陈匡范向其保证每天献上一万钱。王延羲大喜，加授陈匡范礼部侍郎，而陈匡范以此为由，转而又向商人们加收数倍的钱财。王延羲对陈匡范十分赞赏，一次，他设宴款待群臣，席间，举起酒杯夸奖陈匡范道："明珠美玉，能够找到，像匡范这样人中之宝，找也找不到啊。"可是，不久陈匡范就发现，即便是向商人们增加税收，也无法筹措够每天这一万钱，只好挪用各部门的经费填补，但这总归不是长久之计，陈匡范整日提心吊胆，竟然忧愁而死。等陈匡范死后，各部门拿出陈匡范的借条，王延羲大怒，命人挖开坟墓，将其尸体砍断，投入江中，改任黄绍颇担任国计使。黄绍颇想出一条卖官鬻爵的挣钱门路，他建议王延羲道："对于想当官的人，除了祖上有功荫补之外，平民也可以缴纳一定钱财即授予官职，根据官位高低、辖区人口确定钱数多少，最少一百钱，最多一千钱。"王延羲答应了。其间，王延羲又自称大闽皇，领威武节度使，与王延政相互攻战不已，双方互有胜负，福州、建州之间白骨遍地，如同鬼蜮。镇武节度判官潘承祐屡屡请求王延政罢兵修好，但王延政不从。王延羲的使者来到建州，王延政展示自己的军队，对使者态度傲慢。潘承祐跪地劝谏，王延政大怒，对侍从们说道："判官的肉能吃吗？"潘承祐毫不介意，态度更加严肃，言语更加严厉。王延羲又猜忌新任泉州刺史王继严深得民心，将其召回毒死。

后晋天福六年（公元 941 年）十月，王延羲自立为皇帝，又册封李氏为皇后；王延政则自称兵马元帅。王延羲的皇后李氏是同平章事李真之女，为人非常强悍，还酗酒，王延羲对她很是忌惮；王延羲娶了金吾使尚保殷的女儿，立为贤妃。尚氏非常美丽，深得王延羲的宠爱。当王延羲酒醉时，尚氏要杀谁，他就会下来杀谁；要赏赐谁，就会赏赐谁。王延羲封李皇后所生之子、琅邪王王亚澄为威武节度使兼中书令，改称长乐王，后又改为闽王。王延羲任命同平章事余廷英为泉州刺史，余廷英贪婪无耻，曾假传王延羲之命强抢平民人家的女儿，王延羲知道后大怒，下令御史予以追究。余廷英赶忙赶回福州申辩，献出一千万钱"佐餐费"，王延羲还不满足，说道："皇后的那一份呢？"余廷英只好又献了一千万给皇后，才得以不再追究，不久，王延羲又召回余廷英，拜为宰相。一次，王延羲嫁女，发现朝廷中有十二个人没有献上贺礼，命人在朝廷予以杖打。御史中丞刘赞也因没有追查而受到牵连，王延羲又下令杖打刘赞，刘赞义不受辱，打算自杀。谏议大夫郑元弼苦苦劝谏道："古代刑不上大夫，御史中丞是百官的榜样，岂可棍棒相加！”王延羲顿时拉起脸来，对郑元弼说道：“你与魏征相比如何？还敢劝谏！”郑元弼说道：“陛下要是唐太宗，我当魏征又有什么不可呢！”王延羲听了，转怒为喜，就放了刘赞，但刘赞因忧郁很快就死掉了。校书郎陈光逸对亲友说道：“主上失德，国家很快就要灭亡了，我要以死劝谏！”亲友劝阻不住。陈光逸上书历数王延羲的五十条大罪，王延羲看后大怒，下令卫士把陈光逸鞭打了数百下，还未打死，又用绳子拴住他的脖子，悬挂在树枝上，过了很久，陈光逸才凄惨地死去。

王延羲、王延政兄弟二人在后晋天福五年的盟誓仅仅起了一年多的作用，到后晋天福七年（公元942年）六月，王延政又发兵包围了汀州，闽王王延羲调派五千漳州、泉州军队前去救援；另派部将林守亮领兵进驻尤溪（今福建省尤溪县），大明宫使黄敬忠领兵进驻屯口（今福建省尤溪县东北），又以国计使黄绍颇率领八千步兵作为两军的声援，打算乘虚偷袭建州。在汀州前线，王延政的军队与守军一共交战了四十二次，最终无功而返。其部将包洪实、陈望率领水军前来迎击尤溪之军。七月十五日，两军在尤溪口遭遇。黄敬忠将要率部发起攻击，军中的占卜师却说时辰不吉，遂按兵不动，不一会儿，包洪实等人就率领建州军队弃舟登岸，从水、陆两路向黄敬忠部发起猛烈的进攻，打得福州军队措手不及，黄敬忠在混乱中被杀，所部被斩杀了两千多人，林守亮和黄绍颇见状，狼狈撤出战场，逃回福州。

尤溪口大败后，王延羲派人携带自己亲笔诏书、九百件金质器皿、一万串钱以及六百四十张空白官吏委任状，来到王延政那里求和，但是王延政拒绝接受。八月十五日，心情烦躁的王延羲在九龙殿款待群臣，席间，其堂侄王继柔没有酒量，王延羲强迫他喝下。王继柔偷偷把酒倒掉了一点，却被王延羲一眼看出，顿时大怒，当即下令将王继柔连同礼宾官一起斩首。

盐铁使、右仆射李仁遇，是王继鹏皇后李春鷰的兄弟，又是王延羲的外甥。李仁遇年纪轻轻，长相俊美，受到王延羲的宠幸。后晋天福七年十二月，王延羲任命李仁遇为尚书左仆射兼中书侍郎、同平章事，又任命翰林学士、吏部侍郎李光准为中书侍郎兼户部尚书、同平章事。战场上一直不能取胜，让王延羲更加残暴，大有末日来临前的惊惧和癫狂。他愈加放纵自己，经常做长夜之饮，在一次夜宴中，李光准因酒醉惹恼了王延羲，王延羲当即命人将其拉到街市上斩杀；行刑官不敢行刑，暂且将李光准打入大牢。次日，王延羲酒醒之后，又让李光准官复原职了。就在当天晚上，王延羲再次举办酒会，席间，又将翰林学士周维岳打入了大牢。狱吏整理好空床，对周维岳说道："相公昨晚就睡在这里，尚书您也不必多虑。"果然，等王延羲酒醒之后，也将周维岳释放了。又过了几天，王延羲再次设宴，侍臣们全都喝醉，纷纷逃席而去，醉眼蒙眬之中，王延羲见身边只剩下周维岳一人还在，就说道："周维岳身材很矮，为何能喝下这么多酒？"侍从们有人说道："酒水下肚后，会流入另外一个肠子里，所以不一定身材高大的人就能喝。"王延羲听后，顿时兴奋起来，命人把周维岳拉下大殿，打算剖开他的肚子看看装酒的肠子是什么样。有人赶忙劝谏道："要是杀掉了周维岳，就再也找不到能陪着陛下痛饮之人了。"王延羲听了，这才作罢。

一二一　二王之乱（一）

王延羲兄弟二人的内讧还在持续，行将分出雌雄，我们暂且把混乱不堪的闽国放在一边，回来看看天福末年后晋又发生了什么惊天的大事。

如前所述，后晋建立之后，朝廷威信进一步下降，各地军阀的叛乱时有发生，国内经济状况并没有得到改善，与契丹之间也经常出现一些小的摩擦。天福三年十一月，为了解决财政困难，石敬瑭下令允许百姓私自铸钱，但要求不得夹杂铅铁，规定每十钱重一两，钱面显示“天福元宝”四字，由盐铁部门发布样式，只禁止民间铸造铜器。十二月七日，石敬瑭又下诏称：“原来颁布的允许民间铸钱的命令，现在考虑到很难找到铜，不再严格限制钱币的轻重，轻重随便，只需不要有缺口就行。”然而，这一政策仅仅施行半年，问题就出现了，民间所铸造的钱币往往偷工减料，到次年七月，后晋朝廷只好又收回了成命，石敬瑭下诏称：“过去下令允许民间铸钱，可是私自所铸之钱大多用铅锡，脆而且薄，从此一律予以禁止，仍由官府铸造。”

石敬瑭即位后，总体而言，后晋与辽国之间的关系还是友好的，但也时有龃龉，像天福四年辽国干涉后晋内政，意欲安排义武节度使人选就是一例。到了天福五年，双方之间又发生了一场不快。石敬瑭把雁门（今山西省代县）以北地区都割让给了辽国，居住在当地的吐谷浑部众也随着土地被算作辽国的臣民，辽国人对这些吐谷浑部众残酷压迫，激起了吐谷浑人的强烈不满，纷纷要求返回后晋。成德节度使安重荣原本就对石敬瑭的投降政策十分不满，又趁机派人前去招诱，于是，吐谷浑酋长率领一千余帐篷的部众从五台（今五台山）南逃，投奔了后晋。辽国皇帝耶律德光闻讯大怒，派人来到后晋斥责石敬瑭收容辽国叛逃之人。受到耶律德光斥责的石敬瑭不敢怠慢，于天福六年一月六日派人供奉官张澄率领两千人马赶赴并州、代州、忻州、镇州的深山之中，搜寻吐谷浑部众，将他们驱赶回辽国。

石敬瑭驱逐吐谷浑部众一事，引发了不小的震动。到该年四月，北京留守李德琉派牙将护送吐谷浑大酋长白承福、念庞里、赫连功德来到大梁，觐见石敬瑭。白承福，在后唐庄宗时期就已经归顺了后唐，庄宗设置宁朔、奉化两府，就任命其担任都督，并给其赐名李绍鲁。显然，白承福等人这次来见石敬瑭，与驱逐吐谷浑部众有关。对于石敬瑭而言，也考虑到将来与辽国之间关系可能存在的变数，也想利用吐谷浑这一支势力用于对抗辽国，然而，如今的他又不敢明目张胆地得罪辽国，这次他召见白承福等人可能就是为了妥善处置吐谷浑部众叛逃辽国事件，既将吐谷浑核心力量保留在后晋国内，又能在辽国那边应付过去，还不能引发吐谷浑的骚乱，这的确很不容易。数日后，邢州禀报称，吐谷浑部众已经移至成德军的辖境之内了。

驱赶吐谷浑部众事件，也引起了成德节度使安重荣的不满。安重荣早就对石敬瑭向辽国称臣深感耻辱，每次见到辽国使者，他必定会叉开双腿，百般辱骂；辽国使者经过成德，安重荣甚至会偷偷派人将其杀掉。辽国派人责备石敬瑭，石敬瑭只会赔礼道歉，也不敢拿安重荣怎么样，这也更令其肆无忌惮起来了。在安重荣看来，乱世之中，兵强马壮者为王，如今，再利用石敬瑭卖国求荣，以对抗辽国为名，号召天下藩镇起兵，兴许能推翻了这个建立不久又危机四伏的后晋朝廷。

与安重荣不谋而合的还有山南东道节度使安从进。安从进早就与安重荣勾结起来了，就在安重荣紧锣密鼓地准备造反的同时，安从进也派人向后蜀求援，请求后蜀出兵金州（今陕西省安康市）、商州（今陕西省商洛市商州区）作为声援，分散后晋朝廷的注意力。天福六年（公元 941 年）五月二十八日，安从进的使者来到成都。时年二十四岁的后蜀皇帝孟昶立即召集群臣商议对策，后蜀众臣纷纷说道："金州、商州路途遥远，道路崎岖，出兵少的话，则难以取胜；出兵多的话，又无法保证粮食供应。"于是，孟昶就拒绝了安从进的请求。安从进又向荆南高从诲求援，高从诲给安从进回信，反而劝说安从进打消谋反之心。安从进大怒，转而上书后晋朝廷诬陷高从诲谋反。荆南行军司马王保义劝说高从诲向后晋朝廷说明事实真相，并表示愿意出兵协助朝廷平叛，高从诲同意了。

六月二十九日，安重诲扣押了辽国使者拽剌，并派遣骑兵劫掠幽州南境，驻军博野（今河北省蠡县）。他上书石敬瑭称："我前不久得知，熟吐谷浑（指已经归化的吐谷浑）节度使白承福、赫连功德等人，各自率领本族三万余帐篷的部众从应州前来归附，继而，生吐谷浑（尚未归化的吐谷浑）、东西突厥、浑族、契苾三个部落以及沙陀、安庆、九府等地各部酋长，也纷纷率众从七八路前来归附，已经五台到本镇地界。他们向我诉说受到契丹人的压迫，抢夺他们的人口、羊马，他们又说从今年二月以来，契丹人已经下令让他们各自准备铠甲良马，准备等到秋天到来之时大举南侵，各部深恐上天不保佑，战败之后，仍然会被契丹人杀掉全族，所以才提前归顺，这批新归顺的人再加上本府辖区内他们的同族，可以挑选组织起一支十万大军。另外，黄河沿岸的党项以及山前、山后等族酋长们也派人交出契丹人颁发的委任状，哭诉他们受到契丹人的压迫，情愿起兵。还有，前不久，朔州节度副使赵崇与本城将校一起杀掉了契丹任命的节度使刘山，很快稳定了城池，恳请归顺朝廷。凡此种种，臣都陆续向陛下奏报了，而陛下则屡屡告诫臣要曲意侍奉辽国，不要挑起战端。只是天道人心，难以抗拒，机不可失，时不再来。各部不召自来，朔州不攻自归，这都是人心所向、天命所归的明证。我又念及各族节度使们，早就归顺朝廷，现在却没身边塞，受到压迫，可怜巴巴地盼望朝廷的军队前来，确实值得怜悯。如果朝廷发出檄文，必定会纷纷倒戈。希望陛下早日下定决心。”安重荣奏表中提到的朔州不攻自归一事，发生在天福六年六月。节度副使赵崇驱逐契丹任命的节度使耶律画里归顺后晋，耶律德光命令宣徽使耶律裹古只领兵前去镇压，经过半年的围困，辽国攻克朔州，但辽军统帅耶律裹古只也在战斗中被杀。耶律德光大怒，下令诛杀城内全部丁壮，并将城内三十户上等人家赏赐给耶律裹古只家当家丁。

安重荣的奏表洋洋洒洒数千字，大抵都是指责石敬瑭甘心充当儿皇帝，搜刮中原资财以讨好贪得无厌的契丹人。在给石敬瑭上书的同时，安重荣还给朝中重臣以及全国其他藩镇大员送去书信，传达了相同的意思，并称自己已经发兵，决心与契丹人一决胜负。

石敬瑭因安重荣手握强兵，跋扈难制，心中非常担忧，但内心也有点被安重荣说动，开始犹豫不决起来。泰宁节度使桑维翰是个著名的“亲辽派”，过去他能够当上宰相，也得益于耶律德光一句话，因此，当他得知安重荣的态度后，唯恐朝廷方面不好拒绝安重荣，就赶忙给石敬瑭送上一封密奏，他在奏表中写道：“陛下在并州时，危在旦夕，是契丹人千里赴难，救陛下于危难之中，成陛下稳固之业，陛下受命以来已经六年，两国通好，边境无事。虽然向辽国称臣屈节，却保国安民，实在有数代的利益。现在，安重荣自恃骁勇，上书称契丹之罪；白承福畏惧契丹强盛，借我手而报仇，这恐怕都没有深谋远虑，会迷惑陛下的。如今，我们不可与契丹人相争，理由有七：一是，数年以来，契丹最为强盛，攻伐邻国，吞并各族，救援河东，均旗开得胜。山后名藩大郡都划为他们的疆土，我中原的精良铠甲、锋利的武器，也都落入他们之手，现在，他们土地辽阔，人数众多，装备齐全，战马很多。二是，契丹人自从打了胜仗之后，士气百倍；中原军队战败以来，心生胆怯，况且，如今虽然已经秋收，可是仓库存粮并不充裕；百姓虽然稍稍安定，然而比昔日更为贫困；装备虽然齐备，但尚未精良；兵马虽多，训练不足。三是，契丹人与我国之间的情谊很深，信誓旦旦，虽说他们多方索取财物，还不至于以势欺人，我们岂可首开战端？就算一战而胜，后患无穷；假设偶然失利，就追悔莫及了。军事行动是最凶之事，战争是最危险的了，假如轻举妄动，怎能完全。四是，君王用兵，伺机而动。所以，汉宣帝就是趁着匈奴单于争位才击败了他们，唐太宗也是因为突厥颉利可汗无道而灭亡了他们，如今，契丹主胸怀大志，精于战事，部众和睦，属国服从，国内无灾，牲畜众多，兼用汉臣，无机可乘。五是，草原之民，迁徙无常，随水草而居，军中不用运粮，驻扎无须营寨，不惧风霜，不顾饥渴，吃苦耐劳，这都是汉人所不能的。六是，契丹人都是骑兵，有利于平原作战，汉人多为步兵，喜欢依托山险。幽州以南的河北平原，千里之间一片坦途，步兵和骑兵的优劣一眼便知。我们如果与契丹交恶，就必须在边境上驻军。驻军少了，会畏惧强敌，只能固守堡垒保全自己；驻军多了，粮运不继，必须迅速击败敌人然后南撤。我军南撤后，他们就会重新来到；我们出击，他们则又会北返，如此一来，我精锐的禁卫军就会陷于疲于奔命之境，镇州、定州之地将变成两国厮杀的战场，百姓无法在此地生活了。七是，提出与契丹作战的人会说我国每年给契丹人送去财物，是在浪费资财；屈节称臣，是一种屈辱。微臣所见并非如此。昔日，汉高祖刘邦如此英雄，尚且向匈奴冒顿单于送去财物；唐高祖李渊一世英名，也曾经向突厥可汗称臣，这其实是他们懂得权变，能屈能伸，损失不大，得利不小。假如真要因此而两国交恶，从此以后势必会年年征兵征粮，天天运输，天下百姓将日益穷困，国家仓库会化为乌有，这种浪费岂不是更大吗？一旦战事一开，将帅专权，功臣跋扈，边镇远郡，得以骄横，国家虽然从表面上看来很强，可是实际上很虚弱，君王受到臣子的凌辱，臣子们纷纷僭越无礼，这种屈辱是不是更大呢！希望陛下不要听信空言，劝课农桑，养育黎民，训练士兵，储备军粮，等到国家有足够吃九年的粮食储备，军队有比对手十倍强大的时候，国家没有内忧，百姓又有余力，就可以寻找时机，以己之长，攻彼之短，则战无不克了。”当时，邺都留守、侍卫马步都指挥使刘知远还在大梁朝中，桑维翰又觉得安重荣居心叵测，又建议石敬瑭前去邺都巡幸，以威慑河北。

石敬瑭看了奏表，把桑维翰的使者召入内室，给桑维翰传话道：“朕因向北方称臣，今日也十分烦闷不快，今天看了你的奏表，如梦方醒。朕已经决定了，你不用再担忧了！”

一二二　二王之乱（二）

主意已定，石敬瑭就把注意力转到安重荣的身上了。

天福六年（公元941年）七月十一日，他任命邺都留守刘知远为北京留守、河东节度使，又将辽州、沁州重新划归河东；改任北京留守李德琉为邺都留守。刘知远贫贱时，曾是李家的上门女婿，一次放牧马匹，不小心马匹践踏了寺庙的农田，僧人们把他抓起来毒打了一顿。等到刘知远上任后，最先召来打过自己的僧人们，予以安抚，还送给他们很多礼物。消息传出，河东军民都深受感动。

在安排了刘知远镇守河东之后，石敬瑭就准备北巡了。临行之前，和凝向石敬瑭请示："陛下北征，臣预料安从进肯定会反，将如何应对？"石敬瑭反问道："你说该怎么办？"和凝回答："臣听说兵法上说过先发制人。请陛下留下十道空白诏命交给郑王，一旦出现紧急情况，就由郑王任命将帅发兵前往。"石敬瑭答应了。

到八月一日，他又任命开封尹、郑王石重贵为东京留守。五日，石敬瑭从开封出发，十二日，抵达邺都（魏州，河北省大名县），十五日，他下诏宣布大赦，又接连给安重荣写了十封书信，大致内容是："你身为大将，家中有老母，为了泄愤，不顾后患，抛弃君王，舍弃娘亲。我因契丹才建立起帝业，你则是因我而取得的富贵，我不敢忘恩，你岂可忘恩？前代和亲，也都是为了安定边地，如今，我以全天下臣服于契丹，你就以你一个军镇之力就能对抗得了人家吗？大小不是一个级别的，不要自取其辱了。"谁知，安重荣接到石敬瑭的诏书后，反而更加骄傲起来，又听说安从进也有异志，暗中派人与之联络。

当时，安重荣已经诛杀了契丹使者十余人，石敬瑭担心契丹人借此兴兵南下，遂派遣安国节度使杨彦珣出使辽国解释。杨彦珣来到辽国后，耶律德光责问使者被杀的详情，杨彦珣回答："这就好比一家里出了个无法无天的儿子，爹娘也拿他没办法，我主又能怎么办呢？"耶律德光听了，这才慢慢消了气。与此同时，刚刚上任的刘知远也马不停蹄地开始瓦解安重荣集团。他派遣心腹郭威以石敬瑭之名前去说服吐谷浑酋长白承福，命其脱离安重荣，归顺朝廷，并答应授予其节度使高位。郭威回来给刘知远复命说："这些蛮族唯利是图，安重荣只送给他们一点衣物，如今要想说动他们，就必须拿出重金方可。"于是，刘知远就听从了，并派人对白承福说道："朝廷已经把你们交给了契丹人，你们本该安心生活，如今反而南来帮助安重荣作乱，安重荣已受到天下之人的唾弃，很快就会灭亡，你们该早早归顺朝廷，不要等到朝廷大军到来后，南北两地都无处存身，后悔也来不及了。"白承福听后害怕起来，到了十月，率领本部人马投奔到刘知远的麾下。刘知远把他们安置在太原东山以及岚州、石州之间，上表推荐白承福为大同节度使，又将吐谷浑部众中的精锐骑兵收编到自己军队之中。等白承福投降刘知远后，安重荣原来所说的其他少数民族也毫无行动，声势大为受挫。

河北局势箭在弦上，而山南东道的安从进却最先发难了。安从进得知石敬瑭北巡的消息后，果然于十一月领兵向邓州（今河南省邓州市）发起了进攻，唐州（今河南省泌阳县）刺史武延翰禀报给了朝廷。郑王石重贵派遣宣徽南院使张从恩、武德使焦继勋、护圣都指挥使郭金海、作坊使陈思让率领大梁守军赶赴申州（今河南省信阳市），与申州刺史李建崇的军队在叶县（今河南省叶县）会师，一起前去讨伐。焦继勋，字成绩，许州长社人。年少读书，胸有大志，对他人说道："大丈夫应该在异域立下赫赫战功，取万户侯，岂能整日干笔砚之事呢！"遂弃文从武，在晋阳以饮酒、赌博为生。石敬瑭镇守河东时，焦继勋身穿儒服拜谒，一番谈话过后，石敬瑭大喜，就将他留在了帐下。等石敬瑭登基后，就拜他为皇城兼宫苑使，不久晋升为武德使。北宋建立后，焦继勋被宋太祖任命为西京留守。郭金海，是突厥族。年少追随昭义节度使李嗣昭，郭金海喜欢喝酒，经常干出不法之事，但他武艺高强，李嗣昭看重其武勇，总是不予追究。后唐建立后，郭金海历任昭义亲骑指挥使、昭义马军都指挥使，明宗即位后，入朝担任捧圣指挥使、护圣都虞候。后晋建立后，曾参加了平定范延光之战，因功被晋升为本军都指挥使。陈思让，字后己，幽州卢龙人。他曾是后唐庄宗的部下，庄宗即位后，被任命为右班殿直，后晋建立后，转为东头供奉官，又晋升为作坊使。到北宋初年，陈思让担任保信军节度使，宋太祖赵匡胤的次子赵德昭就是娶了他的女儿。陈思让笃信佛教，经常拿出俸禄供养僧侣，被人称为"陈佛子"。

十一月二十一日，石敬瑭任命西京留守高行周担任南面军前都部署，前同州节度使宋彦筠为副都部署，以张从恩为监军；又任命郭金海为先锋使，以陈思让为监军使。宋彦筠，雍丘人。原属滑州部将，后唐与后梁夹河之战时，他担任战棹都指挥使，因功被晋升为开封府牙校。后唐庄宗夺取天下后，将其提拔为禁军将领。后唐讨伐前蜀之战中，他率领本部跟随康延孝担任先锋，前蜀灭亡后，历任维、渝二州刺史。后唐明宗时期，又历任数个郡的刺史。十一月二十四日，石敬瑭任命李德琉为代理东京留守，将郑王石重贵召回邺都。

安从进进攻邓州，威胜节度使安审晖领兵固守牙城抵抗，安从进的军队未能攻克，只好撤离，继续北上。十一月二十七日，安从进所部进抵花山（今河南省泌阳县南六十里，山上采石缤纷，远望如花），与张从恩所部遭遇。安从进没有想到后晋军会如此迅速赶到此地，遂合战，结果大败，张从恩部生擒安从进的儿子、牙内都指挥使安弘义，安从进带着数十名骑兵狼狈逃离战场，逃回了襄州（今湖北省襄阳市）。《洛阳缙绅旧闻记》对此战的细节有过精彩的记载，称：两军在花山遭遇后，后晋将领郭金海本系蕃将，擅长使用长枪，骁勇过人，想立下奇功。安从进过去一直担任骑兵将领，郭金海本是他的部下，安从进也待其不薄。当他见到对面先锋是郭金海后，遂率领数百骑兵登上高坡，距离郭金海数百步，厉声喝道："郭金海！"郭金海独自跨马走出军阵数十步，高声回话，自称"金海"云云。安从进又上前数十步，慰问郭金海道："你还好吗？我素来对你不薄，你竟然不知感恩，今日竟然要与我厮杀？"郭金海应声回答："朝廷对大人很好，有什么对不起大人的，大人今日竟然造反了？金海我过去侍奉大王，就给大王一箭之地，让大王自行离去，如果大王不走，就吃俺一枪。"说完，挺枪跃马，直取安从进，安从进遂被郭金海、焦继勋所败。《宋史·焦继勋传》记载："至唐州南，遇从进军万余，设伏击败之，禽其牙将安洪义、鲍洪等五十余人，得山南东道印，从进单骑奔还。"《宋史·陈思让传》记载："安从进叛于襄阳，以思让为先锋右厢都监，从武德使焦继勋领兵进讨。遇从进之师于唐州花山下，急击大破之，从进仅以身免。"

十二月一日，石敬瑭改封郑王石重贵为齐王，兼任邺都留守，以李德琉为东都留守。次日，他又任命高行周为知襄州行府事，并下诏命令荆南、湖南的军队协同后晋军一起讨伐安从进。高从诲派遣都指挥使李端率领数千水军行至南津（今湖南省岳阳市南五里），楚王马希范则派遣天策都军使张少敌率领一百五十艘战舰进入汉水，协助高行周，两方还各自给后晋军运送了大批军粮。

安重荣听到安从进反叛的消息后，也决定谋反，他将境内饥民聚集起来，组成一支数万人的军队，浩浩荡荡朝邺都杀来，对外声称要入朝见驾。当初，安重荣与赵彦之同为散员指挥使，私交很好。安重荣镇守成德后，赵彦之从关西前来投奔，安重荣对他十分厚待，命其招募部众，但内心对其十分猜忌。等到安重荣举兵之后，只任命赵彦之担任一个排阵使，这让赵彦之非常怨恨。石敬瑭听说安重荣造反后，十二月七日，遂派遣护圣等马步三十九个指挥使率领大军北上迎击，又任命天平节度使杜重威为招讨使，安国节度使马全节为副招讨使，以前永清节度使王周担任马步都虞候。十三日，杜重威率部与安重荣的叛军在宗城（今河北省威县东）遭遇，安重荣排下偃月阵，后晋军发起两次冲锋，叛军纹丝不动。杜重威有点害怕起来，打算后撤。指挥使王重胤（一记作王重裔）说道："兵家最忌讳的就是后退了。镇州的精兵都在中军，请大人分出一部分精锐部队向其左右两翼发起猛攻，我为您率领契丹军队冲击其中军，叛军一定会惊慌失措的。"杜重威听从了。王重胤，陈州人，自幼厚重勇敢，擅长骑射，历任后唐庄宗的厅直，一直担任禁军指挥使。在后晋军的猛烈进攻下，叛军军阵稍稍松动，就在这时，赵彦之卷起军旗，飞马来降。赵彦之一身银制铠甲、马鞍，后晋军士兵见财起意，竟将其杀掉瓜分了他的铠甲、马鞍。安重荣听说赵彦之背叛了，大为恐惧，慌忙逃到阵后的辎重车内藏了起来。叛军见主帅没了踪影，顿时慌乱起来，后晋军趁机掩杀，叛军大败，被斩杀了一万五千余人。安重荣收拾残兵败将，退守宗城，后晋军乘胜发起进攻，一直进攻到半夜，终于破城。安重荣率领十余名骑兵逃回镇州，闭城固守。当时，正值隆冬，天气极为寒冷，叛军战死、冻死了两万余人。辽国人听说安重荣谋反的消息后，这才把杨彦珣放归了。

十五日，冀州刺史张建武等将夺取了成德下属的赵州（今河北省赵县）。到天福七年（公元 942 年）一月二日，镇州牙将从镇州西郭水碾门引导后晋军潜入城内，进入城内的后晋军大开杀戒，斩杀了守城百姓两万人，活捉安重荣后，将其斩首。杜重威又杀害了那位引导官军进城的镇州牙将，以独占所有的战功。五日，安重荣的人头被送到了邺都，石敬瑭命人刷上油漆，装入木盒，送给辽国。八日，石敬瑭下令将成德改名为恒州，成德军改名为顺国军。十一日，他又任命门下侍郎、同平章事赵莹为侍中，以杜重威为顺国节度使兼侍中。杜重威独吞了安重荣的全部家财以及恒州仓库内的所有钱财，石敬瑭虽然知情，但不闻不问。杜重威又上书推荐卫尉少卿王瑜担任顺国节度副使，王瑜向恒州百姓征收重税，令那里的百姓苦不堪言。

一二三　敬瑭之死

色厉内荏的安重荣很快就被平定了，然而，后晋高行周讨伐安从进的战斗却没有预想的那么顺利。

襄州攻防战从天福六年十一月一直打到次年八月，其间，后晋军队在襄州城外开挖层层壕沟，构筑大量堡垒，将襄州城团团围住。一个多月之后，后晋军向襄州城发起了总攻，城上矢石齐发，后晋军队伤亡惨重。当天，猛将郭金海身中数箭，被部下搀扶回营。次日，安从进使出离间之计，用瓶子装满美酒，金盒装着治伤药，从城下缒下，高呼郭金海之名。郭金海不知是计，勉强来到城下，城上守军在城墙上慰问道："我们大王得知你中箭，伤势很重，特意赏赐给药酒和药品。"郭金海目不识丁，也不计后果，贸然将药物带回，也未向元帅禀报。此事传到高行周耳中，顿生疑窦，赶忙派人飞马向石敬瑭上奏。石敬瑭以郭金海有花山之功，没有加罪，只是派人来到军中，宣布调任其担任金州团练使，命令所部并入其他部队。此后，郭金海一直郁郁寡欢，后来就死掉了。

安从进的弟弟安从贵率领一千余人，增援均州刺史蔡行遇，焦继勋闻讯，领兵截击，斩杀敌人七百余人，生擒一百人，还活捉了安从贵。焦继勋下令将安从贵的双腕砍断，送入襄州城内，从此，安从进再也不敢从襄州派军救援辖郡了。焦继勋也因战功被拜为齐州防御使。

到天福七年（公元 942 年）八月，当遥远的闽国富沙王王延政刚刚取得尤溪口大捷的同时，襄州城内的粮食也已吃尽，奉国军都虞候王清向高行周建议道："城内守军已经到了生死存亡的紧要关头了，而我军也早已疲惫不堪，百姓也已筋疲力尽，不趁早发起总攻，还等什么！"遂与奉国都指挥使刘词率部最先爬上了襄州城墙，经过激战，正巧城内守军又有内应，后晋军终于破城。安从进劝阻集体自焚而死。王清，字去瑕，洺州曲周人。他出身农家，年少以勇力、敦厚在本乡闻名，后在后唐明宗李嗣源手下担任小校，明宗即位后，历任严卫、宁卫指挥使。后晋建立后，石敬瑭给其赐号为扈跸忠孝功臣；平定范延光后，他又因战功而被晋升为奉国军都虞候。刘词，字好谦，元城人。原为后梁天雄节度使杨师厚手下的一员猛将，后唐庄宗夺取魏州后，刘词改投于庄宗麾下，曾参与了夹河之战，庄宗即位后，历任效节军使、剑直指挥使，后因得罪权臣被外调为汝州小校，十余年间一直没有得到升迁。后唐末帝即位后，下诏从各道挑选骁勇之士充实禁卫军，刘词这才得以重回朝廷，担任禁军将领。后晋建立后，刘词随侯益收复了汜水关，又协助杨光远平定了范延光，被提拔为奉国第一军都虞候。后来，刘词随马全节讨伐安陆，击败了南唐军队，被晋升为奉国都校；从杜重威在宗城击败了安重荣；镇州之战中，他身先士卒，亲自登上云梯，因功被授予检校司徒、沁州刺史。等到平定王重荣后，他又被调往襄阳，参与了襄阳之战，战后，他被晋升为本州团练使。在襄阳期间，闲暇之余，他总是身披铠甲，头枕武器而睡。有人询问缘故，刘词回答："我以勇敢而登上高位，不可一日而忘本啊！如果任由身体安于温饱，就会筋力减退，将来拿什么来报效国家呢！"史称：刘词"发身军校，亟历戎事，常以忠勇自负。洎领藩镇，能靖恭为治，无苛政以挠民"。

后晋消灭安重荣之后，并没有将逃来的吐谷浑部众悉数送还辽国，这让辽国皇帝耶律德光十分恼火，到了天福七年四月，耶律德光再次派遣使者来到后晋，指责石敬瑭。辽国态度越来越强硬，而襄州迟迟还没有打下来，与此同时，后晋国内一些偏远的军镇又接二连三地发生了兵变，这都令石敬瑭忧愁不已，无计可施。首先，是张彦泽诛杀张式事件还在进一步发酵。一方面张式的父亲亲自来到朝廷鸣冤；另一方面，在王周接替张彦泽后，又发现了张彦泽的很多劣迹。张彦泽在任期间，擅自发兵进攻当地各个少数民族，结果全部战败，为了欺瞒朝廷，他又强行征收民间一千余匹马补充军队。张彦泽入朝途中，途经陕州，偶然遇见逃亡将领杨洪，他又趁醉砍断杨洪的手脚，将其斩杀。等到张彦泽回到朝廷后，石敬瑭因其立有战功，加之是又与杨光远是亲家，顾及杨光远的感受，遂没有严厉惩处他。天福七年四月，右谏议大夫郑受益上书认为："杨洪之所以被屠杀，就是因为陛下去年把张式送给了张彦泽，使其肆意妄为，无所忌惮。知道此事的人无不气得咬牙切齿，而陛下竟然无动于衷，连一句责备的话都不说。好坏不分，赏罚不公。朝野内外之人都说是陛下收受了张彦泽一百马，才任由其胡作非为的，臣私下替陛下惋惜您被加上这种恶名，请求将张彦泽依法予以惩处。"奏表递上去后，石敬瑭不置可否，留中不发。接着，刑部郎中李涛等人跪在石敬瑭的内室门外强烈要求惩处张彦泽，而石敬瑭依然故我，只是下诏将张彦泽官位降一阶，爵位降一级而已，又将张式父亲、子弟都任命了官职，泾州百姓减轻赋税。李涛等人再次上奏认为对张彦泽的处罚太轻，石敬瑭召来李涛当面解释，李涛仍然坚持原议。石敬瑭大怒，连连呵斥李涛退下，李涛就是不退。石敬瑭说道："朕已经答应张彦泽不杀他了。"李涛反唇相讥，说道："陛下答应饶张彦泽一死，自然不可违背，可是，我倒要问问您发给范延光的铁券又在何处！"说得石敬瑭哑口无言，拂袖而起，进入宫中，不久，他又任命张彦泽为左龙武大将军。郑受益，字谦光，是唐德宗时期宰相郑余庆的曾孙、唐僖宗时期宰相郑从谠的侄儿。郑受益一直在朝中任职，从尚书郎一直晋升到右谏议大夫。

其次还有彰武（今陕西省延安市）节度使丁审琪也骄横不法。丁审琪建立了一支私人武装，共有一千余人，这些人在辖区之内肆意妄为，为害一方。军校贺行政与当地少数民族武装联合起来，发动叛乱，进攻延州。石敬瑭赶忙派遣曹州防御使何重建领兵救援，同州、鄜州的援军也随后赶到，这才保住了延州。石敬瑭遂将丁审琪征召回朝，改任何重建担任彰武留后。何重建，又记作何建，回鹘人。其父祖都是晋王李克用的手下军校，何重建在石敬瑭手下任职，以谨慎宽厚闻名，等到石敬瑭即位后，何重建为禁军中的奉德马军都指挥使。《九国志》称其为官"皆以廉俭简易称"。

契丹人咄咄逼人，国内危机四伏，襄州尚未平定，让石敬瑭急火攻心，到天福七年五月十六日，突然生病了。石敬瑭自知不起，二十二日，又尊庶母刘氏为皇太后。一天，石敬瑭单独召来了宰相司马冯道，这时，他已经口不能言，示意让最小的儿子石重睿出来向司马冯道叩拜，又命宦官们把石重睿抱着放入司马冯道的怀中，意思是让司马冯道好好辅佐石重睿，拥立石重睿为帝。

到了六月十三日，当襄州还未平定之时，石敬瑭就去世了，终年五十一岁，共在位六年有余，是为后晋高祖。《汉高祖实录》称：石敬瑭去世前，曾经对近臣们说道："这个天下原本是明宗的天下，我窃取很久了，等我死后，就把这个天下归还给许王（明宗幼子李从益），这是我的遗愿。"《通鉴考异》认为，这种说法实在让人很难相信。

石敬瑭死后，司马冯道与侍卫马步都虞候景延广商议，认为国家多难，应当拥立年长之君，遂拥戴广晋尹、齐王石重贵为帝，就在石敬瑭去世的当天，石重贵就即皇帝位了。史称后晋少帝，或称后晋出帝、齐王。景延广以拥立之功开始把持朝政，禁止京城百姓私下议论朝政。当初，石敬瑭病重期间，曾经下诏召回河东节度使刘知远入朝辅政，可是等石重贵继位后，就收回了先帝成命，这让刘知远对石重贵开始怨恨起来了。

六月十五日，石重贵尊皇太后刘氏为太皇太后，尊李皇后为皇太后。七月十日，太皇太后刘氏去世。十八日，后晋朝廷宣布大赦天下。二十一日，石重贵加封景延广为同平章事，兼任侍卫马步都指挥使。石重贵继位后，后晋朝廷旧臣们都想恢复枢密使一职，司马冯道等人接二连三地上表，请求把宰相职权中军事方面划归枢密院，但石重贵没有答应。八月十三日，石重贵任命赵莹为中书令。

一二四　粤东民变

就在石敬瑭去世前一个多月，南汉皇帝刘岩也去世了。

因刘岩的儿子秦王刘弘度、晋王刘弘熙二人都骄傲放肆，只有幼子刘弘昌孝顺谨慎，有胆有识，在刘岩病重期间，他就与尚书右仆射兼西御院使王翷商议，打算将刘弘度外调，出任建武（治所邕州，今广西壮族自治区南宁市）节度使，让刘弘熙担任宁远（治所容州，今广西壮族自治区容县）节度使，而立刘弘昌为帝。诏书已经起草还未颁布，正巧崇文使萧益入宫探病，刘岩就征求了萧益对此事的看法。萧益回答："立嫡子要按照长幼次序，否则会大乱的。"刘岩听后，就取消了原议。后晋天福七年四月二十四日，刘岩去世，终年五十四岁，在位共计三十二年，史称南汉高祖。

秦王刘弘度即皇帝位，改名刘玢，是为南汉殇帝，时年二十三岁。以弟弟刘弘熙担任辅政大臣，改元为光天元年，尊称其母赵昭仪为皇太妃。刘岩在位期间，奢侈无度，严刑峻法，弄得民不聊生，尤其是到了末年，更加猜忌残忍，因怀疑朝中群臣会替子孙打算，开始重用宦官，南汉国内宦官人数急速膨胀。

就在刘弘度继位之时，南汉帝国东部地区的循州（今广东省龙川县）就已经是变民遍地了。据说，在博罗（今广东省博罗县）一户民家有位神灵，与人说话却看不到他，当地百姓纷纷前去占卜吉凶，往往应验，县吏张遇贤十分虔诚。当时循州各地强盗很多，各自为战，没有统一领导，这些强盗们一起在神灵面前祈祷，神灵说道："张遇贤应当成为你们的头领。"于是，各股强盗们就公推张遇贤为主，号称中天八国王，改元永乐，设置百官，攻占南汉东部滨海地区。张遇贤年少，并无什么雄才大略，强盗们只是向他禀报进退而已。刘弘度任命越王刘弘昌担任都统，以循王刘弘杲为副都统，领兵前去镇压，双方在钱帛馆（今地不详）合战，结果南汉军队大败，二王均被变民包围。指挥使陈道庠等人拼死苦战，才将二王从重围中救出。此时，南汉东部很多郡县都被变民占领。

汉殇帝刘弘度继位后，果然担当不起帝国重任。其父皇刘岩还未安葬，刘弘度就召来戏子们作乐酣饮，深夜微服私行，与妓女们一起胡混，让男女赤身裸体行乐而观看；或者身穿丧服与妓女们同行，出入于百姓之家。身边的人稍稍令其不满意，就被赐死，因此，无人敢于劝谏，只有越王刘弘昌以及内常侍吴怀恩屡屡劝谏，但刘弘度置若罔闻。刘弘度还对弟弟们十分猜忌，每次宫内设宴，就命令宦官们把守宫门，群臣、宗室都要脱去衣服检查之后方可入内。晋王刘弘熙阴谋取而代之，就经常召来美艳的妓女，引诱他沉溺于声色之中，一方面能取得刘弘度的信任；另一方面又促成其恶名。刘弘度喜欢摔跤，刘弘熙就命令指挥使陈道痒挑选壮士刘思潮、谭令禋、林少强、林少良、何昌廷五人在自己府上联系摔跤，刘弘度听说后很是高兴。后晋天福八年（公元 943 年）三月八日，刘弘度与诸王在长春宫一起观看摔跤比赛，一直看到傍晚才结束，刘弘度大醉。刘弘熙命令陈道痒、刘思潮等人搀扶着刘弘度，趁机将其击杀，又将刘弘度的侍从们全部杀死。刘弘度在位不足一年，死时年仅二十四岁。次日，南汉百官、诸王无人敢再进宫，越王刘弘昌率领众弟弟们赶往寝宫，奉迎刘弘熙登基即位，是为南汉中宗。刘弘熙继位后，改名为刘晟，改元为应乾元年。任命刘弘昌为太尉兼中书令、诸道兵马都元帅，知政事；以循王刘弘杲为副元帅，参与政事。陈道痒、刘思潮等人均受到厚赏。

刘晟即位后，南汉国内舆论压力很大。循王刘弘杲请求杀掉刘思潮等人，给朝野内外一个交代，但刘晟不从。刘思潮等人听说后，就诬陷刘弘杲谋反，刘晟就命刘思潮等人监视刘弘杲。刘弘杲正在设宴招待来客，刘思潮与谭令禋率领卫兵突然闯入，当场将刘弘杲斩杀。杀死刘弘杲之后，刘晟又打算杀尽所有的弟弟们，因越王刘弘昌贤能，深得民心，刘晟对他更为猜忌。雄武节度使齐王刘弘弼觉得自己身处大镇，唯恐树大招风，引来杀身之祸，请求入朝，刘晟答应了。

刘晟即位后，命令指挥使王景忻领兵前去循州，讨伐张遇贤。张遇贤向神灵祷告，神灵说道："夺取虔州（今山西省赣州市），大事可成。"当时，虔州属于南唐，张遇贤遂率领变民翻山越岭，北上直扑虔州而来。南唐百胜（治所虔州）节度使贾匡浩素无防备，张遇贤统领的十万变民军如入无人之境，接连攻克虔州下辖各县，又击败了南唐虔州守军，虔州城门白天也不敢打开。张遇贤把大营设在白云洞（今江西省于都县西），派遣部将四处劫掠。南汉变民进入虔州的消息传来，南唐皇帝李璟（此时李昪已死、李璟继位）赶忙派遣洪州（今江西省南昌市）营屯都虞候严恩领兵前去镇压，并任命通事舍人边镐担任监军，边镐以书生白昌裕担任幕僚。边镐，史称，其为人通达聪敏。南唐军队屡屡击败变民军，张遇贤再次向神灵祈祷问计，这一次神灵不再说话，变民军上下一片震恐。白昌裕劝说边镐砍伐树木，开辟山路，从山后偷袭白云洞，张遇贤丢下部众，投奔部将李台。李台也知道神灵已不灵验，遂逮捕张遇贤，向南唐军队投降。张遇贤被送至金陵，斩杀。

后晋天福七年，后晋出帝石重贵刚刚继位。环顾各国，后蜀后主孟昶已继位九年；南汉殇帝刘弘度刚刚继位，次年就被弟弟刘弘熙杀掉；楚国马希范已继位十一年；吴越国钱弘佐刚继位一年；闽国王延羲继位四年，正与弟弟王延政相斗；荆南高从诲已继位十五年了；南唐烈祖李昪（徐知诰）已即位六年。

天福七年死掉了一个妄自尊大的南汉主刘岩，又出来了另外一个同样妄自尊大的楚王马希范。除了荆南高从诲之外，马希范是现任君王中已经在位时间最长的一个了。与谨慎的高从诲相反，楚王马希范则奢侈无度，这可能与两地的经济实力有着一定的关系。荆南地小民贫，而楚地则出产金银，尤其是茶叶，利润丰厚，所以楚王马希范的钱财丰裕。如前所述，马希范喜欢一些华而不实的东西，比如，他下令制造长枪巨矛，用金银装饰，可是能看不能用；他所下令建造的九龙殿，殿上用沉香刻了十余丈长的八条龙，也用金玉装饰，而他把自己也视为是一条龙，所戴的便帽垂下一丈多长的丝带，象征着龙角。

再有钱也经不起他这样折腾，楚国很快就发生了财政危机，马希范就开始向百姓征收重税，导致百姓纷纷逃亡。可是，马希范听说后，并不着急，说道：“只要土地还在，就不愁不会出产粮食！”命令营田使邓懿文调查弃耕的土地，出租给他人耕种，于是，百姓们放弃原有土地，到新土地上耕种，依靠一些优惠政策，才勉强得以活命。为了开辟财源，马希范也想出了闽王王延羲的招数，就是公开卖官鬻爵，于是，富商们纷纷登上朝堂。从外地任职的官员被召回后，马希范一定会责令其献出钱财。百姓们犯了法，富人出钱，强壮的当兵，只有贫困孱弱的被处以刑罚。马希范还设置告密信箱，鼓励告密。孔目官周陟建议，在正常赋税之外，要求大县另行进贡两千斛米，中等的县一千斛，小县七百斛，没有米的改为布帛。

天策学士拓跋恒上书提出批评，说：“殿下生长在深宫之中，靠着父王的基业，不知百姓种田的辛苦，也没有听过战场战鼓之声，锦衣玉食，游乐无度。国库空虚了，可是各种不必要的费用却与日俱增；百姓已经难以活命了，可是还要加重他们的负担。如今，南唐是我们的敌国，南汉也时常心怀吞并之志，荆南也伺机而动，山蛮们又等着我们放松警惕。谚语称：'脚寒伤心，民怨伤国。'请殿下收回增税之命，杀掉周陟，减少不必要的浪费，以免一旦败亡，令天下人耻笑。"马希范看后大怒。有过了几天，拓跋恒求见，马希范推辞正在睡觉，拒不接见。拓跋恒对接待官区弘练说道："大王任性不听谏言，我已经看见他马家一千余口行将漂泊四方了！"马希范闻言更加恼火，终身不再与拓跋恒相见了。

一二五　李璟继位

即位六年的李昪也在考虑着身后之事。

宣城王李景达刚毅爽朗，深得李昪的喜爱，屡屡想以其为后嗣，宋齐丘也屡屡称赞李景达的才能，然而，此时的宋齐丘已经失宠，经宋齐丘这么一提，李昪反而觉得不妥，以齐王李璟年长打消了立李景达之意，李璟也因而对宋齐丘心生怨恨。李昪的幼子李景逷，其母钟氏深得李昪的宠爱，而李璟之母宋皇后却很少与李昪见上一面。一次，李昪来到李璟宫内，发现李璟正在调试乐器，顿时大怒，一连责骂了李璟数日。钟氏趁机进言，称自己的儿子李景逷虽然年幼，但十分聪慧，可以封为后嗣。年老的李昪性情变得十分乖张，他一听钟氏之言，又怒火中烧，说道："儿子有错，父亲训斥，这是常事。国家大计，你一个女子胆敢插手！"当即命人将其送出宫去嫁人。一次，李昪做梦梦见口吃灵丹，次日一早，正巧术士史守冲前来奉献丹药，李昪感到很神奇，此后就经常服用史守冲调制的丹药，可是，时间一长，体内十分燥热，脾气也变得越来越坏了。侍从们再三劝谏，但李昪就是不听。他曾经把丹药赏赐给李建勋服用，李建勋说道："臣吃了几天，就感到体内燥热，何况陛下吃那么多呢！"朝中群臣汇报工作，李昪往往暴怒，然而，间或遇见有人直言或者言之成理的，他也会改容勉励，予以采纳。还有一次，李昪询问道士王栖霞："用什么方法可以令天下太平？"王栖霞回答："君王治心、治身，然后才治国。如今陛下尚且停留在饿了牢骚、饱了高兴的阶段，还谈什么天下太平！"宋皇后在帘幕之后听了，啧啧称叹，以为是至理名言。凡是李昪赏赐的财物，王栖霞一概不予接受。王栖霞曾经替人焚烧奏章，向上帝奏事，李昪打算给他修建一座祭坛，王栖霞谢绝道："国家财政还很困难，哪有闲钱干这事！等我点火不能焚烧时，自会请陛下帮忙的。"

驾部郎中冯延巳是齐王李璟元帅府的掌书记，性情阴险狡诈，与宋齐丘、宣徽副使陈觉结为一党。元帅府内比自己职位高的同僚，冯延巳总是偷偷用计谋将他们排挤走。一次，冯延巳半开玩笑地对中书侍郎孙晟说道："你有什么能耐，就当上了中书侍郎？"孙晟回答："我不过是山东的一介腐儒，写文章不如你，谈笑风生也不如你，谄媚狡诈还是不如你。然而，主上让你待在齐王身边，就是让你用仁义来辅佐齐王的，岂能只当一个声色犬马的朋友？我的确无能，可是，像你这样的才能恰恰只能给国家带来灾难罢了！"还有一个叫魏岑的人，也在齐王府。给事中常梦锡经常向李昪说陈觉、冯延巳和魏岑都是奸邪小人，不宜让他们待在东宫；司门郎中判大理寺萧俨上书称陈觉奸佞乱政，李昪看后深受触动，开始考虑将这些人从李璟身边赶走，然而，还未来得及实施，李昪就生病了。

李昪背上长了毒疮，他没让人知道，只是暗中命医生入宫医治，还像往常一样处理朝政。到后晋天福八年（公元 943 年）二月二十二日，李昪的病情突然恶化，太医吴廷裕派遣亲信召唤齐王李璟入宫侍候。李昪对李璟说道："我吃丹药，原本是想长寿，结果反而弄成这样，你千万要引以为戒啊！"当晚，李昪就去世了，终年五十六岁。是为南唐第一任皇帝南唐烈祖，又称南唐先主；李璟就是南唐中主，亦称南唐元宗。

李璟继位后，秘不发丧，以李昪之名下诏称："以齐王监国，大赦。"孙晟担心冯延巳等会把持朝廷，打算谎称遗诏以太后临朝称制。翰林学士李贻业说道："先帝曾说过：'妇人干政，是天下大乱的根本原因。'岂肯有如此遗命！这一定奸诈小人的阴谋。况且，嗣君年龄已长，品德高尚，大人为何说出此等亡国之言！如果真的要宣布的话，我一定会当着百官的面把诏书撕毁！"听了李贻业这话，孙晟遂不敢再提此事了。后晋天福七年二月二十八日，李璟宣布烈祖李昪去世的消息，并公布遗诏。烈祖晚年，性格暴躁，很多近臣都因小错而受到惩罚。陈觉为了避祸，谎称得病，好几个月待在家中，等到李璟宣布遗诏时，才出来上朝。萧俨弹劾道："陈觉好端端地待在家中，静等先帝驾崩，请陛下追究其罪。"李璟没有同意。

南唐烈祖时期，下令严禁将平民百姓变为奴婢，凡是买卖奴婢的都要经过官府的许可。冯延巳及其弟弟礼部员外郎冯延鲁都在齐王府，他们在起草遗诏时，允许民间自由买卖男女，其目的是为了一己之私，想自家买来美艳的姬妾。萧俨看到遗诏后，驳斥道："这肯定是冯延巳等人主意，根本不是先帝的遗命。昔日，冯延鲁担任东都判官时，就曾经请求这么办，先帝征求臣的意见，臣回答说：'陛下昔日担任吴国宰相，百姓中有人卖儿卖女的，陛下拿出府库的钱财，将人赎回送还，所以，全国百姓听说此事后都拥戴陛下。如今，陛下继位之后却反其道而行，让贫苦百姓家的子女去当富人家的奴婢，这合适吗？’先帝觉得我说得对，还要治冯延鲁的罪。臣认为冯延鲁太愚蠢了，不用深究。先帝就把冯延鲁的奏章斜封起来，还在上面抹了三笔，带入宫去。请求陛下在宫中找找，肯定还在。”李璟让人找到先帝留在宫中的上千道奏章，都是斜封的，且用笔抹过，从中果然找出了冯延鲁的那篇奏章，可是，由于遗诏已经公布，最终也未更改。

南唐元宗李璟继位后，宣布大赦，改元为保大元年。秘书郎韩熙载请求等过了年再改元，李璟不从。尊宋皇后为皇太后，册封王妃钟氏为皇后。李璟还在服丧期间，没有亲政，冯延巳屡屡入宫汇报政事，甚至于一天有三四次之多。李璟说道：“掌书记有本职工作，你为何如此麻烦！”李璟为人谦虚谨慎，继位之初，对大臣们不直呼其名，屡屡请大臣们入宫商议军国大事。李建勋对人说道：“主上宽和仁爱，胸怀宽大，这一点比先帝要强，只是性格还未定型，身边如果没有正人君子，恐怕是守不住先帝的基业的。”李璟因镇南节度使宋齐丘、奉化节度使周宗是元老功臣，遂征召二人入朝，任命宋齐丘担任太保兼中书令，周宗担任侍中，但政务全由自已全权处理。李璟又将寿王李景遂改封为燕王，宣城王李景达改封为鄂王。过去，李璟担任齐王时，主持政务，每次犯了过错，常梦锡都要直言劝谏，虽然一开始惹得李璟十分不满，但最后李璟都选择了原谅。等到李璟继位后，曾经答应让常梦锡担任翰林学士，可是，常梦锡得罪了宋齐丘一党，宋齐丘一党就指责他擅自驳回诏书，将其贬为池州判官。池州有很多贬谪的官员，节度使王彦俦对他们非常苛刻，唯独对常梦锡还像他在朝廷一样敬重。

宋齐丘素来就对陈觉很厚待，李璟也觉得陈觉是个人才，遂加以重用。冯延巳、冯延鲁、魏岑三人虽然是齐王府的旧臣，也都依附于陈觉，又与查文徽相互吹捧，败坏国事，南唐上下称这五个人为“五鬼”。冯延鲁从礼部员外郎被破格提拔为中书舍人、勤政殿学士，江州观察使杜昌业听说后叹息道：“国家之所以能驾驭群臣，就在于官位而已。如果仅仅因为说了一句话就会被破格提拔到高位，那么将来在疆场上建立功勋的，朝廷又能拿什么来奖赏呢？”不久，李璟又晋升魏岑、查文徽为枢密副使。魏岑得志之后，正遇上陈觉母亲去世、停职服丧，魏岑趁机四处宣扬陈觉的过错，多方排挤陈觉。

李璟继位后，尊重亡父的遗愿，任命天雄节度使兼中书令、金陵尹、燕王李景遂为诸道兵马元帅，改封为齐王，命其居住在东宫；又以天平节度使、守侍中、东都留守、鄂王李景达为副元帅，改封燕王，并向全国公开宣布，等自己死后，将传位于这两个弟弟。又封长子李弘冀为南昌王。李景遂和李景达都惶恐不安，坚决推辞，但李璟没有答应。李景遂就自己发誓不敢担当储君，还把自己的字改为退身。后晋天福八年八月，李璟又加封幼弟李景逷为保宁王。宋太后对钟夫人一直耿耿于怀，屡屡要加害李景逷，李璟全力保护，李景逷才逃过了一死。

周宗曾经劝说李昪称帝，抢了宋齐丘的风头，这让宋齐丘一直怀恨在心。此时，周宗已经年老，恭敬谨慎，只图自保，而中书令宋齐丘则极力扩张自己的权势，四处结党，千方百计要推到周宗。走投无路的周宗只好向李璟哭诉自己受到的陷害，由此李璟开始瞧不起宋齐丘了。不久，宋齐丘的死党陈觉也被疏远，由枢密使被贬为少府监，李璟遂将宋齐丘调出朝廷，任命其担任镇海节度使。宋齐丘非常恼火，赌气上书要到九华山隐居。李璟情知这绝非宋齐丘的真心，却顺水推舟，当即就答应了，还给宋齐丘写信道："你今日归隐之行，过去就曾答应过你（宋齐丘这把戏已经上演过了一次）。朕确实知道这是你的真心，所以就不再勉强你在朝继续为官了。"还给他赐号为九华先生，封青阳公，把一个县的税收当作他的俸禄。宋齐丘弄巧成拙，更加愤恨，遂把钱财都用于修建豪华的宅邸上面，在青阳，他的穿着、车马、将吏们都像王公一般。

不久，李璟又任命周宗为镇南（治所洪州，今江西省南昌市）节度使，以左仆射兼门下侍郎、同平章事张居咏为镇海（治所润州，今江苏省镇江市）节度使。李璟打定主意要传位给李景遂和李景达两个弟弟，而李景遂、李景达又都不敢接受，在这种情况下，帝国政事出现了一定程度的混乱，冯延巳等人趁机想隔绝内外，把持朝政。李璟下诏称："齐王李景遂参与决定朝政，百官只有枢密副使魏岑、查文徽二人可以入宫汇报政务，其余群臣没有皇帝命令不得入宫见驾。"此令一下，举国惊骇。给事中萧俨上书苦苦劝谏，但李璟不予回复。侍卫都虞候贾崇到大殿门外请求接见，说道："臣侍奉先帝三十年，观察先帝接见关系疏远的臣下，孜孜不倦，即便如此，一些下情尚且不能上达。陛下刚刚继位，任用的都是些什么人，竟然不再与群臣接触了？臣已经老了，也快死了，恐怕不能再见陛下了啊！"说完，老泪纵横，李璟为之动容，请他坐下说话，赏赐食物，好言安慰，遂收回了成命。一次，李璟在宫中修建了一座高楼，召来近臣们观看，众人纷纷赞叹不已，唯独萧俨说道："遗憾的是楼下面少了一口井。"李璟询问缘故。

萧俨说道：“少了一口井，所以才不如景阳楼。”景阳楼是南北朝南朝后主陈叔宝宫中的一座楼，隋朝灭陈时，陈叔宝在慌乱之中逃到景阳楼井里躲藏，萧俨此言显然是在嘲讽李璟。李璟听后大怒，将其贬到了舒州。观察使孙晟派兵监视萧俨，萧俨对孙晟说道：“我是因为直言谏诤才得罪被贬的，并无异志。昔日，先帝顾命之际，你几乎倾覆了社稷，难道你的罪不比我的重吗？今日反而派兵来防备我？”孙晟听后，一脸羞愧，赶忙撤回了卫兵。

一二六　内忧外患

与楚王马希范相同，刚刚继位的后晋出帝石重贵也在想方设法增加朝廷财政收入。

过去，黄河南北各州县的官员们都私自贩卖海盐，每年能收入十七万钱，他们还将食盐预借给百姓，到夏收时加收食盐钱。有人曾经向石敬瑭建议说，因贩卖私盐而犯法的百姓越来越多，倒不如取消禁令，允许百姓自己贩卖食盐，每年官府专营食盐得到的盈利则代之以向百姓征收吃盐税加以填补，石敬瑭批准了这一政策。食盐专卖制度取消之后，食盐价格很快就下降了，每斤食盐仅值十文钱。等到石重贵继位后，三司使董遇想要增加朝廷收入，而一时半会又不便立刻改变先帝的做法，就加重对盐商们征收盐税，批发的征收七钱，零售的征收十钱，由于盐税沉重，盐商无利可图，就没人再经营食盐了，食盐又恢复由官府专卖了，可是，百姓们原来缴纳的吃盐税却一直没有取消。

石敬瑭末年，就已经因为接纳吐谷浑叛众而与辽国的关系紧张，石敬瑭的死在一定程度上就与此有关，而石重贵继位后，不仅没有主动结好辽国，反而更加激怒了辽国。石重贵继位之初，大臣们商议携带奏表向契丹称臣，禀报石敬瑭驾崩的消息，然而，景延广却提出在给辽国的书信中，只称孙，而不称臣。李崧提出反对意见，说道："为了江山社稷而屈身，又有什么耻辱！陛下如此，将来一定要身穿铠甲与契丹人交战，到时候后悔都来不及了。"景延广坚持原议，司马冯道则不置可否，最终，石重贵还是采纳了景延广的意见。辽国皇帝耶律德光见了石重贵的书信，勃然大怒，派来使者斥责石重贵，并说："为何不先禀报，就匆忙继位了？"景延广又措辞傲慢地回信答复。

在辽国国内，现任卢龙节度使的赵延寿一直没有放弃在中原称帝之心，屡屡劝说耶律德光南征后晋，耶律德光终于被说动。辽国行将南侵的消息也传到了后

军，所以大臣们都不敢与他相争。河东节度使刘知远情知景延广肯定会招来辽国入侵，可是，畏惧其掌握着朝廷大权，也不敢出面说话，只是招兵买马，上奏称需要设置兴捷、武节等十余军，宣称是为了防备辽国。显然，刘知远不开口说话，还有另外一层意思，那就是怨恨石重贵取消了自己辅政大臣身份，其加强战备，仅仅是想拥兵自保，坐观成败。

除了刘知远之外，后晋国内另外一位军阀杨光远也蠢蠢欲动。杨光远在石敬瑭时期就已经对朝廷不满了，在他看来，自己率领后唐军队投降了石敬瑭，石敬瑭正是率领着这支军队才夺占了洛阳，登上了皇帝宝座，此后，自己又率领大军平定了范延光之乱，可谓是对石敬瑭立下了大功，然而，石敬瑭先是许诺让自己当上实力雄厚的天雄节度使，但很快就改变主意，把自己调往洛阳，当了西京留守，这倒也罢了，可是好景不长，石敬瑭又把自己从地位重要的西京留守调往偏远的青州，这自然让杨光远深感不满。《宋史·马仁镐传》就称，当时，杨光远就已经心存不轨，石敬瑭觉察后，就任命马仁镐担任节度副使，以监视杨光远。马仁镐当了两年副使，受人诬陷，被朝廷调往河阳担任护国军行军司马。马仁镐到河阳数月，就传来了杨光远谋反的消息。

石重贵继位后，景延广上奏请求要回杨光远曾经借朝廷的二百匹战马，杨光远听说后大怒，说道："这些马是先帝赏赐给我的，为何现在要回？这是在怀疑我。"遂暗中派人召回其子、单州刺史杨承祚。天福八年十一月十四日，杨承祚谎称其母病重，留下印绶趁夜开门逃回青州。二十六日，石重贵任命左飞龙使何超权知青州，并派遣内班（寝宫宦官）前往青州，赏赐给杨光远玉带、御马、金帛，予以安抚。二十八日，石重贵又派遣侍卫步军都指挥使郭谨率军进驻郓州（今山东省东平县），以监视杨光远的动向。十二月一日，石重贵再派左领军卫将军蔡行遇率领本部赶赴郓州，又派遣供奉官殿直二十六人，从河阴到海口划分区域巡检，扩充军队。

杨光远派遣骑兵突袭淄州（今山东省淄博市），将淄州刺史翟进宗押回青州。十日，后晋朝廷将杨承祚调任登州刺史，以方便其省亲，可是，杨光远更加骄横，偷偷派人前往辽国，称后晋石重贵忘恩负义，违背盟誓，现在国内到处饥荒，官府、民间都非常困顿，趁这个机会可以一举夺取中原，赵延寿也如此劝说耶律德光。耶律德光终于下定决心，组织山后和幽州的军队（还是当初原属于后唐的兵力）共计五万人，交由赵延寿统领，全权委托其经营中国，并对其说道："如果得到了中原，就立你当中原的皇帝。”还经常指着赵延寿对后晋人说道：“这才是你们的主子。”赵延寿信以为真，加之过去耶律德光从后晋要回了他的妻子后唐燕国长公主，因此，赵延寿对辽国尽心尽力，谋划夺取中原之策。后晋朝廷很快也得到了消息，派遣使者赶赴南乐（今河北省南乐县）、德清军（今河南省内黄县、古澶州），加紧增修城防，并征召河阳节度使符彦卿、宋州节度使高行周、贝州节度使王令温、同州节度使李承福、陈州刺史梁汉璋、亳州刺史李萼、怀州刺史薛怀让领兵入朝，还命令使者赶赴各地巡检，扩充军队。

王令温，字顺之，瀛州河间人。王令温年少以武勇知名，在后唐庄宗手下任职，在李嗣源与契丹交战中，李嗣源的战马倒毙，在万分危急之中，王令温把自己的马匹交给了李嗣源，保护着李嗣源将敌人击退。等明宗即位后，晋升其为神武彰圣都指挥使。后晋建立后，又从淄州刺史晋升为洺州团练使。在平定安重荣之乱中，石敬瑭任命他为行营马军都指挥使，与统帅杜重威一起在宗城击败了安重荣，因此次战功，他也被晋升为亳州防御使，不久，又拜为永清军节度使。李承福，字德华，汉阳人。出身微贱，曾当元行钦的奴仆，后为石敬瑭的家臣。后晋建立后，历任皇城武德宣徽使、左千牛将军、澶州刺史、齐州防御使。史称，他“性鄙狭，无器局，好察人微事，多所诋讦，虽小过不能恕，工商之业，舆隶之情，官吏之幸，皆善知之，然自任所见，无所准的，故人多薄之”。梁汉璋，字国宝，应州人。自幼追随李嗣源，历任突骑、奉德指挥使。后晋建立后，又历任护圣都指挥使、陈州防御使。史称，梁汉璋“熟于戎马，累有军功，及为藩郡，所至好聚敛，无善政可纪”。薛怀让，少数民族，以勇敢好斗而隶属于后唐庄宗麾下，后唐时期，历任神武右厢都指挥使、绛州刺史、申州刺史等职。后晋建立后，又历任沂、辽、密、怀四州刺史，《宋史》称其“所至无善政，颇事诛敛”。

一二七　辽国南侵（一）

天福八年冬天，河南各州一共饿死了两万六千余人。

可以说，石重贵选择在这个时间与辽国交恶，实在是非常不明智的。这一次辽国入侵，并非如上次救援石敬瑭时，是调派了倾国之兵，实际上，这一次，耶律德光还是在试探，先期只用了山北、幽州之兵，即幽云十六州的兵力，可以说是以中国来制中国，就算战败，辽国本部并不会伤筋动骨，这就是耶律德光老谋深算之处。客观地说，后晋国内虽然也经历了平定范延光之乱、内争不断，毕竟经过石敬瑭在位六七年来的休养生息，后晋国力、军队的战斗力有了很大提高，这也是石重贵、景延广过高地估计己方实力的一个原因，然而，在这一个时间节点里与辽国交恶，其不利因素也非常明显，主要有以下几点：其一，天福八年整个一年，后晋都在严重的自然灾害中度过，旱灾、水灾、蝗灾，百姓流离失所，因饥饿而死的高达数十万之多，社会秩序受到空前的冲击，朝廷国库空虚，帝国经济陷于崩溃的边缘。其二，在石敬瑭统治时期，由于自己得位不正，加之他称臣于辽国，极大地伤害了民族自尊心和自豪感，所以为了勉强维持着帝国的统治，他对臣下尤其是各地方镇大员都十分厚待，即便是像杨光远等极个别位高权重、功高震主的人，他也仅仅是采取了频繁调防的方式，防患于未然，甚至于像范延光这种公然造反的人，在归降之后，也是予以宽恕。这种做法当然是无奈之举，可是也极大地降低了朝廷的威信和对地方的控制力，尤其是在晚年，各地兵变频发，朝廷威信进一步下降，安重荣、安从进等人伺机而动，在一定程度上动摇了后晋的统治基础。石重贵继位后，后晋帝国刚刚经历了平定安重荣、安从进的叛乱，军力、军需都需要经过一个阶段的恢复，然而，不仅没有得到恢复，相反迎面而来的竟是一整年严重的天灾，在这种情况下，与磨刀霍霍的辽国交恶，是极其不明智的。其三，后晋国内隐患还很多。刚刚继位的石重贵面临着新贵、旧臣之间的交接，新皇帝威望的重塑等诸多问题，各种人事方面的矛盾纷至沓来，像杨光远这些久已包藏祸心的人比比皆是，在内部矛盾重重的情况下，与一个北方强敌为敌，显然是一种冲动之举。

现在需要提出的问题是：为何辽国对后晋称孙不称臣如此耿耿于怀呢？这里面自然牵扯到一个经济问题，只有称臣才存在国与国之间的纳贡，称孙送给爷爷的大不了是一些礼节性的礼物，等于是单方面撕毁了石敬瑭当初与辽国人签订的协议，这应该是辽国恼火的根本原因。早在石敬瑭还未去世的天福七年，因后晋招纳叛逃的吐谷浑，辽国国内要求出兵南讨的声音就已经甚嚣尘上了，但也仅限于讨伐吐谷浑以及安重荣而已。在当年的二月，耶律德光打算南巡，因各地还时有叛乱，就召集皇弟耶律洪古以及群臣商议，众人均说道："如今寰州、镇州、朔州三州虽然已经平定，但是吐谷浑被安重荣所引诱，尚未归附，应当发兵讨伐，以杀一儆百。"耶律德光深以为然，命令皇叔耶律安端代替于越耶律鲁不古（耶律德光的堂兄弟）担任西南路招讨使，计划组织进剿。等到景延广教唆石重贵对耶律德光称孙不称臣后，南院大王六院部的耶律吼上表认为，不可不讨伐石重贵，直到这时，耶律德光才有了与后晋开战的打算。但是，整个天福八年大半年内，辽国并无任何举动，显然并没有下定与后晋发动一场大规模战争的决心，直到该年十一月，上京留守耶律敌辇得到后晋间谍，才确知后晋已经生出了二心，到十二月，耶律德光来到南京（今北京市），这才开始商议大举进攻后晋，命令赵延寿、皇叔耶律安端以及御史大夫耶律解里等将率部从沧州、恒州、易州、定州分道而进，大军随后跟进。耶律吼，字曷鲁，六院部人，《辽史》称其"端悫好施，不事生产。太宗特加倚任。会同六年，为南院大王，莅事清简，人不敢以年少易之"。耶律解里，字波单，突吕不部人，早年在耶律德光麾下，后唐时期，在与后唐作战中被俘，后晋建立后才得以返归辽国。

天福九年（公元944年，该年七月一日石重贵改元为开运元年）一月二日，沧州（今河北省沧州市）、恒州（今河北省正定县）、贝州（今河北省清河县）、邺都（今河北省大名县）分别派人飞马向后晋朝廷报告："契丹先锋大将赵延寿、赵延昭（一记作赵延照）率领五万骑兵南侵，其前锋已经逼近贝州。"赵延昭，是赵思温的儿子。三日，安端领兵进入雁门，包围了忻州、代州。

过去，后晋朝廷以贝州系南北交通要道，在这里囤积了大量粮食，足够大军数年之用，就是用于防备契丹人的入侵。军校邵珂为人凶悍，永清节度使王令温将其免职，闲居城中。邵珂的儿子杀人，送出很多财物才脱身，不久，州吏又吓唬他，他又拿出全部家财当封口费，这让邵珂更加怨恨，遂暗中派人逃入契丹，称："贝州粮食很多，兵力薄弱，容易夺取。"正遇上朝廷征召王令温入朝商议破敌之策，朝廷任命前复州防御使吴峦权知州事。吴峦归国后，相继担任过徐州节度使、右谏议大夫、复州防御使，当初吴峦守卫云州，历经半年之久，给朝廷人士留下深刻印象，遂令其接替王令温暂时镇守贝州。吴峦乘坐快车赶往贝州，到任后，正值隆冬季节，他发现很多将士竟然没有棉衣，赶忙下令做衣服。吴峦平生廉洁，囊中羞涩，只好将帐幕毁掉用于衣料。邵珂见吴峦到任，自请愿意效命，吴峦本是书生出身，身边一直没有元从卫士，见邵珂慷慨陈词，遂命其领兵驻守南门，吴峦自己则亲率守军驻守东门。不久，辽国皇帝耶律德光亲率大军直扑贝州，辽军到来的第一天，先环绕城池，大声喊叫，震慑城内守军，次日开始将各种攻城器具摆放在城池四周，第三天，耶律德光亲自指挥奚人以及前渤海各族从四面向城池发起进攻。吴峦组织守军将干柴投掷于夹城之中，再点火焚烧，敌人的攻城器具全被烧毁。一月六日，敌人再次发起进攻，城内所有壮丁都登上城墙防守。不久，邵珂从南门引导辽军进城，吴峦还在东门防守，不知此情，随从禀报道："邵珂投敌了！"吴峦见城内已乱，当即飞马跑回衙门，投井而死。进入城内的辽军开始屠城，杀害了贝州一万多军民。

就在贝州城陷的次日，后晋出帝石重贵任命高行周为北面行营都部署，符彦卿为马军左厢排陈使，右神武统军皇甫遇为马军右厢排陈使，陕州节度使王周为步军左厢排陈使，左羽林将军潘环为步军右厢排陈使。同日，太原刘知远上奏称辽军进入雁门关，包围忻州、代州；恒州、邢州、沧州再奏契丹大军到来。当天，因全国自去年以来饿死了数十万人，石重贵还下诏命令各地地方长官随处掩埋尸体。潘环，字楚奇，洛阳人。年少以搬运为生，后来在后梁邢州节度使阎宝手下任职，后唐庄宗与后梁夹河之战中，潘环身为梁将，屡立战功。庄宗知道他的大名，等到庄宗灭梁后，就命其当了禁军将领。明宗时期，潘环被授予棣州刺史、易州刺史、宿州团练使等职，后晋建立后，他参加了平定范延光之战，因功被授予齐州防御使，后转任为金州节度使，入朝担任左神武统军。史称，其"历六部两镇，所至以聚敛为务"。

成德节度使杜重威派遣心腹幕僚曹光裔来到青州，面见杨光远，对其分析祸福利害。杨光远命曹光裔入朝上奏，称："杨承祚逃归，仅因母亲生病而已。既然蒙受陛下降恩宽恕，我家全族都会感恩的。”朝廷上下信以为真，就派遣使者随曹光裔一起前去安抚。与此同时，石重贵又派遣使者给辽国送去书信，但是，由于辽军已经进驻邺都，道路阻隔，只好返回。

一月九日，石重贵任命侍卫马步都指挥使景延广为御营使，前静难节度使李周担任东京留守。当天，高行周率领先头部队离开大梁北上迎敌。当时，用兵方略都出自景延广，宰相以下都不敢插手。景延广颐指气使，羞辱众将，就算石重贵也拿他没有办法。十二日，石重贵离开大梁，北上亲征。十四日，滑州（今河南省滑县）禀报，辽军已经进抵黎阳（今河南省浚县）。当时，黎阳在古黄河的北岸，滑州在古黄河的南岸。十五日，石重贵来到了澶州（今河南省濮阳市）。

当时，耶律德光驻军元城（今河北省大名县）城下，晋封赵延寿为魏州、博州等州节度使，封魏王，命其领兵进驻南乐（今河南省南乐县）。西路辽军安端部又进攻晋阳，河东节度使刘知远与吐谷浑白承福合兵二万人迎战。二十一日，石重贵任命刘知远为幽州道行营招讨使，杜重威为副使，马全节为都虞候。二十三日，辽军向黎阳发起进攻，石重贵任命右武卫上将军张彦泽等人领兵进驻黎阳抵御。与此同时，石重贵又派遣使者来见耶律德光表示愿意和好，耶律德光回复道，必须割让黄河以北的土地，并派来桑维翰和景延广前来和谈，并称：“已经形成的态势，已无法改变了。”二十八日，刘知远上奏称，在秀荣（今山西省忻州市）击败契丹卫王耶律宛（耶律洪古次子），斩首三千级，辽军从鸦鸣谷（今山西省忻州东北）逃去。

一二八 辽国南侵（二）

天平节度副使、知郓州颜衎派遣观察判官窦仪上奏：“博州刺史周儒以城投降契丹，又与杨光远互通音信，引导契丹军队从马家口（今山东省茌平县东南）南渡黄河，活捉了左武卫将军蔡行遇。”窦仪对景延广说道：“朝廷如果不增派军队控制黄河渡口，假如敌人东渡黄河，与杨光远合兵一处，则黄河以南就危险了。”景延广觉得有理。

窦仪，字可象，蓟州渔阳（今天津市蓟州区）人。他十五岁会写文章，天福年间进士及第，担任景延广的记室。窦仪学问渊博，治学严谨。其弟窦俨、窦侃、窦偁、窦僖，都相继考中进士。宰相司马冯道与窦仪之父窦禹钧是旧友，曾给他赠诗一首，诗中有“灵椿一株老，丹桂五枝芳”之句，当时窦仪兄弟被人们称为窦氏五龙，又称五子登科，这就是五子登科成语的来历。《三字经》中有：“窦燕山，有义方。教五子，名俱扬。”也是说的窦仪五兄弟，后来，窦仪成为北宋初年的名臣。

二月一日，石重贵命令前保义节度使石赟领兵进驻麻家口（今河南省范县南），前威胜节度使何重建进驻杨刘镇（今山东省东阿县东北），护圣都指挥使白再荣领兵驻守马家口，西京留守安彦威进驻河阳。白再荣，本蕃部人。年少从军，累迁为护圣左厢指挥使。

果然，不久，周儒就引导着辽军将领耶律麻答从马家口东渡黄河，在黄河东岸扎营，进攻郓州北面黄河渡口，以接应杨光远。耶律麻答，即耶律把里得，字孩邻，是耶律阿保机弟弟耶律剌葛之子，耶律德光的堂弟。二月二日，石重贵又派遣侍卫马军都指挥使、义成节度使李守贞，神武统军皇甫遇，陈州防御使梁汉璋，怀州刺史薛怀让率领一万人马，沿着黄河水陆并进，向东而来。

二月三日，辽军将高行周、符彦卿以及先锋使石公霸包围于戚城（今河南省濮阳市北）。在此之前，景延广有令，要求众将划分区域防守，不得擅自相互救援。高行周等人向朝廷告急，景延广却不紧不慢地禀报给了石重贵，石重贵亲自领兵前去救援，辽军这才退去。符彦卿等三将见到石重贵，哭诉称救兵动作太慢，险些被杀。二月四日，李守贞等将领兵来到了马家口。这时，辽军正派遣一万步兵构筑堡垒，将骑兵布置在外围警戒，还有数万人马驻扎在黄河西岸，正用数十艘船只往东岸运兵。后晋军队来得正是时候，正在辽军运兵之际，后晋援军突然向敌人发起了进攻，辽军骑兵不敌，纷纷后撤，后晋军乘胜进攻没有骑兵保护的辽军步兵，并很快攻克了敌人的营垒。辽军大败，骑马仓皇西渡黄河，在湍急的河水中淹死了数千人，留在黄河东岸的步兵也被杀、被擒了数千人。黄河西岸数万辽军看到同伴在东岸被杀，又无能为力，遂大哭而去，从此以后，再也不敢东渡黄河、向青州方向迂回了。

自从辽军南侵之后，后晋军采取后发制人的策略，在两面受敌极端不利的情况下，利用有利地形，分别取得了戚城、马家口大捷，极大地鼓舞了民心士气，也大大地出乎了耶律德光的预料。显然，在杨光远、赵延寿等人的蛊惑下，他过低地估计了对手的力量，没有想到遭受到如此天灾人祸打击的后晋帝国，仍然还有如此顽强的战斗力。接连的失败，让他恼羞成怒。当初，耶律德光占领贝州、博州之后，都安抚军民，有的还被加官晋爵，等到这两次惨败之后，耶律德光命令辽军所到之处，凡是抓获到的后晋百姓，一律处死，抓获的后晋士兵，则用火活活烧死。辽军的暴行立即激起后晋军民的怒火，人们纷纷揭竿而起，奋起反抗。

与此同时，后晋并没有采取消极防御的方针，而是在辽军薄弱节点，与辽军展开了对攻。二月八日，定难（治所夏州）节度使李彝殷上奏，自己将率领四万大军从麟州（今陕西省神木市）东渡黄河，侵入辽国境内。九日，石重贵任命李彝殷为契丹西南面招讨使。

就在辽军东渡黄河失利的同时，杨光远也率领青州军队西进，准备与辽军会师。二月十五日，石重贵命令石赟分兵进驻郓州，以防备杨光远，同时，石重贵又下诏命令河东节度使刘知远率领本部人马从土门（今河北省鹿泉市西）东出恒州，截击辽军；又命令他与杜重威、马全节所部在邢州会师，然而，刘知远领兵行至乐平（今山西省昔阳县），就逗留不进了。

石重贵身穿孝服刚满一年，就在宫中命人低声演奏音乐，等到亲征之后，经常让身边的人弹奏三弦琵琶，以羌笛合奏，击鼓高歌，起身起舞，还自欺欺人地说："这算不上音乐。"二月十七日，群臣建议恢复听音乐，但石重贵没有答应。二月十九日，杨光远包围了棣州（今山东省惠民县），棣州刺史李琼出兵将其击败，杨光远烧毁营寨逃回青州。二十日，石重贵任命前威胜节度使何重建为东面马步都部署，领兵进驻郓州。就在这时，遥远的阶州（今甘肃省陇南市武都区东）、成州（今甘肃省成县）义军指挥使王君怀率领本部一千余人叛逃到后蜀，请求担任向导夺取两州。二十一日，后蜀派遣军队进攻阶州。

辽军强渡黄河不成，就打算引诱后晋军北上，打一个大的歼灭战，一举摧毁后晋主力。辽军假装放弃邺都，从邺都撤离，而在古顿丘城（今河南省内黄县东南）埋下精锐骑兵，企图等到后晋主力与恒州、定州军队会合后，再将其聚歼。邺都留守张从恩屡屡上奏称敌人已经撤离，后晋上下纷纷要求出兵跟踪追击，然而，天佑后晋，正巧遇上连绵不断的大雨，后晋决策层才取消了这一计划。辽军在古顿丘城附近设伏了十余天，在倾盆的大雨中也足足淋了十余天，弄得人困马乏，疲惫不堪，斗志全无。赵延寿说道："后晋军队均在黄河沿岸，畏惧我军强盛，不敢出战，不如我们直扑其城下，从四面合围，发起强攻，如能夺取其浮桥，则天下就可平定了。"耶律德光也决定孤注一掷，遂同意了。

三月一日，耶律德光亲率十余万大军推进到澶州（今河南省濮阳市）以北，东西两翼包围城的东西门，登上城墙眺望，辽军阵营一眼望不到边际。高行周的先头部队在戚城以南，辽军赵延寿、赵延昭率领数万骑兵进攻后晋军的左翼，耶律德光亲率精锐骑兵进攻后晋军的右翼，两军合战，从中午一直激战至黄昏，互有胜负。

到黄昏，耶律德光率领精兵从中央杀出，石重贵毫不畏惧，也亲率晋军后军，从黄河南岸的澶州南城经过东西两座浮桥渡过了黄河，进入澶州北城城下，列出偃月阵。后晋军队旗帜鲜明，兵马严整。耶律德光远远看到人数众多、装备精良而又士气高昂的后晋军队，顿时大吃一惊，对身边的人说道："杨光远说晋军一半都饿死了，如今看来，怎么还有这么多！"

辽军先以精锐骑兵从左右两翼直扑后晋军军阵，但后晋军纹丝不动，万箭齐发，箭雨遮天蔽日，辽军骑兵纷纷落马，稍稍后退。有一位投降的后晋军士兵对耶律德光说道："晋军右翼人少，沿岸营寨不坚固，可以向那里发起进攻。"耶律德光遂命令部队向晋军右翼（即东边）发起进攻，晋军右翼寡不敌众，战败后撤，辽军骑兵开始追击。当时，正巧有一千多名夹马营的军士们在河堤间修建水寨，军旗顶端露出堤坝上面，辽军望见后，误以为是晋军的伏兵，遂掉头撤回，晋军得以恢复元气。两军稍作休整，重新投入战场，晋军再次被击退，就在这千钧一发之际，李守超率领数百骑兵手持短兵杀入敌军阵营，辽军这才稍稍退却。

这场激烈的血战，一直持续到日暮。战场之上，尸横遍野，血流成河，断箭废矢，在地上堆积数寸厚。天黑之后，辽军撤离战场，在三十里之外安营扎寨。护圣第二军都指挥使安重怀、指挥使乌韩七、监军何彦超等人临阵胆怯，丢失了手中的武器，石重贵下令将几人全部斩杀。

三月三日，耶律德光帐内小校偷窃耶律德光坐骑，投降了后晋，称："辽军已经传达命令，收兵北还。"《契丹国志》记载，景延广怀疑有诈，不敢追击。辽主所过之处，将百姓之物焚烧殆尽。《资治通鉴》记载，辽主在澶州城北将军队一分为二，一部取道沧州、德州；一部取道深州、冀州北还。所过之处，焚烧劫掠，方圆千里，百姓之物扫地无余。留下赵彦昭为贝州留后。耶律把里得攻克了德州（今山东省陵县），活捉后晋德州刺史尹居璠。

一二九　平定光远

天福九年（公元944年）三月十五日，石重贵下诏命令晋阳、恒州、定州军队各自返回本镇。

十九日，马全节领兵进攻辽国下辖的泰州（今河北省满城县），并攻克了城池，俘虏辽军两千余人。同日，石重贵下诏征集民兵，要求全国每七户抽取一名士兵，由其余六户人家负担该名士兵的武器、粮饷。同时，西线秦州军队出兵救援阶州，由黄阶岭杀出，在西平击败了后蜀军队。

四月五日，后晋沿河巡检使梁进率领民兵收复了德州。七日，石重贵命令归德节度使高行周、保义节度使王周领兵镇守澶州，附近兵马由二人根据情况进行部署。次日，石重贵离开澶州回京。十二日回到大梁，赦免大梁处斩以下的犯人。十五日，同州、华州上奏称发生了百姓们人吃人的惨剧。

澶州大战之后，人们对景延广普遍感到厌恶，石重贵也觉得此人骄横难制，桑维翰借其不及时救援戚城之罪，要求追究其责任。三月十九日，石重贵对其明升暗降，加授景延广为兼侍中，将其调出京师，担任西京留守。同日，任命高行周为侍卫马步都指挥使；加授侍卫都虞候、义成节度使李守贞为兖州节度使，仍旧主管禁军。当天，石重贵还派遣三十六名使者赶赴各地搜刮钱财，以备军需。二十一日，石重贵在宫中设宴，召来景延广，安慰他道："你有佐命之功，这一次命你保卫西京，并非是对你功劳的赏赐。"遂解下玉带、御衣赏赐给他。同月，陇州上奏，本地饿死了五万六千人。

景延广郁郁不得志，见辽国强盛，才担忧国破家亡，性命不保，到任之后，遂日夜纵酒。朝廷派往各地的使者都带着尚方宝剑，率领大批官吏、士兵，手持武器闯入百姓之家，百姓们惊慌失措，求生不得，求死不能。州县官员们又趁机与这些使者们狼狈为奸，从中渔利。朝廷规定河南府上缴二十万钱，景延广趁机自己就中饱私囊了三十七万钱。西京留守判官卢亿得知后，对景延广说道："大人身为将相，地位崇高，已经富贵到了极点了。如今，国家多难，国库空虚，不得已才向百姓伸手要钱，大人又怎么忍心从中取利，给子孙们带来灾祸呢！"景延广听了一脸羞愧，这才作罢。前不久，因杨光远叛乱，朝廷下令让兖州增修城防，泰宁节度使安审信以此为名，趁机搜刮百姓钱财，中饱私囊。大理卿张仁愿担任括率使，来到兖州后，规定兖州需要上缴十万钱。正巧安审信不在，他就抓来仓库管理官，随便指了一个钱囤，就超过了整个军镇需要上缴的数量。

五月七日，石重贵命令侍卫马军都虞候、泰宁节度使李守贞率领两万步骑，讨伐杨光远；又派遣神武统军潘环、张彦泽等将领兵进驻澶州，以防备辽国会南下干扰。果然，辽军得知后晋军进攻青州的消息后，派兵南下救援，齐州防御使薛可言出兵截击，将其击败。十五日，石重贵将组织起来的民兵共计七万余人，编成武定军。当时，大战过后，公私困窘，又加之这次征兵，弄得民不聊生。十六日，邺都留守张从恩上奏称："赵延昭虽然盘踞在贝州，但是其部下长期在异乡，思念家乡，应当速速发兵进攻。"石重贵遂任命张从恩为贝州行营都部署，以滑州节度使皇甫遇为行营都虞候，左神武统军潘环统领骑兵，右神武统军张彦泽统领步兵，朝贝州杀来。二十日，张从恩上奏称："赵延昭纵火，大肆劫掠，放弃贝州北逃，在瀛州、莫州一带安营，依托河水构筑防御工事。"石重贵任命何重建担任贝州永清节度使。同月，泽潞上奏称本州饿死了五千余人。

六月一日，后晋讨伐军攻克淄州（今山东省淄博市），斩杀了杨光远任命的刺史刘翰。太尉、侍中司马冯道虽然身为首相，总是明哲保身，模棱两可，不负责任，有人对石重贵说道："司马冯道是太平宰相，如今国家多难，用他当宰相，就好比是让僧人去打猎，强人所难，又没有作用。"又有人说："陛下要想抵御辽国，安定天下，非桑维翰不可。"于是，石重贵就改任司马冯道为匡国节度使兼侍中；恢复枢密院，任命桑维翰为中书令兼枢密使，军国事务，不论大小都交由其全权处理。经过桑维翰的一番整治，数月之间，效果已逐渐显现。在设置枢密院的同时，石重贵又重新设置了翰林学士，任命右散骑常侍李慎仪担任兵部侍郎、翰林学士承旨，都官郎中刘温叟，金部郎中、知制诰徐台符，礼部郎中李澣、主客员外郎范质为翰林学士。刘温叟，字永龄，河南洛阳人。他性格敦厚方正，举动遵守礼法，系唐朝开国功臣刘政会之后。其叔祖刘崇望，是唐昭宗时期的宰相。其父刘岳为后唐太常卿。刘温叟七岁就会写文章，还擅长楷书、隶书。刘岳退休后，对家人们说："我这个孩子风骨秀异，只是不知道寿命几何，如今天下大乱，能与老夫当个温洛之间的老叟就满足了。"遂命名为温叟。此后，刘温叟在后唐历任国子四门助教、河南府文学、左拾遗、内供奉、监察御史、右补阙等职。石重贵担任开封尹时，以其为巡官，出帝即位后，拜为刑部郎中，改任都官郎中，充翰林学士。刘温叟为人廉洁，后来成为宋初名臣，宋太祖赵光义还是晋王时，曾经送给刘温叟一些钱，刘温叟不敢得罪，只好收下，封存在西屋之内，等到赵光义继位后，又给他送去一些礼物，使者发现去年所送之物还封存在那里。赵光义感叹道："我的钱他尚且不用，何况他人的呢？昔日收下我的钱，是不想拒绝我；一周年了还不启封，可以想见其风骨。"范质，字文素，大名宗城人。其父范守遇担任过郑州防御判官。据说，范质出生当晚，其母梦见神人送给她五色笔，范质生下后，九岁会写文章，十三岁研究《尚书》，并开始教授学生了。后唐明宗长兴四年，范质进士及第，历任忠武军节度推官、封丘令。后晋建立后，范质拿着写的文章拜见桑维翰，深得桑维翰的赏识，当即推荐其为监察御史。此后，桑维翰被排挤出朝后，范质也一直追随桑维翰，担任从事。范质为人清廉，但性格急躁，后担任后周宰相，在后周世宗柴荣去世后，仓促命将出征，最终导致赵匡胤陈桥兵变，夺取了后周天下。李澣，是李涛的弟弟，辽国灭后晋之后，没入辽国。

九月，辽军进攻遂城（今河北省保定市徐水区）、乐寿（今河北省献县），以牵制后晋军讨伐杨光远的行动，但辽军又被后晋深州刺史康彦进击退。

李守贞包围青州数月，城内粮食吃尽，守军饿死了一多半，而辽国援军迟迟不到。杨光远朝北方叩头，说道："皇帝！皇帝啊！你可把我给害苦了啊！"其子杨承勋、杨承祚、杨承信劝其投降，希望能保全全族。杨光远说道："我昔日在代北的时候，曾经用纸钱祭奠天池，纸钱沉入水中，人们都说我能当上天子，你们就稍稍再等一等。"十二月十九日，杨承勋等人斩杀了劝说其父造反的节度判官丘涛、亲将杜延寿、杨瞻、白延祚等人，将人头送给了李守贞，并纵火大喊，劫持其父返回私宅，上表请求朝廷降罪，并亲自出城投降，而杨光远也上书请死。后晋出帝石重贵将杨光远的长子杨承勋任命为汝州防御使，以杨承信为右羽林将军，杨承祚为右骁卫将军，并答应饶杨光远一死，然而，朝中群臣则认为，杨光远罪行太重，不可不杀，考虑到他的儿子们又率众投降，立下功劳，很难光明正大地处死其父，遂命令李守贞见机行事。

闰十二月五日，李守贞进入青州城，派客省副使何延祚在杨光远的私宅将其掐死。何延祚来到杨光远家中后，杨光远正在马厩里查看马匹，何延祚命一名军将入内，对他说道：“使者就在门外，打算回京复命，却没有什么可汇报的。”杨光远问道:“这是为何？”那人说道:“希望能拿到大王的人头。”杨光远骂道:“我有什么罪？昔日我以晋安寨投降契丹，才让你们石家世世代代当上了天子，我也盼望着能终身富贵，如今你们竟然如此负心！”杨光远是个秃头，他的妻子又是个瘸子，当时的人们就说：“自古以来，谁见过秃头皇帝、瘸子皇后的？”然而，《新五代史》认为：“然而召夷狄为天下首祸，卒灭晋氏，疮痍中国者三十余年，皆光远为之也。”另据《五代史补》记载，杨光远谋反后，朝廷因李守贞与杨光远有仇，遂任命其领兵讨伐。李守贞接到命令后，欣然受命，志在必取，在战斗中身先士卒，杨光远见状，心生恐惧，这才投降了。杨光远被杀后，朝廷以病死通报内外。后来，辽国灭了后晋，耶律德光追究杨承勋囚禁其父之罪，将其千刀万剐吃掉，后汉建立后，刘知远下令给杨光远平反，还在青州替其立碑，石碑立好后，突降大雨，雷电交加，将石碑击断。

后晋朝廷下令将前登州刺史张万迪处斩，青州节度判官杨麟发配威州，掌书记任邈发配原州，支使徐晏发配武州。赦免青州吏民及辖区罪犯，赏赐有功将士。加授李守贞同平章事；符彦卿改任河阳节度使；降青州为防御使，以宣徽使翟光邺担任青州防御使。

一三〇 战云密布

石重贵继位以来，可谓是多灾多难。

当李守贞还在平定杨光远之时，石重贵罢免了司马冯道，重新起用桑维翰，恢复翰林院，正准备大干一场，然而，祸不单行，黄河又在滑州地段发生决口，奔腾的河水淹没了汴州、曹州、单州、濮州、郓州五州，环绕梁山（今山东省梁山县）一周，然后汇入汶水。石重贵下令征调各道百姓堵塞，所幸的是，终于将黄河决口堵住了。石重贵打算下令刻石纪念，中书舍人杨昭俭劝谏道："陛下刻石纪功，不如颁布哀痛诏书；发文歌颂，不如颁布罪己诏书。"石重贵听后，连连称赞，遂不再提此事。

不过，也有值得石重贵高兴的事：当初，石敬瑭割让幽云十六州时，府州（今陕西省府谷县）刺史折从远也被划为辽国臣民。辽国打算把河西军民全部迁往辽东，这让府州军民非常害怕，折从远遂率领军民依托险阻反抗。等到石重贵与辽国绝交后，就命令折从远进攻辽国，折从远领兵深入辽国境内，攻克了辽国十余座营寨，石重贵大喜，遂任命其为府州团练使。折从远，字可久，本名从远，后因避讳后汉高祖刘知远的远字而改名为折从阮。世代居住在云中，他性格温和厚重，后唐庄宗时期，将他从河东牙将提拔为府州副使，此后晋升为府州刺史。折从远的儿子折德扆，在后周时期担任永安军节度使，与父亲均为节度使。直到北宋初年，折氏子弟仍为军中大将。

在击败了辽军、整顿朝廷之后，雄心勃勃的石重贵这才于天福九年七月一日，下令改元为开运元年，宣布大赦天下，他在诏书中要求，凡是黄河以北各州受到契丹祸害的，一律免除今年的赋税；各军将士们依次予以升赏；要求各州上缴的钱财，诏书到时，一律免除，凡是缴纳一千钱的免除徭役，上缴一万钱以上的，授予本州上等佐官。就在宣布诏书时，突然天降大雨，雷电交加，还未宣布完毕，就匆匆结束。当天，大梁城内被雷电击死数百人，明德门内石龙的龙头也被雷电震掉，人们都认为这是不祥之兆。数日之内，石重贵又相继任命马全节担任邺都留守，安审晖为邢州节度使，王周为定州节度使，张从恩为天平节度使，左龙武统军李从敏为昭义节度使，户部侍郎田敏改任兵部侍郎，刑部侍郎李祥改任尚书右丞，颍州团练使冯玉为户部侍郎、端明殿学士；中书舍人赵上交改任刑部侍郎；加授枢密使兼中书令桑维翰为弘文馆大学士，太子太傅刘昫为司空兼门下侍郎、同平章事、监修国史、判三司。

开运元年（公元944年）八月一日，石重贵又下诏命令十五位大将抵御辽国，这十五位大将分别是：北京留守刘知远充北面行营都统；镇州节度使杜重威充北面行营都招讨使；郓州节度使张从恩充马军都监；西京留守景延广充马步军都排阵使；徐州节度使赵在礼充马步军都虞候；晋州节度使安叔千充马步军左厢排阵使；前衮州节度使安审信充马军右厢排阵使；河中节度使安审琦充马步军都指挥使；河阳节度使符彦卿充马军左厢都指挥使；滑州节度使皇甫遇充马步军右厢都指挥使；右神武统军张彦泽充马军排阵使；沧州节度使王廷允充步军左厢都指挥使；陕州节度使宋彦筠充步军右厢都指挥使；前金州节度使田武充步军左厢排阵使；左神武统军潘环充步军右厢排阵使。赵在礼，字干臣，涿州人，起初，他担任幽州节度使刘仁恭的军校，唐朝末年，刘仁恭派遣其子刘守文驱逐横海节度使卢彦威而代之，赵在礼又辅佐刘守文，等到刘守文与其弟刘守光相争落败，刘守光以自己的儿子刘继威主持横海事务，不久，刘继威又被部将张万进所杀，此后，张万进投奔后梁，赵在礼则归顺了晋王，到后唐庄宗末年，赵在礼担任校节指挥使，领兵驻扎在贝州。此后，遇到军事皇甫晖等人作乱，推举他担任留后，事见前述。明宗即位后，赵在礼历任天雄军兵马留后、邺都留守、沧州节度使、兖州节度使、同州节度使、宋州节度使等职，后晋建立后，又历任许州节度使、徐州节度使。史称：“在礼历十余镇，善治生殖货，积财巨万，两京及所莅藩镇，皆邸店罗列……凡聚敛所得，唯以奉权豪、崇释氏而已。”安叔千，沙陀三部落人。其父安怀盛，是晋王李克用手下的猛将，安叔千自幼擅长骑射，担任后唐庄宗李存勖的部下。后唐时期，他历任秦州刺史、涿州刺史、易州刺史、振武节度使。后晋建立后，历任邠、沧、邢、晋四镇节度使。史称：他“鄙野而无文，当时谓之‘安没字’”，把他比作无字石碑，徒有其表。田武，字德伟，大名元城人。原为后唐庄宗手下小校，后升任迁胜节指挥使。明宗即位后，又历任帐前都指挥使、左羽林都指挥使、汴州马步军都指挥使、曹州刺史、齐州防御史等职。后晋建立后，历任金州防御使、沧州节度使兼北面行营右厢都指挥使等职。史称，他“出身戎行，性耿正，御军治民，咸尽其善”。

《东都事略》记载，石重贵决定发布命令的当晚，轮到翰林学士范质值班，石重贵让各位学士分头起草诏书，范质说道：“宫城城门已关，恐怕会泄露机密。”遂连夜单独起草好了。这是桑维翰第二次担任宰相，第一次将杨光远驱逐出朝廷；第二次则将景延广赶到了西京，至此，独秉朝纲，十五节度使无人敢于抗命，当时的人们都佩服他的胆略。朔方节度使冯晖上奏自称还未老迈，还可以在疆场上为国效力，而诏书上却没有提到他的名字。桑维翰命令值班的翰林学士起草回复诏书，称：“并非诏书把你遗忘了，实在是因为朔方乃重镇，只有你才能安抚。最近也曾经考虑过将你调回，可是接替你的人也需要是位奇才！”冯晖接到诏书后，内心非常欢喜。当时，军国事务繁多，朝廷各部的官员以及各地藩镇派来的使者纷至沓来，填塞其门，桑维翰随时决断，好像未加深思，令人觉得有些草率，退下后反复思量，才发现找不出更好的办法。然而，由于权位重要之后，巴结的人也就多了起来，给他送来很多贿赂，他也是照单全收，很快就聚敛了数万家财，这也让一些人眼红。另外，桑维翰还感情用事，恩怨必报，这也让人对他颇有微词。

辽军南侵时，石重贵两次督促刘知远领兵与河北之间会师，而刘知远拒不从命，这让石重贵心生疑窦，对亲信们说道：“太原刘知远很是不愿帮助朕啊，肯定心怀不轨。假如天命在他，何不速速动手！”至此，后晋朝廷虽然任命他担任都统，但并无统领各节度使之权，也不让他参与核心决策。刘知远也感到自己被疏远了，遂遇事小心谨慎，只求自保而已。郭威见刘知远面露忧愁之色，就对刘知远说道：“河东山河险固，风俗尚武，兵强马壮，军民在和平时期努力农桑，战争到来又都擅长作战，有什么可担忧的呢！”

开运元年（公元 944 年）十月十九日，当李守贞还在围攻青州之时，石重贵又发布了戊午罪己诏，在诏书中他说道：“朕继承皇位之后，经常担心社稷倾覆，自己不能担当重任，时刻不敢怠慢，早起晚睡，总是心怀敬畏”，可是因为自己恩德信义不行，治国之道不明，致使各种灾难频发，“频年灾沴，稼穑不登，道殣相望”，这都是因为自己缺少仁义所致，加之边疆多事，国库不足，就拿来百姓的粮食；钱财不足，又搜刮百姓的资财；士兵不足，就抓来百姓的壮丁；战马不足，又借来百姓的马匹，虽然都是出于无奈，可是，是没有什么道理的啊！朕听说派往各地的使臣，完全违背朕的初心，对百姓们从不安慰、劝勉，而是以刑罚去威逼强迫，听到之后，更增加了我内心的惭愧。加之藩镇叛乱，敌人入侵，军队无暇休息，百姓疲于转输，疮痍未平，徭役又在加重，每当想到这一点，令我寝食难安。接着，他又提出下一步节俭措施，主要是：一、以前制造兵器，费用很大，不仅要坚固锋利，而且还要看起来华美，从今往后，再制造武器，不得装饰金银。二、游猎之事，原本就不爱好，以后各地不得再进贡珍宝、玩好、鹰犬之类。三、凡是宫中衣服、器物也都要崇尚俭朴；今后饮食要更加简单，衣服、帷帐，除去华美的装饰，能御寒即可；凡是修建宫室，不得再雕梁画栋，一切不必要的费用，一律予以禁止云云。

十一月，他又下诏，称虽然目前敌人尚未南侵，但也不可懈怠，要严加戒备。朕将亲率大军，一旦听说辽军南侵，即可北征，不再预定日期，亲自日期另行通知，因此，要求三司提前准备好北征的费用，需要随驾从行的官员们也要做好随时出发的准备等等。

一三一 卷土重来

辽军北返之后，开运元年七月，后晋朝廷就主动派遣张晖出使辽国求和，但耶律德光扣留了张晖，拒绝和谈。

在整个开运元年下半年，后晋帝国一方面集中精力平定杨光远的叛乱；另一方面则紧锣密鼓地加紧战备，而败还南京（今北京市）的耶律德光也在积极组织新一轮更大的进攻。后晋开运元年（辽国太宗会同七年）九月一日，耶律德光从南京北巡，十一月壬申日，他下诏征调各道军队，约定在闰十二月一日在温榆河（今北京市东北）以北集结。十二月，耶律德光亲率大军南下，开始了他针对石重贵的第二次南侵。闰十二月一日，耶律德光在温榆河检阅各道军队，做最后的战前动员，并命令卢龙节度使赵延寿领兵先行。

很快地，辽军包围了恒州，分别攻下恒州下属鼓城、藁城、元氏、高邑、昭庆、宁晋、蒲泽、栾城、柏乡等县，前锋又抵达了邢州。被切断后路的顺国节度使杜重威派人从小路向朝廷告急。后晋出帝石重贵打算亲征，可是不巧的是这时他却生病了，无法成行，遂命令天平节度使张从恩、邺都留守马全节、护国节度使安审琦领兵协防邢州，以武宁节度使赵在礼进驻邺都。不久，辽军主力蜂拥而至，在元氏（今河北省元氏县）郊区建立大营。后晋朝廷见这一次辽军人数众多，担心派往前线的军队过多，后方空虚，遂命令张从恩等部从邢州稍稍后撤，撤军命令下达后，各军一片恐慌，再无队列，丢弃了大量铠甲、武器，所过之处，焚烧劫掠，等到行至相州，部队已经混乱到无法控制的地步了。

辽军这次出击，拦腰切断了顺国军与朝廷之间的联系，既可以北上解决顺国军，又可以南下对付后晋主力兵团，分散了后晋兵力，便于各个击破，可以说是一个黑虎掏心之计，然而，实施这一战略的前提是：己方出于野战优势，对手处于防御劣势，假如双方实力相当的话，就有被敌人夹击包围的危险。后晋方面一开始做出了出兵协防邢州的部署，但很快发现了敌人的阴谋，赶忙命令张从恩等部后撤，以加强黄河防线，这一措施也是正确的。

开运二年（公元 945 年）一月一日，因正在患病，石重贵没有接受群臣的新春祝贺。后晋朝廷下令赵在礼进驻澶州，马全节返回邺都，又派遣右神武将军张彦泽进驻黎阳，西京留守景延广从滑州领兵驻守胡梁渡（今河南省滑县东北古黄河渡口）。一月三日，张从恩上奏称辽军逼近邢州，后晋朝廷又命令滑州节度使皇甫遇领兵北上邢州，马全节赶赴相州。辽军进攻邢州、洺州、磁州，进犯邺都西北，所到之处，大开杀戒，劫掠殆尽。

一月十五日，张从恩、马全节、安审琦率领数万人马在相州城北安阳水以南列阵。皇甫遇与濮州刺史慕容彦超率领数千骑兵前去侦察敌人，行至邺县（今河北省磁县东），正要北渡漳水，突然遇到数万辽军骑兵，皇甫遇等人边打边退，退至榆林店（今河北省临漳县西南），辽军如潮水般涌来。皇甫遇与慕容彦超商议道："我等如果再退，势必会被杀得一个不留。"遂停了下来，布下军阵，与敌人展开厮杀。双方从中午一直血战到下午二时许，共战斗了一百余个回合，双方战死了很多人。在激战中，皇甫遇的战马突然倒毙，遂步行与敌人相斗，他的仆人杜知敏赶忙将自己的马让给他，皇甫遇跃上战马继续与敌人搏杀，又打了很久，战况稍稍缓和。这时，皇甫遇回头突然看到杜知敏已被敌人生擒，遂对慕容彦超说道："杜知敏是个义士，不可不救。"遂与慕容彦超跃马挺枪，杀入敌阵，将杜知敏救出。不一会儿，辽军又有一大批生力军投入战场，两将说道："这情况我等根本无法逃走了，只有以死报国了！"

天已经快黑了，在安阳的众将见皇甫遇和慕容彦超还没回来，都非常担忧。安审琦说道："皇甫太师始终没有音信，一定是被敌人包围了。"话音未落，一名骑兵跑来报告说皇甫遇、慕容彦超被数万辽军所包围，安审琦当即就要领兵出营。张从恩劝阻道："这话不可信。假如敌人全军真的前来，就算我们全军前往，恐怕也未必能抵挡得了，大人前去又有什么用！"安审琦说："成败在天，万一失利，也与他们一起承受！假如敌人不南下，而我们眼睁睁地看着皇甫太师被害，还有什么脸面回去见天子！"遂领兵渡过安阳水北上。辽军遥遥望见远处烟尘大起，知道后晋援军赶到，遂撤离了战场。皇甫遇等人这才得以返回，与众将一起回到了相州，军中都对二将的骁勇深感敬佩。慕容彦超，是刘知远的同母异父弟弟，本为吐谷浑人。慕容彦超，吐谷浑部人，汉高祖同产弟也。曾经冒姓阎氏，他身体漆黑，一脸麻子，满脸长须，人称阎昆仑。自幼担任后唐明宗的军校，后历任磁州、单州、濮州刺史。

北撤的辽军也吓得不轻，部众相互传言："晋军全来了！"当时，耶律德光进驻在邯郸，听说后，当即领兵北撤，当晚不敢留宿，一直逃到了鼓城（今河北省晋州市）。同样地，在安阳的后晋军也很是害怕。当晚，张从恩等将一起商议，他说："辽军倾国而来，我军人数不多，城内粮食仅够吃十天，万一有奸细逃到辽军那里透漏了我军的虚实，敌人全力包围我们，我们可就死定了。不如领兵前往黎阳，就食黎阳仓，南面依托黄河，以抵御敌人，这样可以万无一失。"众将七嘴八舌，无法形成一致意见，最终，张从恩擅自率领本部先走了，众将只好随之南撤。途中，各军再次发生混乱，在邢州撤退时的情况也再次上演。一百五十年前的唐肃宗乾元二年（公元 759 年），"安史之乱"后期，唐军郭子仪、李光弼等部在邺城与叛军安庆绪、史思明部交战时，也曾经发生过这一幕，彼时，战场上飞沙走石，交战双方均大吃一惊，一个往北逃窜，一个往南溃败，与如今发生的情况非常相似。

当晚，张从恩等人只留下五百士兵驻守安阳河桥。四更时分，知相州事符彦伦对部下说道："今晚混乱不堪，兵无战心，五百疲惫之卒，岂能守住河桥！"当即命令这五百士兵放弃河桥，进入城内协防。等第二天天亮，相州守军登上城墙眺望，已见有数万辽国骑兵在安阳水北岸列阵，符彦伦命令城上守军摇旗呐喊，大声传达命令，对岸的辽军不辨虚实，迟迟不敢过河。到了上午八时许，赵延寿与辽国惕隐才领兵渡河，绕过相州，继续南下，与此同时，后晋朝廷命令右神武统军张彦泽等将领兵直奔相州而来。赵延寿等人行至汤阴，听说后晋大军已经北上，一月十七日，开始北撤。马全节等将驻军黎阳，不敢追击。赵延寿将部队排列在相州城下，做出一副要强攻城池的架势，符彦伦说道："敌人这是要北撤了。"从城内派出五百甲士，在城北列阵，弯弓搭箭，等待厮杀，果然，辽军不战而退。符彦伦是符存审的第八子，是符彦卿的幼弟。

一月二十三日，后晋振武节度使折从远领兵进攻辽国西南部，包围了胜州（今内蒙古自治区托克托县），守军投降，然后，乘胜进攻朔州（今山西省朔州市）。与此同时，后晋出帝石重贵的病情也稍稍好转起来，尚在病床上的他说道："此贼未平，难以安寝，当率众全力一战，以解救北方生灵，如果再安卧迟疑，则黄河以北就要沦陷了！"遂调兵遣将，准备亲征，又将组织起来的民兵武定军更名为天威军。北面副招讨使马全节等人上奏称："根据投降之人报告，敌人人数并不多，应当趁其纷纷回乡之际，发动大举反攻，夺下幽州。"石重贵认为有理，遂大规模征调全国各地军队，二十五日，石重贵下诏亲征，并诛杀了杨光远下属张迴等五名将领，担心大战来临，这些人会动摇军心。二十八日，他离开了京城大梁北上。

二月一日，石重贵来到滑州，次日，他北渡浮桥，慰问黎阳守军，到晚上才又返回滑州。五日，命令安审琦领兵进驻邺都。七日，石重贵从滑州出发，次日来到澶州，九日，在戚城检阅各军。十一日，北面行营副招讨使马全节、行营都监李守贞、右神武统军张彦泽等将率领先头部队开始北上。次日，石重贵任命许州节度使符彦卿为北面行营马军都指挥使，左神武统军潘环为北面行营步军都指挥使。接着，符彦卿、皇甫遇、李殷也率领各军北上。李殷，蓟州人。自后唐庄宗、明宗、晋高祖朝，以偏校晋升为郡守，史称，他"性沈厚，所莅无苛暴之名"。二月十九日，天降大雪，石重贵驾临赵在礼、李从温军中。命令恒州节度使杜重威与马全节等军合兵一处，继续北上。二十一日，安审琦、梁汉璋也领兵北上。二十七日，石重贵任命河中节度使安审琦为北面行营马步军都虞候，许州节度使符彦卿为马步军左厢都指挥使，滑州节度使皇甫遇为马步军右厢都指挥使，侍卫马军都指挥使梁汉璋为马军左右厢都指挥使，侍卫步军都指挥使李殷为步军左右厢都指挥使，左神武统军张彦泽为马军左右厢都排陈使，右神武统军潘环为步军左右厢排陈使。

一三二　阳城大捷

此时，石重贵对桑维翰已有所疏远。

内客省使李彦韬、端明殿学士冯玉都是石重贵的心腹旧人，与桑维翰不和，常在石重贵耳边说桑维翰的坏话，石重贵原本打算将其罢相，幸赖宰相刘昫、李崧劝阻道："桑维翰乃开国元勋，并无明显的过错，不宜轻易贬斥。"石重贵这才作罢。桑维翰得知后，就举荐冯玉担任枢密副使，冯玉不仅没有高兴，反而更加不满。二月二十九日，他任命端明殿学士、户部侍郎冯玉为户部尚书兼枢密使，以分割桑维翰的权力。此处的李彦韬与后梁原名温昭图的李彦韬不是同一人，后梁时期的李彦韬在投降后梁后，恢复了本名温昭图。这个李彦韬，从小是阎宝的仆人，后来改投石敬瑭帐下。石敬瑭建立后晋、领兵南下洛阳时，让李彦韬留在太原侍奉石重贵，由此成为石重贵的心腹近臣，深得石重贵的宠信。此人心思缜密，性情灵巧，与石重贵身边的佞幸们沆瀣一气，蒙蔽石重贵的耳目，石重贵对他十分信任，后晋将相大臣的升降都会征求他的意见。李彦韬经常对别人说："我不知道朝廷设置文官有什么用处，必须逐渐予以淘汰，直至全部取消。"

刘知远听说出帝要大举北征的消息后，说道："中国疲敝，自守尚且不足，竟然还横挑强胡，就算胜利还有后患，何况根本没有胜算呢！"

过去，石敬瑭在澶州城故城（今河南省内黄县东南顿丘镇）设置了德清军，等辽军南侵之后，澶州与邺都之间的所有城堡均被辽军攻陷，朝廷群臣认为澶州与邺都之间相距一百五十里，应该在二者之间再构筑一座城池，以加强南北联系，石重贵同意了。三月二日，就兴建了德清军城，将德清和南乐的百姓迁至城内居住。

三月九日，后晋顺国节度使杜重威与其他各路大军在定州会师，石重贵任命供奉官萧处钧权知祁州（今河北省无极县）事。十四日，各路后晋军向辽军阵地发起进攻，辽国泰州（今河北省满城县）刺史晋廷谦献出城池，向后晋军投降。

十八日，后晋军进入满城，活捉辽国酋长没刺以及两千名辽军士兵。十九日，后晋军又乘胜夺取了遂城（今河北省保定市徐水区）。赵延寿的部下有人向后晋军投降，称："辽国皇帝北返已行至虎北口（古北口），听说晋军夺取了泰州，又领兵南下，大约有八万骑兵，计算行程今天晚上会抵达此地，应当做好战斗准备。"杜重威等人害怕起来。二十日，赶忙退守泰州。二十二日，辽军进抵泰州。二十三日，后晋军离开泰州向南撤退，辽军紧随其后。二十四日，等后晋军撤至阳城（今河北省顺平县东南），辽军大部队也都赶上来了。后晋军反身迎战，将辽军击败，追击十余里，辽军北渡白沟而去。二十六日，后晋军排成战斗队形，有序向南撤退。辽军骑兵从四面八方压了过来，后晋军各自为战，将敌人击退。当天，后晋军边打边撤，一天才南行了十余里，人困马乏。二十七日，后晋军行至白团卫村（今河北省顺平县东南），埋下鹿角，设置营寨。辽军将后晋军包围得水泄不通，又分出奇兵切断了后晋军的粮道。当晚，天上刮起了猛烈的东北风，大风摧毁房屋，吹断大树，营中将士挖掘水井，刚挖到见水，就会崩塌，将士们只好取出湿泥，用布帛拧出水来喝下，人马都饥渴难耐。次日凌晨，大风刮得更加猛烈。耶律德光坐在奚人制造的大车内，对部下们说道："后晋军就只剩下这些人了，应当全部将其生擒，然后南取大梁！"遂命令铁甲骑兵从四面向后晋营寨发起进攻，顿时箭如雨下，辽军拔去鹿角，冲入后晋军营，挥舞短刀与后晋军搏斗，又顺风纵火扬尘以助声势。后晋将士们均怒火中烧，纷纷大喊："都招讨使（指杜重威）为何不下令出兵！让士兵们在这里白白送死！"

众将也请求杜重威下令出战，杜重威说道："等风刮得稍缓一点，看看情况再说！"都监李守贞反驳道："敌众我寡，风沙之内，谁也不知敌我人数多少，只有死战一方才能取胜。如果等到风停下来，我等都会被敌人杀得一个不留了！"当即向众将高呼："各军一起出营杀敌！"又对杜重威说道："大人守好营垒，守贞我率领中军决一死战去了！"马军左厢度排陈使张彦泽召集众将商议，大家纷纷说道："敌人顺风，应该等风向变了再说。"张彦泽也表示赞同。等众将退下后，马军右厢副排陈使药元福单独留了下来，对张彦泽说道："如今军中已经饥渴到了极点，如果等到风向改变之时，我等已经成了敌人的俘虏了。敌人认为我们不敢逆风而战，应当出其不意发起猛烈的进攻，这正是用兵的奇计啊。"马步左右厢排陈使符彦卿说道："与其束手就擒，怎比得上以身殉国！"遂与张彦泽、药元福以及左厢都排陈使皇甫遇率领精锐骑兵冲入西门，向敌人发起进攻，众将见状也各自领兵紧随其后。在后晋军的猛烈反击下，辽军被打退了数百步。《宋史·符彦卿传》称，后晋军偷偷突入辽军的背后，顺风打击，辽军大败。

这时，符彦卿等人对李守贞说道：“我们是与敌人打拉锯战呢？还是奋勇向前，不取胜不停下呢？”李守贞回答：“现在已经到了这种境地了，岂能再回营！只能长驱直前，直至胜利了！”符彦卿等将得令后，跃马而去，当时，大风已刮得天昏地暗，日月无光，四周如黑夜一般。符彦卿等将率领一万余后晋骑兵，在辽军军阵中宛如一道闪电一般，横扫过来，向辽军发起疯狂的进攻，喊杀声震天动地，辽军大败，全军溃散，如山崩地裂一样。李守贞也命令步兵悉数移开鹿角，倾巢出动，后晋军步骑相互协同，一直追杀了二十余里。辽军的铁甲骑兵一旦被打下马来，因身上的铠甲沉重，慌乱中无法上马，纷纷丢下马匹，脱下铠甲，仓皇北逃，战场上辽军丢弃的马匹、铠甲、武器堆积如山。

辽军残兵败将逃到阳城东南河边，才稍稍得以喘息，重新排成队列。杜重威说道：“敌人已经破胆，不能让他们再重新集结起来。”遂命令精锐骑兵发起进攻，辽军纷纷北渡河水而去。耶律德光乘坐大车北逃了十余里，后晋追兵眼看就要追上，赶忙换乘一头骆驼向北逃窜。后晋众将纷纷请求乘胜迅猛追击。杜重威大声说道：“遇到强盗侥幸没被杀掉，难道还要向强盗追回抢去的财物吗？”李守贞说道：“今天的情况实在是太危险了，幸赖众位将士们拼命，我军获胜。两日以来，我军人马都太渴了，如今刚刚喝下太多的水，都双脚肿胀，无法追赶，不如全军而还，这是上策。”遂领兵退守定州。耶律德光逃到幽州后，溃散的辽军才稍稍集结，因战败，耶律德光将一团怒火都撒到部下身上，将酋长们各杖打了数百棍，唯独赵延寿得以幸免。在幽州稍作停留，耶律德光就北返了。

三月二十九日，稍作休整的后晋各军从定州南返，石重贵下诏将新占领的泰州划归定州管理。四月十六日，石重贵从澶州出发，十九日，回到了大梁。二十四日，石重贵下诏将邺都重新改回原名天雄军。二十七日，石重贵下诏晋封刘知远为北平王；杜重威加授太傅；赵在礼调任兖州节度使；高行周调任郓州节度使；马全节改称天雄节度使；李守贞调任宋州节度使；安审琦加授侍中，调任许州节度使；符彦卿加同平章事，调任徐州节度使；皇甫遇加同平章事。二十九日，增加西京留守景延广封邑；秦州节度使侯益调往河中担任节度使；定州节度使王周加授检校太师。

五月一日，石重贵宣布大赦。顺国节度使杜重威长期镇守恒州，贪婪残暴，自恃皇亲国戚（是石重贵的姑父，其妻宋国公主系石敬瑭的妹妹），无法无天。每每借口加强边防，搜刮吏民的钱财，中饱私囊。富人们家中如果存有珍宝、骏马或者美女，都会千方百计巧取豪夺，甚至加以诬陷，杀掉、抄家。然而，此人却胆小如鼠，每当有数十名辽军骑兵经过，他都会关闭城门，下令部队登上城墙，有时，只有数名辽军骑兵驱赶着成百上千汉族百姓经过城下，杜重威也毫无劫夺之意，只是抻着脖子，睁大眼睛，呆呆眺望，竟不派出一兵一卒相救。如此一来，辽军更加肆无忌惮，顺国下属郡县大多被辽军屠城，杜重威从不出兵救援，致使顺国战区千里之间，尸骨纵横，村落全无。杜重威见辖境凋敝，惹得天怒人怨，又畏惧辽军，屡屡上书请求入朝，可是，石重贵一直没有同意。杜重威不等朝廷诏命，竟然擅自丢下军镇入朝，朝廷上下听到这一消息，无不惊骇。桑维翰对石重贵说道："杜重威违背朝廷命令，擅离职守，平时自恃是皇亲，多方让朝廷予以包容，等到战时，从无守备之心，应当趁机将其罢免，以免后患。"石重贵听后，一脸不悦之色。桑维翰又说道："陛下不忍心罢免他，应当给他一个邻近京师的小军镇，不要再给他大军镇了。"石重贵回答："杜重威是我的近亲，一定不会有二心，只是宋国长公主心情迫切想见见朕罢了，你就不要多疑了！"从此以后，桑维翰再也不敢多嘴了，又以脚病上书请求辞官。

五月十一日，杜重威回到了大梁。

一三三　安而忘危

朝里有人好做官。

开运元年五月二十四日，杜重威给朝廷献出四千步骑以及铠甲武器，二十五日，又献出十万斛粮食、二十万捆草料，并称这些都在本道存放。石重贵将他献出的骑兵划归护圣军，步兵划归护国军，可是，杜重威更狡猾，他又请求让这些人仍然当作自己的卫队，而军饷则由朝廷发放。杜重威又让宋国长公主请求让自己当天雄节度使，石重贵都一一应允了。六月九日，石重贵任命杜重威担任天雄节度使，将马全节调任顺国节度使。马全节上任没几天就去世，石重贵又以定州节度使王周担任顺国节度使，而晋升前易州刺史安审约为定州留后。

接连两次南侵都以失败而告终，后晋疲于奔命，遭受了很大损失，而辽国也同样如此，军民、牲畜死了很多，国内百姓也厌倦了战争。述律太后问耶律德光："让汉人当契丹的君主，能行吗？"耶律德光回答："不能。"又问："可是，难道你是想当汉人的君王吗？"回答："姓石的忘恩负义，天理不容。"述律太后又说："你就算得到了汉人的土地，也不能居住；万一失利，后悔都来不及了！"述律太后又对臣下们说道："汉人们怎能倒头安睡？自古以来，只听说过汉人求胡人和亲，从未听说过胡人找汉人和亲的，汉人如果真能回心转意，我又为什么不愿与其和解呢！"桑维翰也劝说后晋出帝石重贵向辽国求和，石重贵派出使者奉表称臣，低声下气地谢罪。然而，耶律德光仍然以原词回复，说道："让景延广和桑维翰前来，并将定州、镇州两道割让给我，就答应。"在后晋朝廷看来，辽国并无和好之意，遂不再派人前去了。此后，等到耶律德光攻进大梁之后，对李崧等人说道："假如后晋使者再来的话，两国就不会再战了。"

石重贵宠爱冯皇后，爱屋及乌，对冯后之兄冯玉更是非常宠信。八月三日，石重贵将和凝罢相，留任尚书右仆射；加授枢密使、户部尚书冯玉为中书侍郎、同平章事，由冯玉接替了和凝。石重贵将军国大政都交由冯玉全权处理，而冯玉也擅于迎合石重贵之意，因此，更加受宠。一次，冯玉生病在家，石重贵对众位宰相们说道："自任命刺史以上，等冯玉病好之后，再议。"冯玉趁机弄权，各地送来的贿赂填塞其门。《五代史补》记载："冯玉尝为枢密使，有朝使马承翰素有口辩，一旦持刺来谒玉，玉览刺辄戏曰：'马既有汗，宜卸下鞍。'承翰应声曰：'明公姓冯，可谓死囚逢狱。'玉自以失言，遽延而谢之。"到同年年底，冯玉又将自己的心腹中书舍人殷鹏提拔为给事中、枢密直学士。朝廷每当遇到人事调动，冯玉都会与殷鹏商量，由此，殷鹏家里也是宾客盈门。殷鹏，字大举，大名人。史称，其"姿颜若妇人，而性巧媚"，进士及第。后唐闵帝李从厚镇守魏州时，听说其名，征辟为从事，即位后，以其为右拾遗，后历任左补阙、考功员外郎，充史馆修撰，迁刑部郎中。后晋建立后，殷鹏又被提拔为中书舍人，与冯玉是同僚。冯玉并无多少文才，曾经问他人"姑息"是什么意思，他人称是"辜负"之意，冯玉也信以为真，当时成为笑谈。殷鹏不仅文才超过冯玉，在巧言献媚方面也有过之而无不及。冯玉和殷鹏私交甚深，后来冯玉到外地任职，将私宅借给殷鹏居住，还经常拿出自己的俸禄接济殷鹏。

石重贵也是如此。自从阳城大捷之后，石重贵自以为天下太平了，比过去更加奢侈起来，各地交相进奉珍宝玩好，他全都命令送入内府。各地送来银器，石重贵总是命人拿到国库换来金子，对身边的侍从们说："金子贵重还轻便，带起来方便。"有人认为这是灭国北迁之兆。另据《宋史·李涛传》记载："少帝奢侈，常以银易金，广其器皿。李崧判三司，令上库金之数。及崧以原簿校之，少数千镒。崧责曰：'帑库通式，一日不受虚数，毫厘则有重典。'涛曰：'帑司常有报不尽数，以备宣索。'崧令有司劾涛，涛事迫，以情告枢密使桑维翰，乃止罚一月俸。"石重贵还大肆制造各种玩好，增修宫室，装饰后宫，华丽程度是近几个王朝都望尘莫及的；他还专门开设了一座织锦楼，命数百丝织工匠织造地毯，需要花费一年才能完工；还经常毫无节制地赏赐戏子们。桑维翰劝谏道："前不久，陛下亲自领兵抵御敌人，重伤的战士们赏赐不过数端布帛。如今，戏子们一句话、一声笑让陛下高兴，陛下往往赏赐给五匹丝绸、上万钱，或者锦袍、玉带，这让战士们看见了，谁能不生出怨恨之心，肯定会说：'我们迎着敌人的大刀，被砍断筋骨，难道还不如一句话、一声笑的功劳吗？'如此一来，军心就会散乱，谁还会给陛下守卫江山社稷呢！"可是，石重贵不听，由此，后晋朝政更加黑暗起来了。

九月三日，石重贵任命西京留守兼侍中景延广担任北面行营副招讨使。次日，又晋升刑部侍郎赵远为户部侍郎，工部侍郎李式为刑部侍郎，中书舍人卢价为工部侍郎。卢价一直在中书省任职，按照惯例应当提拔为礼部侍郎或者御史中丞，而冯玉拟任此官，桑维翰觉得不妥，拒绝署名。正巧桑维翰休假几天，冯玉就单独向石重贵禀报了，遂有是命，自此桑维翰很不高兴，与冯玉开始有了隔阂。殿中监王钦祚权知恒州事，当时正值军中缺粮，石重贵下诏命令王钦祚从民间收买粮食。当时，杜重威在恒州还有十万斛私粮，王钦祚就把登记册上呈给了石重贵，杜重威得知后，勃然大怒，说道："臣有什么罪，他王钦祚竟然没收臣的粮食！"石重贵顾及杜重威的感受，将王钦祚召回，并厚厚地赏赐了杜重威予以安抚。十五日，后晋朝廷在曹州设置了威信军，又派遣侍卫马步都指挥使李守贞领兵驻守澶州。二十日，又命令相州节度使张彦泽领兵北上，进驻恒州。

到本年年底，石重贵又将桑维翰罢相了。事情的起因非常简单：年初时，石重贵因病没有接受群臣的正旦朝贺，时任枢密使、中书令的桑维翰派遣女仆入宫向太后问安，随口问道："皇弟石重睿最近读书了吗？"这句稀松平常的话很快就传到了石重贵的耳朵里了。要知道年幼的石重睿是石敬瑭的亲生骨肉，而石重贵只是石敬瑭的侄儿、养子，因此，凡是牵扯到石重睿的事，石重贵都非常敏感，此后，石重贵就告诉给了冯玉，冯玉遂诬陷桑维翰有废立之意，石重贵遂对桑维翰产生了疑心。李守贞素来就厌恶桑维翰，于是，冯玉、李彦韬和李守贞三人就结成了排挤桑维翰的临时同盟，他们觉得中书令兼任开封尹赵莹性格柔弱，便于控制，就一起举荐由赵莹取代桑维翰。终于，石重贵采纳了他们的建议，开运二年十二月二十五日，石重贵下令将桑维翰罢相，改任为开封尹，而任命赵莹为中书令，李崧为枢密使、守侍中。桑维翰知道自己已经失宠，从此以后，自称脚病，很少朝见，闭门谢客。有人对冯玉说："桑大人是开国元勋，如今解除其枢密使一职，就算不让他担任宰相，也该给他一个大的藩镇，为何让他当开封尹，处理一些琐碎之事呢？"冯玉说道："担心其谋反而已。"那人反问道："书生岂能谋反？"冯玉回答："就算他自己不反，也担心他会教唆他人谋反。"

与得胜的后晋君臣们相反，失败后的辽国皇帝耶律德光则在深刻检讨两次失败的原因。同年九月，他设宴款待群臣，询问大家军国要务，臣下们回答："军国大事，爱民是最根本的。民富则兵员充足，兵员充足之后，国家就强盛了。"耶律德光深以为然。

一三四　剑拔弩张

开运二年的秋冬辽国并没有像前两年那样南下，但这并不意味着耶律德光忘记了后晋，他是在卧薪尝胆，积蓄力量，以期一举破敌，一雪前耻。

在此期间，后晋上下也得以喘息，然而，不幸的是，石重贵君臣却因阳城大捷而得意忘形起来，帝国政治更加黑暗。放眼望去，后晋各地的方面大员贪婪横暴的比比皆是，真正像马全节那种较为廉洁的可谓是凤毛麟角，而石重贵身为皇帝，对这些高官显贵们的不法行径睁一只眼闭一只眼，甚至贪图他们的进奉，以满足个人的欲望，随着桑维翰的倒台，石重贵也似乎早已把当时他颁布的罪己诏抛之脑后了。晋昌（今陕西省西安市）节度使兼侍中赵在礼以政变起家，后历任十个军镇的节度使，所到之处，横征暴敛，贪得无厌，他所聚敛的家财在全国节度使中间位居第一，石重贵早已对他的财富垂涎三尺，到了开运三年（公元946年）三月十九日，他替皇子、镇宁（治所澶州，今河南省濮阳市）节度使石延煦娶了赵在礼的女儿。赵在礼拿出的陪嫁高达十万钱，皇家为筹办婚礼又拿出数倍的钱财。石重贵自己无子，收养了石敬瑭的两个孙子石延煦和石延宝二人为子。

原本觉得可以喘息一下的后晋帝国，到了开运三年国运仍然不好。当初，朔方节度使冯晖在灵州时，将党项酋长拓跋彦超滞留在灵州城内，因此，朔方境内的各部族都不敢作乱，还争相拿出羊马与冯晖做交易，冯晖在任一年就买来了五千匹战马。由于冯晖是范延光的降将，可以说也是兵变起家，他在灵州坐大，反而让后晋朝廷深感不安，就将他调往邠州（今陕西省彬县）担任静难节度使。冯晖离任之际，就放归了拓跋彦超。前彰武节度使王令温代替冯晖担任朔方节度使，王令温到任后，不体恤民情，对待羌族、胡人也用中原法律进行治理，最终导致当地少数民族纷纷叛乱，拓跋彦超、石存、也厮褒三大部落联起手来，一起进攻灵州，杀掉了王令温的弟弟王令周。开运三年四月十日，王令温上书向后晋朝廷告急。

话说冯晖调任静难节度使后，朝廷又很快将其调往陕州，最终，将其征召入朝，担任侍卫步军都指挥使，遥领河阳节度使，显然，后晋朝廷就是不愿让其待在地方上。这时，冯晖才觉察到朝廷对自己已经产生了猜疑之心，开始后悔离开朔方了。如今的朝廷大权掌握在冯玉、李彦韬二人之手，冯晖曲意逢迎二人，请求朝廷让自己重新镇守朔方。朝廷方面也对朔方的局势深感忧虑，就答应了冯晖的请求。冯晖当即表态说："如今朝廷多事，肯定拿不出足够的兵力护送我上任，我愿意自己招募军队前往。"遂招募了一千余人随行。行至梅戍（今地不详），一些少数民族部落酋长逐渐前来拜谒。冯晖看见一个酋长，指着此人的佩剑说道："这是板桥王氏剑（古代的名剑）吗？我听说王氏剑是天下最锋利的宝剑。"俯下身来，从那人的腰间取下宝剑，好像要把玩一样，突然挥剑将那人砍死，并斩杀了其随从十余名骑兵。裨将药元福说道："这里距离灵武尚有五六百里之遥，怎么办呢？"冯晖笑道："此人就是当地豪强，我能杀之，其余人等谁还敢乱动？"冯晖领兵经过旱海，抵达辉德（今宁夏回族自治区灵武县南），军粮已经吃尽。拓跋彦超率领数万之众，分为三股，扼守险要，占据水源，静待冯晖一行的到来。冯晖部众大为恐惧。冯晖拿出丰厚的财物向拓跋彦超求和，拓跋彦超最终表示接受，可是，使者往返四五次，从早晨一直到中午，党项人仍然没有撤退的意思。药元福说道："他们知道我们饥渴，假装同意想拖住我们，令我们陷于困境，一旦拖到天黑，我们就成了他们的掌中之物了。如今敌人人数虽多，但精兵并不多，只有靠近西山列阵的才是精兵，其余步兵，不足为虑。请大人严阵以待，我先率领精锐骑兵进攻西山敌人，小有胜利我就举起黄旗，大人再率领大军发起进攻，一定能将敌人击破。"遂率领骑兵先行，双方短兵相接，将拓跋彦超所部击退。药元福举起黄旗，冯晖率领步兵发起冲锋，拓跋彦超大败，其他党项各部遂不敢动。次日，冯晖一行得以顺利进入灵州城内。史称，冯晖"至灵武，抚绥边部，凡十余年，恩信大著"。

朔方不稳的同时，定州也动荡起来。当初，在定州西北有一座狼山，附近百姓在山上构筑堡垒，以躲避辽军和其他少数民族的侵扰。堡垒之中建了一座佛堂，一个叫孙深意的尼姑住在里面，以法术迷惑善男信女，预言往往灵验，因此附近的百姓都对她奉若神明。一个叫孙方简的中山（今河北省定州市）人以及弟弟孙行友，自称是孙深意的侄儿，不喝酒吃肉，对孙深意侍奉得非常尽心。孙深意去世后，孙方简继承其衣钵，称孙深意是坐化了，将她的尸体化妆一番，像她生前一样敬奉着，信徒们也越来越多了。等到后晋石重贵与辽国绝交之后，河北赋税日益沉重，各处盗匪充斥，民不聊生，纷纷逃亡。孙方简、孙行友就联络当地豪强，率领民众一起登上狼山，以佛堂为基础，扩建堡垒，建立营寨以自保。等到辽军入侵时，孙方简还率领手下部众截击辽军，缴获了辽军大量辎重，实力逐渐增加，前来投靠的人也越来越多，最终其手下增至上千家，遂占山为王，当起了强盗。由于担心后晋朝廷发兵讨伐，孙方简上书请求归顺朝廷，后晋朝廷也想借助他们的力量以对付辽军，就任命孙方简为东北招收指挥使。

孙方简受到朝廷招安后，就一心要立下战功，时不时地出兵深入辽国境内劫掠，颇多斩获。当时，河北境内饥荒继续加重，各地饿死的百姓都数以万计，兖州、郓州、沧州、贝州之间，盗贼蜂起，官府根本无力扑灭。天雄节度使杜重威派遣元随军将刘延翰前往边地购买战马，孙方简将其截获，献给了辽国人。刘延翰侥幸逃回，六月三日，刘延翰来到大梁，向朝廷禀报称："孙方简阴谋趁着中原饥荒严重，引导辽军南下，要早做准备。"《辽史》记载，后晋易州戍将孙方简向契丹请降。

开运三年六月二十四日，就在后晋朝廷刚刚送走冯晖不久，就传来了定州辽军来犯的警报。石重贵赶忙下诏命令天平节度使、侍卫马步都指挥使李守贞担任北面行营都部署，以义成节度使皇甫遇担任副都部署，又任命彰德节度使张彦泽为马军都指挥使兼都虞候，义武节度使李殷为步军都指挥使兼都排阵使，另外，又派遣护圣指挥使王彦超、白延遇率领十个营的部众赶赴邢州备战。当时，马军都指挥使、镇安节度使李彦韬正得宠，他对李守贞全然不放在眼里。李守贞领兵在外，一举一动，李彦韬都要知道，李守贞表面上对他十分尊敬，但内心早已是恨之入骨了。

王彦超，大名临清人。性格温和恭谨，礼贤下士。年轻时侍奉后唐魏王李继岌，随李继岌伐蜀，李继岌从伐蜀前线返回时，后唐明宗已经即位，李继岌遇害，王彦超就躲进凤翔重云山当了和尚。寺中住持擅长相术，对王彦超说道："你是富贵人，岂能长久在此？"遂给他盘缠打发他离开了。当时，石敬瑭镇守陕州，王彦超就投奔到了石敬瑭手下，成为石敬瑭的心腹。等到石敬瑭在太原起兵后，派遣桑维翰前往辽国搬兵，石敬瑭又令王彦超从行。后晋建立后，王彦超历任奉德军校、殿前散指挥都虞候、岳州防御使兼护圣左厢都校。王彦超与北宋太祖赵匡胤是旧友，后来，赵匡胤曾经投奔王彦超，王彦超没有接纳，赵匡胤对此事一直耿耿于怀，等北宋建立后，还曾经提及此事，王彦超后成为宋初名将，此是后话。白延遇，字希望，太原人。自幼由石敬瑭收养，十三岁时随石敬瑭伐蜀，以勇猛名闻军中。后晋建立后，一直在禁卫军中担任将领。安重荣背叛后，石敬瑭命令杜重威统领众将平叛，没有让白延遇从行。白延遇哭泣请求参战，并愿意担任先锋，石敬瑭最终答应了。宗城之战中，白延遇率领本部最先冲入敌阵，斩首数十级，直至将佩剑砍断，众将对他都深为叹服，石敬瑭得知后，立即派遣中使赐给他宝剑、名马，白延遇也因此功被晋升为马军左厢都指挥使。

一三五　生死之战（一）

祸不单行。

就在后晋朝廷匆忙应对辽军之时，到了同年七月，黄河又在杨刘（今山东省东阿县东北）决口了，这一次，汹涌的黄河水向西流入莘县（今山东省莘县），大水宽四十余里，又从朝城（今山东省莘县西南），折向北流去。

就在这时，辽国也在紧锣密鼓地备战。鉴于前两次大败，辽国最高决策层决定扬长避短，把后晋军主力引诱到北部边境，以逸待劳，予以全歼，然后再利用骑兵优势迅速大举南下，直捣大梁。为达成这一目的，辽国派人从幽州来到大梁，谎称赵延寿有意归降。枢密使李崧、冯玉信以为真，当即命令天雄节度使杜重威给赵延寿写信，传达了朝廷的旨意，并承诺给予其十分优厚的待遇。洺州军将赵行实曾经担任过赵延寿的部下，朝廷就派其秘密前往幽州，给赵延寿送信。赵延寿回信称："我长期生活在异国他乡，十分思念家乡，请求朝廷派遣大军前来接应，我将脱身南归。"在信中，赵延寿言辞恳切，后晋君臣见信大喜，又派遣赵行实再去幽州，与赵延寿定下具体日期。

七月，辽国皇帝耶律德光下诏征调各道军队，并特意指示，胆敢破坏庄稼的，一律以军法论处。八月，耶律德光亲自领兵南下。同月，李守贞上奏称："与契丹一千余骑兵在长城（战国时期燕国长城，今河北省固安县境内）遭遇，辗转战斗四十里，斩杀其酋长解里，残余敌人被逼入水中淹死了很多。"九日，石重贵下诏命令李守贞率部南撤，驻扎在澶州。

就在辽国大军行将南下之际，后晋帝国内部依然矛盾重重。辽晋两国交恶之后，石重贵多次召见吐谷浑酋长白承福入朝，极力予以拉拢。白承福也率领吐谷浑部众参加了澶州之战，又与张从恩一起防守滑州。开运三年这一年的夏天十分炎热，吐谷浑人忍受不了，白承福就把部众遣返太原，在岚州和石州之间游牧。

很多吐谷浑部众违法乱纪，刘知远毫不容情，予以严惩。吐谷浑部众发现后晋朝廷十分弱小，又畏惧刘知远严厉，纷纷产生了返回辽国故地的打算。一个名叫白可久的酋长，地位仅次于白承福，率领本部最先叛逃到了辽国，耶律德光任命其担任云州观察使，并令其劝诱白承福。刘知远与郭威商议道："如今天下多事，将这些人安置在我们太原附近，实在是心腹之患，不如除掉他们。"白承福家里十分富有，喂马都是用的银质马槽。郭威就劝说刘知远杀掉白承福，以其家财补充军需。刘知远遂给朝廷送上密表，称："吐谷浑反复无常，请求朝廷将他们迁至内地。"石重贵派人将吐谷浑剩余部落中的一千九百人分散安置在河阳以及全国各地。刘知远又引诱白承福等酋长们到太原城内居住，趁机诬陷白承福等五族谋反，发兵将他们包围起来，全部斩杀，一共杀害了四百余人，将五家全部抄家。石重贵下诏褒奖了刘知远。经过刘知远的这次打击，从此以后，吐谷浑部落遂没落了。

李彦韬素来就与刘知远的同母异父弟弟、濮州刺史慕容彦超有矛盾，正遇上慕容彦超违法向百姓征税，擅自以公家的小麦造酒曲，再卖给百姓酿酒，向百姓征税。李彦韬抓住此事，要求朝廷依法将慕容彦超处死，并催促冯玉速速派人前去执行。刘知远上书援救，李崧说道："像慕容彦超的罪过，全国各个节度使每人都有。如果全部依法论处，恐怕会人人惶恐的！"八月十六日，石重贵下诏赦免了慕容彦超的死罪，免去官爵，流放到房州。

到了九月，三万辽军入侵河东，五日，刘知远领兵在阳武（今山西省原平市西北）击败辽军，斩杀了七千余人。同月，张彦泽上奏称在定州以北击败辽军，又在泰州（今河北省满城县）击败辽军，斩杀两千级。《辽史》则有相反的记载，称，同月，耶律德光在渔阳以西的枣林淀阅兵，赵延寿领兵在定州与张彦泽交战，将后晋军击败。九月二十九日，黄河又在澶州临黄（今河南省范县）决口。

辽国人感觉释放赵延寿一个诱饵，还远远不够，于是，又命令瀛州刺史刘延祚给后晋乐寿监军王峦写信，表示愿意献出城池投降，还说："城内契丹军队不足千人，请求朝廷调派军队前来偷袭，我将作为内应。另外，今年秋天多雨，自瓦桥（今雄安新区）以北，到处是积水，无边无际，契丹皇帝已经北返了，就算听说瓦桥关以南出现战事，距离遥远，又有大水阻隔，也鞭长莫及。"王峦与杜重威屡屡上奏朝廷，认为可以趁机夺取瀛州（今河北省河间市）、莫州（今河北省任丘市南），深州刺史慕容迁还献上了《瀛莫二州地形图》，宰相冯玉和李崧都深信不疑，打算调派大军北上迎接赵延寿和刘延祚。

过去，李守贞多次领兵途经广晋（治所魏州，今河北省大名县），杜重威都对他很是热情，送给他很多金银布帛，动辄上万，二人遂很快就成了好友。李守贞入朝，石重贵慰问道：“我听说爱卿在军中担任统帅，经常拿出家财赏赐给战士们。”李守贞回答：“这都是杜重威忠心为国，送给臣金帛，臣怎敢埋没他的功劳！”还说：“陛下将来有一天要用兵的话，臣愿意与杜重威一起齐心协力，替陛下肃清沙漠。”石重贵由此对杜重威也非常认可。等到如今要北征时，石重贵就与冯玉和李崧商议，将要任命杜重威为领兵元帅，以李守贞为副元帅。赵莹私下对冯玉、李崧二人说道：“杜重威是皇亲国戚，贵为将相，可是其人还不满足，心里总觉得有所亏欠，岂能再交给他兵权？如果真要用兵北方，倒不如专任李守贞一人为好。”可是，冯玉和李崧二人不听。十月十四日，石重贵任命杜重威为北面行营都招讨使，以李守贞为兵马都监，泰宁（治所兖州）节度使安审琦为左右厢都指挥使，武宁（治所徐州）节度使符彦卿为马军左厢都指挥使，义成（治所滑州）节度使皇甫遇为马军右厢都指挥使，永清（治所贝州）节度使梁汉璋为马军都排陈使，前威胜（治所郑州）节度使宋彦筠为步军左厢都指挥使，奉国左厢都指挥使王饶为步军右厢都指挥使，洺州团练使薛怀让为先锋都指挥使，又下令称：“特意调派大军，前去平定狡猾的敌人。先夺取瀛州、莫州，安定关南（瓦桥关以南）；再收复幽燕（今北京市），荡平塞北。”又称：“凡是生擒耶律德光的，授予大镇节度使，赏钱一万串，绢一万匹，银一万两。”本年，从六月开始下雨，一直下到如今还没有停止。部队行军以及粮食运输都十分困难。

后晋各部人马在广晋会师后，一起北上。杜重威屡屡让妻子、宋国长公主入宫请求增兵，称：“如今深入敌境，必须有足够的兵力。”石重贵完全满足了他的要求，将禁卫军悉数送往前线，结果造成皇宫宿卫十分空虚。十一月十日，石重贵任命李守贞权知幽州行府事。十二日，杜重威等部来到瀛州城下，只见城门洞开，城内静悄悄的，没有一人。杜重威等人不敢贸然入城，就在这时，有人来报称，辽国将领高模翰早已率部偷偷出城而去，杜重威派遣梁汉璋率领两千骑兵追击，在南阳务（今河北省肃宁县东北）追上了辽军，结果遭遇优势敌军的包围，梁汉璋战死，剩余士兵杀出重围逃离了战场。对此，史书有不同的记载，《旧五代史·梁汉璋传》记载，杜重威命令梁汉璋领兵进攻淤口关（今河北省霸州市），与契丹骑五千相遇于浮阳（今河北省沧州市）的北界，“苦战竟日，以众寡不侔，为流矢所中，殁于阵，即是岁十一月也，时年四十九。”《旧五代史·少帝纪五》记载：“师次瀛州城下，贝州节度使梁汉璋战死。杜威等以汉璋之败，遂收军而退。行次武强，闻契丹入寇，欲取直路，自冀、贝而南。会张彦泽领骑自镇定至，且言契丹可破之状，于是大军西趋镇州。”《辽史·太宗本纪四》则记载：“冬十一月戊子朔，进围镇州。丙申，先遣候骑报晋兵至，遣精兵断河桥，晋兵退保武强。南院大王迪辇、将军高模翰分兵由瀛州间道以进，杜重威遣贝州节度使梁汉璋率众来拒。与战，大败之，杀梁汉璋。”《辽史·高谟翰传》记载：“晋以魏府节度使杜重威领兵三十万来拒，模翰谓左右曰：‘军法在正不在多。以多陵少，不义必败。其晋之谓乎！’诘旦，以麾下三百人逆战，杀其先锋梁汉璋，余兵败走。手诏褒美，比汉之李陵。”

一三六　生死之战（二）

对比各书的说法，有不少模糊之处。

具体而言，一是，梁汉璋所部的进攻目的和方向在哪里？《旧五代史·梁汉璋传》说是进攻淤口关，继而又说死于浮阳，二者相距遥远，似不可信；而《资治通鉴》则称，梁汉璋所部是奉命追击瀛州之敌，似乎也不合常理。这是因为，辽国名将高谟翰并非瀛州守将，昔日就担任辽军的统军副使，既然有人向后晋主帅杜重威禀报是高谟翰已领兵离开了瀛州，其所统领的军队应当是辽军主力，杜重威不会让梁汉璋率领区区两千骑兵去追击敌人，所以亦不太可信。二是，梁汉璋与辽军的作战地点又在何处？各书对当时辽军主力集结地点的记载还是较为一致的，即当时的辽军主力集结在易州、定州一带，相对于后晋的主攻方向瀛州和莫州，辽军主力的方位是在后晋军的西北方向，那么，辽军抽出瀛州兵力西调是可能的，也就是说，《资治通鉴》记载的梁汉璋与辽军的作战地点在瀛州西边的南阳务，也是可信的。三是，是辽军先从瀛州方向南下，晋军退守武强，还是梁汉璋死后，晋军才撤退？《辽史》与《旧五代史》记载不同，其间时间相差极短，史家笔法不同，记载也不相同。

综上，当时的情况可能是：辽军避开了后晋主力的主攻方向，而将主力置于易州、定州一线，以逸待劳，企图等到后晋军进入瀛州之后，辽军突然南下恒州（今河北省正定县），威胁到后晋军的侧翼，进而迂回到后晋军背后，切断后晋军的退路，予以全歼；或者趁西路后晋兵力空虚，直抵黄河岸边，直捣大梁。当后晋军行至瀛州附近时，主帅杜重威发现瀛州是座空城，不敢入城，迟疑不决，遂命令先锋梁汉璋率领先头部队搜索敌军主力，结果被围战死。

杜重威等人听说梁汉璋战败的消息后，不敢久留，领兵南撤。当时，束城（今河北省河间市东北）等县的官民纷纷归降，杜重威等人却纵火焚烧了百姓房屋，劫掠妇女而还。

与此同时，耶律德光率领辽军主力从易州、定州大举南下，直扑恒州（今河北省正定县）。杜重威等将行至武强（今河北省武强县），听到了这一消息后，遂打算从冀州（今河北省衡水市冀州区）、贝州（今河北省清河县）回防黄河北岸。就在这时，驻防恒州的彰德节度使张彦泽领兵前来会师，声称辽军已经暴露出弱点，可以将其击破，于是，杜重威等将又领兵西进，前往恒州而来，并任命张彦泽担任先锋。《旧五代史·张彦泽传》记载，此时的张彦泽已经被辽国人收买，暗中勾结耶律德光，请求充当辽军的向导，遂前来说服杜重威，领兵沿着滹沱河西进，增援恒州。

十一月二十七日，杜重威等将来到中渡桥（今河北省正定县东南滹沱河桥）。当时，辽军已经控制了桥梁，张彦泽率领骑兵前来争夺，辽军纵火焚烧了桥梁，然后退走。后晋军与辽军隔着滹沱河安下了大营。当初，辽军见后晋军主力赶来，又没有夺得中渡桥的控制权，唯恐后晋军会强行渡过滹沱河，与恒州守军相互呼应，遂商议北撤，等到听说后晋军在南岸构筑营垒，做打持久战的准备后，就决定继续留下了。

据《辽史·耶律图鲁窘传》记载，耶律德光曾说："两军争夺渡口，人困马乏，该如何是好？"众将都请求撤军，以图后举。耶律图鲁窘厉声呵斥道："臣认为，陛下如果贪图安逸，那就守好四境即可；既然想开疆拓土，出师远征，岂能不劳圣虑？如果半途而废，正让敌人得利，南京就会陷于敌手，如此一来，两国必然征战不已，况且，敌人是步兵，我们是骑兵，不用担心不会胜利。汉军行动迟缓，如果我军挑选精锐骑兵先切断其粮道，则大事可成。"耶律图鲁窘，字阿鲁隐，从辈分上讲，他是耶律德光的祖父辈，在耶律德光帮助石敬瑭建立后晋之战中，耶律图鲁窘的父亲耶律敌鲁古时任五院夷离堇，死于战场，耶律德光遂以其继任五院夷离堇，会同元年改为北院大王。

杜重威虽然身为上将，又是皇亲国戚，然而内心十分胆怯，他身边的偏将裨将们也都是各地的节度使，整日只会巴结逢迎，饮酒作乐，很少谈及军务。磁州刺史兼北面转运使李谷劝说杜重威和李守贞道："如今，大军与恒州咫尺之遥，烟火相望，如果大量使用'三股木'（用绳子绑定三根木棍的中间，令上下交叉）放于水中，上面铺上干草、灰土，很快就能建成一座临时桥梁。再暗中与城内守军相约，举起火把为号，趁夜招募勇士砍进敌营，里应外合，一定能击败敌人。"

众将都纷纷赞同，唯独杜重威却坚决反对，并把李谷支开，命其前往怀州、孟州督运军粮。李谷，字惟珍，颍州汝阴人。他身高八尺，容貌魁伟，年少多力善射，为人行侠仗义，后来发愤读书，一读就通。二十七岁时进士及第，历任华州、泰州从事。后晋建立后，他被提拔为监察御史，石重贵担任开封尹时，以李谷为太常丞兼推官；石重贵继位后，李谷又历任职方郎中、度支判官、吏部郎中、枢密直学士、给事中，后受到冯玉、李彦韬的排挤。开运二年，李谷被调出京师，担任磁州刺史、北面水陆转运使。后来，后周建立后，李谷两度出任宰相，史称，他“为人厚重刚毅，深沉有城府，雅善谈论，议政事能近取譬，言多诣理，辞气明畅，人主为之耸听”。据说，李谷年少时就与韩熙载是好友，韩熙载南渡南唐前曾经对李谷说：“我去江东后，如果江东将我拜为宰相，我一定会率军北取中原的。”李谷笑道：“如果中原王朝拜我为宰相，我拿下江南就如同探囊取物一般容易！”

辽军以主力挡在后晋军的前面，偷偷派遣部将萧翰、通事刘重进率领一百骑兵以及羸弱之兵，沿着西山绕到后晋军的背后，切断了后晋军的粮道和退路。另据《辽史》记载，在中渡桥之战中，耶律德光招募军中壮士，命他们作为奇兵切断后晋军的粮道，耶律德光的第三子耶律天德请求率领五千骑兵担当这一任务，耶律德光同意了。

后晋军派出砍柴的士兵全部被他们俘获，一些侥幸逃回的人纷纷声称敌军强盛，弄得后晋军军心震恐。萧翰等人率领辽军突然出现到后晋军主力背后的栾城（今河北省栾城县），城内有一千多后晋守军，只是他们根本不会想到辽军会神兵天降，稀里糊涂地就都投降了。辽军凡是俘获的后晋军民，一律在他们的脸上刻下“奉敕不杀”字样，然后放他们南逃。后晋派出运送军粮的农夫们在半道上遇见这些人，均吓得丢下粮车，夺路而逃。萧翰，一名敌烈，字寒真，是皇太后述律平（萧平）的弟弟、前北府宰相萧敌鲁的儿子，同时，萧翰叔父萧室鲁的女儿萧温，就是耶律德光的皇后。由于萧翰是皇后家族近亲，也被辽国国人称为国舅。按：由于《辽史》记载粗疏，很多学者根据出土墓志铭，提出了很多不同的观点，有人称萧敌鲁与萧室鲁系同一人；有人称萧敌鲁和萧室鲁不是萧平的弟弟，而是哥哥；有人称萧翰是萧室鲁的儿子，不是萧敌鲁的儿子等等。

十二月一日，李谷亲自给石重贵写了一道密奏，详细指出了后晋大军所面临的危险情况，并请求石重贵亲临滑州，命令高行周和符彦卿领兵护驾，他还在奏表上请求发兵驻守澶州、河阳以防备辽军南下。写完密奏后，他派遣军将关勋快马送给了石重贵。三日，杜重威才向石重贵禀报后晋大军驻扎在中渡桥，此时，已经距离后晋军进驻中渡桥七天了。当天晚上，关勋也送来了李谷的密奏。次日，石重贵再次接到了杜重威请求增兵的奏表，遂下诏将宫中仅剩的数百名禁卫军全部派往前线，又下诏调派黄河以北军镇以及滑州、孟州、泽州、潞州五十万军粮，送往前线，诏命严厉紧急，各地一片骚动不安。五日，杜重威再派随从张祚等人前来告急，张祚等人返回途中，被辽军抓获，从此以后，后晋朝廷与前线就断绝了音信。当时，禁卫军全部都在前线，大梁几乎成为一座空城，城内人心惶惶，不知该如何是好。开封尹桑维翰预感到国家已危在旦夕，请求面见石重贵禀报国事，而石重贵正在御花园内训练猎鹰，推辞不见。桑维翰又来到宰相们那里谈及时局，宰相们均不以为然，桑维翰退回后，对亲戚们说道："晋家要灭亡了啊！"

石重贵原本打算亲征，在李彦韬劝谏之下，才作罢。当时，符彦卿虽然被任命为马军左厢都指挥使，但石重贵并没有让其领兵北上，而是让他戍守荆州口（今地不详）。十二月六日，石重贵下诏任命归德节度使高行周担任北面都部署，以符彦卿担任副都部署，一起进驻澶州，又任命西京留守景延广领兵驻守河阳。

就在十二月六日当天，前线战事就爆发了，而远在大梁的后晋君臣当时并不知情。这一天，奉国都指挥使王清对杜重威说："如今，大军距离恒州仅有五里，守在这里要干什么！大营孤悬于外，军粮行将吃尽，势必要自行崩溃。请让我率领两千步兵担任先锋，夺取中渡桥，杀出一条血路，大人率领众将紧随我后，一旦能够冲入恒州，就安全了。"杜重威同意了，遂派遣王清与宋彦筠领兵一起前进。王清之军攻势凌厉，辽军不能抵挡，稍稍退却，后晋军很快就夺取了中渡桥，在滹沱河北岸排下阵势。众将请求杜重威出动大军接应，但杜重威不同意。宋彦筠被辽军击败，跳入水中游到对岸，才逃出一命。在滹沱河北岸，只剩下王清一支孤军在拼死杀敌，屡屡向杜重威求救，可是，杜重威始终不派出一兵一卒。王清对部众们说道："上将手握重兵，坐观我等陷于困境而不救，其内心必有异志。我等当以死报国吧！"部众深受感动，没有一人退缩。一直苦战到天黑，战斗仍然没有停止。辽军命令赵延寿率领步兵，高彦温率领骑兵投入战斗，王清以及手下两千人马全部战死，滹沱河南岸的后晋各军眼睁睁地看到王清所部被辽军歼灭，士气顿时崩溃。

一三七　后晋灭亡（一）

全歼王清所部之后，十二月八日，辽军乘胜在滹沱河两岸扎营，距离后晋军的中渡营寨三里，远远地将后晋军包围起来，切断了后晋军的内外联系，夜里则以骑兵看住，白天则出兵劫杀，后晋军中粮食行将吃尽。

十二月十日，后晋朝廷收到义武（治所定州，今河北省定州市）节度使李殷的战报，称："在上个月的二十八日夜里，率领四百捉生军前往曲阳嘉山，遇到敌军的营帐，杀死敌人一千人，缴获战马两百匹。"李殷战前，曾向石重贵信誓旦旦地表示："臣此行一定能够击破敌人。"可是，等到他到任以后，"威略无闻"。实际上，在朝廷收到这份战报之前，辽军已经再次来到定州城下，李殷就举城投降了。

《辽史》记载，六日的大战，辽军不仅仅全歼了王清一部，而是斩杀数万后晋军，并称宋彦筠投水而死。实际上，宋彦筠一直到后周世宗时才去世，因此，《辽史》的记载并不可信。同时，《辽史》还记载，在六日激战过后，耶律德光又命令赵延寿分兵包围了后晋军营寨，而他自己则亲率骑兵绕到后晋军后方，攻下栾城，命令部队切断了后晋军的退路，完成了对后晋军的包围。他还下令预备军粮，军中三天之内不得生火做饭云云，这些记载大体上与《资治通鉴》相同，但《资治通鉴》说的是，在六日会战之前，耶律德光就已经派遣萧翰领兵迂回到后晋军后方，并攻克栾城了。如果《辽史》记载属实的话，辽军的迂回战术，是用了两次。在六日会战之后，耶律德光再次迂回到后晋军后方，彻底切断了后晋军的退路。

杜重威和李守贞、宋彦筠三人决定向辽军投降。杜重威偷偷派遣心腹前往辽军大帐，面见耶律德光，与耶律德光商谈投降条件。耶律德光诓骗他说："赵延寿的威望素来就浅，恐怕以其为皇帝，人心不服。假如你果真来降的话，就让你当中原皇帝。”杜重威得到耶律德光的承诺后，心中大喜，就下定了投降辽国的决心，史称：“重威庸暗，深以为信。”就在后晋朝廷接到李殷战报的同一天，也就是十二月十日，杜重威埋伏甲士，召见众将，拿出投降文书让众将看，勒令大家在上面签字。在杜重威看来，自己的这一次投降辽国，与十年前石敬瑭投降辽国没什么两样，只是一次改朝换代的游戏而已。众将看了杜重威的降表，个个惊骇得目瞪口呆，无人敢多言，只能俯首听命。当天，杜重威派遣阁门使高勋携带降表来见耶律德光，耶律德光回赐诏书予以嘉奖、勉励，于是，杜重威命令后晋军将士们全部在营寨外面列队，尚且蒙在鼓里的普通士兵们还以为要出战杀敌呢，个个厉兵秣马，欢呼雀跃。高勋，是后晋北平王高信韬的儿子。五代时期，高姓被封为北平王的只有鄜延节度使高万兴一人，后唐同光三年，高万兴去世，其子高允韬继位，高信韬可能就是高允韬的儿子，或者高允韬和高信韬是同一人。

然而，他们得到的命令却是放下武器投降。杜重威亲自对将士们说道：“如今，军粮已经吃尽，我们已经走投无路，我将与诸位一起寻找一条生路。”遂命令将士们全部放下武器，脱去铠甲。十万后晋将士在隆冬的原野上失声痛哭，声震天地。当天，在后晋军营之上升起一团浓雾。杜重威和李守贞二人在众人之中大声呼喊：“主上失德，信任奸臣，猜忌我们！”士兵们听了，无不气得咬牙切齿。耶律德光派遣赵延寿身穿红色龙袍来到后晋军中安抚后晋将士们，说道：“南方的东西都归你们所有。”杜重威以下后晋将领们纷纷叩拜在赵延寿的马前，赵延寿又拿出一件红色龙袍让杜重威穿上，在晋军将士们面前展示，实际上，耶律德光根本没把这当成一回事，接着，耶律德光任命杜重威为守太傅，邺都留守如故；又任命李守贞为司徒，天平节度使如故。

杜重威引导着耶律德光一起来到恒州城下，向顺国节度使王周说出自己已经投降的情况，王周也献出城池投降了。十二月十二日，耶律德光进入恒州城内，并派兵奔袭代州，代州刺史王晖也献出城池投降。过去，辽军屡屡进攻易州，易州刺史郭璘固守城池，给予辽军很大杀伤，每次耶律德光经过易州城下，总会指着易州城叹息道：“我要统一天下，却被此人所阻挡。”等杜重威投降后，耶律德光派遣通事（翻译）耿崇美来到易州劝降，易州守军纷纷放下武器投降，郭璘无力阻止，遂被耿崇美所杀。郭璘，邢州南和人，史称：“契丹攻其郡，璘率厉士众，同其甘苦，敌不能克。复以州兵击贼，数获其利，朝廷嘉之，就加检校太保。”

十二月十三日，后晋朝廷才接到邢州节度使方太的奏报，称本月六日，辽军与后晋军在中渡桥交战，王清战死。而这时，令人捧腹的是，方太已经投降了辽军。耶律德光任命孙方简担任义武（治所定州）节度使，堂弟耶律把里得为安国（治所邢州）节度使，以客省使马崇祚权知恒州事。辽国翰林学士承旨、吏部尚书张砺对耶律德光说道："如今，大辽已经夺得天下，中原的将相应该用中原人，不该用北方人或者陛下身边的近臣，一旦政令有失误，中原人心不服，就算暂时得到了中原，最终还是会失去的。"但耶律德光不从。在扫清了前后方的障碍并招降了后晋主力之后，耶律德光统领大军从邢州、相州一直南下，杜重威也率领降兵一起南下。耶律德光派遣张彦泽率领两千骑兵先头出发，直扑大梁，安抚百姓，以通事傅住儿担任都监。杜重威投降前，皇甫遇并不知情。耶律德光原本打算命令皇甫遇领兵当先锋，皇甫遇推辞了。退下后，他对心腹说道："我身为将相，战败不能赴死，哪里还忍心再去对付自己的主子呢！"等到行至平棘（今河北省赵县）时，他对随从说道："我已经几天没有吃饭了，还有什么脸面继续南行！"遂掐住自己的喉咙而死。

这一切变化，身在大梁的石重贵还浑然不知，十四日，他还来到沙台射兔子。一直到十六日，他才得到杜重威和李守贞已经在本月十日率领后晋主力投降的消息，当天晚上，又传来了张彦泽已经领兵进抵滑州的消息，慌乱中的石重贵赶忙召来李崧、冯玉、李彦韬进入皇宫商议对策，打算下诏命令刘知远发兵勤王。然而，一切都来不及了。已经投降辽国的张彦泽急于立下头功，他倍道兼行，趁夜渡过了白马津（今河南省滑县南古黄河渡口），到十七日天还未亮，张彦泽已经领兵砍开封丘门（今开封市北面西门），冲入大梁城内。李彦韬率领仅剩下的五百禁卫军前去抵挡，已无法抵御。张彦泽领兵进驻皇宫明德门（皇宫正南门）外，大梁城内一片惊恐。走投无路的石重贵在宫中燃起大火，手持宝剑勒令十余名嫔妃们一起赴火自杀，被心腹军将薛超死死抱住，不一会儿，张彦泽自宽仁门（皇宫东门）递进耶律德光以及李太后的信件，安抚慰问石重贵，并在信中说道："可以让桑维翰和景延广前来迎接，这甚是好事。"石重贵这才命令把大火扑灭，打开皇宫所有宫门。大内都点检康福全在宽仁门守卫，登上城楼察看，张彦泽在下面呼唤，康福全遂下楼打开了城门。

石重贵与后妃们坐在后苑内，抱头哭泣，又召来翰林学士范质起草降表，同日（十二月十七日），将降表送给耶律德光。石重贵在降表上说道："本月十七日寅时（早晨 3 点到 5 点），相州节度使张彦泽、都监傅住儿领兵进京，携带祖父您送给太后的书信称，在滹沱河收降了杜重威一行兵马，将率领蕃汉步骑前来汴州。昔日，后唐国运告终，中原大乱，我的父亲只有一旅之众，势单力薄，祖父皇帝兴利除害，深入沙场，平定了天下，功成不居，令我们建立了大晋，是您对我们石家有大恩。不久，先帝去世，臣继承皇位。继位之初，我处于服丧期间，大权都交给朝中大臣，以致草率从事，轻启战端，得罪了祖父大人。臣与太后、妻子冯氏以及全家现在在郊野待罪。国宝一枚、金印三枚，如今派遣长子石延煦、次子石延宝奉上。”李太后也上表自称：“新妇李氏妾”云云。傅住儿进入宫中宣布耶律德光的命令，石重贵脱下龙袍，身穿素色衣服，跪地叩头接受诏书，近臣们纷纷掩面而泣。石重贵派人召见张彦泽，打算与之商议。张彦泽说道：“臣没有脸面再见陛下。”石重贵再派人相邀，张彦泽但笑不言，拒不从命。

一三八　后晋灭亡（二）

有人劝说桑维翰逃走。

桑维翰说道："我身为大臣，又能逃到哪里！"坐在家中，静观事态的发展。当时，石重贵见大势已去，就开始自忖自保之计，他想到桑维翰担任宰相期间，屡屡建议与辽国和好，唯恐等到耶律德光进京之后，会查清此事的来龙去脉，一旦耶律德光得知两国交兵的根本原因还在自己的话，定会加重自己的罪过，遂打算杀掉桑维翰灭口，于是，就命张彦泽杀了桑维翰。这是《旧五代史》的说法，《旧五代史考异》认为，张彦泽既然已经投降了辽国，怎么会再接受石重贵的命令去杀桑维翰呢？因此，认为杀死桑维翰是出于张彦泽的私怨。不过，从逻辑上来说，石重贵为了自保而指使张彦泽杀掉桑维翰，是可能的。至于石重贵召见张彦泽议事，所议之事也可能就是让其杀掉桑维翰，虽然张彦泽没有前去，但并不意味着石重贵没有把杀掉桑维翰的意思最终通过别人传达给了张彦泽，因此，我们认为《旧五代史》的记载是可信的。

张彦泽在接到石重贵的指令后，也贪图桑维翰的家财，就以石重贵之命派人召来了桑维翰。桑维翰整理好衣服，骑上坐骑，行至天街，正巧与宰相李崧相遇，二人停马谈话之间，就见一名军士来到桑维翰面前，作揖传话，命其前往侍卫司。桑维翰立刻意识到这是要杀了自己，愤怒之余，他回头看了看李崧，说道："侍中你身为执政大臣，如今国家灭亡了，反而让我桑维翰去死，这是为什么呢！"李崧面露羞愧之色。来到侍卫司后，张彦泽傲慢地坐在大堂之上，桑维翰斥责道："去年，我将你从罪人之中提拔起来，又将你安排到大镇担任节度使，给予你兵权，为何如此忘恩负义！"张彦泽无言以对，下令将桑维翰软禁起来，派遣士兵看管。

宣徽使孟承诲，是大名人，原为本府牙校，此后担任石敬瑭的客将，又历任宗城、藁城令，都有好的政绩。后晋建立后，孟承诲被提拔为阁门副使，又升任宣徽使。他擅长察言观色，经常与宦官们勾结在一起，卖官鬻爵，等石重贵继位后，孟承诲更加肆无忌惮，聚敛了巨额财富。张彦泽进京后，石重贵曾派人召见孟承诲，商议对策，可是孟承诲不肯出来。石重贵就把孟承诲背叛自己的事告诉给了张彦泽，张彦泽就把孟承诲逮捕杀掉，并按照石重贵的意思，把他的妻子女儿分配给部下做奴婢。

在张彦泽控制大梁期间，可谓是狐假虎威，一手遮天。他纵兵闯入民宅，大肆抢劫，京城贫民趁乱，也争相冲入富人家中杀人抢劫，混乱一直持续了两天才算停止。张彦泽抢来的钱财堆积如山，自以为自己对辽国有功，昼夜饮酒作乐，出入总带着数百骑兵护卫，旗帜上还写着“赤心为主”四字，看见的人们都忍不住失笑。士兵们抓到的犯人，拉到张彦泽跟前，他从来不问此人所犯何罪，也不开口，只是竖起中指，士兵们就将此人拦腰砍为两段。张彦泽素来与阁门使高勋不和，趁着酒醉来到高勋家中，杀了高勋的叔父和弟弟，将尸体堆在高家门口。人们一提起张彦泽，都会不寒而栗。中书舍人李涛对家人说道：“与其我逃亡，也不一定会脱难，倒不如主动前去见他。”遂到张彦泽那里，投上名片，上面写道：“曾经上书要求杀掉太尉您的人李涛，前来送死。”张彦泽欣然接待，对李涛说道：“舍人你今天害怕不害怕？”李涛回答：“李涛今日的害怕，就仿佛大人昔年的恐惧啊。假如昔日高祖采纳了我的建议，国事岂能到这个地步！”张彦泽听了，哈哈大笑起来，命人拿来酒让李涛喝。李涛旁若无人地满饮一杯，大摇大摆地告辞而去。

张彦泽入城的第二天，即十二月十八日，即命令石重贵迁出皇宫，暂住于开封府内，片刻不得停留，宫中闻讯，一片哭声。石重贵与李太后、冯皇后三人乘坐轿子，十余名宫女、宦官徒步相随，看到此情此景的大梁百姓们，无不流下眼泪。石重贵把内库中的金子珠宝都随身带上，张彦泽命人转告石重贵说：“等辽国皇帝来了，这些东西是藏不了的。”石重贵听了，只好又把这些宝贝放回原处，还拿出一些分给张彦泽。张彦泽从中挑出一些最为贵重的珍宝私藏起来，而将剩余的封存，留给辽国人。张彦泽派遣控鹤指挥使李筠领兵看住石重贵，切断了内外的联系。石重贵的第十一姑乌氏公主拿出重金贿赂看守，才得以进入，与石重贵诀别，二人相拥而泣，回家后，乌氏公主就上吊自杀了。石重贵和李太后送给耶律德光的奏表，都要先经张彦泽过目之后，才敢发出。石重贵派人想从内库取出数段丝绸，主管不给，说：“这已经不是皇帝您的东西了。”又向李崧索要美酒，李崧也借故不给。又想与李彦韬见上一面，李彦韬也推辞不来。石重贵惆怅了很久。

冯玉极力巴结张彦泽，请求亲自将皇帝玉玺送给辽国，企图通过这个机会能取得耶律德光的好感，以期重新获得重用。楚国夫人丁氏，是石延煦的母亲，长得十分美丽。张彦泽命人到开封府内索取，李太后迟迟没有答应。张彦泽顿时大怒，破口大骂，当即命人将丁氏抢去，装上大车拉走。十八日当晚，张彦泽下令将桑维翰处死，然后，命人将他的衣带挂到脖子上，禀报耶律德光称其畏罪自杀。耶律德光听说后，说道："我没有杀桑维翰的意思，他何必这样呢？"命人优厚地抚恤桑家。《新五代史》称，桑家的财物全部被张彦泽抢走。《五代史补》称，桑维翰容貌非常怪异，见到他的人都不自觉地举动失态。过去，每次张彦泽见到桑维翰，即便是在隆冬时节，也都会汗如雨下。等到张彦泽领兵闯入开封府时，高声喊道："桑维翰在哪里？"桑维翰应声喝道："我为大臣，令国家到了这一步，死也是罪有应得。张彦泽怎敢无礼！"遂高坐厅堂之上，怒斥道："你有什么功劳，带使相临方镇，国家危急关头，你不能效犬马之劳报效国家，一旦叛国，助纣为虐，甘心做贼，你的内心安生吗？"张彦泽见桑维翰言辞慷慨，吓得两腿打战，不敢仰视。退下后，他对随从说道："我不知桑维翰是什么人，今日之下，其威严仍旧如此，岂能再见此人！"当晚，遂命令士兵在开封府内将桑维翰勒死。桑维翰被杀时，怒目而视，吐出三口气息，每吐一口，口中都喷出火光。吐出三口之后，火光也随之而灭，就近一看，桑维翰已经死掉了。

高行周和符彦卿也都率部前往耶律德光的大帐请降。耶律德光因阳城之战被符彦卿击败，就当面斥责符彦卿。符彦卿回答："臣当时只知道替晋主效命，今日是死是活，听天由命。"耶律德光哈哈一笑，遂释放了他。

十二月二十三日，石延煦、石延宝从耶律德光的大帐回到大梁，耶律德光送给石重贵亲笔书信，并派遣耶律解里对石重贵说道："孙子不用担忧，肯定会给你一个吃饭的地方。"石重贵听后，心中稍稍安定下来，上表谢恩。同时，耶律德光见送来的玉玺雕琢不精，文字又与史料所载不符，怀疑是赝品，在诏书中一并斥责石重贵，要求他献出真品。石重贵上奏称："自从李从珂自焚而死后，中原王朝昔日流传下来的玉玺就找不到了，肯定已经在大火中化为灰烬了。这颗玉玺是先帝下令刻制的，这是朝廷群臣人所共知的，臣岂敢私藏国宝。"耶律德光听了，这才作罢。

石重贵听说耶律德光将要南渡黄河，就打算与李太后到半道上迎接。张彦泽向耶律德光上奏，耶律德光没有同意。有关部门又建议让石重贵手牵着羊，嘴里含着玉璧，让群臣抬着棺材，到大梁郊外迎接，先起草好了投降仪式送给耶律德光。耶律德光说道：“我派遣奇兵袭占大梁，不是受降的。”也不接受。耶律德光下诏命令后晋群臣各安其位，朝廷制度也一切照旧。有关部门又打算准备仪仗队奉迎耶律德光，耶律德光回复道：“我正身穿铠甲，统领军队，太常用的那一套礼仪，不便采用。”也拒绝了。耶律德光还在相州时，就派兵奔赴河阳去逮捕景延广。景延广仓促之间无暇抵御，只好俯首就擒，来见耶律德光。耶律德光在封丘（今河南省封丘县）见到了景延广，斥责道：“都是因为你，才令两国之君关系恶化。你不是说过你有十万横磨剑，现在何处？！”景延广还嘴硬，于是，耶律德光召来乔荣对质，涉及共有十件事情。起初，景延广还是不服，乔荣就拿出当初景延广命人写下的纸片，在证据面前，景延广这才承认。景延广每承认一件事，就发给他一个筹码，等发到八个筹码时，景延广扑通一声跪倒在地，请求一死。耶律德光下令将他用铁索锁了起来。

开运三年（公元 946 年）除夕，后晋百官留宿于大梁东城的封禅寺内，准备迎接次日入城的辽国皇帝耶律德光。

一三九 入主大梁（一）

公元 947 年一月一日，耶律德光来到大梁城北。

后晋亡国之君石重贵带着全族，离开开封府，出封丘门，来到郊外。石重贵与李太后想要面见耶律德光，但耶律德光推辞不与相见，派人将他们送往封禅寺内。后晋百官遥遥拜别寺内的石重贵，然后，改穿素色衣服，头戴纱帽，来到北郊，前去迎接辽国皇帝耶律德光。百官趴在路边，等待耶律德光的降罪。

耶律德光头戴貂帽，身穿貂裘，里面穿着轻便铠甲，立马在高岗之上，下令后晋群臣起身，改穿常服，还说："其主忘恩，臣子有什么罪？"左卫上将军安叔千独自站出队列，用契丹语大声禀报。耶律德光说道："你就是安叔千吧？昔日你镇守邢州，就曾经向我投诚，我没有忘记你呀。"遂任命安叔千为金吾卫上将军，又加授其为镇国节度使。安叔千顿时感到非常兴奋，舞蹈呼喊，叩拜谢恩而退。

耶律德光从封丘门进入大梁，城内百姓纷纷惊恐而逃。耶律德光登上城楼，派遣通事给百姓们传话，说："我也是人，你们都不要害怕！我会让你们过上太平的日子。我原本不愿南来，是你们汉军引导我才来到这里的。"行至明德门，耶律德光下马，向皇宫行礼之后，才进入皇宫。入宫后，耶律德光任命其枢密副使刘密（《辽史》记作刘敏）暂时担任开封尹。日暮之后，耶律德光又从皇宫出来，驻扎在赤冈（今河南省开封市东北）。

一月二日，辽军逮捕郑州防御使杨承勋，耶律德光斥责其杀了父亲杨光远，命左右将其剁为肉酱，吃掉。不久，又任命其弟、右羽林将军杨承信为平卢节度使，将杨光远的旧部都交给其统领。高勋向耶律德光控诉张彦泽杀害其家人，耶律德光也对张彦泽纵兵劫掠大梁深感恼怒，就下令将张彦泽和傅住儿一并拿下。张彦泽的罪行主要有擅自将石重贵迁出皇宫、杀死桑维翰等人，耶律德光将张彦泽的罪行公布于众，询问百官的意见："他应死吗？"百官纷纷说道："应死。"与此同时，大梁百姓也争相投书控诉张彦泽的罪行。一月三日，在大梁城内作威作福近半个月的张彦泽、傅住儿被押往北市斩首，耶律德光还任命高勋为监斩官。张彦泽以前所杀官员们的子孙们，都披麻戴孝，到刑场上哭号，指着张彦泽破口大骂，将他打倒在地。高勋命令刽子手先砍掉张彦泽的双手，将他拉出枷锁，然后挖出心脏祭奠死者。大梁百姓争相打烂他的脑袋，取出脑髓，将他捣成肉酱吃掉。此事之后，高勋对耶律德光更是感恩戴德，耶律德光也将其视为心腹，不久就晋升其为宣徽使。

辽国人将景延广押回辽国。一月四日，住在陈桥，夜里，景延广见卫兵稍稍懈怠，遂扼住咽喉而死。

一月五日，耶律德光以石重贵为负义侯，将其安置在黄龙府（今吉林省农安县）。耶律德光对李太后说道："我听说重贵不遵母亲之命，才到了这一步，你可以随意，不用与他一起北去。"李太后回答："重贵对妾非常孝顺。他的错就在于违背了先帝的遗志，断绝了两国的友好关系。如今，幸蒙大恩，得以保全我们全家，母亲不跟着儿子，还能去哪里呢？"

七日，辽军将石重贵及其家人安置在封禅寺内，派遣大同节度使兼侍中崔廷勋领兵看守。耶律德光也多次派人前来问候，每当听说耶律德光的使者要来，石重贵一家就吓得惶恐不安。当时，一连十余日下着雨雪，无人给石重贵一家供应食物、衣物，全家人都冻饿难耐。李太后派人对僧人说道："我曾经在这里施舍数万僧人吃饭，如今难道竟然没有一个人记得吗？"住持推辞道："胡人心意难测，不敢奉献。"石重贵暗中乞求看守卫士，才找来了一点食物充饥。同日，耶律德光从赤冈领兵进宫，大梁各城门以及皇宫各门都换上辽军士兵，昼夜警戒。根据辽国风俗，在城门斩杀了一条狗，又在竹竿上悬挂羊皮，插在大庭当中。耶律德光对后晋群臣说道："从今以后不再制造武器，购买战马，还将轻徭薄赋，天下太平了！"他还下令废东京，降开封府为汴州，开封尹改称汴州防御使。

一月九日，耶律德光改穿中原衣服，文武群臣照常办公。赵延寿、张砺一起举荐李崧，正巧威胜节度使司马冯道也从邓州赶到了汴州，耶律德光遂任命李崧为太子太师，充枢密使；以司马冯道为守太傅，在枢密院上班，以备随时顾问。与此同时，耶律德光还向后晋各道分别派出使者，后晋各个藩镇竞相上书称臣，被征召的人无不火速赶到，唯独彰义节度使史匡威在泾州拒不受命。史匡威是后唐大将史建瑭的儿子。雄武（治所秦州，今甘肃省秦安县北）节度使何重建斩杀了辽国使者，以秦州、成州、阶州三州投降了后蜀。

当初，杜重威率领后晋军投降辽军后，耶律德光命令将数百万件后晋军的铠甲武器都存放在恒州，将数万匹战马驱赶回国，命令杜重威率领着赤手空拳的后晋军随辽军一起南下。行至黄河岸边时，耶律德光因后晋军人数众多，担心他们哗变，打算率领辽军骑兵将后晋军降兵全部驱赶到黄河中淹死。有人劝谏道：“在其他地方的后晋军队还有很多，一旦他们听说投降的人全被杀死的话，势必会抗命作乱。不如暂且予以安抚，再慢慢考虑对策。”耶律德光这才作罢，命杜重威率领这些降众驻扎在陈桥（今河南省开封市东北四十里）。当时，已下了很久的大雪，无人给这些士兵们提供给养，将士们又冻又饿，都把一腔怨恨撒到杜重威的头上。每当杜重威出行时，路边的将士们都纷纷指着他辱骂。此时的耶律德光还是没有想出一个解决后晋降卒的良策，仍然打算杀尽这些降卒。赵延寿对耶律德光说道：“皇帝您亲自临阵杀敌，夺取了晋国，你是想自己占有还是想让他人占有呢？”耶律德光顿时拉下脸来，说道：“朕以倾国之力南征，五年以来从未卸下铠甲，才勉强夺得，怎么会是替他人夺取的？”赵延寿又说：“晋国南面是南唐，西面是后蜀，他们相互之间是仇敌，皇帝您知道吗？”耶律德光回答：“知道。”赵延寿接着说：“晋国东起沂州、密州，西到秦州、凤州，连绵数千里，与南唐、蜀国相邻，经常要派兵戍守边境。南方潮湿炎热，辽国之人无法居住。将来陛下北返，晋国如此之大，却无兵戍守，南唐、后蜀势必要发兵入侵，如此一来，难道陛下不是替人作嫁衣裳的吗？”耶律德光问道：“我还不知这些道理。你说该怎么办呢？”赵延寿说道：“驻扎在陈桥的降卒，可以命他们戍守南方，这样一来，南唐和后蜀就不会为患了。”耶律德光说道：“我昔日在上党的时候，就失于决断，当时把后唐军队都交给石敬瑭，以后，竟然成为仇敌，与我交战，苦战多年，好不容易才取得胜利。如今，幸而又到了我的掌握之中，不趁此时机全部予以清除，岂可再留后患？”赵延寿说道：“从前，将后晋军留在黄河以南，而没有把他们的家眷当作人质，这才造成了如今的祸患。如今，将陈桥军队的家具全部迁至恒州、定州、云州、朔州一带，每年轮流令他们戍守南方边境，就不用担心他们还会叛乱了，这是上策啊。”耶律德光大喜，说道：“好！就听任你来处置。”正因为赵延寿的这番话，才保全了陈桥数万降卒的性命。

耶律德光还追究杀害其哥哥、东丹王耶律倍的凶手右金吾卫大将军李彦绅和宦官秦继旻，下令将二人处死，并将二人的家财赏赐给永康王耶律兀欲。耶律兀欲一只眼瞎了，他为人轻财好施，又性情豪放。

一月十七日，石重贵与李太后、安太妃、冯皇后以及弟弟石重睿、儿子石延煦、石延宝等人一起被迁往北方，随从的后宫嫔妃、宦官还有一百余人，其中，宫女五十人，宦官三人，东西班五十人，医官一人，控鹤四人，厨师七人，茶酒司三人，仪仗三人，仆从十人。辽国派遣三百骑兵护送，又派遣后晋中书令赵莹、枢密使冯玉、马军都指挥使李彦韬随行。途中，石重贵一行经常忍饥挨饿，缺衣少食，有时候，石重贵与李太后都没有食物可吃，而旧臣们也无人胆敢送来食物。唯独磁州刺史李谷在半道上迎奉，与石重贵相对而泣。李谷说道："臣无能，辜负了陛下的信任。"遂拿出全部家财送给了石重贵。石重贵来到中渡桥，见到杜重威昔日的营寨，仰天长叹，说道："苍天啊！我家有什么对不起你的，你竟然让这个奸贼破了我的国家啊！"遂放声大哭而去。

耶律德光任命前燕京留守刘晞担任西京留守，永康王耶律兀欲的弟弟耶律留珪担任义成节度使，同族人耶律郎五担任镇宁节度使，耶律兀欲的姐夫潘聿撚担任横海节度使，赵延寿的儿子赵匡赞担任护国节度使，汉人将领张彦超担任雄武节度使，史佺担任彰义节度使，客省使刘晏僧担任忠武节度使，前护国节度使侯益担任凤翔节度使，权知凤翔府事焦继勋担任保大节度使。不久，何重建投降了后蜀，史匡威也拒不接受任命，辽国的声望稍稍受挫。

刘晞，涿州人，曾经担任过后唐幽州节度使周德威的从事，后来陷于契丹，契丹人让他当了一名汉官；后晋时期，耶律德光任命其担任燕京留守，此后又被晋升为同平章事兼侍中。《契丹国志》称，刘晞的儿子刘珂后来娶了辽世宗耶律阮的妹妹、燕国公主为妻。耶律兀欲，即耶律阮，就是后来的辽世宗，他是耶律德光的哥哥耶律倍的长子；耶律留珪，史书无传，但《辽史》记载，耶律倍有五个儿子，分别是耶律阮、耶律娄国、耶律稍、耶律隆先、耶律道隐，又称，耶律娄国，字勉辛。耶律娄国与耶律留珪读音相近，极有可能就是同一人。潘聿撚、张彦超、史佺，生平不详。刘晏僧，幽州人，后改名为刘重进。后梁末年从军，后晋初年，以熟悉契丹话而出使辽国，被改任右班殿直，此后，他又奉命出使辽国，耶律德光见其聪慧，就留下他担任帐前通事，《宋史》有《刘重进传》。

一四〇　入主大梁（二）

当石重贵决心与辽国为敌时，匡国节度使刘继勋时任宣徽北院使，也参与了决策。等到耶律德光进京后，也曾斥责过他。

刘继勋，是卫州人。后唐天成年间，石敬瑭镇守邺都，刘继勋担任客将，他端庄谨慎，深得石敬瑭的喜爱，就把他划归自己的元从将佐名下，随自己历任数个藩镇。后晋建立后，石敬瑭又提拔他担任了阁门使，后历任淄州刺史、澶州防御使、郑州防御使、华州刺史、同州（即匡国）节度使。

当时，情急之下，刘继勋指着司马冯道说道："司马冯道担任首相，与景延广二人是真正的策划者。臣当时的地位低下，怎敢发言？"耶律德光说道："司马冯道是个本分人，你就别胡乱牵扯了！"遂下令将刘继勋打入囚车。当时，刘继勋已经得病了，耶律德光派人探病，谎称他得了风寒，就说："北方寒冷，让他前去居住，正好能治好他这种病。"就准备把他送往黄龙府。晋昌节度使赵在礼行至洛阳，对人说道："耶律德光曾经说过庄宗之乱都是我引起的，我此行真是凶多吉少啊。"耶律德光派遣辽将述轧、奚人酋长拽剌、渤海将领高谟翰领兵进驻洛阳，赵在礼叩拜在大庭之下，拽剌等人高坐在堂上，态度傲慢。一月二十九日，赵在礼行至郑州，听说刘继勋被逮捕，大惊失色，当天晚上，在马棚之中上吊自杀。耶律德光听说赵在礼已死，就释放了刘继勋，而刘继勋很快就忧愤死掉了。刘晞在辽国曾任枢密使、同平章事，来到洛阳后，他辱骂奚王道："赵在礼是汉族的大臣，你不过是北方一个小小的酋长，岂敢如此怠慢无礼！"命其站在院内聆听训斥，经过此事，洛阳百姓们才得以稍稍安下心来。

身在大梁的耶律德光，如今已志得意满，各地送来的金银珠宝，他都照单全收，还在大梁城内屡屡大摆筵席，纵酒作乐，时常对后晋旧臣们说道："中原的事情，我都一清二楚，至于我们辽国国内的情况，你们这些汉人却是一概不知。"

赵延寿建议耶律德光给辽军发放俸禄和粮草，耶律德光说道："我们从来就没有这种规矩。"遂派遣士兵们四处劫掠，以放牧马匹为名，劫掠汴州下辖的各县，号称"打草谷"。汴州百姓蒙受了巨大的损失，年轻力壮的被辽军砍死在刀下，老弱的因饥饿而逃难，最终死在途中。东京、西京近郊以及郑州、滑州、曹州、濮州，数百之内，民间财富被辽军搜刮得一干二净。

耶律德光对判三司刘昫说道："我们辽国军队三十万，平定了晋国，应该给予厚赏，你要速速办妥此事。"当时，国库空虚，刘昫无计可施，就建议从大梁官民家中搜刮钱财，即便是将相大臣也未能幸免。另外，耶律德光还派遣使者分赴各地，索要财物。命令严厉紧迫，弄得民不聊生。《旧五代史·杜重威传》就记载："契丹下令括率京城钱帛，将相公私，雷同率配，重威与李守贞各万缗，乃告契丹主曰：'臣等以十万汉军降于皇帝，不免配借，臣所不甘。'契丹主笑而免之。寻群盗断澶州浮梁，契丹乃遣重威归藩。"实际上，耶律德光所说的赏赐将士们，只是个幌子，他的真实目的是将中原百姓家中的钱财悉数搜刮干净，然后送回辽国国内。这一政策颁布以后，大梁百姓才开始怨恨辽国人，人人都想着将辽军赶出河南。

当初，石重贵与河东节度使、中书令、北平王刘知远相互猜忌，虽然刘知远名义上是北面行营都统，但只是一个尊崇的虚名，军事行动全然不让刘知远参与，不过，刘知远也借机大肆扩充军力，招募了很多军队。阳城之战后，各军溃散的士兵们又有数千人前去投靠，又诛杀了白承福等人，夺取了吐谷浑部族的巨额财富，实力大为增强，成为中原的第一大藩镇，共有步骑五万余人。石重贵与辽国交恶后，刘知远明知后晋朝廷已经岌岌可危，但从不上书劝谏。辽军屡屡南侵，刘知远也毫无勤王之意。等到他听说耶律德光进入大梁后，才分别派兵戍守辖区四境，以防备辽军入侵，又派遣客将王峻携带三道奏表来见耶律德光，一个奏表是祝贺耶律德光顺利进入大梁的；第二道奏表是解释自己之所以不敢离开军镇，亲自前往汴州祝贺的原因，他的理由是太原少数民族杂居在一起，情况复杂，自己不敢擅自远离；第三道奏章是解释之所以没有进贡财物，是因为正遇上辽军将领刘九一从土门领兵西进，驻扎在南川（今山西省太原市以南），城内百姓一片惊扰，因此，他请求耶律德光暂时撤回这支部队，这样一来，太原军镇与朝廷之间的联系才会恢复，暗示耶律德光，如果不撤回这支军队，就不会给你进贡财物。耶律德光下诏对其予以勉励，等到诏书发出之前，他还亲自在诏书中"刘知远”的名字前面加了一个“儿”字，并赏赐给刘知远一根木头拐杖。按照辽国风俗，只有最尊贵的大臣才会被赐予拐杖，就好比中原王朝赏赐给重臣茶几、拐杖一样，在如今的辽国也只有耶律德光的皇叔、伟王耶律宛才享受到这种待遇。刘知远又派遣北都副留守白文珂来到汴州，献上名马、绸缎，可是，他本人依然没有前来。耶律德光情知刘知远心存观望，等白文珂返回时，他让白文珂给刘知远捎话：“你既不侍奉南朝，又不侍奉北朝，你到底是想等什么呢？”刘知远的蕃汉孔目官郭威对刘知远说道：“辽国人对我们已经十分怨恨了，王峻曾经说过，契丹人贪婪残暴，已经失去了人心，肯定不能长期待在中原的。”有人劝说刘知远出兵进攻辽军。刘知远回答：“用兵有缓有急，应当随机应变。如今，辽军刚刚招降了十万晋军，盘踞在京师，没有发生其他变故，岂可轻易与其为敌！况且，我看其贪图的只是钱财，等搜刮满足之后，肯定会北返的，另外，冰雪已经消融，辽军不可能继续停留，应当等其北返之后，再出兵夺取，这样可以万无一失。”

王峻，字秀峰，相州安阳人。王峻自幼聪慧，擅长唱歌，后梁末年，张筠镇守相州，见其聪慧，就将其蓄养在家中，当了私人歌童，此后，张筠又将他转赠给了租庸使赵岩。后梁灭亡后，赵家被灭族，王峻四处流浪，此后寄食于三司使张延朗家中。清泰末年，张延朗被杀，刘知远得到了张延朗的全部家产和奴仆，王峻也随之成了刘知远的仆从，经常担任典客。史称：王峻“贪权利，多机数，好施小惠，喜人附己”。白文珂，字德温，太原人。他起初在晋王李克用手下任职，被任命为辽州副使，后唐庄宗即位后，又转任振武都指挥使。后唐明宗天成年间，镇州节度使王建立上书推荐他担任本州马步军都指挥使，此后，白文珂又历任青州、魏府都指挥使，瀛、蔚、忻、代四州刺史。刘知远镇守晋阳时，以其为北都副留守、检校太保。

昭义节度使张从恩考虑到自己的辖区邻近怀州、洛阳，就派人与刘知远商量。刘知远谎称：“我以一隅之地岂敢对抗整个天下！你可以先入朝，我随后就去。”张从恩信以为真。其判官高防劝谏道：“大人是晋国的皇亲（石重贵的前妻张氏是张从恩一族），不可轻易改变臣节。”但张从恩不从。左骁卫大将军王守恩是张从恩的亲家，当时也在上党，张从恩就命令副使赵行迁为昭义留后，以王守恩为权巡检使，与高防一起辅佐赵行迁，然后，他就上路了。王守恩，字保信，太原人。其父王建立，后晋时期曾担任昭义节度使，封韩王，王守恩以门荫历任怀、卫二州刺史、诸卫将军。

荆南节度使高从诲也派人向辽国进贡，耶律德光派人回赠给他一些马匹。与此同时，南唐也派人祝贺辽国灭了后晋，并请求允许派人前往长安，修复唐朝诸帝陵墓，但耶律德光没有答应。

耶律德光占领汴州之后，他就把原先答应让赵延寿、杜重威当中原皇帝的承诺抛于脑后了。他召集后晋群臣，问道："我国广大，方圆数万里，有二十七名酋长。如今，你们中原的风俗与我们不同，我打算挑选一人当君王，你们看怎么样？"群臣纷纷说道："天无二日，不论是汉人还是其他少数民族，都愿意推戴陛下当皇帝。"这话反复说了几遍。耶律德光这才说道："你们大家既然愿意推戴我当皇帝，你们说如今最亟须办理的是什么事？"大家又纷纷回答："君王刚刚登基，就该大赦天下。"于是，到了公元947年二月一日，也就是在耶律德光进入大梁整整一个月的日子，他头戴通天冠（通天冠其形如山，正面直竖，以铁为冠梁，是皇帝专用的一种帽子）、身穿绛纱袍（大红袍子），登上正殿，在大殿两侧排列仪仗队和各种乐器，接受百官的朝贺。汉人均身穿汉族礼服，少数民族官员则身穿少数民族服装，文官站在东侧，武将站在西侧，少数民族官员站在中间。耶律德光下诏称大辽会同十年，宣布大赦天下，并称："从今以后，各地节度使、刺史，不得再设置亲军，购买战马。"

赵延寿见耶律德光食言，内心很不是滋味，就让李崧对耶律德光说："我不敢奢望当上汉人的天子，希望能成为皇太子。"李崧不得已就替赵延寿传话给了耶律德光。耶律德光听了，说道："我对燕王的感情，就算割下我身上的肉，只要能对他有益，我也心甘情愿。可是，我听说皇太子必须是皇帝的儿子，燕王怎么能当呢？"遂下令给赵延寿升官。当时，辽国以恒州为中京，翰林学士承旨张砺就奏请打算给赵延寿一个中京留守、大丞相、录尚书事、都督中外诸军事，枢密使如故的官。耶律德光亲自用笔画去"录尚书事、都督中外诸军事"几个字，然后颁布执行。

一四一　建立后汉

何重建投降后蜀之后，后蜀趁机向北蚕食后晋的土地。

二月六日，后蜀宣慰使李继勋与兴州（今陕西省略阳县）刺史刘景领兵攻克了固镇（今甘肃省徽县）。九日，新归降的何重建又请求后蜀后主孟昶发兵，会同本部一起打下散关（今陕西省宝鸡市西南），进攻凤州（今陕西省凤县），准备打下关中。十日，后蜀后主孟昶调派一千七百名山南军队赶赴前线。何重建派遣后蜀宫苑使崔延琛领兵进攻凤州，没有攻克，又退守固镇。

刘知远听说何重建投降了后蜀的消息，不禁叹息道："夷狄入侵，中原无主，致使藩镇依附敌国，我身为方面大员，于心有愧啊！"于是，他身边的将佐们纷纷劝说他登基称帝，以号令四方，并观察各地节度使们的态度，刘知远没有同意。不久，他又听说辽军护送石重贵北返的消息，就声称将要出兵井陉，将石重贵迎回晋阳。二月十一日，他下令武节都指挥使史弘肇率领各军集结在球场待命，告知出兵日期。士兵们纷纷说道："如今，契丹人攻克了京师，活捉了天子，天下无主。能够当天下之主的，除了我家主人还能有谁？应该先登基称帝，然后再出兵。"众人争相呼喊万岁。刘知远说道："契丹人实力还很强，我军军威不振，应该先建功立业。这些士卒们有什么见识！"遂命令侍从们前去制止。

史弘肇，字化元，郑州荥泽人。出身农民，自幼四处游荡，无事生非，史弘肇体格健壮，一天能跑二百里路，能追上奔驰的战马。后梁末年，朝廷下令每七家出一个兵，史弘肇被选入禁军，后成为刘知远的部下。刘知远镇守太原后，史弘肇被晋升为牙校，后担任武节都指挥使，遥领雷州刺史。

十三日，行军司马张彦威等人又再三上书劝进，刘知远迟疑不决。张彦威，潞州人，原为河东牙将，其女嫁给了刘知远的儿子刘承祐（后来的后汉隐帝），因此，与刘知远私交甚深。郭威与都押牙杨邠入内劝说刘知远道："如今远近同心，都愿意拥戴大人，这是天意啊。大王不趁此良机夺取天下，再谦让下去，恐怕人心将会转变，转变之后就会反受祸害了。”刘知远听了，遂下定了称帝的决心。《旧五代史·周书·太祖本纪一》称：“开运末，契丹入汴，晋帝北迁。帝（指郭威）与苏逢吉、杨邠、史弘肇等劝汉祖（指刘知远）建号，以副人望。汉高祖（指刘知远）即位晋阳，时百度草创，四方犹梗，经纶缔构，帝有力焉。”

苏逢吉，长安人。苏逢吉之母早死，其父苏悦喜欢喝酒，别人做的下酒菜，苏悦都不喜欢吃，唯独儿子苏逢吉做的才和他的口味。苏悦曾任刘知远的从事，曾向刘知远推荐了儿子苏逢吉，刘知远一见之下，就对苏逢吉十分欣赏，让他担任了亲随。刘知远素来严厉，地位尊崇，很少与从事们见面，唯独经常把苏逢吉带在身边。一些文书下属不敢呈上，就交给苏逢吉，由苏逢吉转交给刘知远过目。杨邠，魏州冠氏人。后唐租庸使孔谦，是其妻子的伯父。孔谦兼领度支时，将杨邠提拔为勾押官，此后，他历任孟、华、郓三州粮料使。刘知远担任邺都留守时，以其为左都押衙，等到刘知远镇守太原后，对其更加信任。

辽国人任命辽将刘愿担任保义节度副使，此人严苛暴虐。奉国都指挥使王晏与指挥使赵晖、忠卫指挥使侯章商议道：“如今胡人祸乱中华，正是我等应当奋发有所作为之时。河东刘知远大人威名远扬，我等如果杀掉刘愿，以陕州归附，给天下其他藩镇树立一个榜样，夺取富贵将易如反掌。”赵晖等人觉得有理。王晏遂率领数名壮士，趁夜翻墙进入内城，取出武器发给部众们。二月十四日凌晨，他们斩杀了刘愿，将人头高悬在府门之上，接着又杀掉了辽国监军，拥戴赵晖担任陕州留后。王晏，徐州滕人，出身农家。王晏年少时是个无赖之徒，曾当过强盗。后梁末年，徐州大乱，只有王晏的家乡因王晏而无人敢来劫掠。后唐同光年间，王晏从军，担任奉国军的一名小校。王晏《宋史》有传。赵晖，字重光，澶州人。年少从军，在后唐庄宗帐下任职，因战功被晋升为马直军使。同光年间，赵晖随魏王李继岌伐蜀，后唐明宗继位后，他被召回朝廷，被明宗任命为禁军指挥使。后晋建立后，曾领兵参加了安州之战、宗城之战，都立有战功，被调任奉国指挥使。侯章，并州榆次人。起初担任后唐庄宗手下的一名队长，明宗时期被晋升为小校，后晋建立后，担任忠卫指挥使，领兵驻守陕州，担任内外马步军都指挥使兼三城巡检使。《宋史》有传。

二月十五日，刘知远在晋阳登基称帝。他自称不忍马上改了晋国国号，但又讨厌石重贵的开运年号，遂又恢复石敬瑭的天福年号，称本年为天福十二年。次日，他颁布诏书，称："各道替契丹人搜刮钱帛，一律停止。受到契丹人胁迫担任使者的原后晋官员，一律予以赦免，命令他们前来晋阳报到；其余的契丹人，各地就地诛杀。"十八日，刘知远亲自领兵做出要东下，奉迎后晋李太后和出帝石重贵的姿态，部队行至寿阳（今山西省寿阳县），听说李太后一行已经离开恒州数日了，遂在承天军（今山西省阳泉市东北）留下守军，率领大军又返回了晋阳。石重贵等人出塞之后，辽国就不再给他们供应食物了，随从官员以及宫女们只得到野外采集果实、草根充饥。行至锦州（今辽宁省锦州市），耶律德光命令石重贵及其后妃们拜谒耶律阿保机的陵墓。石重贵深感屈辱，哭泣道："薛超害了我啊！"冯皇后暗中指使身边的人寻找毒药，打算与石重贵一起服毒自杀，但没有成功。

耶律德光听说刘知远称帝后，就任命通事耿崇美担任昭义节度使，高唐英担任彰德节度使，崔廷勋担任河阳节度使，扼守住了刘知远所部东进的要道。当初，后晋征招了数万民兵，号称天威军，朝廷训练这些民兵一年多，但村民们不会打仗，无法投入战场，后晋朝廷只好将天威军解散，只是让七户人家上缴十千钱，不再出壮丁了，天威军的铠甲武器也都予以收回，然而，经过这一番折腾，农村中的一些无赖子弟再也不愿安心农业生产了，往往聚集起来，占山为王，当起了强盗。等到辽军进入汴州之后，放纵其骑兵四处打草谷，耶律德光还重用其心腹、近臣到各地担任节度使、刺史，这些人不懂汉语，不会理政，一些奸诈的汉人又投靠到他们门下，引诱他们作威作福，盘剥百姓，弄得百姓无法生活下去，于是，各地百姓纷纷起事，多则数万人，少则不下千人，纷纷攻城略地，杀掉贪官污吏。滏阳强盗梁晖的手下有数百人，向刘知远请降，刘知远答应了。磁州刺史李谷暗中给刘知远写信，建议刘知远让梁晖前来偷袭相州。梁晖派人了解到辽国彰德节度使高唐英尚未到任，相州城内武器很多，但守军不多，遂于二月二十一日夜晚率领壮士翻墙进城，打开城门迎接他的部众入城，杀掉数百辽军，辽军相州守将突围逃走。梁晖占领相州后，自称留后，上表禀报了刘知远。

二月二十二日，刘知远从承天军回到了晋阳，商议搜刮民财以犒赏军队。刘知远的夫人李氏劝谏道："陛下凭借着河东创立大业，还没有做出对百姓有恩惠的事情来，反而先夺去他们谋生的资本，这可不符合新天子救国救民的本意啊。如今宫中所有的钱财都拿出去赏赐士兵们，虽然钱财不多，人们听了也不会有什么怨言的。"刘知远听了，说道："好！"遂取消向百姓搜刮钱财之命，拿出宫中全部资财赏赐给将士们，全体军民听说后，都非常高兴，也深受感动。李氏，晋阳人。刘知远没有发达时，曾在晋阳牧马，趁夜闯入李家，将李氏强抢回来，娶为妻子。

武节都指挥使史弘肇领兵北上，进攻代州，一举破城，斩杀了已经投降辽国的代州刺史王晖。建雄（治所晋州，今山西省临汾市）留后刘在明前往汴州，朝见耶律德光，以节度副使骆从朗知州事。刘知远派遣使者张晏洪等人来到晋州，传达了自己已经登基称帝的消息，可是，骆从朗扣留了刘知远的使者。建雄大将药可俦杀掉骆从朗，推举张晏洪权知留后。二月二十四日，派人向刘知远禀报。当初，耶律德光派遣右谏议大夫赵熙出使晋州，搜刮百姓的钱财，督促严急。药可俦杀了骆从朗之后，百姓们又自发组织起来，杀掉了赵熙。

耶律德光为了安抚赵晖等人，下诏任命其为保义留后。赵晖杀掉了辽国使者，焚烧其诏书，派遣支使赵矩来到晋阳，向刘知远投诚。耶律德光派遣部将高谟翰领兵进攻赵晖，但未能取胜。刘知远见到赵矩后，大喜，说道："你们扼守着咽喉之地，投奔到我的麾下，天下很快就能平定了。"赵矩趁机劝说刘知远发兵南下，以顺应民心，刘知远连连称善。二月二十五日，刘知远任命赵晖担任保义（治所陕州，今河南省三门峡市）节度使，侯章担任镇国（治所华州，今陕西省华县）节度使、保义马步都指挥使，王晏担任绛州（治所绛州，今山西省新绛县）防御使、保义马步副指挥使。

一四二　德光之死（一）

除了保义军归顺了刘知远之外，辽军占领区内军民纷纷起事，反抗辽国人的统治，不少地方也都归顺了刘知远。

昭义判官高防原本就曾劝谏节度使张从恩不要投靠辽国人，但张从恩不听，仍然留下赵行迁担任昭义留后，他自己则离开军镇，前往汴州拜谒耶律德光去了。等张从恩走后，高防就与王守恩一起商议起事，派遣指挥使李万超执行。李万超愤然对部下们说道："我等被人放入虎口，苟延残喘，如今，我要杀了辽国使者，保守城池。不仅能活命，还能建功立业，你们愿意干吗？"众人大喜，纷纷说道："愿意从命。"李万超遂在光天化日之下领兵呐喊着冲入军府，当即斩杀了赵行迁，推举王守恩担任昭义留后。王守恩遂斩杀了辽国使者，派人归附了刘知远。

李万超，并州太原人。自幼父亲就去世了，家中十分贫寒，他靠担货贩卖养活母亲。石敬瑭起兵后，李万超从军，后被晋升为军校。后晋建立后，他参加了李守贞讨伐杨光远之战，奋勇登上城墙，被飞石击中脑部，昏厥过去。此后，又参加了阳城之战，激战中，流箭射穿了他的手，他拔出箭杆，神情自若，依然苦战，因战功被晋升为肃锐指挥使。

辽国任命的镇宁（治所澶州，今河南省濮阳市）节度使耶律郎五残忍凶狠，澶州军民苦不堪言。变民头领王琼率领部众一千余人，趁夜偷袭澶州南城，又经由浮桥攻入北城，纵兵大肆劫掠，将耶律郎五团团包围于内城之中。耶律德光听说后，大为恐惧，遂将天平节度使李守贞、天雄节度使杜重威遣返本镇，并产生了离开黄河以南的打算。耶律德光派兵救援澶州，王琼退守澶州近郊，派遣其弟弟王超携带奏表，向刘知远求救。二月二十七日，刘知远厚厚地赏赐了王超，将其送还。王琼兵败，被辽国人所杀。

延州（今陕西省延安市）录事参军高允权，是高万金的儿子，高家世代都在延州担任将领。高允权虽然出身将门，他本人却不会武艺，曾担任过义州（今陕西省宜川县）主簿，后任肤施县（今陕西省延安市）县令，后被革职在家闲居。彰武（治所延州）节度使周密昏庸无能，又非常贪婪，将士们趁机作乱，击败了周密。延州分为东西两座城池，中间有一条深沟相隔。周密退守延州东城，乱兵们就推举高允权担任彰武留后，驻扎在西城。丹州（今陕西省宜川县）都指挥使高彦珣也杀掉了辽国人任命的刺史，自领刺史。

与此同时，汴州东南地区也发生了大规模的民变，变民们相继攻克了宋州（今河南省商丘市）、亳州（今安徽省亳州市）、密州（今山东省诸城市）三州。耶律德光对近臣们说道："我真是没有想到中原之人是如此难以控制啊！"赶忙派遣泰宁（治所兖州）节度使安审琦、武宁（治所徐州）节度使符彦卿等人离京返回本镇，并派遣辽军护送。符彦卿行至埇桥（今江苏省宿州市），变民头领李仁恕正率领数万人马猛攻徐州。符彦卿与数十名骑兵来到徐州城下，正准备招抚这些变民，李仁恕上前控制住符彦卿的坐骑，向城上高喊要与主帅一起入城。符彦卿的儿子苻昭序在城内用绳子放下军校陈守习，对变民们呼喊："大帅已经陷于你们之手，随便你们胁迫大帅攻城，也决不会让你们入城的。"变民们知道劫持符彦卿也毫无用处，就相继叩拜在符彦卿的马前，请求赦免罪过。符彦卿与他们盟誓，变民军这才解除包围离去。

后唐明宗王淑妃和郇公李从益住在洛阳。赵延寿的妻子是后唐明宗的女儿燕国长公主，王淑妃带着李从益前往大梁祝贺耶律德光。耶律德光见到王淑妃后，叩拜道："这是我的嫂嫂啊！"统军刘遂凝（王淑妃前夫刘鄩之子）通过王淑妃请求耶律德光提拔他担任方镇大员，耶律德光果然答应下来，加封李从益为许王、威信（治所曹州，今山东省曹县）节度使；刘遂凝为安远（治所安州，今湖北省安陆市）节度使。王淑妃以李从益年幼，遂推辞不上任，又返回到了洛阳。耶律德光任命张砺为尚书右仆射兼门下侍郎、同平章事，尚书左仆射和凝为中书侍郎、同平章事。司空兼门下侍郎、同平章事刘昫因眼病请求辞官，耶律德光改任其为太保。

三月一日，耶律德光身穿红袍，端坐在崇元殿上，接受百官的朝贺。三月三日，刘知远派遣使者携带诏书，分赴全国各地，招抚那些因躲避契丹人而躲入山谷的百姓们。六日，延州高允权派人向刘知远投降，刘知远口谕让其释放了周密，高允权答应了，周密遂归降了刘知远。七日，丹州的高彦珣也派人向刘知远投降。

在此期间，耶律德光召见原后晋百官，他对大家说道：“天气逐渐炎热，我很难长期待在此地，打算暂时回国探望母后，我将留下一名亲信在此担任节度使。”后晋百官们纷纷请求奉迎述律太后来此居住。耶律德光说道：“太后家族庞大，就如同古柏树的树根一样，不可移动。”耶律德光打算将原后晋的百官全部带回辽国。有人劝阻道：“举国北迁，恐怕会引发恐慌，倒不如陆续北迁的好。”耶律德光遂下诏，凡是在朝中有具体事务的官员一律北迁，其余的留在大梁。恢复汴州为宣武军，任命萧翰担任宣武节度使。《新五代史·四夷附录第一》记载：“翰，契丹之大族，其号阿钵，翰之妹亦嫁德光，而阿钵本无姓氏，契丹呼翰为国舅，及将以为节度使，李崧为制姓名曰萧翰，于是始姓萧。”也就是说，在此之前，辽国皇后一族还姓述律，自此以后才改了汉姓萧。《二十二史札记》“辽后族借姓萧氏”条称：“辽后族皆姓萧氏。《后妃传》引耶律俨所修实录，谓其先本伊苏巴里氏（旧作乙室拔里氏），太祖慕汉高祖，故称刘氏，以伊苏巴里比萧相国，遂为萧氏……是实录以后族姓萧为太祖所赐，又《外戚表序》云，契丹外戚，其先曰二舒敏氏（旧作二审密氏）：曰巴里（旧作拔里），曰伊苏济勒（旧作乙室已）。太祖娶舒鲁氏。大同元年，太宗自汴将归，留外戚小汉为汴州节度使，赐姓名萧翰，由是巴里、舒鲁、伊苏济勒三族皆为萧姓。是赐姓又自太宗始……是后族姓萧，实太宗所赐也。既为太宗所赐，何以太祖之高、曾、祖、父四代妣已俱称萧？盖皆后人所追氏也，而诸外戚之姓萧者可类推矣。萧氏于辽最贵，世与宰相之选，统辽一代任国事者，惟耶律与萧二族而已。”因此，辽国后族虽说都姓萧，实际上，萧氏内部是有几个不同的家族的。

三月十七日，耶律德光在大梁三个半月后，终于离开了大梁，开始北返。原后晋重臣司马冯道、李崧、和凝、李澣、徐台符、张砺等人随行，另有百官数千人、各军将士数千人、宫女宦官数百人也都被迫北迁。辽军将大梁府库内的金银财宝全部带走，只留下乐器、仪仗而已。当天晚上，北返的辽军留宿在赤冈（今河南省开封市东北），在耶律德光的大帐旁边，突然发出巨响，人们又见一颗大星落在大旗之前。耶律德光见四周村落一片荒凉，空无一人，命令有关官员发布了数百张文告，命令各地招抚百姓，可是，他却并不禁止辽军骑兵四处劫掠。二十一日，耶律德光从白马津北渡黄河，他对身边的近臣们说道：“此行我犯了三个错误，一是纵兵打草谷；二是搜刮百姓家财；三是没有早点遣返节度使们。”他又对宣徽使高勋说道：“我在我们国家的时候，经常以打猎为乐，可是在这里心情总是十分郁闷。今天得以北返，就算死了，也没有遗憾了。”在辽国国内的耶律德光的弟弟耶律李胡派人询问南方的情况，耶律德光命人回复道：“当初，以二十万大军逼降了杜重威和张彦泽，夺取了镇州，等进入大梁之后，选拔后晋有才能的官员们予以留任，其余予以罢免。各部门名称虽在，但官吏们怠于工作，就好比是鸟儿飞走之后，只剩下空巢一般。中原长期战乱，各地盗贼纵横，民不聊生。河东尚未归附，关西各镇又纷纷投靠了河东，我在南方整日思考应对之术，想来想去，无外乎信任臣下、稳定军队、安抚百姓这三条了。现在已经归顺的有七十六处，一百零九万零一百一十八户。要不是大梁炎热，水土不服，只需再等一年，即可让天下太平了。暂且把镇州改为中京，以备将来巡幸。至于讨伐河东，再等一等。”

三月二十五日，后汉高祖刘知远任命弟弟、北京马步都指挥使刘崇担任太原尹，知太原府事。不久，刘知远又以堂弟、北京马军都指挥使刘信遥领义成节度使，充侍卫马军都指挥使；以武节都指挥使史弘肇遥领忠武节度使，充步军都指挥使；右都押牙杨邠权领枢密使；蕃汉兵马都孔目官郭威权领副枢密使；两使都孔目官王章权领三司使；以河东节度判官苏逢吉、观察判官苏禹珪为中书侍郎、同平章事。又册封其妻、魏国夫人李氏为皇后。苏禹珪，字玄锡。他为人谦和，是个忠厚长者，曾历任青州、郓州从事和户部郎中。刘知远做河东节度使时，他被刘知远举荐为他兼官（观察使）的判官，深得刘知远的信任。王章，大名南乐人，他是白文珂的女婿。后唐时期曾经在枢密院里任职，后来又回到本郡，逐步晋升为本郡都孔目官，此后，王章一直在刘知远手下任职。

二十六日，耶律德光将要围攻相州，变民头领、相州留后梁晖请降。耶律德光赦免了他，答应任命其担任防御使。梁晖怀疑有诈，又改变主意，领兵登上城墙抵抗。四月四日，天还未亮，耶律德光命令蕃汉各军突然向相州发起猛攻，到早饭时即攻破了城池。耶律德光下令将城内男子全部杀掉，驱赶城内的妇女一起北返，辽军将婴孩抛到空中，用刀尖接住，以此为乐。耶律德光把高唐英留在城内，高唐英搜寻城内，只发现了七百名幸免于难的遗民。后来的彰德节度使王继弘派人搜集城内的尸骨，集中掩埋，就找到了十余万具骷髅。有人告发磁州刺史李谷打算响应后汉，耶律德光命人将李谷抓来审问，李谷不服。耶律德光装作从车内要取出文书的样子，李谷看出耶律德光是在使诈，遂恳请道：“假如陛下真有我写的文书，就请陛下拿出来。”耶律德光前后质询了六次，李谷依然毫不屈服，最后，耶律德光只好把他释放了。耶律德光见经过的城池、村落都化为一片废墟，他对蕃汉群臣们说道："将中国弄成这样，这都是燕王赵延寿的罪过啊！"又扭头对张砺说道："你也出了不少力。"

一四三　德光之死（二）

相州大屠杀，是耶律德光生命中最后一次疯狂。

当初，耶律德光命令用数十艘船装载着后晋军的军用物资，将要从汴水逆黄河而上，送回辽国，命令宁国都虞候武行德率领一千多士兵护送。

武行德，并州榆次人，他身长九尺有余，容貌奇伟，其家非常贫困，经常以上山砍柴为生。石敬瑭镇守晋阳时，一次外出打猎，武行德背着木柴站立路边，石敬瑭见此人相貌不凡，又见其所背木柴很多，就让身边的卫士们举举试一试，结果谁也举不起来，遂对武行德另眼相看，将其收归帐下。后晋建立后，武行德被任命为奉国指挥使，后改任为控鹤指挥使、宁国军都虞候。

他们行至河阴（今河南省郑州市西北），武行德与将士们商议道："如今，我们受到辽国人胁迫，将要到家乡千里之外，人生固有一死，我等岂能做个异乡之鬼！辽国人势必不会长久待在中原，不如一起将随行的辽军赶走，固守河阳，以待真命天子的出现，向其归降，这岂不是良策？"众人都觉得有理。武行德遂将押运的铠甲武器分发到将士们手中，一起杀了辽国监军。正巧辽国河阳节度使崔廷勋奉命派兵护送耿崇美到潞州上任，武行德遂领兵乘虚夺占了河阳，众人公推武行德为河阳都部署。武行德派遣弟弟武行友携带蜡丸书信从小路赶到了晋阳，向刘知远投降。《宋史·武行德传》记载："契丹节度使崔廷勋出兵来拒，行德麾众逆击，自旦及午殊死战，廷勋大败，弃城走。行德遂据河阳，尽以府库分给将士，因推行德知州事。时契丹兵尚充斥，行德厉士卒，缮甲兵，据上游，士气益奋，人望归之。"

耶律德光派遣武定（治所洋州，为后蜀军镇，遥领）节度使方太前往洛阳巡察。行至郑州，郑州守军逼迫方太自封为郑王。后梁嗣密王朱乙削发为僧，嵩山强盗张遇虏获他以后，就拥立他当上了天子，将嵩山神庙中神像穿戴的龙袍让他穿上，率领上万部众围攻郑州，方太领兵将他们赶跑了。方太担心辽国实力尚强，唯恐事情难以成功，想说服守军跟自己一起西上，郑州守军不同意，于是，方太就找了机会，从郑州西门逃奔了洛阳。郑州守军见方太逃去，反而向辽国朝廷诬告方太胁迫他们作乱，方太派遣儿子方师朗向辽国人解释，又被辽将耶律把里得所杀，方太无以自明。正巧遇上变民进攻洛阳，辽国任命的洛阳留守刘晞弃城，逃奔许州，方太就进入军府，自行留守事，与巡检使潘环一起领兵击退了变民，变民首领张遇又杀掉了朱乙请降。伊阙变民头领自称天子，在洛阳南郊天坛誓师，准备再次进攻洛阳，方太见状，主动出击，将其击退。方太打算归顺刘知远，武行德派人引诱他说："我不过是个裨将，大人过去就镇守此地，如今大帅之位就等着你来当。"方太信以为真，前往河阳，反被武行德所杀。

辽国宣武节度使高谟翰派兵护送刘晞从许州返回洛阳，刘晞怀疑是潘环煽动士兵们哗变，驱逐了自己，遂让高谟翰杀了潘环。

四月十三日，武行友来到晋阳。十六日，刘知远任命武行德为河阳节度使。与此同时，振武节度使、府州团练使折从远也率众来到了晋阳，刘知远将其改名为折从阮，在府州设置永安军，以其为永安节度使。

在此之前，耶律德光命令其任命的昭义（治所潞州）节度使耿崇美领兵进驻泽州（今山西省晋城市），准备进攻潞州。刘知远命令史弘肇率领一万步骑南下救援，同时，他还任命王守恩担任昭义（治所潞州）节度使，高允权担任彰武（治所延州）节度使，以岢岚军使郑谦担任忻州刺史，领彰国节度使兼忻州、代州义军都部署，以沿河巡检使阎万进为岚州（今山西省岢岚县）刺史，领振武节度使兼岚州、宪州（今山西省静乐县）义军都制置使。刘知远听说耶律德光北返的消息后，打算经营河南，所以才以史弘肇作为先锋南下潞州，又派遣郑谦和阎万进领兵北上，以分散辽军。四月十五日，史弘肇上奏称派遣先锋将领马诲领兵击败了辽军，斩杀一千余人。当时，辽国将领耿崇美和崔廷勋领兵推进到泽州，听说史弘肇的军队已经进入了潞州，遂不敢继续北进，率众南下。史弘肇派遣马诲追击，将其击败，耿崇美、崔廷勋与奚王拽剌退守怀州（今河南省沁阳市）。

四月二十日，后晋任命的凤州（治所今陕西省凤县）防御使石奉頵以凤州投降了后蜀。

耶律德光行至临城（今河北省临城县）就得病了，等到了栾城（今河北省栾城县），病情加重，发起了高烧，因高烧难耐，命人将冰块放在胸前、肚子、手脚之上，还把冰块吃下。四月二十一日，行至杀胡林（今河北省栾城县以北），耶律德光就去世了，终年四十六岁。辽国人按照辽国风俗，将其腹部割开，放入数斗食盐，装到车上拉回辽国。中原人愤恨地称之为“帝王肉干”。

耶律德光突然驾崩，让手握重兵的蕃汉将领们各怀异志。

赵延寿对耶律德光违背誓言一直怀恨在心，等耶律德光死后，他就对别人说道：“我是不会再回到燕山以北了。”当天就率领本部进入了恒州，而此时，辽国众将已经密谋拥戴耶律德光的侄儿、永康王耶律兀欲为新皇帝，等到辽军发现汉军突然进入恒州之后，耶律兀欲立即率领南北二府大王以及众将也各自领兵相继进入了恒州。赵延寿原本打算不让辽军入城，可是又害怕辽军强大，犹豫之间，就让他们通通进城了。等耶律兀欲入城之后，就登上了鼓角楼接受叔父、兄弟们的叩拜，而此时的赵延寿尚不知情，还自称奉了耶律德光的遗诏，命自己权知南国事，并向各道颁布命令，他在命令中强调对于耶律兀欲所部的供应，与其他众将一样，耶律兀欲见后，怀恨在心。恒州各个城门以及城内仓库的钥匙，耶律兀欲都亲自保管，赵延寿派人索取，耶律兀欲不给。有人劝说赵延寿道：“契丹各部大人这几天来一直聚在一起商议，这肯定有变。如今，汉军人数不下万人，不如先发制人。”赵延寿犹豫不定。四月二十七日，赵延寿下令，以五月一日在待贤馆内举行仪式，接受文武官员们的朝贺。确定的仪式是：宰相和枢密使在台阶上叩拜，节度使以下官员们在台阶下面叩拜。李崧认为辽国人可能不同意，事态还难以预料，坚决劝阻赵延寿举行这一仪式，最终赵延寿才作罢。

与此同时，辽军军中夺位的行动也在紧锣密鼓地进行着。

辽国太宗耶律德光一生共有五个孩子：耶律璟、耶律罨撒葛、耶律天德、耶律敌烈、耶律必摄。耶律璟，小字耶律述律，是耶律德光的长子，其母是靖安皇后萧氏，会同二年，被封为寿安王。耶律罨撒葛，会同二年被封为太平王，他是耶律璟的同母弟。嫔妃萧氏生下了耶律天德、耶律敌烈、耶律必摄三人，耶律天德，字苾扇，他非常骁勇，令人望而生畏。如前所述，据《辽史》记载，耶律天德奉命率领五千精锐骑兵从小路击退了护送军粮的后晋军，纵火焚烧了后晋军的辎重，由此才最终导致杜重威率领十万后晋军投降了辽军。耶律德光去世后，耶律兀欲（即耶律阮）命令耶律天德护送其父皇的灵柩返回国内。耶律敌烈，字巴速堇；耶律必摄，字箴堇，二人此时年龄尚小。

军中将领们都打算拥立永康王耶律阮（耶律兀欲）为皇帝，只是因为皇太弟耶律李胡和太宗的儿子、寿安王耶律璟在国内，有点犹豫不决。当时，耶律迭里的儿子耶律安抟担任耶律阮的贴身侍卫，耶律阮就暗中召来他问计。如前所述，耶律安抟的父亲耶律迭里是耶律阿保机的族侄，曾担任过南院夷离堇，在耶律阿保机死后，曾因拥戴耶律倍而被述律平残酷杀害。对耶律安抟来说，述律平是自己的杀父仇人，而他也是耶律阮的死党。当耶律阮问及皇位继承之事时，耶律安抟说道："大王聪明仁爱，是人皇王耶律倍的嫡长子。先帝虽然有寿安王耶律璟，天下之人大多倾心于大王您。今天再不决断，后悔都来不及了。"正巧辽国国内来了使者，耶律安抟就谎称使者来言称皇太弟耶律李胡已死，军中都信以为真，于是，耶律安抟就找到南北两院大王商议。

北院大王耶律图鲁窘刚刚去世，南院夷离堇耶律绾思的儿子耶律洼继任北院大王。如前所述，耶律绾思是耶律阿保机三叔耶律释鲁之子，也是宋辽对垒时辽朝名将耶律休哥之父，也就是说耶律洼和耶律休哥是兄弟关系。耶律洼，字敌辇，史称"少有器识，人以公辅期之"。会同中，被任命为北院大王。时任南院大王的是耶律吼，他来见耶律洼，说道："国不可一日无君。如果向太后请示，肯定会让耶律李胡继位。耶律李胡残忍暴虐，岂能君临天下。真想顺应民心的话，就该拥立永康王。"耶律洼表示同意。正巧耶律安抟来见二人，耶律洼连忙说道："我们二人正在商议此事。先帝曾经打算让永康王当储君，今日之事有我二人在，谁敢不从！只恐没有禀报太后，擅自拥立永康王，会给国家带来大乱。"耶律安抟回答："大王既然知道先帝曾打算以永康王为储君，况且永康王贤明，人心归附。如今天下刚刚平定，稍微迟缓的话，大事去矣。如果禀报太后，肯定会册立耶律李胡的。李胡残暴，路人皆知，李胡如果真的继位，社稷将会如何？"耶律吼说道："这话在理，我决定了！"遂整顿军队，传令众将："先帝驾崩，神器无主，永康王是人皇王的嫡长子，人心归附，当立为皇帝；有不从命的，军法从事！"

赵延寿的仪式没有举行，而在五月一日这一天却收到了永康王耶律兀欲的邀请，耶律兀欲请赵延寿、张砺、和凝、李崧、司马冯道等人一起到自己的下榻之所饮酒。耶律兀欲的妻子一向把赵延寿视同兄长，席间，耶律兀欲平静地对赵延寿说道："小妹刚刚从国内来到此地，你难道不想见上一面吗？"赵延寿毫无防备，欣然同意，与耶律兀欲一起来到内室。过了很久，耶律兀欲从内室出来，对张砺等人说道："燕王谋反，刚才已经将其关押起来了。"又说："先帝在汴州时，曾经给过我一个木签，答应让我知南朝军国事务。前不久先帝刚刚驾崩，并没有留下什么遗诏，可是，燕王擅自称知南国军事，哪里有这种道理！”下令：“凡是赵延寿的亲信同党，一概不予追究。”又过了一日，耶律兀欲在待贤馆内接受蕃汉官员们的朝贺，他笑着对张砺等人说道：“燕王果真在这里举行登位典礼的话，我率领铁骑包围，你们各位大人也难以幸免了啊。”

又过了几天，耶律兀欲召集蕃汉官员们，宣布了耶律德光的遗诏，这当然是耶律兀欲伪造的。在这道遗诏中称：“永康王是大圣皇帝（即耶律阿保机）的嫡孙，是人皇王（即耶律倍）的长子，素来深得太后的钟爱，深得民心，可以在中京登基继皇帝位。”于是，耶律兀欲身穿丧服，给耶律德光举行丧礼，接着，又换上吉服，接见群臣，不再哀悼，歌舞之声，不绝于耳，然后，耶律阮命令耶律德光三子耶律天德、惕隐耶律朔古、御史大夫耶律解里等人护送耶律德光的灵柩先期出发，送回上京。耶律朔古，字弥骨顶，横帐孟父房之后，自幼由耶律阿保机抚养。后为右皮室详稳（右亲军将军），会同年间，担任惕隐（宗室官）。

等耶律德光的尸体送到辽国之后，述律太后一滴眼泪也没有掉，她说道：“等到各部恢复统一之后，我再埋葬你。”述律太后的本意是，一旦耶律德光去世，就让她的小儿子耶律李胡继位，所以早就加封耶律李胡当上了皇太弟，将长子耶律倍一系早已排除帝系之外了，然而，事与愿违，南征的耶律德光突然驾崩，而耶律兀欲等人又在南方手握重兵，述律平已经预感到一场夺位大战行将展开，这事关她本人以及三子耶律李胡的未来，所以，根本无暇处理耶律德光的后事。

就在耶律兀欲在恒州自立为帝前后，一直密切注视着辽军动向的刘知远也采取了行动。当初，刘知远从寿阳撤军时，在承天军留下了一千守军，这些守军听说辽军北返的消息后，就放松了警惕，结果遭到辽军的偷袭，守军溃败，辽军纵火焚烧城池，一天之内烽火点燃了一百余次。刘知远见状，说道：“这正好说明敌人行将逃走了，是在故意虚张声势。”遂派遣心腹部将叶仁鲁率领三千步骑赶去救援。正遇上辽军在四处劫掠，叶仁鲁趁机发起进攻，大破辽军，又收复了承天军。

一四四　收复河南（一）

后汉高祖刘知远召集群臣商议进军方向。

众将纷纷请求出兵井陉，进攻镇州和魏州，先平定了黄河以北，则黄河以南自然就可以不战自定了，而刘知远则打算从石会关南下，直扑上党，会同史弘肇所部南下。郭威对这两种意见均不同意，他说道："耶律德光虽然已死，但是，辽军尚强，各自盘踞在坚固的城池之内，我军如果进攻河北，兵力不足，路途又远，附近还没有支援，一旦敌人合兵一处，夹击我军，在前面抵挡我军，又在后方切断我们的粮道，届时，我军粮道被断，这就太危险了。前往上党之路也非常艰险，并且，此地粮食不足，百姓困苦，无法给大军提供充足的补给，也不可由此南下。近期，陕州、晋州两镇都已经归顺我们了，我们从晋阳向西南方向出击，途经两地，则万无一失，不出二十天，就一定能平定洛阳和汴州。"刘知远听了，点头赞成道："你说得对啊。"苏逢吉等人说："史弘肇的大军已经进驻上党了，敌人已相继撤离，不如穿越天井关，直扑孟津更为方便。"司天监称："太岁在午，不可南行，应当从晋州、绛州进抵陕州。"最终，刘知远采纳了郭威的建议。从后来战事的发展情况看，郭威的建议显然过于保守了，而最初刘知远的决定才是最正确的。

五月七日，刘知远下诏通报各道，命令军队于本月十二日从北京（今山西省太原市）出发。十日，刘知远任命太原尹刘崇担任北京留守，以赵州刺史李存瓌为副留守，河东幕僚李骧为太原少尹，牙将蔚进为马步指挥使。李存瓌是后唐庄宗李存勖的堂弟。同日，辽国洛阳留守刘晞放弃洛阳，逃奔大梁。十二日，刘知远率领大军从晋阳出发，穿过阴地关（今山西省灵石县西南），向晋州（今山西省临汾市）、绛州（今山西省新绛县）进军。

五月十三日，史弘肇上奏称已攻克了泽州。当初，史弘肇领兵进入潞州后，见到李万超，对他说道："收复潞州，全是你的功劳。我打算杀了王守恩，以你为节度使，你看可以吗？"李万超回答："杀了契丹使者，推举王守恩为节度使，我都是为了社稷啊。如今，如果再残害他人，自己得利，这不是我的本心。"史弘肇听后，顿时对李万超刮目相看，奏请刘知远任命其为先锋马步军都指挥使。等到史弘肇领兵进攻泽州时，辽国泽州刺史翟令奇固守不降。刘知远还担心史弘肇的军队人数不足，打算将其召回。苏逢吉和杨邠劝阻道："如今陕州、晋州、河阳已经归附，敌将崔廷勋和耿崇美行将逃去，如果现在召回史弘肇所部，则黄河以南就会人心动摇，敌人的声势就会壮大了。"刘知远犹豫不定，就派人赶赴前线征求史弘肇的意见。史弘肇说道："军队已经到了此地，势如破竹，只能前进，不可后退了。"他的意见与苏逢吉和杨邠的意见一致，于是，刘知远就同意了。史弘肇派遣部将李万超前往说服翟令奇，李万超来到泽州城下，对翟令奇说道："如今，契丹北逃，天下无主，并州刘大人以大义来平定中原，所到之处纷纷响应，凡是犹豫不降的将被灭族，你还是早做打算吧！"翟令奇听了，遂举城投降，史弘肇以李万超为权知泽州，刘知远遂任命其为泽州刺史。

从泽州南撤后的崔廷勋、耿崇美、奚王拽剌等部辽军，合兵一处，进逼河阳，试图占领这一战略要地。张遇从洛阳率领数千人前去增援河阳的武行德，在南阪（今河南省沁阳市北）与辽军激战，结果战败被杀。武行德领兵出战，也被辽军击败，只好退入城内，登城固守。拽剌打算攻取河阳，崔廷勋说道："如今，北军主力已经回国，就算夺得此地又有什么用处！就算杀害一人尚且残忍，更何况要屠灭一座城池！"等他们听说史弘肇已经占领了泽州，遂解除对河阳的包围，退守怀州。不久，他们就听说史弘肇之军行将到来，崔廷勋等人遂率众北返，经过卫州时，大肆劫掠而去。与此同时，黄河以北各地的辽军相继北撤，史弘肇率部与武行德之军会师。史弘肇为人沉默寡言，刚毅果敢，治军严厉，将校稍稍不从，当即用棍棒打死。军队所到之处，凡是有人胆敢践踏百姓庄稼，或者把战马拴在树上的，一律斩杀，因此，军中将士无不战战兢兢，无人敢于冒犯将令，所向无敌。

五月十七日，刘知远率领大军来到霍邑（今山西省霍州市），派人敦促河中节度使赵匡赞投降，并将辽国人将其父亲赵延寿囚禁的消息通报给了他。二十日，刘知远抵达晋州（今山西省临汾市）。

就在这时，辽国宣武节度使萧翰也忙着北逃。耶律德光北返后，身在大梁的萧翰是为所欲为了一阵子。滋德宫内有五十余名宫女，萧翰想要霸占，就命宦官张环交出，但张环不从。萧翰大怒，强行派人打开宫门，将宫女们抢走，并抓住了张环，用烧红的铁条烤炙，最终张环腹部溃烂而死。等到萧翰听说刘知远发兵南下的消息后，就急于北返，但又担心中原无主，势必会陷于混乱，自己也难以全身而去。当时后唐明宗的幼子许王李从益和王淑妃还在洛阳，萧翰就派遣高谟翰领兵将二人迎到了大梁，并谎称奉辽国皇帝耶律兀欲之命，以李从益知南朝军国事，召自己前往恒州。王淑妃和李从益躲藏在徽陵（明宗的陵墓）的地宫之内，但被高谟翰搜出，只好随高谟翰来到了大梁。来到大梁后，萧翰即拥立李从益为皇帝，率领辽国各个酋长向其叩拜，并任命礼部尚书王松、御史中丞赵远担任宰相，以前宣徽使翟光邺为枢密使，以左金吾大将军王景崇为宣徽使，以北来指挥使刘祚暂时代理侍卫亲军都指挥使，充在京巡检使。王松，是唐僖宗时期的宰相王徽之子。王松进士及第，在后唐时期曾经担任过刑部郎中，后唐末年，在藩镇担任佐官。赵远，就是赵上交，已见前述。

辽国百官拜谒王淑妃，王淑妃哭泣道："我母子如此孤单无助，却被你们诸位拥戴，这是在祸害我家啊！"萧翰留下一千名幽州军队驻守各个城门，并充当李从益的侍卫。五月十八日，就在刘知远抵达晋州的前两天，萧翰和刘晞就离开了大梁，李从益在大梁北郊给二人饯行，此后，李从益派人前往宋州征召高行周，又去河阳召唤武行德，二人均拒绝从命。王淑妃非常害怕，就召来大臣们一起商议说道："我们母子二人被萧翰逼迫，自该身死。你们诸位无罪，应该早早奉迎新君（指刘知远），自求多福，不要顾及我们母子了！"众人都深受感动，不忍背叛。有人建议说："如今集结各营兵力，不少于五千人马，再与辽军一起坚守一个月，北方的援军肯定会来的。"王淑妃说道："我们母子是亡国残存之人，怎敢与他人争夺天下！不幸到了这一步，是死是活，都掌握在他人手上。如果新皇帝洞悉内情，一定会知道我没有负心之处。如今还再作垂死挣扎的打算，势必会殃及他人，全城生灵涂炭，到底又有什么益处！"众人仍旧议论纷纷，还想坚守大梁。三司使刘审交说道："我就是个幽州人，难道我不替幽州军队着想？只是事情有时候会没有办法的。如今大梁城内刚刚经历过一场浩劫，公私财物都已枯竭，也剩不了多少百姓了，如果再被围一个月，那就真的是全要死光了。希望各位不要再说了，还是遵从太妃的决定吧。"于是，王淑妃就采纳了赵远和翟光邺的建议，让李从益自称梁王，知军国事，派人携带奏表向刘知远称臣，请求刘知远早早前来，并离开皇宫，居住在私宅内。刘审交，字求益，幽州人，原为幽州军阀刘守光的兵部尚书，此后归顺了晋王李存勖，后唐、后晋时期担任刺史、防御使等职。

刘知远即位后，绛州刺史李从朗与辽国将领成霸卿、曹可璠等人抗命，刘知远派遣西南面招讨使、护国节度使白文珂领兵围攻，但未能破城。等到刘知远来到绛州城下后，命令各军将绛州围而不攻，而是向守军晓以利害。五月二十四日，张从朗献出城池投降。刘知远命令心腹将领守卫各门，不让城外军队入城，又以偏将薛琼担任绛州防御使。

五月二十七日，刘知远来到陕州（今河南省三门峡市）。保义节度使赵晖亲自出城，牵着刘知远的马进入城内。史称："君臣之义，如旧结焉，旋加检校太尉。"次日，刘知远来到石壕（今河南省三门峡市东），这时，王淑妃从大梁派来迎驾的使者也到了。

一四五　收复河南（二）

天福十二年（公元 947 年）六月二日，后汉高祖刘知远抵达新安，西京留守各级官员全部前来迎接。

三日，刘知远进入洛阳城内，入居皇宫，汴州的百官也都携带奏表前来奉迎。刘知远下诏称，凡是接受过辽国任命的官吏们都不要心存疑虑，令人将辽国颁布的委任状集中起来全部焚毁。赵远改名为赵上交。刘知远又指令郑州防御使郭从义领兵先进入大梁，清理皇宫，暗中嘱咐他杀掉李从益和王淑妃。王淑妃临死前，说道："我孩儿是辽国人所逼，犯了什么罪就被处死啊！为何不留下他，每年的寒食节，也好让他给明宗陵墓献上一碗麦饭啊！"听到的人们都心痛得泪如雨下。李从益被杀时年仅十七岁。

六月五日，刘知远从洛阳动身，朝大梁而来。枢密院官吏魏仁浦从辽军逃回，在巩县拜谒了刘知远。刘知远命其官复原职。郭威问及辽军人数以及军政情况，魏仁浦博闻强记，对答如流，准确地说出辽军六万人这个数字，郭威大喜，说道："天下事不足忧虑了！"从此以后，魏仁浦深得郭威的赏识。魏仁浦，字道济，卫州汲县人。他自幼家境贫寒，他的母亲从别人家里借来黄色细绢给他缝制夏天衣服，当年，魏仁浦年仅十三岁，他见母亲如此低三下四地求人，不禁流下眼泪，叹息道："我身为人子，不能供养母亲，反而让母亲向别人借绢给我做衣服，我能心安理得嘛！"遂辞别母亲前往洛阳求官。南渡黄河时，他将衣服扔入水中，发誓道："如果我不能富贵，就再也不渡过此河了！"后晋末年，他在枢密院任小吏，举止端庄，工作非常谨慎小心。耶律德光北返时，魏仁浦也被裹胁着北返，等耶律德光病死后，他才趁机得以逃回。天雄节度使杜重威素来知道魏仁浦谨慎宽厚，精于政务，就打算将他留下。魏仁浦则觉得杜重威是一个投降辽国的降将，不愿当他的属下，遂从魏州逃走。杜重威发现后，派骑兵追赶，没有赶上。《宋史·魏仁浦传》记载，他为人“宽厚，接士大夫有礼，务以德报怨……当时称为长者”。魏仁浦在后周世宗时期被拜为宰相，兼任枢密使，北宋初年进位右仆射，不久退休在家。

六月八日，汴州官员们窦贞固等人前来荥阳迎接刘知远。十一日，刘知远进入大梁，后晋各个藩镇也相继归降了。六月十五日，刘知远下诏宣布大赦。凡是辽国人任命的官员，上至节度使，下到普通将领、官吏，都不予变更。恢复汴州为东京，改国号为汉，史称后汉，年号仍然称天福十二年。刘知远专门在诏书中说道：“我不忍心忘记晋国啊。”恢复了平卢、山南东道、安远三个军镇，上述三个军镇在后晋时期分别因杨光远、安从进、李金全叛乱而被废置。十九日，刘知远下诏以北京留守刘崇为河东节度使、同平章事。

当初，耶律德光命令奉国都指挥使王继弘、都虞候樊晖率领本部任命驻守相州（今河南省安阳市），彰德节度使高唐英对二人十分厚待。守军没有武器装备，高唐英拿出相州城内的铠甲武器送给二人，对二人像对待亲戚一样倚重。高唐英听说刘知远南下的消息后，就将相州献出，向后汉投降。高唐英派出的使者还未返回，王继弘和樊晖二人却将高唐英杀害，王继弘自称相州留后，派人向刘知远禀报称高唐英反复无常，刘知远就承认了既成事实，任命王继弘担任相州留后，又以樊晖为磁州刺史。有人责备二人见利忘义，王继弘说道：“我等都是低微之人，如果再不因利乘便，夺取富贵，就永无出头之日了！”安国（治所邢州、今河北省邢台市）节度使高奉明听说高唐英被杀、相州归降后汉的消息后，非常害怕，就向中京留守耶律把里得请示，委任马步都指挥使刘铎担任安国节度副使，知军府事，而他自己则逃回了恒州。

刘知远进入大梁后，就派人向荆南的高从诲进行了通报。高从诲上表祝贺，又请求把郢州（今湖北省京山县）划归自己，刘知远没有答应。等到刘知远再派使者前来加封高从诲官爵时，高从诲就拒绝接受了。南唐方面听说辽国皇帝耶律德光去世，萧翰离开大梁北返后，就下诏称：“思念中原，那是本朝的旧地。”以左右卫圣统军、忠武节度使、同平章事李金全为北面行营招讨使，准备发兵北取中原，不久就传来了刘知远已经入主大梁的消息，南唐朝廷遂不敢出兵了。七月十一日，刘知远加授楚国马希广为天策上将军、武安节度使、江南诸道都统，兼中书令，封楚王。

这时，有人传说赵延寿已经死掉了。郭威对刘知远说道：“赵匡赞，是辽国任命的河中节度使，如今还盘踞在河中，应当派人前去吊唁，并趁机将其调往别的军镇。此人现已无处可以存身，肯定会对我朝心存感激，接受命令的。”刘知远听从了。正遇上天雄节度使兼中书令杜重威、天平节度使兼侍中李守贞也都派人送上奏表，表示归顺后汉，杜重威还请求后汉朝廷把自己调往其他军镇。七月十三日，刘知远遂下诏将杜重威调任归德节度使，以归德节度使高行周担任天雄节度使；以李守贞为护国节度使，加授中书令，而调护国节度使赵匡赞为晋昌（治所京兆府，今陕西省西安市）节度使。此后两年，赵延寿才死于辽国。

话分两头。

当刘知远进入大梁前后，辽国国内正面临着一场夺位之战。

刚刚继位的辽国新皇帝耶律阮明知，在辽国国内还有耶律德光的儿子耶律璟等人，还有耶律德光的三弟、皇太弟耶律李胡，自己以侄儿继承皇位，又没有得到述律太后的同意，内心很是不安。军中很多人愿意拥立耶律阮，与二十一年前耶律阿保机死后，述律平因欲废黜耶律倍、改立耶律德光而残酷屠杀契丹贵族有着直接的关系，在那次屠杀中，耶律安抟的父亲耶律迭里就首当其冲。如今，二十一年前的一幕再次上演，耶律德光同样与他的父亲耶律阿保机一样，死于刚刚灭国之后，也同样死于曾经的敌国境内，这也不由得让辽国贵族们内心想起二十一年前的那一幕，所以才决定拥戴耶律阮北返。耶律阮以安国节度使耶律把里得为中京留守，以前武州刺史高奉明为安国节度使，将后晋的文臣武将以及士兵们都留在了恒州，唯独将翰林学士徐台符、李澣以及后宫嫔妃、宦官、乐师们带上。就在后汉皇帝刘知远还在绛州城下时，耶律阮就于五月二十一日离开了恒州，领兵北返了。

六月一日，耶律阮前脚刚走，萧翰就从汴州逃回到了恒州，到了恒州之后，就与耶律把里得率领铁骑包围了张砺的家。当时，张砺正卧病在床，他出来与萧翰相见。萧翰斥责道：“你为何对先帝说，胡人不可以当节度使？还有，我担任宣武节度使，还是国舅，你在中书省竟敢给我下命令？先帝把我留在汴州，令我住在宫中，你又认为不可。还有，你还在先帝面前诬陷我和耶律解里，说耶律解里喜欢劫掠钱财，我喜欢劫掠妇女。今天，我一定要杀了你！”命人将张砺用铁索锁上。张砺厉声说道：“这都是一个国家治乱的大事，我确实说过这话！你想杀就杀，锁我干什么！”耶律把里得觉得大臣不可擅自杀人，极力救护，萧翰这才作罢。当晚，张砺气愤难耐，最终死掉了。

不久，从怀州北还的崔廷勋等人也来到了恒州。崔廷勋见到耶律把里得后，奔走叩拜，起身后，又跪下献上美酒，耶律把里得十分傲慢，坐在那里傲慢地接受了。

辽国国内的述律太后听说耶律阮竟然自立为帝的消息后，禁不住勃然大怒，派遣皇太弟耶律李胡领兵拒绝耶律阮入境。耶律天德等人回国之后，也都归附了耶律李胡。当初，皇叔祖（耶律阿保机五弟）耶律安端追随耶律德光南下，因病先回到辽国，听说耶律阮继位后，商议到底该支持哪一方。耶律安端侄儿、他的四哥耶律寅地石的儿子耶律刘哥认为，应当站在耶律阮一边，耶律安端的儿子耶律察割也说："皇太弟过于刻薄猜忌，如果他当了皇帝，岂能容下我们？永康王宽厚，况且与刘哥私交很好，应当与其联络。"遂率领本部兵马归顺了耶律阮。耶律刘哥，字明隐，自幼骄横凶狠，喜欢欺凌他人，耶律德光讨厌他，就让他守边，任命其为西南边大详稳。

一四六 辽世宗即位

后汉天福十二年（公元947年）六月一日，也就是在萧翰进入恒州的这一天，刘知远来到新安的前一天，耶律阮来到了南京（今北京市）。

耶律安端和耶律刘哥派人来报，愿意率领本部人马担任先锋。行至泰德泉（今地不详），他们与耶律李胡的军队遭遇，两军交战，耶律安端跌下马来。耶律天德飞马赶到，正要挺枪刺杀耶律安端。耶律刘哥用身体挡住耶律安端，弯弓搭箭，射向耶律天德，箭头射穿了耶律天德的铠甲，但并未伤及皮肤。耶律安端又跨上战马再战，耶律李胡战败。耶律李胡回到上京，将耶律阮的家眷、臣属全部逮捕，对看守人说道："假如战败，先把这些人杀掉！"众人纷纷相互说道："如果真的与南军交战，这真算是父子兄弟相互残杀了！"

闰七月，耶律阮行至潢河，述律平和耶律李胡领兵在潢河抵御，双方相持了数日。当时，惕隐、孟父房的耶律屋质在太后一方。耶律屋质，字敌辇，史称，他"性简静，有器识，重然诺。遇事造次，处之从容，人莫能测。博学，知天文"。耶律阮深知耶律屋质能掐会算，就给述律平写信，打算离间耶律屋质。述律平见了书信后，就把信让耶律屋质过目。耶律屋质说道："太后辅佐太祖平定了天下，所以臣愿意为太后竭尽死力。如果太后怀疑我，臣就算愿意尽忠，能行吗？当今之计，不如言和，肯定能成功；要不然就速速决战，决一胜负。然而，这样的话，人心就会动摇，对国家的危害就大了，请太后明察、裁决。"述律平说道："我如果怀疑你，还会把书信让你看吗？"耶律屋质说道："耶律李胡和耶律阮都是太祖的子孙，皇位并未传给外人，谁当不是一样吗？希望太后深谋远虑，与永康王议和。"述律平说道："该派谁去议和？"耶律屋质回答："太后如果不怀疑臣，臣愿意前往。万一永康王听从了，这就是社稷之福啊。"述律平就让耶律屋质携带书信来见耶律阮。

耶律阮派遣宣徽使耶律海思携带回信，信中很多话说得很无礼。耶律海思是耶律释鲁（耶律阿保机的三伯父）的庶子，也就是南院大王耶律洼、耶律休哥的叔父，与二人之父耶律绾思是兄弟关系，由此可见，耶律绾思家族是站在耶律阮这一边的。耶律海思，字铎衮，他为人机警，伶牙俐齿。会同五年的时候，耶律德光曾经下诏征求直言，当时，耶律海思年仅十八岁，他身穿羊皮袄，骑着牛来见耶律德光。当时，耶律德光正要外出打猎命人对他说："等我回来再见。"耶律海思说道："臣因为陛下急于求贤，这才来见，如今反而因打猎要推迟见我，我还是回去吧。"耶律德光闻言，就取消了原定的行程，召见了他。又命耶律安端和耶律颇德进一步考察一下他，数日后，二人上奏说："海思之才，臣等赶不上啊。"耶律德光就召来耶律海思问道："你看与你谈话的人怎么样？"耶律海思回答："安端的话漫无目的，就像空车在陡坡上滑行一般；颇德的话就像是穿着皮靴在旷野上射猎。"耶律德光听了，哈哈大笑，提拔耶律海思为宣徽使。

耶律屋质劝谏道："信中说些这种话，国家的灾难不会平息。双方都放下怨恨，以安定国家，臣以为最好是和谈。"耶律阮说道："他们都是些乌合之众，岂能打过我？"耶律屋质回答："就算对方打不过陛下，可是那是骨肉至亲啊。况且，现在谁也不敢说胜负如何，就算陛下胜利了，各个臣子的家眷们势必都被杀掉。由此可见，还是和谈最好了。"耶律阮身边的人听了这话，都吓得大吃一惊。耶律阮沉思了很久，问道："你说怎么才能和解？"耶律屋质回答："与太后相见，都捐弃前嫌，实现和平就不难，不然的话，很快就会决战了。"耶律阮觉得有理，就派遣耶律海思前去与太后相见，双方使者往返了几天，和议才最终达成了。

耶律阮与述律太后见面后，二人相互埋怨，毫无和好之意。述律太后对耶律屋质说道："你替我谋划一下该怎么办。"耶律屋质回答："太后与大王如果能和好如初，臣才敢进言。"太后说道："你就说吧。"耶律屋质借来侍从们手中的筹码，对太后说道："昔日人皇王在世，为何要立嗣圣皇帝（指耶律德光）？"太后回答："立嗣圣是因为有太祖的遗命。"耶律屋质又转身来问耶律阮："大王为何自立，不禀报祖母？"耶律阮回答："人皇王应当继位而没有被立。"耶律屋质严肃起来，质问耶律阮道："人皇王舍弃父母之国而投奔了后唐，当儿子的该如此吗？大王见到太后，也不稍稍道歉，只是一味地怨恨。太后因为偏心，借口有先帝的遗命，擅自传位，如此还怎么谈和好，你们速速交战吧！"遂扔掉筹码退下。太后流下眼泪，说道："昔日太祖就曾经遇到众弟弟之乱，令天下受苦，伤害还未平复，岂可再来一次！”就索要了一个筹码。耶律阮见状，也说道：“父亲都没有干出这种事，我这个当儿子的却干出来了，还能归咎于谁呢！”也拿了一个。二人身边的人们都深受感动，大声痛哭起来。

和议已定，述律太后又问耶律屋质：“和议定下来了，你说这个皇帝应该由谁来做？”耶律屋质回答：“太后如果让永康王继位，则上应天心，下合人意，还有什么可犹豫的呢？”耶律李胡厉声喝道：“有我在，岂可立耶律阮！”耶律屋质说道：“礼法有嫡长子，不传位于弟弟们。昔日，拥立太宗已经做错了，何况你暴虐残忍，惹得人人口出怨言。现在众口一词，希望拥立永康王，不可违背啊。”述律太后回头对耶律李胡说道：“你也听到这话了吧？这都是你自作自受！”遂答应立耶律阮。退下后，耶律阮对耶律屋质说道：“你与朕的血缘关系更近，为何反而要帮太后说话呢？”耶律屋质回答：“臣因社稷至为重要，不可轻易托付，所以才这样说的。”耶律阮夸奖了他的忠诚。述律太后问耶律刘哥：“你有什么不满的，也造反了？”耶律刘哥回答：“臣父亲寅地石无罪，而太后杀了，因此臣才不满。”二十一年前，述律太后舍长立幼、大肆屠杀宗室，如今，她自己终于尝到了恶果。

合约定下来之后，双方各自罢兵一起前往上京（临潢府，今内蒙古自治区巴林左旗林东镇南）。不久，又有人告发述律太后和耶律李胡又阴谋废立，此时的耶律阮已经掌控了大局，在这种情况下，述律太后和耶律李胡是否还敢于动手，可能性不大，很有可能是耶律阮的欲加之罪，于是，耶律阮下令将太后和耶律李胡迁往祖州（今内蒙古自治区巴林左旗），禁止他们自由出入，然后，又诛杀了司徒划设、楚补里。二人生平不详，当为太后一党。

八月一日，耶律阮尊母亲萧氏为皇太后，以太后一族剌只撒古鲁为国舅帐，设置详稳统领，这是耶律阮提高母亲家族的一个重要措施。《辽史》卷六七《外戚表》说：“世宗（耶律阮）以舅氏塔列葛为国舅别部。”可见，这一族就是《辽史》习称的“国舅别部”。如前所述，辽代后族虽然都称作萧氏，但实际上，萧氏类似一个总称，其下还有很多不同血缘关系的家族，主要分为：拔里家族、乙室已家族和国舅别部剌只撒古鲁家族这三个家族。拔里家族又分为两房，一个是大父房，是述律平弟弟述律室鲁一系；另一个则是述律平另一个弟弟述律阿古只一系；乙室已家族则是述律平母亲前夫所生儿子一族。这个家族也分为两房，称为大翁帐和小翁帐。述律平的哥哥萧敌鲁应当属于这个家族，萧敌鲁还有一个兄弟叫忽没里（忽里没），其后人萧勃特本的墓志云“其先本大国舅帐”，由此可知，忽没里一系属于大翁帐。国舅别部剌只撒古鲁家族就是这一次世宗耶律阮之母所在的家族，实力相对弱小一些。

耶律阮又将崇德宫的人户分赐给功臣们，加授南院大王耶律吼为采访使，赏赐给他珍宝财物。耶律吼推辞道：“臣官位已高，怎敢再求财富！臣的堂弟的琭的几个儿子们因犯法而被抄家，假如陛下垂怜，能够放了他们，则臣已经别无所求了。”耶律阮说道：“耶律吼不要重赏，同情族人，这也太贤能了。”遂答应了他的请求，仍然赏赐给他五十户宫人。八月二日，耶律阮下令设置北院枢密院，以耶律安抟担任枢密使。耶律阮还赏赐给耶律安抟一百奴婢，对他十分宠信，军国大事都交其处理。到九月一日，耶律阮安葬叔父嗣圣皇帝耶律德光于怀陵，庙号太宗，耶律德光因此就被称为辽太宗。

九月四日，按照契丹旧俗，举行柴册礼，群臣给耶律阮上尊号为天授皇帝。耶律阮下诏大赦天下，改元为天禄元年。追谥父亲人皇王耶律倍为让国皇帝。封皇叔祖耶律安端为明王，统领东丹国；皇从叔耶律察割为泰宁王；皇从叔耶律刘哥为惕隐；宣徽使高勋为南院枢密使，全权负责汉军事务。耶律阮就是辽世宗。

一四七　闽国内乱

自从后晋出帝石重贵继位以来，中原大乱，世事繁多，环环相扣，我们无暇顾及南方各国的情况，如今，趁着后汉高祖刘知远和辽国世宗耶律阮刚刚即位这一间隙，让我们再回顾一下这三四年来南方各国又出现了什么变化。

如前所述，到后晋天福七年后晋出帝石重贵刚刚继位的这一年，南方各国的情况分别是：后蜀后主孟昶已继位九年；南汉殇帝刘弘度刚刚继位，次年就被弟弟刘弘熙杀掉；楚国马希范已继位十一年；吴越国钱弘佐刚继位一年；闽国王延羲继位四年，正与弟弟王延政相斗；荆南高从诲已继位十五年；南唐烈祖李昪（徐知诰）已即位六年。

到了次年（后晋天福八年，公元 943 年），南唐李昪去世，中宗李璟继位；南汉殇帝刘弘度被弟弟刘弘熙所杀，刘弘熙继位后，改名为刘晟。同年二月，闽国皇帝王曦的弟弟、镇安（治所建州）节度使、富沙王王延政在建州称帝，建国号为大殷，大赦，改元为天德元年。把将乐县（今福建省将乐县）改名为镛州，延平镇（今福建省南平市）改名为镡州；立妻子张氏为皇后。以节度判官潘承祐为吏部尚书，节度巡官杨思恭为兵部尚书，不久，又晋升潘承祐为同平章事，杨思恭为仆射，录军国事。至此，闽国正式分裂为两个国家。王延政虽然身穿红色龙袍处理政务，但在接受部下参拜以及接见邻国使者时，还是用的藩镇礼节。殷国国小民贫，又战争不断。杨思恭专靠搜刮民财，以讨好王延政，增加各自税负，甚至于鱼盐蔬菜、瓜果都要征收成倍的赋税，殷国百姓称之为“杨剥皮”。

王延政即位后不久，就派遣部将陈望等人领兵进攻闽国的福州，一直攻进了福州西城之内，但不久又被闽军击败，退回。同年五月，殷国吏部尚书、同平章事潘承祐上书提出朝政十件不妥之事，大体上是：“第一，兄弟相攻，伤天害理；第二，赋税沉重，劳役无度；第三，以民为兵，四处愁怨；第四，杨思恭横征暴敛，让百姓归咎于主上，群臣怒不敢言；第五，国土狭小，设置很多郡县，增添官吏，加重百姓负担；第六，开山修路，要进攻汀州，没有考虑到南唐、吴越会偷袭我们后方；第七，卖官鬻爵，给钱多的富人得到官职，出不起钱的穷人被打入大牢；第八，延平各个渡口，向百姓征收蔬菜、水果、鱼米税，国家获利很小，影响极坏；第九，与南唐和吴越国为邻，即位以来未尝通使；第十，装饰宫室楼台，毫无节制。”王延政看了奏表，勃然大怒，当即下令将潘承祐免官，勒令回家闲居。

也就是在这一年，中原地区遭遇了极为严重的旱灾、涝灾、蝗灾，饿死了数十万人；同年，南唐元宗李璟也平定了张遇贤民变，不久，他又分别给闽国王曦和殷国王延政写信，斥责他们兄弟之间相斗。王曦回信，将自己与王延政之间的争斗，比作周公诛杀管叔蔡叔、唐太宗杀掉李建成、李元吉，而王延政也回信反唇相讥，斥责南唐皇帝是篡夺了吴国杨氏的江山。南唐李璟发怒，就断绝了与殷国的来往。

到后晋出帝开运元年（公元 944 年）三月，就在辽军与后晋军爆发澶州之战后不久，闽国国内又发生了一场巨变。拱宸都指挥使朱文进、阁门使连重遇自从弑杀了康宗王昶之后，便一直提心吊胆，唯恐受人暗算，两家人结为亲家，以图自保。王曦凶狠残暴，果于杀戮，有一次，他到西园游玩，在酒醉之中一怒之下就杀掉了朱文进、连重遇的死党控鹤指挥使魏从朗。还有一次，王曦在大醉之中吟诵白居易的诗句：“惟有人心相对间，咫尺之情不能料。”边吟边请朱、连二人喝酒。二人赶忙起身，流泪叩拜说：“臣子侍奉君父，岂敢怀有二心！”王曦不予理会，二人大为害怕起来。

王曦的皇后李春鷰妒忌尚贤妃得宠，生出弑杀丈夫王曦，拥立自己的儿子王亚澄为帝之心，就派人吓唬朱文进和连重遇二人说：“主上特别讨厌二位大人，你们该如何是好？”就在李春鷰与朱、连二人密谋下手的时候，机会果然就来了。正巧，李春鷰的父亲李真得了病，后晋开运元年（闽景宗王曦永隆六年，公元 944 年）三月十三日，王曦亲自来到岳父李真家里探病，朱文进和连重遇就趁机命令拱宸马步使钱达在马上将王曦弑杀，然后，召集群臣到朝堂上开会，并宣布道：“太祖昭武皇帝（指王审知）开创闽国基业，如今，子孙荒淫残暴，上天已经对王家厌弃了，大家推举一位有德之人当君主。”众人无人敢说话。连重遇就将朱文进推上大殿，披上龙袍，并率领群臣向其叩拜称臣。于是，朱文进就自称闽王，下令将王氏宗族子弟王延喜以下不分老幼五十余人，全部杀掉。安葬了王曦，庙号景宗。朱文进以连重遇为总统六军。礼部尚书、判三司郑元弼不从，朱文进将其免官，郑元弼又想逃到殷国，朱文进派人将其杀掉。朱文进拨乱反正，下令放出宫女，停止各种工程，颁布了一系列爱民措施。殷国皇帝王延政听说朱文进叛乱后，就派遣统军使吴成义领兵前来讨伐，但无功而返。朱文进又加授枢密使鲍思润为同平章事，以羽林统军使黄绍颇为泉州刺史，左军使程文纬为漳州刺史。汀州刺史许文稹也以汀州投降了朱文进。朱文进登基后，派遣使者前往南唐修好，南唐元宗李璟下令扣留了使者，将要派兵讨伐，因天气炎热、军中暴发传染病而作罢。不久，朱文进改称威武留后，权知闽国事，派人向后晋称臣。后晋出帝石重贵以其为威武节度使，知闽国事。

到后晋出帝开运元年的下半年，殷国皇帝王延政加紧部署对福州的总攻，他派遣部将陈敬佺率领三千人马进驻尤溪（今福建省尤溪县）和古田（今福建省古田县），又派遣卢进率领两千人进驻长溪（今福建省霞浦县），与此同时，闽国集团内部又发生了内乱。

泉州散员指挥使留从效对同事王忠顺、董思安、张汉思说道："朱文进诛灭王氏一家，派遣心腹分别占据各州。我等世代受过王氏大恩，而无所作为，一旦富沙王攻克了福州，我等就算是死了，也会心怀羞愧的。"众人听了，都觉得有理。后晋出帝开运元年十一月，留从效等人请各自在军中交好的壮士们，到留从效家里聚会，席间，留从效谎称："富沙王已经打下了福州，密令我等讨伐黄绍颇。我看各位的相貌，都不是长久贫贱之人。你们大家如果听从我的话，就可以换取富贵，不然的话，大祸就要临头了！"众人听了，都欢呼雀跃，手持木棒，翻越院墙，闯入黄绍颇的官邸，将黄绍颇抓住杀掉。留从效拿着刺史大印来到王继勋的家中，请他主持军府事务。留从效则自称平贼统军使，将黄绍颇的人头放入木盒，派遣副兵马使陈洪进送往建州。陈洪进行至尤溪，有数千闽国士兵挡住了去路。他诓骗他们说："义军已经诛杀了朱文进，我倍道兼行前往建州奉迎新君，你们还守在此地干什么呢！"就拿出黄绍颇的人头让这些士兵们看，这些士兵们不知真假，都信以为真，顿时一哄而散，几个领兵大将跟着陈洪进一起到了建州。王延政闻报大喜，当即任命王继勋为侍中、泉州刺史，将留从效、王忠顺、董思安、陈洪进等人都提拔为指挥使。泉州兵变立即引起连锁反应，漳州将领程谟听到消息后，也杀死了刺史程文纬，拥立王继成权知州事。王继勋和王继成都是王延政的侄儿，朱文进诛灭王氏时，因二人血缘关系疏远而放过了二人。汀州刺史许文稹也派人携带奏表，投降了殷国。

朱文进听说黄绍颇被杀，大为恐惧，以重赏招募来了两万人马，交由统军使林守谅、内客省使李廷锷统领这支军队前去进攻泉州，战鼓之声震天动地。殷国王延政派遣大将军杜进率领两万军队救援泉州，留从效打开城门出战，大破福州之军，临阵斩杀了林守谅，生擒李廷锷。泉州之战结束后，王延政又乘胜派遣统军使吴成义率领上千艘战舰进攻福州。见大事不好，朱文进赶忙给吴越国送去子弟作为人质，向吴越国求救。

当初，南唐的翰林待诏臧循与枢密副使查文徽是同乡，臧循过去经商，曾经往来于福建，熟悉福建的山川地理，遂替查文徽筹划攻取建州之策。查文徽上书南唐元宗李璟，请求发兵进攻王延政，然而，南唐国内很多人都觉得不可。南唐元宗李璟就任命查文徽为江西安抚使，视察边境，实地评估行动的可行性。查文徽来到信州（今江西省上饶市）之后，就上奏李璟称，一定能够破敌。接到查文徽的奏表，李璟就任命洪州营屯都虞候边镐为行营招讨诸军都虞候，领兵随查文徽讨伐殷国。查文徽从建阳（今福建省南平市建阳区）进驻盖竹（今福建省南平市建阳区东南），就在这时，传来了漳州、泉州、汀州三州都已经归顺殷国的消息，并且还听说殷国将领张汉真正率领八千人马从镛州朝这里杀来，查文徽顿时害怕起来，领兵退守建阳。臧循驻扎在邵武（今福建省邵武市），邵武百姓引导殷国军队偷袭了臧循之军，臧循被殷国人活捉，送至建州杀掉了。

正在福州前线的殷国将领吴成义也听说了南侵的南唐军队，他派人对福州军民谎称说："南唐军队是来协助我讨伐贼臣的，大军行将到来了！"福州军民更加恐惧。闰十二月二十七日，就在后晋李守贞刚刚消灭青州的杨光远之后，日暮途穷的朱文进派遣同平章事李光准等人携带皇帝玉玺送给了王延政。二十九日，福州南廊承旨（福州南城总管）林仁翰对自己的手下说道："我等世代侍奉王家，如今却受制于贼臣，富沙王来了，我们还有什么脸面晋见呢！"遂率领部下三十人全副武装朝连重遇家而来。当他们来到连家时，发现连重遇正集结卫队戒备，这三十个人见状，有人偷偷离队了。林仁翰手持长枪，径直来到连重遇跟前，将其杀死，砍下人头展示给众人，高喊道："富沙王就要到了，你们都会被灭族！如今，连重遇已死，何不速速杀了朱文进以赎罪！"众人听了，欢呼雀跃，跟着他杀入皇宫，斩杀了朱文进，迎接吴成义入城，将朱、连二人的人头送到了建州。

一四八　福州之战（一）

后晋出帝开运二年（公元 945 年）年初，当后晋军与辽军在相州交战之际，闽国旧臣们正赶往建州，前去奉迎殷国皇帝王延政，请他迁都福州，把国号改为闽国。

王延政考虑到南唐正虎视眈眈，无暇迁都，遂以堂侄、门下侍郎、同平章事王继昌为都督南都内外诸军事，镇守福州，另以飞捷指挥使黄仁讽为镇遏使，领兵护卫，同时，王延政又下令调派南都侍卫两军一万五千人前来建州，以抵御南唐。林仁翰来到建州后，王延政对他十分冷淡，赏赐也很微薄，林仁翰也从未向人提起自己的功劳。

就在后晋出帝决定亲征，后晋大军开始北上、准备收复幽州，南唐与闽国之间的关系也恶化起来。

查文徽上书请求李璟增派军队，李璟遂任命天威都虞候何敬洙担任建州行营招讨马步都指挥使，以将军祖全恩担任应援使，姚凤为都监，率领数千人马与查文徽所部会攻建州，从崇安（今福建省武夷山市）进驻赤岭（今福建省武夷山市西南）。《南唐近事》记载，何敬洙，年少时擅长弹弓、射箭，性格刚烈，曾经是南唐武昌节度使李简手下的家童。李简性格暴躁，动辄杀人，身边的人稍稍犯了点小错，往往就被杀掉了。一次，何敬洙与众家童们一起在玩，一个老奴拿着李简一个心爱的砚台对他们说："你们谁敢打碎这个砚台？"当时，何敬洙也喝了点酒，应声答应道："死生有命，我敢。"举起砚台，就打碎了。次日，李简得知实情后，大怒，当即命人去抓来何敬洙。李简的夫人素来贤明，知道何敬洙将来会有出息的，就把他藏匿在后堂之中，当天李简没有找到。又过了十余日，李简怒气未消，夫人也不敢劝说。一天，李简独自坐在那里休息，一只乌鸦绕着他不停地聒噪，李简走到哪，乌鸦就跟到哪，赶也赶不走，让他烦不胜烦，最后，他对身边的人说道："何敬洙擅长弹弓，赶快把他找来，能弄死这畜生，我就饶了他。"何敬洙到后，一弹弓就将乌鸦打死了。李简很是高兴，后来就提拔何敬洙当了一名军校。

闽主王延政派遣仆射杨思恭、统军使陈望率领一万人马前去抵御，在河水南岸构筑营寨，两军相持十余日，一直没有会战，南唐军队也不敢逼近闽军。杨思恭以王延政之命督促陈望出战，陈望说道："江淮军队精锐，其将熟悉战事，国家安危在此一战，不可不考虑周全之后再战。"杨思恭怒道："唐军深入我国腹地，主上寝食难安，将战事交给将军，如今，唐军不过数千，将军手握万余之众，不趁其立足未稳发起进攻，假如唐军因恐惧自行撤退，将军还有什么脸面去见陛下呢！"陈望不得已，只好率军渡河与唐军交战。唐将祖全恩以主力在正面迎战，分出一支奇兵进攻闽军的背后，大破闽军。陈望战死，杨思恭侥幸逃出一命。王延政大为恐惧，闭城固守，派人征召董思安和王忠顺，命二人率领五千泉州军来到建州，防守要害之地。

当初，一个名叫李仁达的光州人，曾经在闽国担任元从指挥使，十五年都没有得到晋升，闽景宗王曦在位期间，李仁达叛逃到建州，王延政以其为将领。等朱文进弑杀王曦后，李仁达又背叛了王延政，改投到了朱文进手下，还替朱文进出谋划策，献出夺取建州的计划。朱文进对反复无常的李仁达十分厌恶，就将他贬到了福清（今福建省福清市）。还有一个叫陈继珣的浦城人，也背叛了王延政，投奔福州，曾替王曦献上夺取建州之策，王曦任命其为著作郎。等到王延政夺占了福州之后，这两个人都深感不安。都督南都内外诸军事王继昌昏庸嗜酒，不爱护将士，致使军中将士们都心怀不满。李仁达偷偷潜入福州，与陈继珣一起劝说黄仁讽道："如今唐军得胜之后，发起进攻，建州危若累卵。富沙王连建州都保不住，岂能保全福州？昔日王潮兄弟只是光山的一介布衣，夺取福建易如反掌，何况我等趁此机会，自取富贵，还担心不如他们兄弟吗？"黄仁讽听了，也动心了。当天晚上，李仁达等人率领士兵们冲入军府，杀掉了王继昌和吴成义。李仁达想自立为王，又唯恐人心不服，他想到雪峰寺僧人卓岩明素来受众人敬重，就对大家说："这个僧人是重瞳子，双手垂下超过膝盖，是真命天子啊。"遂将卓岩明从寺庙里迎接出来。

三月三日，李仁达等人拥立卓岩明为帝，将他的僧衣解下，换上龙袍，众人叩拜。卓岩明被立为皇帝后，仍然称后晋天福十年，派人向后晋称臣。王延政听说后，将黄仁讽全家灭门，命令统军使张汉真率领五千水军，与漳州、泉州军队一起讨伐卓岩明。

当后晋军与辽军展开阳城之战时，闽国张汉真的军队也来到了福州，向福州东关发起猛烈的进攻。黄仁讽听说自己全家被杀，打开城门，与闽军死战，最终大破闽军，生擒张汉真，将其带入城内斩首。击退闽军之后，卓岩明集团暂时安全了。卓岩明并无谋略，只会在大殿之上喷水、撒豆，做些法事而已。他又派人从莆田老家接来了父亲，尊为太上皇。李仁达拥立卓岩明后，自判六军诸卫事，命黄仁讽驻守西门，陈继珣驻守北门。一次，黄仁讽对陈继珣说道："人之所以当个人，就是因为有忠、信、仁、义而已。我曾在富沙王手下立下战功，中间又背叛了他，这是不忠；富沙王把自己的侄儿托付给我，而我却串通他人把人家杀了，这是不信；前不久我们与建州军队作战，所杀的都是我的同乡、旧友，这是不仁；我抛弃妻子，令他们受人鱼肉，这是不义。像我这个人就算是死了，也是死有余辜啊！"遂捶胸顿足，失声大哭。陈继珣说道："大丈夫追求功名，还顾什么妻子！放下这些，别自取其祸。"李仁达很快就知道了此事，指使他人告发黄仁讽和陈继珣谋反，将二人诛杀，从此以后，福州的军政大权都归于李仁达一人了。

五月十二日，李仁达举行盛大的阅兵仪式，请卓岩明检阅。李仁达暗中指令将士们突然上前，登上台阶刺杀了卓岩明。李仁达假装惊恐，狼狈而逃。将士们追上李仁达，簇拥着让他坐在卓岩明的位子上，于是，李仁达终于完成了这场精心策划的计谋，自称威武留后，使用南唐保大年号，向南唐称臣，同时也派人向后晋进贡，又杀了卓岩明的父亲。南唐李璟任命李仁达为威武节度使、同平章事，赐名李弘义，并将他的名字编入南唐宗室名册。李弘义又派人出使吴越国，与吴越国建立和好关系。

与此同时，南唐军队对建州的围城战还在激烈进行中。双方你来我往，互有胜负，南唐军队逐渐占了上风。到了后晋出帝开运二年七月，有人向王延政告发原来从福州调来的援军阴谋反叛，王延政下令收缴了他们的武器，然后予以遣返，等这些手无寸铁的士兵们行至半道时，王延政早已提前埋下了伏兵，将这些来自福州的士兵全部屠杀，一共杀死了八千余人，又将他们的尸体腌制成肉干，带回城内充当食物。同月，南唐将领边镐领兵攻克了镡州。在南唐国内，像魏岑、冯延巳、冯延鲁等这些查文徽的同党，纷纷站出来替查文徽歌功颂德，极力赞成把这场战争继续下去。为了供应前线，南唐朝廷不得不拿出上亿的钱财，国库为之枯竭，洪州、饶州、抚州、信州的百姓更是深受盘剥之苦。

南唐军队包围建州已经很久了，建州军民人心开始动摇。有人对董思安说道："何不早早决定去留？"董思安回答："我世代侍奉王家，在危急关头背叛，天下还有谁会容我！"众人深受感动，遂没有一人背叛。然而，建州的情况已变得越来越危急了，王延政不得不向吴越国派去使者，请求降为附庸国以换取吴越国的救援。不过，还没等吴越国派出援军，到了后晋出帝开运二年八月二十四日，建州城就被南唐军队攻破了。南唐先锋桥道使王建封第一个登上了建州城墙，南唐军队蜂拥而上，王延政投降，王忠顺战死，董思安率领余众退回泉州。当初，南唐军队刚来时，建州百姓深受王氏之乱和杨思恭横征暴敛之苦，争相替南唐军队伐树开路，迎接他们，可是，等到南唐军攻破建州之后，纵兵大肆劫掠，将建州宫室、房屋烧得一干二净。当天晚上，天气突然变冷，还下起了大雨，冻死了很多人，南唐军的暴行让建州人大失所望。李璟因南唐主将们有功，一概置之不理。

九月，汀州的许文稹、泉州的王继勋、漳州的王继成相继献出城池，向南唐投降。南唐在建州设置永安军，以加强对福建地区的控制。王延政被送往金陵后，李璟以其为羽林大将军。同时，李璟还下令斩杀了杨思恭，以向建州人谢罪，并任命百胜节度使王崇文担任永安节度使。王崇文为政宽和简单，建州军民这才安定了下来。

王延政的侄儿、泉州刺史王继勋给威武节度使李弘义写信，请求建立友好关系。李弘义却认为泉州过去隶属于威武军，王继勋应当以属下的礼仪相见才是，见王继勋是以平等的礼仪对待自己，不禁大怒，后晋出帝开运三年四月，他派遣弟弟李弘通率领一万人马前去进攻泉州。泉州都指挥使留从效对王继勋说道："李弘通兵势甚盛，将士们因你赏罚不公，都不肯死战，还是请你离职反省吧！"遂将王继勋废黜，代领军府事务，领兵出战，大破李弘通。此后，留从效上书南唐皇帝李璟汇报了事情的经过，李璟遂任命留从效为泉州刺史，把王继勋召回金陵，并派遣南唐将领领兵戍守泉州。同时，李璟还下令将漳州刺史王继成调到南唐内地的和州担任刺史，将汀州刺史许文稹调任蕲州刺史。

当初南唐军队攻克建州之后，有人就建议南唐皇帝李璟乘胜南下，夺取福州，可是李璟不从。等到开运三年，南唐枢密使陈觉毛遂自荐，请求亲自前往福州一趟，凭借自己的三寸不烂之舌一定能说服李弘义入朝。宋齐丘也盛赞陈觉口才出众，如此一来，就可以不费一兵一卒而得到福州。李璟终于被二人说动，就将李弘义的母亲、妻子都拜为国夫人，将李弘义的四个弟弟也都加官晋爵，任命陈觉为福州宣谕使，赏赐给李弘义很多财物。李弘义一眼都看穿了陈觉之意，接见陈觉时态度倨傲，礼节十分冷淡。陈觉感觉气氛不对，吓得再也不敢提让李弘义入朝之事了，灰溜溜地踏上了返回金陵之路。

一四九　福州之战（二）

陈觉自感就这样回去无法向李璟交代，行至剑州（镡州，今福建省南平市），他就假传李璟之命命令侍卫官顾忠折返福州，征召李弘义入朝，与此同时，他又自称权福州军府事，擅自征召汀州、建州、抚州、信州当地军队以及驻防在当地的南唐军队，命令建州监军使冯延鲁统领，直扑福州迎接李弘义。

冯延鲁先给李弘义写信，给他分析祸福利害，可是，李弘义毫不示弱，回信请求双方干上一场，并派遣楼船指挥使杨崇保率领福州军队迎敌。陈觉任命剑州刺史陈诲为缘江战棹指挥使，上表李璟称："福州是一座孤城，很快就能攻破。"李璟见陈觉竟敢擅自调兵，不禁大怒，南唐群臣纷纷劝解，说："如今大军已经到了福州城下，不可中止，朝廷应当发兵增援。"

后晋出帝开运三年八月十九日，陈觉和冯延鲁在候官（今福州市）击败杨崇保，次日，乘胜进攻福州西关。李弘义亲率福州守军出城迎战，大破陈觉、冯延鲁之军，活捉南唐左神威指挥使杨匡邺。南唐皇帝李璟任命永安节度使王崇文担任东南面都招讨使，任命漳州泉州安抚使、谏议大夫魏岑为东面监军使，冯延鲁为南面监军使，合兵一处，进攻福州。福州军队众寡不敌，被南唐军攻克了福州外城，李弘义领兵固守第二城。

与南唐翻脸后，李弘义自称威武留后，权知闽国事，改名为李弘达，派人向后晋称臣。后晋出帝石重贵任命其为威武节度使、同平章事，知闽国事。

九月十四日，福州排陈使马捷引导南唐军队从马牧山（今福州市西北），砍开福州军的营寨，冲到福州西边的善化门桥。福州都指挥使丁彦贞率领一百人马抵御，李弘达退守善化门内，外城和第二道城均被南唐军队占领。李弘达再次改名为李达，派人向吴越国称臣，并请求援兵。

就在福州前线激战正酣时，漳州将领林赞尧发动兵变，杀掉了南唐监军使周承义和剑州刺史陈诲。泉州刺史留从效发兵赶跑了林赞尧，以泉州裨将董思安知漳州。南唐元宗李璟以董思安为漳州刺史，董思安以漳州犯了自己父亲名讳，予以推辞。李璟就下令把漳州改名为南州，以董思安为南州刺史，并命令董思安和留从效二人各自率领南州、泉州军队会攻福州。与此同时，福州使者来到钱塘之后，吴越国王钱弘佐召集众将商议，众人纷纷说道："道路艰险遥远，很难救援。"唯独内都监使水丘昭券认为应当出兵救援福州。钱弘佐说道："唇亡齿寒，我身为天下兵马元帅，如果连邻道都不能出手相救，还当这个元帅干什么！你们整天就只管吃饱闲坐吗？"后晋出帝开运三年十月二十五日，钱弘佐派遣统军使张筠、赵承泰率领三万大军，水陆并进，南下救援福州。

一开始，钱弘佐下令招兵，过了很久无人前来应募，钱弘佐又下令强行抓丁，并称："凡是抓来当兵的，军饷一律减半。"命令一下，到第二天，大批壮丁应募而来。钱弘佐命令水丘昭券主持这个军事行动，水丘昭券惧怕钱弘佐的心腹程昭悦，就请求让程昭悦负责。钱弘佐命令程昭悦负责应援馈运事务，而将军务交由元德昭负责。元德昭是危仔倡的儿子，如前所述，危仔倡是唐末五代初期抚州、信州变民头领，后梁开平年间，在南吴军队的打击下，危仔倡投奔到了吴越，改姓元，迄今已三十余年了。钱弘佐打算铸造铁钱用来赏赐出征将士，其弟弟、牙内都虞候钱弘亿劝谏道："铸造铁钱有八个害处：一是，新钱流通之后，旧钱就会流入敌国；二是，新钱能在我国使用，可是不能在外国使用，就无法进行贸易；三是，铸造铜钱的禁令虽然非常严格，仍然还有人偷偷铸造，家家都有铁器，如果国家铸造铁钱的话，犯法私自铸造的人肯定会很多；四是，闽国人就是因为铸造铁钱导致国家大乱的，不可效仿；五是，国家本来很富足，却向外人显示很贫穷，这不可行；六是，对下的赏赐自有一定之规，无端增加赏赐，就会令人贪得无厌；七是，一旦变法出现弊端，要想恢复原状就很难了。八是，钱是我们皇族之姓，予以改变，这不是一个好兆头。"钱弘佐听了，这才作罢。

后晋出帝开运三年十一月二十二日，就在后晋军队在杜重威等人的率领下来到瀛州城下、后晋与辽军行将展开一场大决战前后，吴越援军也赶到了福州，从罾浦（今福州市东南）以南进入城内。南唐军队推进到福州东武门，李达与吴越援军一起抵御，但作战失利。南唐军队把福州团团围住，城内已非常危急。不过，由于南唐军队内部不团结，虽然王崇文是南唐主帅，但陈觉、冯延鲁、魏岑都自恃在朝中的势力，各自为政，而闽国旧将留从效以及李璟新派来增援的信州刺史王建封又都傲慢倔强，南唐众将均不听从王崇文的指挥，只知争功，军队的进退互相不配合，致使军心士气低落，迟迟未能破城。数次战争耗费了南唐大量钱财，李璟任命江州观察使杜昌业担任吏部尚书，判省事。杜昌业曾经以兵部尚书身份判过省事，等他这一次再次回朝后，查看国库账簿，不禁拍案叹息道："没几年，国库已经消耗了一大半，这怎么能够长久！"

到了次年，即后汉天福十二年（公元947年），当辽国皇帝耶律德光入居大梁，又撤离北返前后，福州还没被南唐军队攻破。其间，南唐元宗李璟册封齐王李景遂为皇太弟，以燕王李景达为齐王，领诸道兵马元帅，以南昌王李弘冀为燕王，为副元帅。一次，李景遂曾经与王宫幕僚们聚会，赞善大夫张易要出言提出一些建议，李景遂正与客人们一起赏玩一件玉杯，没有在意。张易大怒，说道："大王你是看重宝贝而轻视士人。"遂上前夺过玉杯，摔得粉碎，众人顿时大惊失色，李景遂并没有发火，反而对张易更加看重了。李景达个性刚直，李璟与宗室近臣们饮宴时，像冯延巳、冯延鲁、魏岑、陈觉等人都是极尽谄媚之态，喝得性起，还借酒大呼小叫。李景达总是厉声斥责，还极力劝谏李璟，不要亲近这些佞臣。冯延巳自知李景遂被立为皇太弟自己没有什么功劳，一次，他来到东宫饮宴，假装喝醉了，拍着李景遂的背，说道："你不要忘了我！"暗示此事出自自己的主意。李景遂大怒，拂袖而去，来到皇宫禀报李璟，请求杀了冯延巳。李璟宽慰解释一番，李景遂才作罢。张易对李景达说道："一群佞臣小人围在皇帝身边，殿下无力斥退他们，还屡屡得罪他们，令他们心生恐惧而有所防备，他们什么事情干不出来？"此后，每当遇到宫内宴会，李景达往往称病，就很少参加了。当辽国皇帝耶律德光进入大梁时，南唐虞部员外郎上书请求："陛下要恢复祖宗大业，现在正是时候，如果辽军北返，中原有主了，就不好办了。"李璟考虑到南唐军队还在福州作战，无暇北征，当时，南唐很多大臣都认为丧失了收复中原的良机，等耶律德光北返、刘知远入居大梁后，李璟也懊悔不已。

吴越再次调派水军增援福州，以部将余安统领，到后汉天福十二年三月十四日，吴越援军抵达白虾浦（今福建省福州市南）。由于海岸布满淤泥，只有在淤泥上铺设竹席军队才能登岸，可是南唐在福州城南的军队纷纷赶来，向吴越军射箭，阻挠吴越援军铺设。冯延鲁说道："城内之所以拒不投降，就是寄希望于这支援军，如今，两军相持不战，白白消耗我军的战斗力，不如放他们登岸，纵兵将其全歼，福州就可以不攻自破了。"裨将孟坚反对道："吴越军队来到这里已经有一段日子了，他们进退不得，想与我打上一仗也不能。如果听任他们登岸，他们肯定会拼命一战，锐不可当，岂能将其全歼？”冯延鲁不听，说道：“我当亲自领兵出战。”果然，等吴越军顺利上岸后，向南唐军发起疯狂的进攻，冯延鲁无法抵御，丢掉部众，狼狈而逃，孟坚战死。吴越军队乘胜前进，城内守军也从内杀出，两路夹击，南唐围城军大败。福州城南各路南唐军队纷纷北逃，吴越军队发起追击。王崇文率领三百亲兵抵挡，北逃的南唐军队在王崇文亲兵之后稍作喘息，列下军阵，吴越追兵这才撤回。

余安率领吴越军队进入福州城内后，李达遂将自己的军队交了出来。有人说吴越军队打算放弃福州，裹胁李达之众返回吴越，南唐东南守将刘洪进等人禀报王建封，请求放他们出城而去，然后再占领福州。留从效不愿南唐军队最终打下福州，王建封也怨恨陈觉等人专横，遂说道：“我军已经战败，岂能与敌人再争夺福州！”当晚，遂烧毁军营北逃，城北各路唐军见状，也纷纷溃逃。冯延鲁抽出宝剑打算自杀，被心腹救下。

福州之战持续了一年多，最终以南唐失败而告终。南唐军队有两万余人战死，抛弃各种军需物资数十万，南唐国库也因之空虚了。留从效领兵返回了泉州，他对南唐守将说道：“泉州与福州世代是仇敌，南接岭南瘴疠之地，地形险要，土地贫瘠，这些年来战事不断，农业生产陷于停顿，政府征收上来的粮食，仅仅够自己吃，怎能负担得起大军的用度？”遂设宴请南唐守将离开，南唐守将不得已只好率部北撤。南唐朝廷只能听之任之，加授留从效为检校太傅。到后汉乾祐二年，留从效的哥哥、南州副使留从愿又毒死了南诏刺史董思安，自称南州刺史。南唐朝廷也无可奈何，在泉州设置了清源军，任命留从效为节度使。

吴越将领张筠、余安回到钱塘，吴越国主钱弘佐另外派遣东南安抚使鲍修让领兵进驻福州，又以东府安抚使钱弘倧为丞相。

一五〇　骨肉相残

福州之战后，李璟以矫诏和败军之罪追究陈觉和冯延鲁二人。

后汉天福十二年四月十七日，当辽国皇帝耶律德光正在北返途中时，南唐元宗李璟下诏赦免了众将，打算将陈觉和冯延鲁斩杀，向中外赎罪。御史中丞江文蔚又在大殿之上公开弹劾陈觉、冯延鲁的同党冯延巳和魏岑，他言辞激烈地痛斥道："陛下即位以来，所信任的不过冯延巳、冯延鲁、陈觉、魏岑四人而已，他们四个都是些阴险狡诈弄权之徒，蒙蔽主上，排斥忠良，引荐小人，敢于谏诤的人受到驱逐，私下议论的人受到惩处，致使朝廷上下相互蒙蔽，国家百姓敢怒而不敢言。如今，虽然陈觉和冯延鲁已被惩处，而冯延巳和魏岑还在，本根不清除，枝干还会发芽。同样的罪过而区别处罚，令人心困惑……主上的耳目只有这四人，就算陛下每天接见群臣，也会成为孤家寡人……他们在地方上控制军队，在朝廷上掌握大权……魏岑、陈觉、冯延鲁之间也相互争斗，你进我退，你东我西，国家的权力成了他们争斗的工具……军事行动和国家财政全在魏岑一句话。"江文蔚的奏表递上后，不仅没有起到应有的作用，反而李璟认为他言过其实，勃然大怒，将他贬为江州司士参军；命人将陈觉和冯延鲁押至金陵。

宋齐丘因曾经推荐过陈觉出使福州，也上表请求李璟治罪。李璟下诏将陈觉流放到蕲州，冯延鲁流放到舒州。知制诰徐铉、史馆修撰韩熙载上书认为："陈觉和冯延鲁，罪该处死，而宋齐丘和冯延巳替他们求情，所以陛下才赦免了他们。擅自发兵的人不予惩治，将来边疆就会有人惹是生非了；战败之后仍不严惩，则以后再也无人勇敢杀敌了。请求陛下公开将二人诛杀，以重振军威。"但李璟不从，只是将中书侍郎、同平章事冯延巳贬为皇太弟少保，将魏岑贬为太子洗马。韩熙载屡屡上奏宋齐丘结党营私，肯定会扰乱国家，宋齐丘上奏称韩熙载嗜酒癫狂，李璟将其贬为和州司士参军。

后晋出帝开运年间，南方发生的闽国分裂和福州之战最为引人注目，不过，除此之外，南方各国还发生了一些其他事件。

后晋天福八年（公元 943 年），南汉中宗刘晟（刘弘熙）弑杀哥哥、汉殇帝刘玢（刘弘度）登基之后，猜忌众弟弟，相继诛杀了循王刘弘杲、越王刘弘昌，他的另外一个弟弟刘弘泽镇守邕州，很得民心，后晋出帝开运元年，也就是刘晟继位的第二年，人们称在邕州出现了凤凰，刘晟大怒，就派人将刘弘泽毒死了。同年，刘晟又把弟弟、齐王刘弘弼软禁起来。次年八月，刘晟又下令杀掉了弟弟、韶王李弘雅。九月，他又杀掉了曾经帮助自己弑杀刘玢的刘思潮、林少强、林少良、何昌廷等人。他又想到左仆射王翻曾经与其父皇商议立刘弘昌之事，将其贬为英州刺史，途中又将王翻赐死。

一连串的杀戮让南汉国内惶恐不安。刘思潮等人被杀后，陈道痒内心很是不安。特进邓伸给他送去一本荀悦写的《汉纪》，陈道痒不明就里。邓伸骂道："你这个笨蛋！韩信、彭越被杀，都在这本书里！"陈道痒顿时醒悟，更为恐惧。刘晟听说后，勃然大怒，将陈道痒和邓伸斩杀，并灭族。到后汉刚刚建立的天福十二年（公元 947 年），刘晟唯恐自己的弟弟们将来会与自己的儿子争夺帝位，就一口气将自己的弟弟齐王刘弘弼、贵王刘弘道、定王刘弘益、辨王刘弘济、同王刘弘简、益王刘弘建、恩王刘弘暐、宜王刘弘昭八人在同一天杀掉，又杀掉了这八个王的儿子们，将他们的女儿纳入后宫。刘晟还下令建造了上千间离宫，以珠宝装饰，他还创设油锅、铁床、挖肚等酷刑，号称"生地狱"。有一次，他酒醉之后，将瓜放在乐师尚玉楼的脖子上试剑，本来是开玩笑的，竟一剑下去将尚玉楼人头砍了下来。

与南汉刘晟猜忌诸弟一样，楚王马希范也对自己的弟弟、静江节度使兼侍中、知朗州马希杲非常猜忌。马希杲在静江时就深得民心，到了朗州之后，同样如此，马希范风闻后，就派人前去朗州察看。马希杲很是害怕，称病请求回到潭州，但马希范不同意，派人前去探病，趁机下毒将其毒死了。

辽国灭掉后晋、进入大梁后，中原大乱，马希范的牙将丁思觐劝谏马希范道："先王出身行伍，以攻战而得到此州，依靠朝廷以对付邻国，传了三世，疆域千里，拥有十万大军。如今，天子被辽国囚禁，中原无主，这正是霸王立功之时啊。如果大王能够统率全国军队从荆襄北上，直取京师，号召天下勤王，这是齐桓公和晋文公所建立的功业啊。为何浪费国家资源，整日大兴土木，享受一般人的快乐呢？”马希范谢绝了他的建议，丁思觐瞪着马希范说道：“孺子不可教啊！”遂掐住自己的脖子而死。

到后汉天福十二年（公元947年）五月八日，当后汉高祖刘知远从太原出发，行将夺取大梁之际，马希范突然去世了，终年四十九岁。马希范的同母弟马希广，时任武安节度副使、天策府都尉、领镇南节度使，他为人谨慎和顺，深得马希范的喜爱，命其判内外诸司事。马希范去世后，将佐们商议拥立谁当楚王。都指挥使张少敌、都押牙袁友恭二人认为，武平节度使知永州事马希萼是马希范众弟弟中最年长的，建议拥立他为主，而长直都指挥使刘彦瑫，天策府学士李弘皋、邓懿文，小门使杨涤则都希望拥立马希广。张少敌说道：“马希萼年长，性格刚强，肯定不会甘心屈居马希广之下的。如果拥立马希广，就该想个法子如何才能控制住马希萼，令其不敢乱动，不然的话，社稷要危险了。”刘彦瑫等人不从。

虽然马希范生前非常厌恶天策府学士拓跋恒，下令永远不与其见面，可是等到他临死前，又想起拓跋恒曾经说过的话，觉得还是拓跋恒对自己是忠心的，就将他召来，托付他要好好辅佐马希广。如今，在讨论继位人选时，拓跋恒说道：“虽然马希广主持军府，然而马希萼年长，还是派人以礼相让的好。不然的话，肯定是要起争端的。”刘彦瑫等人反对道：“如今军政在手，上天给你的，你不接受，必定反受灾祸。让他人夺得大权，我等哪里还有容身之地！”马希广素来懦弱，听了众人之言，迟疑不决。五月十一日，刘彦瑫等人谎称根据马希范的遗命，拥立马希广为主。张少敌退下后叹息道：“从此以后将要大祸临头了！”遂与拓跋恒一起称病，再也不出家门了。

马希广的庶弟、天策府左司马马希崇，非常狡猾阴险，他暗中给哥哥马希萼写信，称刘彦瑫等人违背先王遗命，废长立少，以激怒马希萼。马希萼从永州赶回奔丧，八月二十四日，行至趺石（今湖南省长沙市西北），刘彦瑫禀报马希广后，派遣侍从都指挥使周廷诲等人率领水军前去迎接，命令永州随行将士们都要解除武装，才能入城。马希萼只好从命，入城之后，被安排住在了碧湘宫，改穿丧服，加入守灵行列，不让其单独与马希广见面。此后，马希萼请求返回朗州，周廷诲劝说马希广将其杀掉。马希广不从，说道：“我怎忍心杀了哥哥？我宁愿潭州和朗州分为两国，各自治理都成。”遂重重地赏赐了马希萼，将其送还了朗州。马希崇经常伺察马希广的动向，马希广的一举一动都暗中禀报给了马希萼，二人约定马希崇充当内应。

湖南还将上演一出兄弟交争的大戏，我们暂且不提。

吴越王钱弘佐出兵福州，大胜而还，又占领了福州，威望大增。钱弘佐之所以能够出兵福州，还在于他已经牢牢地控制了政权。钱弘佐是在后晋天福六年（公元 941 年）年底继位的，那时，他年仅十三岁。在继位之初，上统军使阚璠专权跋扈，排挤异己，钱弘佐也奈何他不得。内牙上都监使章德安和右都监使李文庆都因不服阚璠而受到贬谪，二人被贬之后，阚璠以及右统军使胡进思更加专横起来。

钱弘佐一直在积蓄力量。富商程昭悦送给内都监使杜昭达（钱鏐开国功臣杜建徽之子）和上统军使阚璠很多财物，遂得以接近钱弘佐，成为钱弘佐的侍从。程昭悦为人狡猾谄媚，很快就获得了钱弘佐的宠爱，这反而让阚璠很不高兴。程昭悦得知后，赶忙来到阚璠家中谢罪，阚璠怒斥了他很久，才说："我一开始决心要杀了你，既然如今你已经悔过了，我也就既往不咎了。"程昭悦听后很是害怕，就盘算着除掉阚璠。阚璠刚愎自用，惹得吴越国上下对他都很不满，就连钱弘佐对他也很厌恶。程昭悦打算先把阚璠调出京师，又唯恐阚璠有所觉察，就私下对右统军使胡进思说："如今想给大人和阚璠各自安排一州，如何才能让阚璠不起疑心？"胡进思答应帮忙，钱弘佐遂任命阚璠为明州刺史，胡进思为湖州刺史。阚璠得知后，大怒说："把我调出外镇，这是在疏远我！"胡进思赶忙劝解道："你我这些老兵能得到一个大州，够幸运的了，不去还能干啥？"阚璠听了这才接受了命令，不久，钱弘佐又随便找了个借口留下了胡进思。

内外马步都统军钱仁俊的母亲是杜昭达的姑姑，程昭悦遂诬陷阚璠和杜昭达阴谋拥戴钱仁俊为主，起兵作乱，钱弘佐下令将二人逮捕，严刑拷打之下，二人屈打成招。到后晋出帝开运二年（公元 945 年）十一月，钱弘佐下令诛杀了杜昭达和阚璠二人，罢免了钱仁俊的官职，将其软禁在东府，于是，程昭悦开始清除阚璠、杜昭达一党，凡是平时猜忌之人全部杀掉，一共杀了一百余人。胡进思厚重寡言，程昭悦认为此人蠢笨，就没有牵连到他。程昭悦逮捕了钱仁俊的部下慎温其，让他证实钱仁俊有罪，狱吏把慎温其打得体无完肤，但他始终没有屈服，钱弘佐对他的忠心很是赞赏，就提拔了他到政府任职。

除掉了阚璠和杜昭达二人，内都监程昭悦又开始肆无忌惮起来，他招徕了很多门客，还囤聚了不少武器，经常与术士们混在一起。钱弘佐感到势头不对，到了后汉天福十二年（公元 947 年）二月，也就是福州之战到了最关键的时刻，钱弘佐又决心杀了程昭悦。他对水丘昭券说道："你今晚率领一千士兵包围程昭悦的家。"水丘昭券说道："程昭悦不过是大王的家臣，如果有罪就该公开予以斩杀，不宜夜晚出兵。"钱弘佐答应了，遂派遣内牙指挥使储温等候在程昭悦的家门附近，趁机回家时，将其抓获，送入东府。二月二十三日，钱弘佐下令将其斩首，同时，从东府释放了钱仁俊。

一五一　小国之政

杀掉程昭悦后三个月，到了后汉天福十二年六月二日，钱弘佐也去世了，享年二十岁。他遗命以弟弟、丞相钱弘倧担任镇东、镇海节度使兼侍中。

六月十三日，也就是后汉高祖刘知远刚刚抵达大梁的第三天，钱弘倧继承了吴越国王之位。后汉朝廷不久就任命钱弘倧为东南兵马都元帅，镇海、镇东节度使兼中书令，吴越王。唐朝末年，天下大乱，吴王杨行密与吴越王钱鏐曾屡次大战，期间，钱鏐之子钱元瓘，也就是钱弘佐和钱弘倧的父亲，曾经被当作人质扣留在杨行密的部将田頵那里。在钱元瓘当人质期间，胡进思和戴恽等人就追随在他的身边，因此，等到钱元瓘继承其父钱鏐之位、当上吴越王以后，就任命胡进思等人为大将。钱弘佐继位后，对胡进思等人还很是敬重，但钱弘倧性格刚强严厉，见其兄钱弘佐在位时，包容众将，政非己出，一直耿耿于怀，等到他继位后，就决心树立其个人权威。当他见到内牙统军使胡进思自恃有迎立之功，经常干预政事，内心就开始对胡进思非常不满起来。一次，钱弘倧检阅水军，赏赐倍于往常。胡进思极力劝阻，惹得钱弘倧大怒，将毛笔扔到水中，说道："我的财物与士兵们共享，还说什么多少限度！"

钱弘倧打算让胡进思当一个州的刺史，可是胡进思不干；胡进思有所建议，钱弘倧往往当面予以驳斥，弄得胡进思很没面子。民间有人屠宰耕牛，官吏追查下去，牵连的买牛肉的人供出的牛肉竟高达上千斤。钱弘倧就问胡进思："一头大牛身上最多有多少斤牛肉？"胡进思回答："不过三百斤。"钱弘倧遂说："看来是官吏们在胡诌。"下令追究相关官员们的责任。胡进思拜贺钱弘倧贤明。钱弘倧故意问道："你怎么知道得那么详细？"胡进思踌躇良久，才红着脸回答："臣昔日从军前，就当过屠夫。"其实，钱弘倧当然知道胡进思的出身，他这么问，是想故意羞辱胡进思。李达归顺吴越国后，被改名为李孺赟，李孺赟朝思暮想想重回福州，胡进思也从中斡旋，可是，等李孺赟回到福州后，就与吴越的福州守将鲍修让不和，阴谋袭杀鲍修让，并以福州改降南唐。鲍修让察觉出李孺赟的阴谋，先发制人，领兵杀了李孺赟，将其灭族。李孺赟被杀后，钱弘倧以丞相吴程知威武节度事。借李孺赟叛乱，钱弘倧又将胡进思斥责了一番，让胡进思内心更加不安起来。

钱弘倧与内牙指挥使何承训商议收拾胡进思，又与内都监使水丘昭券商量。水丘昭券觉得胡进思的党羽很强，一时难以控制，不如暂且包容，钱弘倧犹豫不定。何承训担心事情败露，反而将钱弘倧的计划密报给了胡进思。

后汉天福十二年十二月三十日夜晚，继位半年的钱弘倧设宴款待群臣，胡进思怀疑钱弘倧是借此要杀掉自己，就与其同党发动了叛乱。他亲自率领一百名亲兵全副武装登上天策堂，对钱弘倧说道："老奴无罪，大王为何要对付我？"钱弘倧厉声断喝，勒令其退下，但胡进思及其部下置若罔闻，这让钱弘佐身边的卫士们都非常愤怒，然而，仓促之际，钱弘倧竟然顾不得下命令，匆忙转身逃入义和院内。胡进思锁住院门，谎称钱弘倧之命，通告内外称："我突然得了中风，传位于弟弟、参相府事钱弘俶。"胡进思遂率领众将到钱弘俶的家中迎接，又把丞相元德昭召来。元德昭到后，站在帘子外面说道："等见到新君之后再说。"胡进思赶忙拉起帘子，元德昭这才跪下叩拜。胡进思谎称钱弘倧之命，代行皇帝职权授予钱弘俶镇海、镇东节度使兼侍中。钱弘俶说道："能保全我哥哥，我才敢接受。不然的话，就让贤。"胡进思点头答应。钱弘俶这才接受。

囚禁了钱弘倧之后，胡进思又下令杀掉了水丘昭券以及钱弘倧的舅舅、进侍（侍卫）鹿光铉。胡进思的妻子说道："别人杀了也罢了，水丘昭券是个君子，你为何要加害于他！"

等钱弘俶继位后，内牙指挥使何承训又建议杀掉胡进思及其同党。钱弘俶对何承训反复无常十分讨厌，也担心再招致大祸，遂逮捕了何承训，将其诛杀。钱弘俶把钱弘倧迁到衣锦军私宅，派遣匡武都头薛温率领亲军护卫，叮嘱他道："如果有非同寻常的命令，都不是出自我的意思，当以死拒绝执行。"胡进思屡屡请求杀了钱弘倧，以绝后患，钱弘俶坚决不答应。胡进思谎称钱弘俶之命让薛温执行，薛温说道："我受命之日，大王没有说过这种话，因此不敢从命。"胡进思遂趁夜派遣党羽方安等两个人翻墙而入，钱弘倧听到动静，紧闭门窗，大声呼救。薛温听见后，率众入内，将方安二人打死在庭院之内。薛温入宫禀报钱弘俶，钱弘俶闻言大惊，说道：“保全我哥哥的，全是你的功劳啊！”由此，钱弘俶开始对胡进思又是畏惧，又是猜忌，表面上则对他委曲求全，百般忍让。胡进思内心也是忧虑恐惧，不久就背后生疮而死。钱弘倧也因此逃过一命。

到后汉天福十二年，南唐元宗李璟已在位五年了。从他在后晋出帝天福八年继位起，南唐就一直在南方用兵。天福八年，南唐军队讨伐从南汉越境而来的变民张遇贤部，次年，南唐插手闽国、殷国之争，出兵建州，战事历经一年多，到开运二年，南唐消灭了殷国，占领建州，在名义上夺取了福建之地。然而，到了开运三年，福建又发生内乱，泉州与福州交兵，枢密使陈觉擅自发兵进攻福州，福州之战又经过了一年多，南唐损兵折将，结果战败，福州落入吴越国的手中，而南唐也从实际上失去了对泉州、漳州等地的控制权，可谓得不偿失。

在内政方面，南唐元宗李璟也是任用非人，赏罚失当。在他继位后，就把闲居九华山的宋齐丘召了回来，以其担任太傅兼中书令，不过并没有让其插手政务，只是参加朝贺而已，而任命昭武节度使李建勋为右仆射兼门下侍郎、同平章事，以中书侍郎冯延巳为同平章事。李建勋虽然熟悉政事，可是为人胆怯，不敢轻易决断，而冯延巳则工于文辞，狡猾奸佞，喜欢吹牛，四处结党营私。水部郎中高越曾经上书揭发冯延巳兄弟的罪恶，结果李璟大怒，将其贬为蕲州司士参军。当初，南唐在宫中设置宣政院，以翰林学士、给事中常梦锡负责，专门掌握帝国机密，与中书侍郎严续（严可求之子）二人都忠诚无私。然而，李璟对二人并不认可，一次，他对常梦锡说道：“大臣们中间只有严续保持中立，不过此人没有什么才能，恐怕应付不了各党的倾轧，你要多多帮助帮助他。”话虽这么说，但是，不久，常梦锡就被免职了，而严续也被外调担任池州观察使。于是，常梦锡遂经常称病，纵酒作乐，不再过问政事了。从李璟继位以来的种种表现来看，他只不过是个中才偏下之主。

与南唐、吴越、楚国不同，荆南和后蜀则趁着辽军南侵、中原无主之际，试图火中取栗，得到一点好处。

如前所述，荆南地处湖南、南唐、后蜀以及中原王朝之间，国小民贫，从高从诲的父王高季兴开始，就开始掠夺各道向朝廷进贡的物品，等人家前来责问时，他又毫无愧色地如数奉还，等到高从诲继位后，中原之地先后被后唐、后晋、辽国、后汉所控制，而南方的南汉、闽国、南唐、后蜀也都称帝了，高从诲贪图各国的赏赐，对各个国家都称臣，令各国对其很是轻贱，称之为“高无赖”。等到

“高无赖”听说后晋杜重威叛乱后，就想趁后晋无暇南顾之时浑水摸鱼，遂调派数千水军奔袭襄州，山南东道节度使安审琦将其击败，他又骚扰郢州，也被郢州刺史尹实打得大败，战后，高从诲遂不再向后汉称臣，依附于南唐和后蜀。

后蜀也趁机出兵，企图夺取关中。后蜀后主孟昶继位前不久，正值后唐末年后唐末帝与闵帝相争，后唐山南西道节度使张虔钊和武定节度使孙汉韶奉命讨伐后唐末帝李从珂，结果战败，遂投降了后蜀，后蜀也由此占领了后唐的汉中地区以及文州一带。不久，后蜀高祖孟知祥去世，孟昶继位。孟昶继位后，后唐与后蜀围绕着文州一带，又发生了一些零星战役，以后蜀的胜利而告终。到后晋出帝开运元年二月，阶州（今甘肃省陇南市武都区东）、成州（今甘肃省成县）义军指挥使王君怀因不堪忍受刺史的压迫，率领本部一千余人叛逃到后蜀，并请求担任向导夺取两州。随后，双方发生了短暂的交手。等到辽军消灭后晋以后，后晋雄武（治所秦州，今甘肃省秦安县北）节度使何重建以秦州、成州、阶州三州投降了后蜀。后蜀君臣看到了机会，孟昶遂于后汉天福十二年年初，任命左千牛卫上将军李继勋担任秦州宣慰使，以期相机夺取秦州，进而攻取关中。也正是由于何重建的降蜀，刺激了刘知远，最终导致刘知远赶忙称帝，以号令中原诸侯。此时，凤县（今陕西省凤县）还在中原军队手里。后蜀翰林学士承旨李昊对孟昶建议道：“敌人如果再次夺回固镇（今甘肃省徽县），则通往兴州（今陕西省略阳县）的道路就被切断了，我军将不能北上救援秦州（今甘肃省秦安县）。请求派遣山南西道节度使孙汉韶领兵猛攻凤州。”孟昶遂命令孙汉韶赶赴凤州行营。孙汉韶率领两万蜀军进攻凤州，驻军固镇，又分兵北上扼守散关，以切断关中地区南下的援军。后汉天福十二年四月二十日，就在辽国皇帝耶律德光去世的前一天，凤州防御使石奉頵终于向后蜀投降了，至此，后蜀才算是基本上完全占领了汉中地区。

一五二　李荣举义

在刘知远进入大梁前后，南唐刚刚经历过福州大战，已一蹶不振；楚王马希广和吴越王钱弘倧均刚刚继位，国内矛盾斗争激烈，无暇他顾；南汉地处偏远，刘晟凶恶残暴，也正忙于清除诸弟。

虽然这四个国家对刘知远没有什么威胁，但是，对于刚刚进入大梁的刘知远来说，他面临的依然是一个异常残破的局面：后蜀已经占领了汉中和陇西，时刻觊觎着关中地区；辽世宗耶律阮刚刚继位，已经北归，但辽军还盘踞在黄河以北的很多地区；中原不少藩镇还首鼠两端；荆南高从诲不再臣服，依附于南唐和后蜀。

时任天雄节度使的杜重威自以为是个汉奸，时常心存疑惧，当他接到后汉朝廷将其调任归德节度使的命令后，遂拒绝接受，派遣其子杜弘璲赶赴恒州（今河北省正定县），向辽将耶律把里得请求援军。赵延寿有两千幽州亲兵也滞留在恒州，由指挥使张琏统领，杜重威也请他们协防魏州。耶律把里得遂派遣部将杨衮率领一千辽军骑兵加上这两千幽州兵赶赴魏州。杨衮，生平不详，但到了元代天历二年（公元 1329 年），赵鹤鸣在《题世将杨族祠堂碑记》中，说出杨衮就是北宋名将杨业之父，但经过学者考证，这一碑记所记五代时期的世系错误百出，不足为据。其上还称杨衮之父是正在后汉朝廷当权的杨邠，完全是胡说八道。

天福十二年（公元 947 年）闰七月十八日，刘知远下诏削夺杜重威的官爵，任命高行周担任招讨使，以镇宁节度使慕容彦超为副招讨使，发兵北上讨伐杜重威。次日，刘知远以权知枢密事杨邠、副使郭威、权三司使王章均为实任。当时，兵荒马乱之余，公私匮乏，河东军队与后晋遗留在军队都集中在大梁附近，供需增加了数倍。王章上书请求取消很多不紧迫的事务，节省大量开支，以供应军队，保证了军队的日常需求。

辽将耶律把里得贪婪残忍，只要他知道民间有珍宝、美女的，总要强抢到手。他还派兵逮捕村民，诬陷他们是强盗，然后采取撕裂面皮、挖出双眼、砍断手腕等酷刑，甚至于用火活活烧死，以图恐吓中原军民。他经常随身携带刑具，他的左右前后都挂满了人的肝胆、手足，他在其间饮食会客，亦毫不在意，依然谈笑风生。有时出门，他还身穿龙袍，坐上皇帝的专用车辆，使用皇帝专用物品，还口口声声地说道："这些东西对于汉人来说是不可用的，我们国家没有这些禁忌。"又以宰相员额不够，任命司马冯道判弘文馆，李崧判史馆，和凝判集贤殿，刘昫判中书省。他对于犯法的辽国人也严惩不贷，故而恒州的社会秩序勉强还能维持。他唯恐汉人逃走，告诫守门人说："凡是有汉人到城门口探头探脑的，马上砍断他的人头送来！"

耶律把里得派人到洺州押运物资，洺州（今河北省邯郸市永年区东北）防御使薛怀让听说刘知远已经进入大梁的消息后，就杀掉了辽军使者，举城向后汉投降。刘知远派遣郭从义率领一万人马会同薛怀让之兵一起北上，进攻邢州（今河北省邢台市）。郭从义，沙陀人。其父绍古，深受晋王李克用的信任，被赐名姓李。李绍古去世后，庄宗就把年幼的李从义养在宫中，对他像对待自己的儿子们一样看待。后唐明宗李嗣源与李绍古是好友，等到李嗣源即位后，就让李从义在内廷任职，后晋升为内园使。后晋建立后，李从义恢复原姓郭氏，又因服丧而在太原家中闲居。等到刘知远镇守太原时，以其担任马步军都虞候，屡屡领兵在代北击破辽军。刘知远称帝时，屡率师破契丹于代北。刘知远称帝，郭从义最先赞成，被提拔为郑州防御使，率领河东军队最先翻越太行山南渡黄河。《宋史》称他"性重厚，有谋略，多技艺"。

邢州刺史刘铎向耶律把里得求救，耶律把里得派遣部将杨安、前义武节度使李殷率领一千骑兵南下，郭从义、薛怀让退守洺州，杨安等人纵兵在邢州、洺州一带大肆劫掠。在恒州，辽军只留下不足两千军队，耶律把里得却让有关部门准备一万四千人的粮食，剩下用于供应一万两千人的物资，均为他个人贪污。耶律把里得经常怀疑汉兵的忠心，又觉得汉兵没有太大用处，遂逐渐予以裁减，还不断减少对汉兵的供应，转发给辽军，弄得汉兵人人怨愤，等到听说刘知远在大梁称帝的消息后，人人盼望着早日南归。前颍州防御使何福进、控鹤指挥使李荣、前奉国右厢都指挥使王饶等人暗中联络数十名军中壮士，阴谋袭杀辽军，可是畏惧辽军依然强大，犹豫不定，不敢发动。正巧耶律把里得派遣杨安、杨衮两支军队离开了恒州，留在恒州城内的辽军仅余八百人，何福进等人遂下定决心，约定以敲击佛寺的钟声为起兵信号。

何福进，字善长，太原人。他年少从军，是员猛将。后唐同光末年，郭从谦发动兵变，当时何福进担任宿卫将校，与李彦卿（符彦卿）等人一起拼死苦战，等到明宗即位后，对其深为赞赏，提拔他为捧圣军校，出为磁州刺史，充北面行营先锋都校。清泰年间，他又以彰圣都虞候的身份领兵平定邺都叛乱，被晋升为郑州防御使。后晋末年，他由颍州团练使被征召入朝担任左骁卫大将军。耶律德光北返时，勒令后晋旧臣从行，何福进也在其中。李荣，太原人，他就是后来大名鼎鼎的李筠，后周世宗继位后，因避讳郭荣之名而改名为李筠。李荣擅长骑射，后唐秦王李从荣判六军诸卫时，曾招募猛士，李荣应募。秦王府中有一百斤的强弓，无人能用，李荣可以轻松拉满，两发两中，遂被李从荣收入麾下。天津桥事变时，李荣接连射杀十几个人，见大势已去，只好逃走。后唐末帝时，他又应募担任内殿直，后晋升为控鹤指挥使。辽军占领大梁后，赵延寿风闻李荣骁勇，召置麾下。王饶，字受益，庆州人。王饶深沉刚毅，很有才干，起初在石敬瑭手下任职，后晋建立后，他历任控鹤军使、奉国军校、奉国都校、奉国右厢都指挥使等职。史称，他“性宽厚，体貌祥雅，所莅藩镇，民皆便之。每接宾客，必怡声缓气，恂恂如也”。

闰七月二十九日，辽国皇帝耶律阮派遣起兵来到恒州，征召前威胜节度使兼中书令司马冯道、枢密使李崧、左仆射和凝等人北上辽国，参加在木叶山举行的耶律德光的葬礼。司马冯道等人还未动身，到了这一天的饭时，佛寺钟声敲响。汉兵突然行动，抢夺守门辽军士兵的武器，接连杀掉了十余名辽军，然后冲入军府。李荣提前占领了武器库，召来汉兵和恒州百姓，给他们分发武器，又焚烧了衙门，与辽军激战。李荣号召汉将们齐心协力，护圣左厢都指挥使、恩州团练使白再荣狐疑不决，藏匿起来，军士们抽出佩刀割开帷帐，将他拖出，白再荣不得已只好出来参加战斗。汉军各部相继赶到，恒州城内火光四起，喊杀声震天动地。耶律把里得等人大吃一惊，携带家人、财宝退守北城，而起事的汉兵们没有统一指挥，一些恶人趁乱四处劫掠，胆小的则躲在一旁。八月一日，辽军从北门进入城内，向起事的汉族军民发起反攻，当时，很多军民正趁乱劫掠，唯独李荣的控鹤一支军队和市民们在抵御辽军，不敌辽军，死伤累累，有两千余人被杀。前磁州刺史李谷担心会失败，就请司马冯道、李崧、和凝来到战场慰问将士们，起义士兵见到司马冯道等人赶来，士气大振。到了午后，城外有数千百姓得知辽军逃跑，手持武器打算劫掠辽军留在城外的财物、妇女，留在城外守卫的辽军赶忙进城向耶律把里得禀报，耶律把里得听了，心生恐惧，遂放弃恒州北逃。耶律把里得、刘晞、崔廷勋则逃往定州（今河北省定州市），与辽国义武节度使耶律忠（耶律郎五）会合。

司马冯道等人四处安抚军民，众人推举司马冯道担任节度使。司马冯道推辞道："我只是个书生，只会奏事而已，还是从众将中挑选一个担任留后吧。"当时，众将争功不已，实际上，李荣功劳最大，而白再荣的职务在李荣之上。李荣就到司马冯道那里请求让自己权领节度事，司马冯道唯恐众将争功，再起变故，就对李荣说道："你负责向朝廷奏报吧，至于留后一职当以功臣来担任。"司马冯道考虑到白再荣军职最高，就推举白再荣暂时担任代理留后，然后，派人给后汉朝廷奏报，并请求朝廷发兵增援。李荣当时就把儿子送到朝廷，刘知远对其深为满意。

后汉高祖刘知远得报后，赶忙派遣左飞龙使李彦从领兵救援。李彦从，字士元，汾州孝义人。其父李德，曾任麟州司马。李彦从自幼习武，从军后，成为刘知远的部下，后汉建立后，刘知远任命其担任左飞龙使、检校司空。

白再荣贪婪愚昧，猜忌众将。他觉得李崧和和凝长期担任宰相，家中富裕，就派兵包围了二人的住所请赏。李崧、和凝只好拿出家财给了乱兵，可是，白再荣又想杀了二人灭口。李谷知道后，就找到白再荣，斥责他道："国家已经灭亡了，我们的皇帝正蒙受耻辱，你等拥兵不救，如今刚刚赶走一个辽将，而百姓们就死了三千人，难道这只是你一个人的功劳吗？刚逃出一死，就要妄杀宰相，新天子如果追究你擅自杀戮的责任，你有拿什么话来应对？"白再荣听了，这才害怕起来，不敢动手。白再荣还想搜刮民财赏军，李谷极力劝阻，也没有行动。凡是侍奉过辽军的中原百姓，白再荣都将他们抓来，抄没家财。由于他贪婪残暴，与耶律把里得相似，恒州百姓给他起了个外号，叫作"白把里得"。奉国右厢都指挥使王饶害怕被白再荣火并，遂谎称脚病，占领恒州东门楼，领兵自保。司天监赵延义与二人关系都不错，往来于二人之间，反复解释、开导，二人这才没有发生冲突。赵延义，字子英，秦州人。他曾祖赵省躬就深通术数，后到蜀地避乱，其父赵温珪在前蜀担任司天监，深得前蜀皇帝王建的厚待，赵延义也因门荫而被任命为翰林待诏。前蜀灭亡后，赵延义来到洛阳，后唐明宗天成年间，他又被任命为前蜀旧职。后唐末年，他曾经与枢密直学士吕琦一起值班，吕琦问他国运，他回答："明年有灾，能够挺过去就另说了。"吕琦追问不已，赵延义只好说道："保住国家在于刑政，保住国运在于福德。说到刑政，我们当术士的不敢多言，只是当今大人们很少有很大福德的，我的确有点担忧啊。"后他被提拔为司天监。

一五三　平定邺都

听说耶律把里得被赶出恒州，刚刚来到邢州的杨衮赶忙率部北去，杨安也随之而去，李殷则率部投降了后汉。

八月九日，刘知远任命薛怀让为安国（治所邢州）节度使。刘铎听说耶律把里得北逃后，举城向薛怀让投降。薛怀让谎称到邢州巡视，领兵赶往邢州，刘铎开门迎接，谁知薛怀让突然变脸，将其诛杀，向朝廷谎称是攻克了邢州。刘知远心知是假，而不予深究。十日，刘知远下令将恒州顺国军恢复为镇州成德军。十一日，他又任命白再荣为成德留后。一年之后，才以何福进为曹州防御使，李荣为博州刺史。李荣认为自己功劳很大而朝廷的赏赐太薄，心里很不是滋味。

当时，各地盗贼众多，刚刚建立的后汉朝廷深感忧虑，为了恢复社会秩序，刘知远下诏宣布："凡是抓住强盗的，不论他抢劫的财物多少，一律处死。"并命令各地进行捕杀。苏逢吉为人一向用法苛刻，喜欢杀人，他曾经在河东幕府时，刘知远命其审理案件时从宽处理犯人，以祈求阴福，谁知苏逢吉却将犯人全部处死。接到刘知远的指示后，苏逢吉亲自起草诏书，称："凡是强盗，其家四邻承担连带责任，一律全族处斩。"众人纷纷提出反对，称："即便是强盗本人也不可以全族处斩，何况是他的四邻呢！"可是，苏逢吉固执己见，众人拗不过他，最终只删除了"全族"二字。这道严厉的诏书下发后，朝廷派往各地的搜捕使者们开始大开杀戒，其中，郓州捕贼使者张令柔就杀了平阴十七个村的五百名村民。卫州刺史叶仁鲁听说本部叛乱，亲自率领州兵前去搜捕。当时，有十几个村民也一起追赶强盗，追入山中，强盗们都四散逃走了。叶仁鲁随后才到，见这帮村民就误以为是强盗，全部抓住，砍断脚筋，弃之山谷之中，过了数日，这些人才痛苦地死去。

当时，后汉朝廷刚刚建立，刘知远将军事交给杨邠、郭威二人全权处理，将政务交给苏逢吉和苏禹珪二人。苏逢吉和苏禹珪二人处理起政务来，完全是随心所欲，根本不管昔日的规矩和朝廷的制度，虽然办事效率提高了，可是，人事方面的升迁或者黜免，就看二人高兴不高兴。刘知远正宠信二人，朝廷群臣也无人敢提出异议。史称："是故汉世尤无法度，而不施德政，民莫有所称焉。"苏逢吉尤其贪婪诡诈，毫无底线，公然索要贿赂，毫无顾忌。苏逢吉的继母去世了，他贪图权位，也不离职服丧。他的庶兄从外地回来，没有先禀报他而先与儿子们见面，苏逢吉竟勃然大怒，又担心将来他的这位哥哥会欺凌自己的孩子们，就上报刘知远，找个借口将其杖杀。前凤翔节度使李从曮之子李永吉入朝，苏逢吉断定李家世代王侯，家中肯定很有钱，就派人给他捎话，索要其父的玉带，并答应给他一个刺史当当。李永吉回复说没有，苏逢吉就让人在市场上买了一条价值上千的玉带，让李永吉出钱。前客省使王筠在后晋末年出使楚国，等后汉建立后才回京，苏逢吉也觉得王筠拿了楚王很多贿赂，就派人前去索要，也答应给王筠一个刺史当，王筠很不情愿地分出一半给苏逢吉，而苏逢吉却自食其言，也没给二人刺史之位。

当初，刘知远与吏部尚书窦贞固一起侍奉石敬瑭，二人私交很好，等到刘知远即位后，就打算将其拜为宰相，而苏逢吉、苏禹珪二人从刘知远的幕僚骤然升为宰相，也想抬出一位旧臣充当首相，于是，就把窦贞固定为了首相。刘知远又问苏逢吉："除了窦贞固，还有谁能当宰相？"苏逢吉与翰林学士李涛是朋友，就推荐了李涛，他说："昔日，李涛请求朝廷杀了张彦泽，当时，陛下还在太原，曾表示敬佩，他可以当宰相。"正巧，高行周和慕容彦超一起围攻邺都的杜重威，慕容彦超想立即发起进攻，而高行周则打算长期围困。高行周与杜重威是儿女亲家，高行周的女儿嫁给了杜重威的儿子，因此慕容彦超就扬言说："高行周因为自己女儿的缘故，才照顾叛贼，不立即发起进攻。"因此，邺都前线两位主将之间产生了矛盾。刘知远唯恐前线出现变故，打算亲征，但一直迟疑不定。恰在这时，李涛上书建议刘知远亲征，刘知远看后大喜，认为李涛是宰相的合适人选，九月二十三日，刘知远下诏加授窦贞固为司空兼门下侍郎，苏逢吉为左仆射兼门下侍郎，苏禹珪为右仆射兼中书侍郎，李涛为户部尚书兼中书侍郎，四人均为同平章事。

九月二十七日，刘知远下诏将要到澶州、魏州慰问军队，以皇子刘承训为东京留守。其间，司马冯道、李崧、和凝三人也从镇州回到了大梁，二十八日，刘知远任命李崧为太子太傅，和凝为太子太保。二十九日，刘知远从大梁出发，开始北上。在此期间，晋昌（治所京兆府）节度使赵匡赞唯恐自己最终也不会被后汉朝廷所容，遂派遣使者向后蜀投降，并请求后蜀派遣军队取道终南山（秦岭）前来接应。

十月十七日，刘知远来到邺都城下，住在高行周的军营。高行周对刘知远说道："城内粮食尚未吃尽，马上发起进攻，白白令士兵们送命，还难以攻克。不如暂缓进攻，等到他们的粮食吃光以后，将不战自溃。"刘知远表示同意。慕容彦超自恃是刘知远的弟弟，屡次没事找事，欺辱高行周，高行周面见宰相哭诉，说到伤心处，竟然用手抓起粪土塞到自己的嘴巴里。苏逢吉和杨邠偷偷将此事禀报给了刘知远，刘知远也明白错在慕容彦超，就命令苏逢吉、杨邠二人前去和解；又召来慕容彦超，狠狠地斥责了他一番，命其到高行周那里道歉。

原来，杜重威声称一旦刘知远前来，他就会投降，等刘知远来后，就派遣给事中陈观前去沟通，可是，杜重威又变卦了，紧闭城门不让陈观入城。眼看城内粮食逐渐减少，守军士气开始低落，不少将士偷偷出城投降。慕容彦超执意立即攻城，刘知远最终答应了。十月二十五日，刘知远亲自督战，从清晨一直打到上午，后汉军伤亡惨重，有上万人负伤，一千余人战死，仍然未能破城。慕容彦超这才不敢多言了。

当初，辽国留下一千五百名幽州军队戍守大梁，等刘知远进入大梁后，有人说幽州兵可能要发动兵变，刘知远遂下令将这一千五百人全部处死于繁台之下。等到邺都围城战打响后，张琏奉辽将耶律把里得之命，率领两千幽州军队协防邺都，刘知远多次派人前去招降，并答应饶其不死。张琏说道："繁台被杀的那一千五百人，究竟是犯了什么罪？我们今天驻守此城，也只有一死了。"因此，他们拼死苦战，后汉军队迟迟未能攻克。十一月六日，内殿直韩训献上攻城器具，刘知远说道："邺都依靠的是人心，假如人心离散，城就保不住了，要这些东西有什么用！"

杜重威决定背叛时，观察判官王敏哭泣着劝谏，可是杜重威不从，等到邺都城内粮食吃尽后，十一月二十四日，王敏携带降表出城投降。次日，杜重威的儿子杜弘琏出城觐见刘知远。二十六日，杜重威的妻子、后晋高祖石敬瑭之女石氏出城觐见，刘知远又将她放回。二十七日，杜重威打开城门投降。此时，城内军民已经饿死了十之七八，还活着的人也都饿得瘦骨嶙峋，完全不成人样。张琏事先得到刘知远的保证，允许放他们返乡。可是，等到他们出降后，刘知远却食言而肥，诛杀张琏等将校数十人，只释放了他们手下的士兵。这些被释放的士卒快离境时，大肆劫掠而去。郭威请求杀掉杜重威的牙将一百余人，并将杜重威的全部家财没收赏赐军队，刘知远也都答应了。刘知远只将杜重威任命为太傅兼中书令、楚国公，每当杜重威进出家门，路人对他恨得咬牙切齿，纷纷拿起砖头瓦块朝他扔去。

高行周因慕容彦超的镇宁镇治所在澶州，距离邺都很近，因此坚决推辞邺都留守一职，刘知远没有答应，加授高行周为守太尉，封临清王。十一月二十九日，刘知远下诏任命忠武节度使史弘肇领归德节度使兼侍卫马步都指挥使，以义成节度使刘信领忠武节度使兼侍卫马步副都指挥使，将慕容彦超调任天平节度使，三人均加同平章事。以前定州节度使李殷为贝州节度使，以郑州防御使郭从义为澶州节度使。刘信，是刘知远的堂弟，《新五代史》称是刘知远的三弟。史称，刘信昏庸胆怯，贪得无厌，又喜欢用酷刑杀人。在他担任禁军首领期间，身边的人一旦犯了罪，他就召来此人的妻子，当着他妻子面割下此人身上的肉，令其自己吃下自己的肉，或者将此人从脚下开始一直肢解到脑袋，血流一地，刘信毫无怜悯之色，反而命奏乐饮酒。

十二月六日，刘知远离开邺都返京。十一日，刘知远长子、开封尹刘承训去世，十三日，刘知远回到了大梁。

刘知远进入大梁之后，用了近半年的时间平定了杜重威之乱，同时也赶走了成德的耶律把里得，然而，有得有失。趁其无暇西顾之机，后蜀已全取了汉中，稳定了秦州，招降了晋昌军，整个关中地区已岌岌可危。到了这一年十二月十日，应晋昌节度使赵匡赞的请求，后蜀后主任命山南西道节度使兼中书令张虔钊为北面行营招讨使，以雄武节度使何重建为副使，宣徽使韩保贞为都虞候，一共出兵五万，张虔钊领兵从散关（今陕西省宝鸡市西南）出击，何重建从陇州（今陕西省陇县）出击，夹攻凤翔（今陕西省凤翔县）。奉銮肃卫都虞候李廷珪率领两万人马从子午谷（今陕西省宁陕县北）出击，增援长安的赵匡赞。各军从成都出发，旌旗绵延数十里。与此同时，孟昶还先礼后兵，派遣雄武都押牙吴崇恽携带枢密使王处回的书信，前去招降凤翔节度使侯益。侯益在后蜀强大武力的威慑下，向后蜀投降，让吴崇恽把凤翔府的官兵名册、钱粮账簿带回成都，并与赵匡赞一起上书孟昶，请求后蜀平定关中。

一五四　隐帝继位

公元948年一月五日，刘知远下诏宣布大赦，改元为乾祐元年。九日，刘知远改名为刘暠。同日，任命前威胜节度使司马冯道为太师。

刘知远对关中局势十分担忧，正遇上回鹘人入朝进贡，诉说途中受到党项人的阻挠，请求朝廷发兵接应。刘知远遂派遣右卫大将军王景崇、将军齐藏珍率领数千禁卫军西上，并命二人经营关中。齐藏珍，自幼在担任内职，历任诸卫将军，经常到外地担任监军，颇为称职，然而，此人阴险残忍，伶牙俐齿，让人对其都很畏惧。

晋昌节度判官李恕长期在赵延寿手下任职，赵延寿命其辅佐儿子赵匡赞。赵匡赞将要投奔后蜀，李恕劝谏道："燕王投降辽国，难道是心甘情愿的吗？如今汉家刚刚取得天下，正欲招抚各地，如果大人谢罪归朝，肯定能保住荣华富贵。投降后蜀不是完全之策啊，俗话说得好：'马蹄那么小的水坑是容不下一尺长的鲤鱼的。'大人将来肯定是会后悔的。"赵匡赞又被李恕说动，派李恕携带降表向后汉投降。王景崇等人还未出发，李恕就到了大梁。刘知远问李恕道："赵匡赞为何要投降后蜀？"李恕回答："赵匡赞觉得自己接受了辽国任命的官职，父亲也在辽国，害怕陛下一时不留意，所以才依附后蜀只求偷生而已。臣认为朝廷肯定会体恤到这一点，所以，赵匡赞才派臣前来请求陛下的爱怜。"刘知远说道："赵匡赞父子，本来就是我们国家的人，不幸身陷敌手。如今，赵延寿刚刚落入敌人的陷阱，我怎忍心再加害赵匡赞呢！"遂答应赵匡赞入朝。侯益听说后，也派人请求愿意入朝，在二月四日刘知远生日那一天前来祝贺。王景崇等人临行之前，刘知远将其召入卧室，叮嘱他们道："赵匡赞和侯益之心，尚未可知。你们到了关中，如果他们已经入朝，那就算了；如果他们还在拖延观望，你们要见机行事，果断采取措施。"

刘知远两个弟弟三个儿子，两个弟弟分别是刘崇、刘信；三个儿子分别是刘承训、刘承祐和刘承勋。另外，刘知远还非常喜欢刘崇的儿子刘赟，将刘赟收为养子。刘承训，字德辉，他自幼温和仁厚，容貌俊美，深得刘知远的喜爱。刘知远起兵后，以刘承训为北京大内巡检，不久，将其召回京师，授予开封尹、检校太尉、同平章事。刘承训去世时，年仅二十六岁。刘知远回到大梁后，在太平宫举办丧礼，老年丧子，刘知远非常悲痛，哭得死去活来，由此染病，一月十四日，身体开始发病。

赵匡赞不等李恕复命，就匆匆忙忙留下亲将赵思绾及其数百人，离开了长安，一月二十六日，抵达大梁。王景崇等人来到长安后，就听说后蜀李廷珪所部已经进入关中，情况十分危急，王景崇赶忙征调本道以及赵匡赞的亲兵一千余人，一起抵御后蜀军。王景崇担心赵匡赞的亲军会逃亡，就打算先在他们的脸上刺青。他先稍稍透露一点风声，赵思绾率先响应，愿意在自己脸上开始，做出表率。王景崇一听非常满意。齐藏珍说道："赵思绾凶狠残暴，难以驾驭，不如杀掉。"但王景崇不从。赵思绾，魏州人。后唐同光末年，赵在礼在魏州叛乱，赵思绾就是他的部下，此后一直追随着赵在礼。赵在礼死后，赵延寿得到了赵在礼的部众，将他们都交给了自己的儿子赵匡赞，而赵思绾就是这些人的头领。

李廷珪率领后蜀军队来到长安城下，听说赵匡赞已经入朝了，就打算撤军。王景崇领兵截击，在子午谷打败了后蜀军。蜀将张虔钊所部来到宝鸡之后，众将意见不一，迟迟按兵不动，而就在这时，侯益也听说了李廷珪撤军的消息，遂紧守险要，抵御后蜀军。张虔钊孤立无援，遂趁夜南撤。王景崇率领凤翔、陇州、邠州、泾州、鄜州、坊州之军，追击后蜀军，又在散关将其击败，俘虏后蜀四百士兵。

后汉乾祐元年一月二十七日，后汉高祖刘知远进入弥留阶段。宰相杨邠猜忌侍卫马军都指挥使、忠武节度使刘信，命其立即动身赶赴本镇。刘信无法推辞，大哭而去。同日，刘知远召来苏逢吉、杨邠、史弘肇、郭威进入皇宫，接受遗命，他对四人说道："我气息奄奄，不能多说话。承祐年幼，后事都托付给你们几位了。"又说："提防杜重威。"当天，刘知远就在万岁殿驾崩了，在位不到一年，终年五十四岁。

苏逢吉等人秘不发丧，一月三十日，以刘知远的名义下诏称："杜重威父子，因朕得了点小病，妖言惑众，将其以及他的儿子杜弘璋、杜弘琏、杜弘璨一并斩首。后晋公主以及其他亲族，一概不予追究，所有供给，一切照旧。”杜重威父子被杀后，尸体陈列在街市之上，大梁百姓聚集在一起观看、辱骂、踢打，官吏们也无法禁止，尸首被肢解得散乱一地，支离破碎，很快就弄没影了。

二月一日，后汉朝廷晋升刘知远的次子、左卫大将军、大内都点检刘承祐为周王、同平章事，接着，传令百官入朝，发布讣告，宣布刘知远的遗诏，命周王刘承祐继皇帝位。是为后汉隐帝，登基时他年仅十八岁。二月七日，刘承祐尊生母李皇后为皇太后。后汉朝廷知道白再荣不是个帅才，十日，以前建雄留后刘在明担任镇州留后、幽州马步都部署，加检校太尉，命其取代了白再荣。

十三日，刘承祐宣布大赦，并任命王景崇兼任凤翔巡检使。王景崇领兵来到凤翔时，侯益尚未动身入朝，王景崇以禁军把守凤翔的各个城门。有人劝说王景崇杀了侯益，王景崇以自己所受命令来源于先帝，新君刘承祐并不知情，一旦如此行动，可能会引起新君的怀疑，所以迟疑不决。侯益听说后，不敢与王景崇道别即行离开了凤翔，王景崇得知后，非常懊悔，恨得破口大骂自己无能。二月十八日，侯益来到大梁，后汉隐帝问他：“为何招引蜀军？”侯益回答：“臣是想诱敌深入，然后歼灭他们。”刘承祐听了，不禁嗤之以鼻。侯益非常富有，来到大梁后，给后汉重臣们送去大量贿赂，于是，朝中大臣纷纷替他说好话，三月十七日，刘承祐以其为兼中书令，行开封尹。同日，他又将广晋府改名为大名府，改晋昌军为永兴军。

来到大梁之后的侯益，开始大肆毁谤王景崇，称其专横跋扈，胡作非为。王景崇也听说了侯益当上了开封尹，心知事态已经发生了变化，内心十分不安，又觉得朝廷对自己不公，心生怨恨。正在这时，朝廷又派遣供奉官王益来到凤翔，将赵匡赞的亲兵调回朝廷，赵思绾等人听了，都非常害怕，王景崇趁机又从中刺激他们。赵思绾行至途中，对同党常彦卿说道：“小太尉（赵匡赞）已经落入朝廷之手，我等到了京师，肯定会与小太尉一起被朝廷杀掉，你说该如何是好？”常彦卿回答：“随机应变，你就别多说了！”

三月二十四日，赵思绾一行来到长安。永兴节度副使安友规、巡检乔守温出城迎接王益，在郊外待客亭设宴招待王益。赵思绾上前请求道：“壕寨使已经在城东给士兵们安排好了住处，如今将士们的家眷都在城内，想入城带上各自的家眷，一起住到城东。”安友规等人都同意了。当时，赵思绾等人都是赤手空拳，等到他们进入西门后，见到一名将校坐在门边，赵思绾突然上前，夺下此人的佩剑，一剑将其斩杀。他身边的部众趁机大声呼喊，手持木棒，杀了守门的十余名官兵，然后，赵思绾命令部众分别把守长安各个城门。赵思绾进入军府，打开武器库，将铠甲武器分发给部众，遂占领了长安。长安城外的安友规等人见状，吓得赶忙逃走。赵思绾占据城池之后，组织城内壮丁，集结起一支四千余人的军队，修缮城墙、敌楼，不出十余日，就完善了长安城的守备。

王景崇让凤翔军民上书朝廷，请求任命自己为知凤翔军府事，后汉朝廷对此忧心忡忡。三月二十五日，朝廷下令将静难节度使王守恩调任永兴节度使，以保义节度使赵晖为凤翔节度使，二人均为同平章事；又任命王景崇为邠州留后，命其直接上任。虢州戏子靖边庭杀掉团练使田令方，裹胁州民，投奔赵思绾。行至潼关，潼关守军发兵出击，将乱民击溃。

一五五　三镇之叛（一）

就在刚刚平定了杜重威叛乱的后汉高祖刘知远去世前后，同样是继位刚半年的辽国世宗耶律阮也是面临着一场叛乱。

后汉乾祐元年（辽世宗天禄二年，公元 948 年）一月，惕隐耶律刘哥以及弟弟耶律盆都联络辽太宗耶律德光第三子耶律天德以及萧翰等人阴谋发动叛乱。耶律阮继位后，耶律德光一系诸王不甘心失败，时刻要夺回皇位。耶律德光第三子耶律天德就联络萧翰，企图借助于后族势力发动叛乱，事发后，耶律阮将耶律天德和萧翰二人打入大牢。耶律天德非常强悍，在狱中，他弄断了锁住自己的铁索，可是依然无法逃出牢狱。在狱中，耶律天德、萧翰又暗中联络耶律刘哥及其弟弟耶律盆都发动叛乱。

在耶律阮与述律太后之间的内讧中，耶律刘哥因其父被杀而怨恨太后，站在了耶律阮一边，然而，等到耶律阮继位后，也许是受到了耶律天德的蛊惑，也许是受到耶律阮的猜忌，耶律刘哥又改投到了耶律天德一边。耶律石剌得知了这一情况，赶忙密报给了老臣耶律屋质。耶律屋质赶忙面见耶律阮，禀报给了耶律阮，耶律阮下令将耶律刘哥召来问话。耶律刘哥不服，以言辞掩饰过去了，耶律阮手上没有真凭实据，也只好作罢。不久，耶律刘哥邀请耶律阮去观看赌博，其间，他向耶律阮敬酒，袖子里藏着一把匕首，准备行刺。耶律阮一眼瞧见，当即命人将其拿下，亲自审问。耶律刘哥发誓说：“臣如果有反心，一定会生疽而死！”耶律阮又打算作罢。耶律屋质说道：“应该让他与耶律石剌对质，不可轻易饶恕。”耶律阮说道：“那你就替朕审问吧。”耶律屋质遂率领壮士前去审讯。耶律天德服罪被杀；因萧翰刚刚娶了耶律阮的妹妹耶律阿不里，耶律阮下令仅将其杖打一顿；将耶律刘哥流放到乌古部；将耶律盆都免死，命其出使黠戛斯国。

辽国内部矛盾重重，自然无暇南顾。

当初辽军北返时，行至定州（今河北省定州市），耶律德光任命义武节度副使耶律忠担任节度使，将原节度使孙方简调任大同节度使。接到命令后，孙方简很是生气，同时担心自己一旦离开定州、进入辽国腹地之后，会被辽国人扣留下来，失去人身自由，遂一直拖延时间，拒不从命，最终率领同党三千余人回到了狼山旧寨，扼守险要，对抗辽军。辽国派兵进攻，没有取胜。不久，孙方简听说刘知远入主大梁的消息，就派人向后汉政权投降，刘知远答应让他官复原职，借助他的力量来对抗辽国，保卫北方。

等到耶律忠听说后汉朝廷平定了邺都杜重威之后，就经常害怕辖区的中原军民随时会发起叛乱。刘知远去世后，后汉隐帝刘承祐下令以成德留后刘在明为幽州道马步都部署，命其出兵经营定州，收复失地。还没等刘在明出兵，一直提心吊胆的耶律忠和耶律把里得等人就焚烧劫掠了定州，放弃城池，驱赶城内军民一起北返。孙方简从狼山率领数百部众又重新回到了定州，他上奏后汉朝廷请求任命其弟弟孙行友为易州（今河北省易县）刺史，孙方遇为泰州（今河北省满城县）刺史。此后，每当辽军南侵时，孙氏兄弟都会积极抵抗，辽军对他们兄弟颇为忌惮，至此，在后晋末年被辽国占领的州县，又从名义上全部被后汉收复。耶律把里得回到辽国后，耶律阮斥责其丢失防地之罪，耶律把里得不服，说道："全都是因为朝廷征招汉族官员，才导致的大乱。"耶律阮听了大怒，派人将其毒死。

当初，河中节度使李守贞听说杜重威被杀后，内心非常恐惧，他自以为自己在后晋时期就身为上将，屡立战功，平素喜爱施舍，深得士兵们的爱戴，遂暗藏反叛之心。后汉立国不久，后汉隐帝又非常年轻，刚刚继位，朝中执政大臣们也都是些暴发户，这也让李守贞对后汉朝廷有些轻视，于是，他四处招募亡命之徒，豢养敢死之士，整治城防，加强战备，日夜不停，他还派人携带蜡丸书信偷越国境，联络辽国，多次被后汉边防军捕获。李守贞的司户参军赵修己，擅长术数，他劝李守贞说："时运不行，不要妄动。"可是李守贞不从，赵修己遂称病辞官回乡了。一个叫总伦的和尚，以法术博得了李守贞的欢心，坚称李守贞肯定能当上皇帝，李守贞深信不疑。一次，他与众将一起饮酒，弯弓搭箭，指着《舐掌老虎图》对众人说道："我有非常之福，将一箭射中老虎手掌。"结果真是如此，众人纷纷道贺，李守贞也更加自负了。

赵思绾占据长安以后，就派人给李守贞送去奏表，献上御服，请李守贞称帝，李守贞顿时感到天命人心都已归于自己，遂自称秦王，派遣部将王继勋领兵占领潼关，又任命赵思绾为晋昌节度使。按：这个王继勋与殷国皇帝王延政的侄儿王继勋同名，不是同一人。这个王继勋是山西平陆人，是一员猛将，擅长使用铁鞭、铁槊、铁楇，军中称之为“王三铁”。同州（今陕西省大荔县）与河中（今山西省永济市）之间距离很近，匡国（治所同州）节度使张彦威一直监视着李守贞的一举一动，并提醒朝廷要早作戒备，后汉隐帝派遣滑州马军都指挥使罗金山领兵进驻同州，因此，等到李守贞起事以后，同州未被其兼并。

乾祐元年三月二十八日，刚刚继位不足两个月的后汉隐帝刘承祐就接到了邠州、泾州、同州、华州四州的同时上奏，称护国（治所河中）节度使兼中书令李守贞与永兴的赵思绾、凤翔的王景崇一起发动了叛乱。四月二日，陕州都监王玉上奏收复了潼关（《宋史·王继勋传》称，李守贞之叛，令继勋据潼关，为郭从义所破）。隐帝刘承祐对关中局势十分担忧，召集群臣商议对策。检校太师兼侍中、充侍卫亲军都指挥使史弘肇说道：“李守贞不过是出身河阳的一个客将而已，又能如何？”隐帝说道：“李守贞虽然不懂军事，可是善于拉拢英雄豪杰，很得人心，也是朝廷的一个大敌，应当谨慎对待。”遂任命镇宁（治所澶州）节度使郭从义为永兴行营都部署，率领侍卫军队西上讨伐赵思绾；九日，他又以保义（治所陕州）节度使白文珂为河中行营都部署，内客省使王峻为都监，领兵讨伐李守贞；十二日，隐帝下诏削夺李守贞的官爵，命令白文珂等将合兵一处，前去讨伐。十六日，他又任命宁江节度使（遥领）、侍卫步军都指挥使尚洪迁担任西面行营都虞候。王景崇拖延不去邠州上任，他征召凤翔壮丁，对外谎称要讨伐赵思绾，还下令邠州派兵与自己会合。他又派人给后蜀凤州刺史徐彦写信，请求互通贸易，后蜀皇帝孟昶命徐彦回信，劝诱他归顺后蜀。到了六月，他又派人向后蜀请降，仍然接受李守贞加封的官爵。

关中不安，朝廷内部也是内讧不断。苏逢吉、苏禹珪等人担任宰相期间，率意而为，随心所欲地破格提拔了很多人，有些人从平民百姓直接进入仕途，还有以不入流的小官提拔为实职的，不一而足，致使冗员激增。枢密使杨邠认为突然增加这么过官员，白白浪费国家经费，因此对苏逢吉等人的奏请，往往不予理睬或予以批驳，这让苏逢吉等人十分不快。同时，苏逢吉与枢密副使郭威也不和，在刘知远亲征邺都时，苏逢吉数次趁醉当众羞辱郭威，而郭威则与史弘肇、杨邠关系不错，后汉辅政大臣之间已隐然形成两个对立的集团。

中书侍郎兼户部尚书、同平章事李涛上书称：“如今关西纷乱，平叛是第一要务。杨邠、郭威二位枢密使都是佐命功臣，官职虽高，可是家中依然清贫，应该授予二位要害大镇当节度使。枢密院事务就在陛下眼前，易于裁决，苏逢吉和苏禹珪从先帝时期就担当重任，可以托付给二人。”人们都认为李涛此言是秉承了苏逢吉的意思，要将杨邠和郭威二人排挤出去。杨邠、郭威听说后，连忙面见李太后哭诉，称：“臣等一直追随先帝，起于危难之中，如今天子听从小人之言，要将我们弃之于外。况且，如今关中有事，臣等怎么忍心贪图个人享乐，不管社稷安危？如果臣等真的不称职，就请等到先帝安葬之后再赶走我们吧。”李太后听后大怒，就责备隐帝刘承祐，说道：“他们都是国家功臣，为何听信人言驱逐呢！”刘承祐回答：“这是宰相们建议的。”李太后随即责备宰相们。李涛说道：“这道奏疏是臣自己所为，他人没有插手。”于是，将李涛免职，勒令其闭门思过。

刘承祐见母亲发怒，也为了安抚杨邠、郭威二人，就与身边的近臣们商议，打算对二人加官晋爵，以示李涛之议与己无干。刘承祐身边的人也厌恶苏逢吉和苏禹珪二人专权跋扈，一心想着削弱他们的权势，就众口一词地劝说刘承祐这么做。于是，到了这一年的四月三日，刘承祐又下诏以枢密使杨邠担任中书侍郎兼吏部尚书、同平章事，并保留枢密使；以枢密副使郭威为枢密使，又加授三司使王章为同平章事。凡是涉及人事任命、百官奏事，刘承祐全都交给杨邠一人处理，从此以后，窦贞固、苏逢吉、苏禹珪三位宰相再也无事可做了，帝国政事全由杨邠一人决定。不经杨邠同意的事情，有关部门都不敢执行，结果就造成了很多工作陷于停顿。苏逢吉等三人拟任的人选，假如不是出自杨邠的意思，就算是一个小小的主簿、县尉，隐帝也不会批准。杨邠与史弘肇一样，都不喜欢书生，他经常对人说：“国家国库充实，军队强大，这才是急迫需要解决的问题，至于文章礼乐之类，何必挂心！”由于他怀疑是二苏幕后指使的李涛，加之认为二苏当权时任命的官员太多太滥，已引起舆论的非议，打算改变这一现象，等他当权后，对人事任命非常严格，甚至有些士大夫在整个后汉时期连一个小官都没捞到。凡是因门荫入仕或者由小吏入仕的，一律罢免。

一五六　三镇之叛（二）

乾祐元年六月三日，隐帝刘承祐任命内客省使王峻为宣徽北院使，依旧担任永兴城下兵马都监。任命冀州牢城指挥使张廷翰为冀州刺史，当时，张廷翰杀掉冀州刺史何行通，自称知州事，朝廷也只好同意。四日，又任命奉国左厢都虞候刘词为河中行营马步都虞候。同月，西面行营都虞候尚洪迁在进攻长安的战斗中受伤，因伤势沉重，不治而亡。郭从义上奏称，得到王景崇的报告，一支军队从陇州而来，准备加入河中叛军，在鄜州追袭了这支军队。镇州上奏称节度使刘在明去世，后汉朝廷任命河阳节度使武行德为镇州节度使，以宣徽南院使李晖为河阳节度使，以相州节度使王继弘为贝州节度使。

七月一日，相州节度使王继弘杀掉节度判官张易。当时，后汉法律严厉，军镇凡是上奏有所刑杀的，朝廷也不予深究，因此，当时的藩镇大员对待幕僚们，很少以礼相待，这些僚佐们即便是整日战战兢兢，也难免被滥杀。三日，刘承祐加授枢密使郭威同平章事；又任命工部侍郎李谷充西南面行营都转运使。二十一日，隐帝又下诏任命郭从义为永兴节度使，白文珂兼知河中行府事。同时，凤翔节度使赵晖来到长安，上表称王景崇谋反之迹越来越明显了，请求允许发兵讨伐。

自从河中、永兴、凤翔三镇抗命以来，后汉朝廷相继派遣军队赶赴前线，昭义节度使常思进驻潼关，白文珂进驻同州，赵晖进驻咸阳，唯独郭从义和王峻所部逼近长安，可是，二人的关系却非常恶劣，势同水火，这场讨伐战争从年初的春季发起，一直到了入秋，前线各将均不肯主动出击，这让大梁的隐帝刘承祐君臣都非常着急，遂决定派遣重臣前去督战。八月六日，后汉朝廷任命枢密使、同平章事郭威为西面军前招慰安抚使，节制众将。郭威临行之前，向太师司马冯道问计。司马冯道以自己不在其位，不敢妄议国事。郭威再三请求，司马冯道这才问道：“大人是否懂得赌博？”郭威年少时就喜欢赌博，听司马冯道这么一问，以为司马冯道是在嘲讽自己，顿时勃然变色。司马冯道又说：“大人此行就如同赌博啊。对于赌博的人来说，身上带的钱财多，就有气势，也会取胜，而钱财少的，就会心生胆怯，往往会输。李守贞自以为是一员老将，深得军心，希望大人到了前线，不要爱惜国家的钱财，厚赏将士们，如此一来，李守贞就没有值得依赖的了，军心转而倾向于朝廷，则李守贞就不足为虑了。”郭威听从了。也就是在这时，四处游荡多年、时年二十二岁的赵匡胤开始从军，加入到了郭威的麾下。

郭威到了前线以后，就与众将们商议进攻方向，众将纷纷建议先夺取长安和凤翔，再打河中。镇国节度使扈彦珂说道：“如今，三个叛将联起手来，推举李守贞为主，消灭了李守贞，其他两镇自然就败亡了。如果舍近求远，万一赵思绾和王景崇挡在我军前面，而李守贞切断我军后方，我们腹背受敌，这就太危险了。”郭威认为他说得对。扈彦珂，代州雁门人，自幼追随王建立，以谨慎厚重受到人们的称道。后晋时期，王建立去世，向朝廷举荐了扈彦珂，扈彦珂也被提拔为河东节度左都押牙。刘知远起兵后，扈彦珂被提拔为宣徽南院使，不久又被晋升为镇国节度使。

于是，郭威领兵从陕州，白文珂、刘词从同州，常思从潼关，三路并进，直扑河中。常思，字克恭，太原人。后唐庄宗时期，招募壮士，常思以武勇应募，历任长直都校、捧圣军使。后晋初年，被晋升为六军都虞候，此后担任刘知远的河东牢城都指挥使，以勤勉干练而闻名。后汉建立后，被提拔为检校太尉、昭义军节度使。郭威爱护士卒，与士兵们同甘共苦，将士们立下微功，郭威就会予以重赏，受了一点伤，他也会亲自前去探视。军中将士们不论是什么人有所请求，郭威都会认真听取，和颜悦色地予以接受。有所冒犯，也不发怒，犯点小错，亦不追究，因此军心开始归附于郭威了。

李守贞原来以为后汉的禁军过去都曾是自己的麾下，受过他的恩惠，另外，士兵们都很骄纵，不满后汉法律严厉，他相信，只要这些军队来到河中城下，定会主动请降，因此，完全可以任由后汉军队直抵城下。实际上，这些士兵刚刚受到郭威的厚赏，早已忘记了李守贞过去的恩惠。八月二十三日，郭威领兵来到河中城下，后汉军队战旗飘扬，鼓声震天，士兵们个个跃马呐喊，高声辱骂，李守贞在城墙上见到后，顿时大惊失色。

白文珂领兵攻克了河中西城，在黄河西岸安营扎寨，常思进驻河中城南，郭威则驻军河中城西。虽然郭威对常思很敬重，以叔父之礼对他（《旧五代史》称，有人说郭威的父亲本姓常，自幼随母亲改嫁到了郭氏，才姓郭），但很快他就看出常思不是个将才，无统御之能，遂将其撤换。众将急于攻城，郭威说道："李守贞是前朝旧将，善战而又爱护士卒，屡立战功，何况河中城紧邻黄河，城防完备，不可轻敌。况且，他们依托城防作战，我们则要仰攻城池，这与驱赶士兵们去火坑里有什么两样？勇气有盛有衰，进攻有缓有急，时机有适宜有不适宜，事情有先有后。不如暂且构筑长墙将其团团围住，彻底切断他们与外界的联络。我军厉兵秣马，安闲地在城外吃着军粮，温饱有余。等到城内粮食吃尽，钱财耗尽，然后架设云梯发起进攻，散发招降信招徕他们。到了那时，他们的将士们各自想着逃命，即便是父子之间也顾不上，更何况是些乌合之众呢！对付赵思绾和王景崇二人，只需分出一部分兵力看住即可，不足多虑。"于是，郭威下令征调两万农夫，命白文珂等人统领，在河中城外开挖壕沟，构筑长墙，将河中围住。郭威又对众将说道："李守贞昔日畏惧高祖刘知远，不敢胡作非为，高祖去世，他以为我等从太原起事以来，并未建立起大功，轻视我等，所以才敢造反。正该以静制动。"遂偃旗息鼓，只是沿着黄河设置烽火台，绵延数十里，派遣步兵轮番守卫；又派遣水军沿河巡逻，城内派出和城外通过的人，没有不被擒获的。

李守贞屡屡出兵，企图突破长墙，但都无功而返。《宋史·吴虔裕传》记载："周祖（郭威）讨三叛，以虔裕为河中行营都监，率护圣诸军五千以往。李守贞出兵五千余，设梯桥，分五路于长连城西北以御周祖。周祖令虔裕率大军横击之，蒲人败走，夺其梯桥，杀伤大半。"他又派人携带蜡丸书信向南唐、后蜀、辽国求救，均被郭威安排的巡逻兵抓获。城内粮食行将吃尽，饿死的人越来越多，城内开始杀人吃人。李守贞一脸忧愁，召来总伦和尚问话，总伦还在欺骗他："大王肯定能当上天子，无人能挡。只是如今正遇上灾星，等再到了最为危险的时刻，只剩下大王单人匹马之时，就是大王崛起之日！"李守贞听了，仍然对他深信不疑。《宋史·马全义传》："李守贞镇河中，召置帐下。及守贞叛，周主讨之，全义每率敢死士夜出攻周祖垒，多所杀伤。守贞贪而无谋，性多忌刻，全义累为划策，皆不能用。"马全义，是幽州蓟人，擅长骑射，十五岁时隶属于范延光帐下，范延光投降后，所部被编入禁军。因在禁军中不得志，马全义就逃走了，此后投奔了李守贞。同月，凤翔的王景崇杀掉侯益全家七十余人，侯益的儿子、前天平行军司马侯仁矩当时不在城内，才侥幸逃出一命。侯仁矩的儿子侯延广，当时还是个在襁褓中的婴儿，乳母刘氏把自己的儿子送去被杀，带上侯延广逃出了城，历经磨难，辗转来到大梁，将侯延广交给了侯益家。凤翔都部署赵晖上奏，在散关大破后蜀军队，斩杀三千余人，余众败逃而去。《隆平集》记载，药元福随赵晖征讨，后汉军队少于敌人数倍，其他将领都临阵退却，唯独药元福率领数百骑兵杀出，传令："敢回头者斩！"部众拼死苦战，遂大破敌军。不久，郭威又上报称，得到郭从义的禀报，在本月十四日，王景崇的士兵离开城池，监军李彦从领兵袭击，在法门寺以西斩杀叛军两千余人。

十月，王景崇派遣儿子王德让，赵思绾派遣儿子赵怀义来到成都，面见后蜀皇帝孟昶求救。三日，王景崇派兵出凤翔西门，赵晖领兵将其击败，乘胜占领了凤翔西关城。王景崇率部退守凤翔大城，赵晖开挖壕沟将其围住，屡屡挑战，但王景崇不敢应战。赵晖暗中派遣一千余人假扮蜀军，从南山而来，又让各军传言说："蜀军来了！"王景崇果然中计，派出数千人出城迎接，赵晖早已设下埋伏，将这数千人全部歼灭，从此以后，王景崇再也不敢出城了。

后蜀后主孟昶派遣山南西道节度使安思谦率军救援凤翔，左仆射兼门下侍郎、同平章事毋昭裔劝谏道："臣见后唐庄宗只想吞并前蜀，前蜀后主王衍也一心要北征，当时的朝廷群臣无不劝谏，这两个皇帝一概不听，结果又有什么成果？这两个皇帝可以作为今天的前车之鉴。"孟昶不从，又派遣雄武节度使韩保贞领兵从汧阳（今陕西省千阳县）向东出击，以分散后汉军的兵力。

一五七　三镇之叛（三）

王景崇派遣前义成节度使李彦舜等将领兵接应蜀军。

乾祐元年（公元948年）十月二十一日，后蜀安思谦率部进入后汉境内，后汉军队驻扎在宝鸡（今陕西省宝鸡市），严阵以待。安思谦派遣眉州刺史申贵率领两千人马向模壁（今陕西省宝鸡市西南）移动，在竹林间设下埋伏。次日凌晨，申贵以数百人直逼后汉军营列下军阵，后汉军出战，申贵诈败，后汉军在后面追击，闯入后汉军的伏击圈，被打得大败，后蜀军乘胜攻破了后汉宝鸡营寨。不久，后蜀军队主动放弃了宝鸡营寨，后汉军又卷土重来。二十四日，安思谦率部进驻渭河岸边，后汉又向宝鸡营寨增加了五千兵力。安思谦害怕起来，对部下说道："我军粮食缺乏，而敌人人数又多，还是再做打算为妙。"二十六日，退回凤州（今陕西省凤县），不久又再退至兴元府（今陕西省汉中市）。

沈丘人舒元、嵩山道士杨讷曾以游客的身份投到李守贞门下，等河中被围后，李守贞就让舒元改名为朱元，杨讷改名为李平，从小路辗转来到南唐求救。南唐谏议大夫查文徽、兵部侍郎魏岑请求李璟出兵救援，在二人的请求下，李璟命令北面行营招讨使李金全领兵北上，救援河中，又以清淮节度使刘彦贞为副将，查文徽为监军使，魏岑为沿淮巡检使，南唐援军进驻沂州（今山东省临沂市）边境。南唐军队刚刚经历了福州之败，士气低落，将士厌战，况且，南唐要想救援河中，势必要横穿整个后汉帝国，既然能做到这一点，也就能轻松占领大梁、消灭后汉了。南唐主将李金全也深知这一点，行动并不积极。一天，他正与众将一起吃饭，侦察骑兵前来禀报称有数百后汉羸弱之兵出现在山涧以北，请求李金全下令掩杀。李金全不为所动，传令道："谁再敢说要越过山涧，斩！"等到日暮，后汉伏兵没有引诱到南唐军，只好从设伏地点现身，战鼓声震十余里，李金全这才对众将们说："刚才能过涧与之交战吗？"十一月二十一日，南唐军队南撤，退守海州

（今江苏省连云港市）。南唐皇帝李璟给后汉皇帝刘承祐送来书信道歉，请求恢复商贸关系，并请赦免了李守贞，刘承祐不予理睬。荆南节度使兼中书令、南平王高从诲与后汉绝交之后，北方的商人不再经过荆南，境内日渐贫困，日用品匮乏，最终，高从诲只好屈服，派人上表后汉朝廷谢罪，请求恢复君臣关系，刘承祐答应了。不久，到了乾祐元年年底，高从诲就去世了，以其子、节度副使高保融为知留后。

李守贞还向定难（治所夏州）节度使李彝殷求救。李彝殷与彰武（治所延州）节度使高允权不和，李彝殷得到李守贞的求救信后，就发兵进驻延州和丹州边境，当他听说后汉朝廷大军将河中团团围住之后，才把军队撤回。高允权上书后汉朝廷称李彝殷心怀不轨，与李守贞勾结，阴谋作乱，而李彝殷也上书申辩，后汉朝廷派人和解二人。

王景崇见后蜀援军撤回后，心急万分，屡屡向后蜀告急，后蜀孟昶命令安思谦再次出兵救援。十二月八日，安思谦只好从兴元领兵进驻凤州，到了凤州之后，他就驻军不进了，要挟孟昶先运来四十万斛军粮，不然不出边境。孟昶对近臣们说道："看安思谦这样子，怎会替朕夺取关中！"不得已，他只好下令调运兴州、兴元数万斛大米送给了安思谦。十四日，安思谦进驻散关，派遣马步使高彦俦、眉州刺史申贵领兵攻克了后汉的箭筈安都营寨（今陕西省千阳县南）。十六日，安思谦又在玉女潭（今陕西省宝鸡市西南），击破后汉军队，后汉军接连失利，只好退守宝鸡，安思谦率部进驻模壁。后蜀韩保贞也率军从新关（今陕西省陇县西）东进，十八日进驻陇州神前（今地不详），后汉军固守不战，韩保贞也不敢继续东进。

西线告急。后汉凤翔都部署赵晖向统帅郭威告急，郭威亲自领兵从河中前线赶赴西线支援。当时，李守贞派遣副使周光逊、裨将王继勋、聂知遇防守河中城西，郭威临行前告诫白文珂和刘词道："如果敌人不能突围，终将被我所擒，万一他们突出包围圈，则我军就无法继续留在此地了。成败的关键就在于此。敌人的精兵都在城西，我去之后，他们肯定会突围的，你们要小心戒备！"郭威行至华州，听说后蜀军粮尽，已经退去，遂又返回河中。韩保贞听说安思谦南撤，也退守弓川寨（今甘肃省秦安县东北）。

三镇叛乱之初，朝廷每日要么征兵，要么征粮，弄得人心忧惧，京师之中也有一些不法之徒，散布谣言，扰乱人心。侍卫马步都指挥使史弘肇掌握禁军，主管京师治安，他宠信孔目官解晖，凡是打入军队监狱的，史弘肇任由解晖滥施酷刑，将人犯割裂嘴巴、割下舌头、砍断脚筋、折断胫骨等等，人犯无不自行诬服。对于这些罪犯，史弘肇不问犯罪轻重，也不管刑罚条文如何规定的，均一律处以极刑，也不向朝廷禀报，肆意杀戮，在这种高压恐怖的政策之下，一些无赖之徒，也销声匿迹了，京师治安大为改善，就算路上掉了东西，也无人胆敢捡拾。虽然如此，被他冤杀的人也非常多，被滥杀的人家也不敢申辩、控诉。后汉高祖刘知远本人也是个嗜杀之人，比如《旧五代史·刘铢传》就称："铢性惨毒好杀，高祖（指刘知远）以为勇断类己，深委遇之。"因此，后汉政权可以说是对下无恩，法令严酷，草菅人命，所以像史弘肇以及各地藩镇大员们也就养成了嗜杀之风。《旧五代史·刘铢传》还记载："铢立法深峻，令行禁止，吏民有过，不问轻重，未尝贷免。每亲事，小有忤旨，即令倒曳而出，至数百步外方止，肤体无完者。每杖人，遣双杖对下，谓之'合欢杖'；或杖人如其岁数，谓之'随年杖'。在任擅行赋敛，每秋苗一亩率钱三千，夏苗一亩钱二千，以备公用，部内畏之，胁肩重迹。"《洛阳搢绅旧闻记》就记载了一件事，也足以说明这一点，该条称，张燦曾任潞州节度判官，刘知远即位之初，因军需之用，曾经下令严禁民间私自贸易牛皮，如果牛死了，由政府没收牛皮，制作铠甲，等到刘知远进入大梁之后，在三司的请求下，又将这一禁令推行到了全国，令百姓不胜其苦。当时，潞州有二十余人犯了这一法律，张燦提出："皇上圣明，三司不该提出这种建议，这二十余人死了也就罢了，难道让天下犯了这一禁令的人都要冤死吗？况且，主上在河东之时，招募军队，亟须牛皮，严禁私卖也是可以的，如今主上是天下之主，还能缺少牛皮？竟然立下这种法令！"遂上书提出反对意见。当时，三司使王章正是刘知远身边的宠臣，在刘知远跟前说道："哪有州郡官胆敢非议朝廷诏命的！"说的刘知远也勃然大怒，说道："昭义的一个小小判官，怎敢如此无礼！犯牛皮禁令的处死！张燦非议诏命，也处死！"司马冯道得知后，请求入宫面见刘知远，劝谏道："陛下在河东时，严禁牛皮私用是可以的，如今拥有天下，就不该再禁止了。陛下的百姓冤枉而死，也足以让人替陛下惋惜的了。昭义的判官官微言轻，吃了陛下的俸禄，不惜个人性命，敢于坚持意见上奏，应该予以赏赐，而不该杀啊。臣身为辅佐大臣，让这道诏书冤杀天下之人，臣不能早早上奏，令陛下改正，臣的罪过也该杀。"遂叩头谢罪。刘知远想了很久，才说："诏命已经发出了。"司马冯道说道："还没有发布。"刘知远赶忙说道："那就赦免吧。"

遂更改了诏书，将张燦停职，赦免了那二十余人。这件事主要是赞扬司马冯道和张燦的，但也由此可以看出后汉法律的严苛。

而且，后汉朝廷还鼓励百姓之间相互告发，一时之间，告密成风，弄得人人自危，巡检司的官员们趁机嫁祸于人，从中渔利。当时，太白星在白天出现，有人仰头观看，被巡逻士兵抓获，史弘肇当即下令将其人腰斩。还有一个百姓，酒醉后辱骂一个士兵，这个士兵就诬陷此人妖言惑众，史弘肇也下令将此人斩杀。有一个叫何福殷的幽州商人，曾经用十四万钱买来一个玉石枕头，派遣家童与另一位商人李进转卖到了南唐，换回茶叶。这个家童是个无赖，从中贪污了数十万钱，何福殷责令其拿出，但家童不服，何福殷就将其杖打了一顿。不久，家童向史弘肇告发称，耶律德光进入大梁时，赵延寿暗中命何福殷把这个玉石枕头送给南唐，勾结南唐。史弘肇当即命人将何福殷抓来，解晖顺着史弘肇的意思，将何福殷屈打成招，有数人受到牵连，一律被斩杀。何福殷的妻女被史弘肇的帐下将领们占有，家财收归国库。

刑部侍郎边归谠上书称："近来，朝廷不断收到匿名信以及道听途说的告发信，诬陷忠良，有伤风化，导致一些贪官污吏趁机公报私仇，一些邪恶之人胡言乱语，请求朝廷制定措施，严禁诬告陷害。凡是告发信有明确内容的，要写下告发人的名字。对于匿名书以及道听途说而告发的，一律予以禁止。"然而，后汉朝廷对他的建议，并没有采纳。边归谠，是幽州人，曾担任石敬瑭的河东节度推官，后晋建立，他被提拔为监察御史，后历任殿中侍御史、礼部员外郎、水部郎中、比部郎中、知制诰、右谏议大夫、给事中、右散骑常侍。后汉建立后，历任礼部侍郎、刑部侍郎。史称，他"虽号廉直，而性刚介，言多忤物"。

一五八　三镇之叛（四）

当初刘知远进入大梁时，太师司马冯道、太子太傅李崧都还在真定，刘知远就把二人的私宅分别赏赐给了苏禹珪和苏逢吉二人。

苏禹珪是个忠厚长者，司马冯道为人也很平和，二人之间倒是没有什么，而苏逢吉在得到李崧的家宅之后，又挖地三尺，将李崧家中埋藏的钱财都挖了出来，据为己有，而且还强占了李崧在洛阳的别宅。虽然李崧回到大梁后，见到后汉这些新贵们也非常低调，不敢得罪他们，可是，李崧的两个弟弟李屿、李䴘却没什么见识，在与杨邠、苏逢吉家子弟们饮酒之间，经常把苏逢吉夺占自家家宅的事挂在嘴上。李崧知道此事后，吓得称病不敢再出门，还拿出自家洛阳的房契送给了苏逢吉。苏逢吉当然也知道了李崧两个弟弟的话，又见李崧献上洛阳的房契，不仅没有高兴，反而很是不快。李崧的同族侄儿李昉，刚刚进士及第，被授予秘书郎，曾经拜谒李崧。李崧问李昉："近来朝廷中对我有什么议论？"李昉回答："没什么，只是给事中陶谷一直在稠人广众之中污蔑叔父。"李崧叹息道："陶谷原系单州判官，我把他提拔为集贤殿校理，不出几年就让他起草诏命，我有哪一点对不起他呢！"

陶谷，字秀实，邠州新平人。本来姓唐，因避讳石敬瑭的名讳而改姓陶。他的祖父唐彦谦，在唐朝末年曾担任过慈州、绛州等地的刺史，后弃官隐居，号称鹿门先生。陶谷的父亲唐涣，在唐朝末年的大乱中被凤翔节度使李茂贞的养子、静难节度使杨崇本所杀，其母柳氏就带着年幼的陶谷留在了杨崇本家。陶谷十余岁的时候就会写文章，起家校书郎、单州判官，曾拿着自己写的文章请宰相李崧指正，李崧一见深为叹赏，遂与和凝一起举荐其担任著作佐郎、集贤校理，此后，陶谷一路高升，历任监察御史、虞部员外郎、知制诰。陶谷博学多能，兼善书画，有《清异录》传世，不过，此人人品低劣，嫉贤妒能，热衷仕途，身后的名声不怎么样。陶谷留下来的逸事非常多，仅举一例。据《尧山堂外记》记载，北宋太祖时期，陶谷一直担任翰林学士，总想着自己能够再被提拔一下，就让其同党打探一下赵匡胤的心思。赵匡胤笑道："我听说翰林院起草诏命，都是找来前人写过的诏书，俗话说的依样画葫芦而已，又有什么功劳可言呢？"陶谷听了，自然心怀不满，就在办公室的墙壁上题写了一首诗，诗云："官职须由生处有，文章不管用时无。堪笑翰林陶学士，年年依样画葫芦。"赵匡胤得知后，更讨厌他心怀不满，遂决意不再提拔他了。这就是"依样画葫芦"典故的来历。

李昉，字明远，与李崧是同宗、同里，时人称李崧为"东李家"，李昉是"西李家"。李昉进士及第后，担任秘书郎，后在司马冯道的推荐下，与吕端一起同直弘文馆，后又改任右拾遗、集贤殿修撰。李昉到北宋初年被拜为宰相，参与编写了宋代四大类书中的《太平御览》《文苑英华》《太平广记》三部。

李屿的仆人葛延遇替李屿经商，经常中饱私囊，李屿打了他一顿，严令他还钱。葛延遇与苏逢吉的一个仆人李澄相识，夜里留宿在李澄家里，就把这事告诉给了李澄。当时，后汉朝廷准备安葬刘知远，另外三镇叛乱还没有被平定，于是，李澄就指使葛延遇告发李屿兄弟，称李崧与其外甥王凝阴谋趁安葬刘知远之际在京师纵火，还给李守贞送去了蜡丸书信，当晚即向苏逢吉上告了。

苏逢吉见了告发信，又转交给史弘肇。当天，苏逢吉派人把李崧召到自己家里，若无其事地说出葛延遇上告之事。李崧情知大祸临头，无法逃脱，遂以幼女托付苏逢吉照顾，苏逢吉命人将其送至侍卫司监狱。李崧走出苏逢吉家，门外的随从早已得知消息，逃得无影无踪。李崧说道："自古以来，没有不会灭亡的国家，也从来没有不死之人。"李屿等人也被打入大牢。严刑逼供之下，李屿自诬道："与哥哥李崧、弟弟李嶬、外甥王凝以及家童共计二十人，阴谋趁高祖灵柩安葬那一天，纵火焚烧京城发动叛乱；又派人给河中送去蜡丸书信，勾结李守贞；又派人招引契丹军队。"供词报上以后，苏逢吉将供词上写的二十人改为五十人。

乾祐元年十一月九日，刘承祐下诏诛杀李崧兄弟、家属以及供词涉及的人，全部拉到街市上斩首示众。又下令重重赏赐了葛延遇、李澄等人。当时的人们都认为李崧兄弟是冤枉的。从此以后，士民人家都害怕自家的奴仆，往往受到这些奴仆们的胁迫。《东都事略》记载，后来，周世宗曾经问王溥："后汉宰相李崧用蜡丸书勾结契丹人，你还记得上面的话吗？"王溥回答："假如李崧真的干出这事，岂肯让他人看到？这都是苏逢吉这些人陷害的。"该书又记载，李崧一家被杀后，一次，李昉因公务请示陶谷，陶谷问道：“你认识李侍郎吗？”李昉回答：“是个远门的堂叔而已。”陶谷说道：“李家被杀，我是出了力的。”李昉听了，不禁浑身冒汗。

像杨邠、王章、史弘肇这些后汉的权臣们，都不喜欢文士，尤其是史弘肇更是厌恶士人，他经常对人说道：“我最受不了文人了，他们轻视我等，把我们比作卒，可恨！可恨！”史弘肇兼领归德（治所宋州，今河南省商丘市）节度使，其委托心腹杨亿负责催收当地的田租赋税。杨亿仗势欺人，贪婪凶暴，辖区官民都对他十分害怕，副使以下文武将佐都对他毕恭毕敬。杨亿巧取豪夺，无所不用其极，每月都会奉送给史弘肇一万钱，归德境内百姓苦不堪言，对其恨之入骨。《东都事略》称：史弘肇统领禁军，威震君主，残忍凶暴，为所欲为，无人敢违背他的意思。归德有名小吏告发下属百姓犯了贩卖私盐之罪，依法应当处死。薛居正怀疑有假，遂亲自审问，果然是这个小吏因私怨而嫁祸于人。薛居正下令将其逮捕，依法令小吏反坐。虽然史弘肇心里十分恼火，也无可奈何。

后汉建立时，中原刚刚经历过后晋与辽国的连年大战、辽国入主中原大肆劫掠之后，国家遭遇了前所未有的灾难，百姓遭受的苦难可想而知，因此，《旧五代史·王章传》就说：“是时，契丹去汴之后，国家新造，物力未充。”这倒是实情，而后汉建立后，接着就开始讨伐杜重威和李守贞等人叛乱，从客观上来说，后汉朝廷也确实没有条件实施德政。为了维持社会秩序，后汉政权就采取了恐怖政策，以严刑峻法来恐吓百姓，剿杀后晋末年蜂拥而起的变民，威慑蠢蠢欲动的藩镇；为了保证平叛战争的顺利进行，又大肆盘剥各地百姓，加重百姓们的负担。正如《王章传》所言：“章与周太祖（指郭威）、史弘肇、杨邠等尽心王室，知无不为，罢不急之务，惜无用之费，收聚财赋，专事西征，军旅所资，供馈无乏。”《旧五代史》多取自周世宗郭荣时期修的《隐帝实录》，对其养父郭威一党的杨邠、王章、史弘肇等人多有溢美之词，这里有意无意地加上一句“尽心王室”，就是一例。不过，该传也难掩后汉暴政的基本事实，总算又说“然以专于权利，剥下过当，敛怨归上，物论非之”。

唐朝两税法施行之后，民间每上缴一斛粮食，都要再交两升，称之为“雀鼠耗”粮。等到王章担任三司使后，又在这两升之外加收两斗，称之为“省耗”粮，变相加重了农民的负担。另外，过去，官府收支现钱，都以八十钱当作一百钱计算，到如今，王章规定，百姓交税仍然照旧，而官府支出则按照七十七钱当作一百钱计算，收得多，出得少，政府对百姓是公然耍无赖。还有，民间有人到官府告状，涉及土地分配问题的，即便仅仅牵扯到十几户，王章也下令当地官府对全州的土地重新丈量，以期查出遗漏的土地，增加财政收入。王章与杨邠二人都不喜欢儒生，史称："王章与杨邠同郡，尤为亲爱，其奖用进拔者，莫非乡旧。常轻视文臣，曰：'此等若与一把算子，未知颠倒，何益于事！'"郡县官吏们所得俸禄，二人都以无法赏赐给军队的财物发放，称之为"闲杂物"，还让有关部门高估价值，高估之后再加价，称之为"抬估"，即便如此，王章还是不满意，随时随地再加价发放。史称：王章"急于财赋，峻于刑法，民有犯盐矾酒曲之令，虽丝毫滴沥，尽处极刑。吏缘为奸，民不堪命"。

一五九　三镇之叛（五）

乾祐二年（公元 949 年）一月一日，后汉隐帝刘承祐宣布大赦。

郭威回到河中，一月四日，李守贞派遣部将王继勋等人率领一千精兵，沿着黄河南下，偷袭后汉军营。叛军在河岸上砍出台阶，攀缘而上，攻进后汉营内，四处纵火，大声呐喊，后汉军中一片大乱。刘词镇定自若，神色不变，传令道："一群蟊贼，不足惊慌。"遂率众迎战。客省使阎晋卿率领数十名侍卫，在月城一侧遇见将领李韬，说道："事情危急了，城中人都身披黄色衣甲，被火光所照，非常易于分辨，可是士兵们没有斗志，那又怎么办呢？"李韬怒道："哪有吃君王的俸禄不替国家效命的道理！"遂手持长枪杀入叛军之中，军中十余名敢死之士紧随其后。叛军军中有一员猛将，手持长矛刺向李韬，李韬眼快，一枪将其刺穿胸膛，翻身落马，接着，又连杀数十人，叛军遂被击溃，后汉军队趁机反击，大破叛军。阎晋卿，是忻州人，家里世代是当地富豪，自幼就在河东军府任职。刘知远镇守河东时，任命其担任客将，后汉建立，他又被晋升为阁门使，判四方馆。李韬，河朔人，擅长用长枪，担任禁军队长。此战，叛军被杀了七百余人，王继勋深受重伤，仅仅逃出一命。五日，郭威来到军中，刘词迎接，站在郭威的马前请罪。郭威说道："我最担忧的就是出现这种情况。如果不是老兄你拼死一战，差一点让敌人耻笑我们了。这下他们再也使不出别的伎俩了。"

李守贞又想出兵进攻后汉军在黄河西岸的营垒，先派人假扮卖酒的，到附近的村落里卖酒，有时让人记账，有时甚至免费赠送，后汉军的很多侦察骑兵都喝得烂醉，因此，叛军得以偷偷摸到后汉军营附近，幸亏发现及时，营垒才没有丢掉。郭威遂下令："将士们不是军中赏赐，一律不得私自饮酒。"郭威的爱将李审在早上稍稍喝了一点酒，郭威发现后，勃然大怒，说道："你身为我的帐下爱将，竟然最先违抗军令，叫我如何号令他人！"当即下令将其斩首示众。

一月十日，后蜀山南西道节度使安思谦退至凤州，上书请求后蜀后主孟昶降罪，孟昶没有追究。后汉隐帝刘承祐下诏将静州（今陕西省米脂县西）划归定难军。二月，定难节度使李彝殷上表表示感谢。李彝殷因中原多难，对朝廷多少有些轻视，每当后汉藩镇出现反叛的，他都会暗中帮助，以索取丰厚的贿赂。后汉朝廷虽然对此心知肚明，也只是睁一只眼闭一只眼，拿他没有办法。淮北各股强盗纷纷向南唐投降，南唐皇帝李璟派遣神卫都虞候皇甫晖等人率领一万人马前往海州、泗州招安。后汉蒙城（今安徽省蒙城县）镇将咸师朗等人也都投降了皇甫晖。后汉武宁（治所徐州）将领成德钦领兵在峒峿镇（今江苏省宿迁市北）击败南唐军队，杀死南唐五百人，生擒一百二十人。皇甫晖等人这才南撤。三月十六日，后汉朝廷以史弘肇之子、归德牙内都指挥使史德珫遥领忠州刺史。史德珫喜爱读书，对其父的所作所为很不以为然。一群参加科举考试的举子们在贡院门口示威，苏逢吉命人将这些举子们送交侍卫司，想让史弘肇把他们痛打一顿，并在脸上刺青。史德珫对史弘肇说道："书生们无礼，自有司法部门审理，不归军队管。这是宰相让你得罪书生们，是想抹黑大人您啊。"史弘肇顿时恍然大悟，当即放了这些人。

四月，河中城内粮食吃尽，军民饿死了十之五六。三十日，李守贞做困兽之斗，从城内派出五千余人，携带长梯，兵分五路，向后汉军队构筑的长墙西北角杀来。郭威派遣都监吴虔裕领兵拦腰攻击，河中军队退走，被杀伤了一多半，攻城器具也被后汉军夺得。五月三日，李守贞再次组织突围，又被击败，其部将魏延朗、郑宾被擒。九日，叛军将领周光逊、王继勋、聂知遇率领一千余人出城投降。此后，李守贞的将士们纷纷出城投降，络绎不绝。郭威见状，十七日，即命令各军从各个方向向河中城发起了总攻，但一时并未奏效。吴虔裕，许州人。吴虔裕原本是许州的郡吏，刘知远镇守许州时，爱其精明谨慎，等刘知远调任河东节度使后，就把他带在身边。后汉建立后，吴虔裕被提拔为引进使，后转为内客省使。隐帝继位后，拜其为宣徽北院使。

而此时，永兴城内的赵思绾最先挺不住了。进攻永兴的后汉军一开始也急于求成，发起了进攻，但死伤惨重，不得不采取对付河中的办法，构筑长墙，长期围困。到了这时，永兴城内粮食也吃尽了，赵思绾就下令杀人吃肉。他曾经在众人面前取下人胆，放入酒中吞下，对大家说："吃够一千个人胆，就胆大无敌了！"《太平广记》称，到城破之时，赵思绾一共吃掉了六十六个人胆，全都是从活人身上挖下，当面切成细片吃下，切完人还没死。他还下令将城内的妇女、儿童当成军粮，每天按军队人数发给各部，遇到犒赏军队时，动辄屠杀数百人，就像屠宰牛羊一般。即便如此，后汉军队依然将其困在永兴城内，赵思绾坐守穷城，无计可施。郭从义趁机派人劝其投降。

赵思绾年少时，曾经想到退休的左骁卫上将军李肃家中当奴仆，李肃没有答应，说道："此人眼睛散乱，言语荒诞，将来肯定是个叛臣。"李肃的妻子张氏，是前河南尹张全义的女儿，很有见识，就劝李肃道："你今天拒绝了他，将来会带来后患的。"李肃就听从了妻子之言，送给赵思绾很多财物，把他打发走了。等到赵思绾占据永兴之后，正巧李肃闲居在城中，赵思绾没有忘记李肃的恩惠，也经常到李肃家中拜访，像以往那样对李肃恭恭敬敬，叩头行礼。李肃对其非常讨厌，说道："这家伙屡次三番前来，肯定会连累我的。"就想自杀。张氏劝道："与其自杀，倒不如劝他归顺朝廷。"正巧赵思绾向李肃询问自保之计。李肃就与判官程让能一起劝说赵思绾说："大人本来与朝廷没什么隔阂，只不过是害怕朝廷降罪而已。如今朝廷兵发三路，但都还未能取胜，如果大人趁这时回心转意，朝廷肯定会非常高兴，大人也不会失去富贵，这比坐以待毙不是强很多吗？"赵思绾被说动，就让程让能写奏表，派遣牙将刘成琦（一作刘成）带上入朝请降。

五月二十二日，后汉朝廷任命赵思绾为华州留后，都指挥使常彦卿为虢州刺史，命令他们直接上任。七月三日，赵思绾脱去铠甲，出城接受诏书，郭从义派兵接管了永兴南门，又放其返回城内。赵思绾索要其亲军的铠甲武器，郭从义也返还给了他们。赵思绾在城内一直忙于收敛财物，迟迟未能动身，一连延期了三次。郭从义等人心生疑虑，秘密禀报郭威，请求将其诛杀，郭威答应了。《旧五代史·隐帝纪中》记载，郭从义给朝廷的奏报称，赵思绾的一个名叫曹彦的部下告发，赵思绾打算于十一日夜里与五百名死党一起逃入南山，叛逃到后蜀，当天早晨，再次催促其动身，其称要等到晚上再走，遂将其诛杀。七月十一日，郭从义与都监、宣徽南院使王峻骑马进城，来到衙门，请赵思绾前来饯别，在酒席上遂将其抓获，一并被抓住的还有常彦卿及其兄弟、亲兵共计三百人，全部拉到街市上斩首示众。二十七日，朝廷加授永兴节度使郭从义同平章事，调任华州节度使。郭从义上奏称处斩了前巡检使乔守温、供奉官王益、时知化、任继勋等人。赵思绾占领永兴之后，乔守温的一个爱妾也落到赵思绾的手上，等到郭从义领兵攻城时，命乔守温负责后勤工作。郭从义入城杀了赵思绾以后，就把赵思绾霸占的美女、奴仆都据为己有，而乔守温还惦记着自己的爱妾，就向郭从义索要。郭从义碍于情面，虽然还给了乔守温，可是内心很不是滋味，就以乔守温等人失守之罪密报给了郭威，请求杀掉乔守温等人，郭威答应了。

长安平定之后，河中战事也取得了进展。七月十三日，郭威下令继续朝河中发起总攻，后汉军队终于攻克了外城。李守贞率领余众，退守内城。众将请求趁机发起猛攻，郭威说道："小鸟就算走投无路的时候，也会啄人的，更何况是一支军队呢！从干涸的河床里捞鱼，着什么急呢？"二十一日，李守贞与其妻子以及儿子李崇勋等人自焚而死。郭威领兵进入城内，抓获了李守贞另外几个儿子和两个女儿，还有李守贞任命的宰相靖崃、孙愿、枢密使刘芮、国师总伦等人，一并送至大梁，在街市上分尸处死。刘承祐下诏征召赵修己为翰林天文。郭威在查阅李守贞的来往信件中，发现朝廷权臣以及各地藩镇给李守贞的书信，内容非常悖逆，打算上奏给朝廷。秘书郎王溥劝谏道："魑魅魍魉，趁着黑夜纷纷出洞，见到阳光自然就消散了。希望大人烧掉这些书信，让那些反叛之徒放下心来。"郭威听从了。王溥，字齐物，并州祁人。刚刚高中进士甲科，被授予秘书郎。郭威领兵讨伐李守贞时，征辟他为从事。《画墁录》称："郭祖宿师河中逾年，常登蒲坂以望城中，其蒲之民为逆者固守，乃失言曰：'城开之日，尽诛之！'幕府曰：'若然，恐愈固矣。苐告之曰：非守真者，余皆免。'一日城开，乃即其地为普救寺。"

《五代史阙文》《五代史补》记载，符彦卿的一个女儿符氏嫁给李守贞的儿子李崇训为妻。李守贞曾经遇到一个术士，能听声音判断出人的贵贱。李守贞就让全家都出来，让术士听音。等符氏出来后，术士说道符氏大贵，当母仪天下。李守贞遂说道："我的儿媳妇都能当上皇后，我自己就可想而知了。"遂决心造反。等到城破之后，符氏端坐在家门口，呵斥士兵们道："我，是符魏王之女，魏王与枢密太尉，比兄弟还亲，你等千万不得无礼！"于是，士兵们都吓得缩头退去。不一会儿，郭威也到了，见到符氏后，高兴地说道："此一个弱女子在乱兵之中能够保全自己，可不是个寻常之人啊！"遂将符氏送还魏王符彦卿，符氏对郭威非常感激，拜郭威为养父。符氏回到家中后，其母劝她出家为尼，符氏拒绝道："死生有命，谁愿意剃光脑袋、光着脚丫，苟活于人间呢！"等郭威建立后周以后，就把符氏嫁给了养子郭荣。后来，郭荣继位，是为后周世宗，符氏也被册封为皇后，是为大符后。

一六〇　三镇之叛（六）

郭威并没有等到凤翔平定之后才东返，这是因为，后汉朝廷已经风闻辽国将要南侵了。

还是在本年（后汉乾祐二年）一月的时候，去年谋反不成的萧翰仍不死心，与妻子、耶律阮的妹妹耶律阿不里一起，给明王耶律安端写信，试图联络安端谋反。二人的书信被耶律屋质截获，献给了耶律阮。耶律阮下令将萧翰斩杀，其妹耶律阿不里病死在狱中。当初，耶律屋质曾因依附述律太后而被下狱，萧翰幸灾乐祸，到狱中对耶律屋质说道："你曾经说过我等赶不上你，如今你在狱中，你看如何？"耶律屋质回答："但愿你不会落到这步田地！"萧翰听了沉默不语。等稳定了内部之后，耶律阮就打算发兵南侵，恢复昔日其叔父耶律德光夺得的中原土地。

郭威奉命开始从河中返京。八月十三日，他来到了洛阳。当时洛阳的主官是西京留守、同平章事王守恩。王守恩，出身官宦世家，其父就是前昭义节度使、韩王王建立，刘知远起兵后，王守恩因缘际会，被人推举为昭义留后，投靠了刘知远，遂得以在仕途上一路高升。然而，此人却十分贪婪，又没有多少见识，且品行低下，令人不齿。他在任期间，只知道千方百计地搜刮民财，凡是洛阳城内百姓家有丧事，不交钱，不允许丧车出城；他还规定，就算上厕所、沿街乞讨，都要交税，甚至放纵部下偷盗他人钱财。洛阳城内一家富人娶媳妇，他身为一方大员也竟然与几个戏子们一起，不请自来去做客，收了人家一些银子才满意而回。

等郭威来到洛阳时，王守恩自恃身为将相，地位不同寻常，坐着轿子出城相迎。郭威见状，觉得他慢待自己，心中顿时生出一团怒火，遂推辞正在沐浴，拒绝与之相见，当即召来保义节度使、同平章事白文珂，对他说道："王守恩坐着轿子前来见我，着实太无礼了，岂能让他担任留守！你赶快前去城内代替他。"

遂写下一张便条，任命白文珂担任西京留守，白文珂不敢多言，只好从命。当时王守恩还坐在客座上等待，小吏前来禀报说："白大人奉枢密使的命令，已经担任新任留守了！"王守恩一听，大吃一惊，狼狈返回。等他来到家门口，只见全家数百老小已被赶出家门，洛阳百姓们都聚集在一旁观看。后汉皇帝刘承祐得知后，也没有追究郭威的责任，任命白文珂为兼侍中，充西京留守。王守恩回到大梁后，害怕受到权臣的打击，上下打点，拿出很多钱财送给朝廷权贵们。后汉朝廷也觉得王守恩在刘知远举事时最先以潞州归顺，就赦免了他，只是诛杀了他身边的几个主事的人而已。

八月十七日，郭威回到大梁，入宫觐见隐帝刘承祐，刘承祐对他进行慰问，赏赐给他金帛、衣服、玉带、鞍马。郭威推辞道："臣受命出征，经过了一年，才攻克了一座城池，又有什么功劳呢？况且，臣领兵在外，令京师安定，无狗叫的惊扰，使得臣得以专心应付前线，部队的供应一直不曾匮乏，这都是京师大臣们镇抚、谋划的功劳啊，臣怎敢一人接受这赏赐！请求陛下普遍予以赏赐。"刘承祐又欲加授郭威兼领节度使，郭威再次谦虚地推辞道："杨邠官位在我之上，尚且没有兼领，况且，我是内臣，史弘肇是外臣，不可与已经兼领归德节度使的他相比。"

九月一日，辽国世宗耶律阮召集群臣商议南侵。九月二日，刘承祐下令赏赐宰相（窦贞固、苏逢吉、苏禹珪）、枢密使（杨邠、郭威）、宣徽使（王峻、吴虔裕）、三司使（王章）、侍卫使（史弘肇）九人，与郭威一样。刘承祐还打算对郭威以特别赏赐，郭威推辞道："军事谋略，出自朝堂；发兵运粮，有赖藩镇；战场厮杀，全靠将士；把功劳都给了臣，臣怎么能担当得起呢！"五日，刘承祐加授郭威兼侍中，史弘肇兼中书令。十一日，又加授窦贞固司徒，苏逢吉司空，苏禹珪左仆射，杨邠右仆射。这些执政大臣们受到赏赐之后，又担心宗室李信以及刘铢也都是国家元勋，会心生不满，各地藩镇大员也会很失落，于是就建议刘承祐对各地大员都普遍予以加恩。十五日，刘承祐下诏加授天雄节度使高行周守太师，山南东道节度使安审琦守太傅，泰宁节度使符彦卿守太保，河东节度使刘崇兼中书令。十九日，又加授忠武节度使李信、天平节度使慕容彦超、平卢节度使刘铢兼侍中。二十一日，加授朔方节度使冯晖、定难节度使李彝殷兼中书令。十月三日，加授义武节度使孙方简、武宁节度使刘赟同平章事。十三日，加授吴越王钱弘俶尚书令，楚王马希广太尉。十七日，加授荆南节度使高保融兼侍中。

当时的人们评论道："郭威不贪功，把自己的功劳推及他人，确实是一件美事，然而，国家的爵位，因一人立功而遍赏天下，这也太滥了。"

十月，辽国军队南下，所到之处，烧杀抢掠，后汉河北各节度使、刺史都闭城固守。辽军骑兵已经推进到贝州（今河北省清河县）、邺都（今河北省大名县）境内，相继攻克了贝州的高老镇，南到邺都北部，又向西北抵达南宫（今河北省南宫市）、堂阳（今河北省新河县）。刘承祐十分担忧。十月二十日，刘承祐派遣枢密使郭威率领众将领兵北上，以宣徽使王峻担任监军。

辽军听说后汉大军北渡黄河的消息后，遂开始北返。十一月十二日，郭威领兵进抵邺都，命令王峻分兵北上镇州、定州，十九日，郭威抵达邢州。同月，南唐军队与辽军南北呼应，向正阳发起进攻。十二月，后汉颍州守将白福进将其击败。

十二月二十二日，后汉宰相杨邠上书建议："前朝任命的官员应当分别遣送至两京，等到官员出现空缺之后再予以递补。"当初，邢州人周璨曾任诸卫将军，罢官后无依无靠，就追随王景崇西征，等王景崇叛乱后，成为王景崇的智囊。杨邠上奏认为："前朝的官员们喜欢煽动藩镇大员，应当将他们全部召回京师。"于是，这些人从四面八方都来到了京师，每天都拦住宰相的马头，请求朝廷给他们任命官职，弄得杨邠也无计可施，这才又提出了这一建议。这一建议提出后，又造成很多人流离失所。杨邠又建议："这些人往来的费用，都由政府提供。"结果人们挤破官署大门，给地方政府带来极大困扰，最后又是不了了之。

赵晖领兵向凤翔发起总攻，周璨对王景崇说："原来，大人与永兴、河中互为表里，如今，永兴、河中已被朝廷平定，蜀人不可靠，不如投降吧。"王景崇回答："你说得对，容我再好好考虑考虑。"又过了几天，后汉军队的攻势更加猛烈，王景崇对其同党们说道："大势已去了，我将采取紧急措施。"遂对部将公孙辇、张思练二人说道："赵晖的精兵大多集中在城北，明天五更前，你们二人焚烧城东门诈降，不要令他们入城，我与周璨率领亲兵从北门出城，突袭赵晖主力，就算战败而死，也比束手就擒要好！"二人均说："好！"次日黎明，公孙辇和张思练如约焚烧了东门请降，与此同时，军府衙门内也燃起了大火。公孙辇和张思练二人派人前去察看，才发现王景崇和其家人已经自焚而死了。周璨也投降了后汉军。

乾祐三年（公元950年）一月一日，后汉隐帝刘承祐以刚刚经过大乱，不接受群臣们的元旦朝贺。九日，隐帝加授凤翔节度使赵晖为兼侍中。十日，密州刺史王万敢上奏称，奉命领兵进入南唐海州地界，行至狄水镇，焚烧劫掠了此地，请求朝廷增兵。隐帝下诏命令前沂州刺史郭琼率领禁军前往增援。郭威上书请求领兵北上，直逼辽国国境，隐帝不许。二十八日，隐帝派遣使臣赶往河中、永兴、凤翔，收敛三地在战乱中死去的尸骨。当时，已经有僧侣们收敛了二十万具尸骨了。南唐方面听说后汉已经平定了三地叛乱，就撤销了李金全的北面行营招讨使，停止了骚扰后汉的军事行动。

隐帝继位后，紧接着就发生了三地叛乱，他不得不重用郭威统领军队平叛，依靠杨邠、史弘肇等辅政大臣稳定朝局，然而，在平叛过程中，郭威的权力越来越大，也丝毫不顾及隐帝的感受，擅自指使郭从义诛杀了已经被任命为朝廷官员的赵思绾等人，还取代皇命解除了西京留守王守恩的职务。虽然隐帝迫于形势需要，不得不暂时隐忍下来，可是，其内心自然不会好受。在朝中，杨邠、史弘肇、王章等人已经结成一个非常牢固的同盟，尤其是史弘肇，更是肆意妄为，根本不把隐帝放在眼里，"恣行惨酷，杀戮日众，都人士庶，相目于路"，而杨邠则对此熟视无睹，只会在隐帝跟前说史弘肇的好话。地方上，由于三镇叛乱，隐帝继位以来，始终对各地大员不敢做大规模的调整，而在平叛战争时期临时任命的三镇大员，也并不一定是最佳人选。与此同时，在隐帝继位之后，其身边也逐渐聚集起一个近臣集团，这个集团自然而然地会与辅政大臣集团发生冲突。史称："三叛既平，帝浸骄纵，与左右狎昵。飞龙使後匡赞、茶酒使郭允明以谄媚得幸……"太常卿张昭劝谏道："陛下应当亲近儒臣，学习儒家经典。"但隐帝不听。

一六一　汉宫惊变（一）

为了整顿朝纲，隐帝决定先从地方上入手，重新调整节度使。

隐帝的生日是三月九日，后汉朝廷将这一天定为嘉庆节。各地节度使为了表忠心，纷纷上书请求到京祝贺，隐帝觉得这是一个调整他们的很好时机，遂全部予以批准。二月三日，青州上奏，郭琼部署好军队，然后从海州返回到了青州。六日，枢密使郭威领兵从北方回京。郭琼，年少时以武勇闻名，曾担任契丹的蕃汉都指挥使。后唐天成年间，全族归降了后唐，后唐明宗任命其担任亳州团练使，此后一直在边地担任刺史，后晋末年，他被调回朝廷，在阳城之战中，担任北面骑军排阵使，立下大功。辽国灭亡后晋以后，山东变民蜂拥而起，耶律德光以郭琼为沂州刺史，镇抚沂州。此次朝廷以增援王万敢之名派遣郭琼率领禁军进兵东南，其实是将矛头对准了平卢节度使刘铢。刘铢自恃与后汉高祖刘知远是旧友，在青州无法无天，并且此人刚强残暴，令隐帝君臣非常不安，早就想把他征召入朝了。郭琼领兵来到海州之后，并没有与南唐军队发生战斗，并很快就离开南唐国境，返回到了青州，其目的就是为了监视刘铢。

三月，后汉各地大员纷纷来到了大梁，这些人主要有：邺都（治所魏州，今河北省大名县）留守高行周、泰宁（治所兖州，今山东省济宁市兖州区）节度使符彦卿、天平（治所郓州，今山东省东平县）节度使慕容彦超、西京（治所洛阳，今河南省洛阳市）留守白文珂、成德（治所恒州，今河北省正定县）节度使武行德、安远（治所安州，今湖北省安陆市）节度使杨信、昭义（治所潞州，今山西省长治市）节度使常思、永安（治所府州，今陕西省府谷县）节度使折从阮、安国（治所邢州，今河北省邢台市）节度使薛怀让、彰德（治所相州，今河南省安阳市）节度使郭谨、保大（治所鄜州，今陕西省富县）留后王饶等人。

三月二十一日，隐帝在永福殿设宴款待群臣。二十五日，隐帝下令将邺都留守高行周调任天平节度使；泰宁节度使符彦卿调任平卢节度使，均晋封食邑。二十七日，又将天平节度使慕容彦超调任泰宁节度使，并晋封西京留守白文珂、成德节度使武行德、昭义节度使常思食邑。四月一日，隐帝又下诏调任安国节度使薛怀让为匡国（治所同州，今陕西省大荔县）节度使，并晋封彰德节度使郭谨、河阳节度使李晖食邑。三日，调任永安节度使折从阮为武胜（治所邓州，今河南省邓州市）节度使。折从阮全族入朝，隐帝又下令取消永安军建制，将府州降格为团练使府，任命折从阮之子、时任府州蕃汉马步都指挥使的折德扆为府州团练使。四月五日，隐帝又调任安远节度使杨信为保大节度使；调镇国（治所华州，今陕西省华县）节度使刘词为安国节度使；以永清（治所贝州，今河北省清河县）节度使王令温为安远节度使；又升任保大留后王饶为护国（治所河中）节度使。按：《资治通鉴》称，王饶被任命的是护国节度使，但是，根据《旧五代史》各处均记载，王饶被任命的是镇国节度使。李守贞之乱中，王饶暗中与其勾结，朝廷群臣都认为此次调整，王饶肯定会被削职，改任散官。王饶入朝后，给史弘肇送上了大量财物，由此得以转任，诏命颁布后，众人都大吃一惊。从实际情况来看，《资治通鉴》的记载可能是错误的。

隐帝的这一番对地方大员的调整，立即引起了杨邠等人警惕。此时的隐帝以及李太后等人已经对杨邠等人的专权十分不满了，只是不敢发作而已。此时的后汉朝中重臣分别是：同平章事窦贞固、苏逢吉、苏禹珪、杨邠；枢密使杨邠、郭威；三司使王章；侍卫马步都指挥使史弘肇。窦贞固和苏禹珪都是老实人，窦贞固“持重寡言，有时望”，“杨邠、史弘肇、王章树党恣横，专权凌上，贞固但端庄自持，不能规救。”苏禹珪则“性谦和，虚襟接物”，是个“纯厚长者”，二人都是太平宰相。自从李涛建议将杨邠、郭威外调未果之后，隐帝在李太后的影响下，倚重杨邠，苏逢吉也算是靠边站了。其余几个人杨邠、王章、史弘肇、郭威则结成一党。平定三镇之后，隐帝身边的近臣以及李太后的亲族，也往往找杨邠、史弘肇等人求官，这让杨邠、史弘肇二人十分不快。李太后有个亲友的儿子想当个军官，找到了史弘肇，史弘肇大怒，竟然将此人斩杀。隐帝刚刚服完三年丧，开始听乐，就赏赐给戏子们锦袍、玉带。这些戏子们来到史弘肇那里谢恩，谁知史弘肇大怒，说道：“士卒们守卫边疆，苦战沙场，还没有给他们赏赐这些东西，你们有什么功劳竟然得到这些！”当即传令将这些赏赐从戏子们手上夺去。隐帝想册封宠幸的耿夫人为皇后，杨邠认为太快了，可是，不久，耿夫人就去世了，隐帝又想以皇后之礼进行安葬，杨邠又表示反对。杨邠和史弘肇曾经在隐帝跟前议事，隐帝说道："认真考虑好，别让别人说闲话！"杨邠却说："陛下闭嘴就成了，有我们在就没事。"隐帝逐渐不满起来。

等到隐帝对地方大员进行一番调整之后，杨邠也在这时向隐帝提出请求解除自己兼任的枢密使一职。杨邠的这一举动极有可能是对隐帝的试探，然而此时的隐帝似乎并没有做好动手的准备，也许甚至没有要动手的意思。隐帝还不想打草惊蛇，对于杨邠的试探，他派遣中使安慰杨邠说："枢密使一职，除了爱卿你之外，无人能当，爱卿为何听信离间之言而提出这一请求呢？"等到使者到杨邠那里时，正巧吴虔裕在座。吴虔裕性格直率，也根本看不出其中的玄机，当即就大声说道："枢密院是机要重地，不可让一个人长期待在那里，让后来的人轮换当也是可以的，相公大人的请求是对的。"使者回宫后，禀报给了隐帝，隐帝一听，很是恼火，下令将吴虔裕贬出京师，外调为郑州防御使——当然，这只是我们的一种推测，也许，二十岁的隐帝刘承祐只是个冲动而又头脑简单的人，在此时，虽然辅政大臣们对他处处掣肘，但他还信任着他们，并没有要诛杀他们的意思，挽留杨邠以及随后让郭威出镇邺都也是出于真心的。

就在杨邠提出辞去枢密使前后，朝廷上又提出了一项动议：请枢密使郭威领兵镇守邺都，统领众将防备辽军。如今的后汉政局，与五百二十八年前南朝刘宋武帝刘裕去世的刘宋政局极其相似，那时，刚刚继位的宋少帝刘义符受到徐羡之、傅亮、檀道济、谢晦四位辅政大臣的挟制，双方最终发生冲突，宋少帝及其弟弟庐陵王刘义真被杀，辅政大臣们又拥立宋文帝刘义隆。等到刘义隆继位后，辅政大臣们又想出了让谢晦在外担任荆州刺史，控制长江上游兵权，其他几人在京左右朝权的办法，以便巩固个人的地位。这一次后汉权臣们提出让郭威出镇邺都，有没有让他握兵在外、呼应朝廷的意思呢？应该有这一层意思。从史书的行文上来看，最初提出这一动议的并非隐帝，而是"朝廷"。

史弘肇是郭威的好友，在定下让郭威出镇邺都之后，他又提出郭威即便是担任天雄节度使，仍然保留枢密使一职，而苏逢吉则奏请隐帝要解除郭威枢密使。隐帝问道："有先例吗？"苏逢吉回答："枢密使一职，方镇大员兼任的话，不方便。"史弘肇则说："兼任枢密使，可以见机行事，令各军畏惧，才好发号施令。"最终，隐帝听从了史弘肇的意见。退下后，史弘肇怨恨苏逢吉与自己的意见相左，苏逢吉说道："以内制外，是理所当然的，如今，以外反来制内，怎么能说方便呢！”虽然隐帝没有采纳苏逢吉的意见，但知道的人们也都认为苏逢吉说得在理。

四月十五日，隐帝下诏任命郭威为邺都留守、天雄节度使，保留枢密使一职，又下诏凡是黄河以北各地的钱粮兵马，只要见到郭威所下的文书，各地均要照办。次日，首相窦贞固在家中设宴招待朝廷重臣，也算是给郭威饯别。席间，史弘肇仍然对昨日苏逢吉的不同意见耿耿于怀，他举起酒杯给郭威敬酒，说道：“昨天早晨朝堂会议，竟然有人唱反调！今天，我敬老弟一杯！”杨邠、苏逢吉也举起酒杯敬酒道：“这都是国家公事，何必介意！”史弘肇又厉声说道：“安定国家，要的是长枪大刀，要笔有什么用！”虽然王章也不喜欢文士，但史弘肇这话不仅仅是指文士了，还针对整个文臣集团，打击面就太大了，于是，王章反驳道：“假如没有笔，那钱财赋税又从哪里来呢？”史弘肇听后，沉默不语。众人又坐了一会儿，就不欢而散了。

一六二　汉宫惊变（二）

后汉隐帝刘承祐在任命郭威担任天雄节度使的同时，还任命他的养子、左监门卫将军郭荣担任贵州刺史、天雄牙内都指挥使。

郭荣，原姓柴，其父柴守礼，是郭威的内兄，在郭威自己还没有儿子的时候，将柴荣收为养子。《玉壶清话》《龙川别志》记载，柴公是个私塾老师，女儿曾在后唐庄宗的宫中当宫女，明宗继位后，放出宫去。柴氏父母从家中到洛阳将女儿领回，不巧到了洛阳后，天上下起了连阴雨，一家人滞留在客店里十几天无法返乡。一天，一个衣衫褴褛的男子冒雨经过，柴氏一见大惊，脱口而出道："此人是谁？"店主回答："这是马铺的小卒郭雀儿。"柴氏将那人叫来问话，一番交谈后，深感震惊，就对父母说道："这是个贵人，我要嫁给此人。"柴氏父母怒道："你是天子身边的人，要嫁也嫁个节度使，为何要嫁给这个乞丐一般的人？"柴氏说道："我在宫中时间长了，能看出贵人，此人贵不可言，不可错失了。我身上有十万私房钱，一半给父母，我拿一半。"柴公夫妇虽然一万个不愿意，但知道拗不过女儿，询问之下，才知那人就是郭威，在柴氏父母的主持下，柴氏就与郭威在客店里成婚了。成婚之后，柴氏对郭威说道："你是个极尊贵之人，然而机不可失，妾身边还有五万钱，情愿拿出来给你好买个进身之阶。"郭威就拿着这五万钱买了一个军司的官。柴夫人的父亲柴公也不是个寻常之人，民间传说他主管阴间之事。一天早晨起床，柴公突然哈哈大笑起来，妻子询问缘故，他就是不说。柴公喜欢饮酒，妻子就把他灌醉后再问，柴公说道："花项汉将要当天子了！"花项汉、郭雀儿都是指的郭威。《画墁录》记载了郭威叫郭雀儿的来历，说的是：郭威和冯晖是同乡，私交很好，都是当地的无赖之徒，后都当了兵。一天，一个道士见了二人，二人问道士会什么，道士说会刺青，二人就让道士给刺青。郭威在脖子右后边刺了个雀，左后边刺了些谷米；冯晖在肚脐眼上刺了个瓮，瓮里刺了几只雁。刺完之后，道士对二人说道："你们两个到好自为之，等到你的雀啄住谷、你的雁出了瓮，就是你们两个发达之时了。"等到郭威当上节度使时，雀与米稍稍接近了，等到称帝之后，雀真的啄到了米，而冯晖当上节度使后，雁真的从瓮中出来了，因此，当时的人们就叫郭威为郭雀儿。郭威出身寒微，家道沦落，柴夫人的侄儿柴荣谨慎仁厚，郭威就把家事都托付给了他。柴荣尽心尽力，将家里打理得井井有条，郭威对他非常喜爱，就将他收为养子。

乾祐三年（公元950年）五月三日，郭威向隐帝辞别。他对隐帝说道："太后追随先帝时间久了，经历过很多事，陛下还年轻，遇到事情应该先禀报太后，遵照她的指示办事。亲近忠直之臣，远离谗邪小人，特别要分清什么是善，什么是恶。苏逢吉、杨邠、史弘肇都是先帝时期的旧臣，尽忠为国，希望陛下对他们推心置腹，放心任用，肯定不会有错。至于疆场之事，臣愿意效犬马之劳，一定不会辜负陛下的重托。"隐帝一脸严肃地表示接受。郭威来到邺都后，见河北十分凋敝，严令边将谨守边境，不得主动出击，辽军入侵的话，就坚壁清野，严阵以待。

五月四日，隐帝下诏要求："防御使、团练使，除非战时，不得直接上奏朝廷，都要先禀报各自的上级观察使，由观察使研究之后再上报。"九日，隐帝任命弟弟、山南西道节度使（遥领）刘承勋为开封尹、加授兼中书令。实际上，刘承勋是个残废，长期卧病在床，一直没有离开过皇宫。如前所述，后汉朝廷早就对贪婪刚愎的平卢节度使刘铢不满了，借郭琼南征，虚晃一枪，回师进驻到了青州，紧接着，就调任符彦卿担任平卢节度使。郭琼以及卫州刺史郭超领兵进驻青州之后，刘铢内心十分不安，设宴款待郭琼，提前埋下伏兵，准备杀掉郭琼。郭琼知道了他的阴谋，毫不畏惧，反而不带卫士，从容赴宴，刘铢被郭琼的气势吓倒，始终不敢动手。郭琼趁机对他晓以利害，刘铢听了，又是感动又是佩服，接到诏书后，当即收拾行装就赶往京师了。五月十三日，刘铢来到大梁，觐见隐帝。十四日，隐帝任命郭琼为瀛州团练使。郭琼在后周时期，历任绛、蔡、齐三州防御使，死于北宋初年。史称，他"虽起卒伍，而所至有惠政，尊礼儒士，孜孜乐善，盖武臣之贤者也"。

五月十六日，三司使王章也在家中设宴招待朝廷重臣们。宴会当中，大家玩起用手势行酒令，史弘肇不懂这种玩法，客省使阎晋卿坐在史弘肇的身边，屡屡给他指点。苏逢吉开玩笑道："身边坐个姓阎的，就不怕被罚酒了！"史弘肇的妻子也姓阎，本是酒家的娼妓，史弘肇觉得苏逢吉这话是有意羞辱他，顿时勃然大怒，对苏逢吉是破口大骂。苏逢吉没有还嘴，史弘肇又要挥拳去打苏逢吉，苏逢吉吓得离开座位，骑马而去。史弘肇起身去索取宝剑，要追赶苏逢吉。杨邠劝阻道："苏大人是宰相，你要是加害，把天子置于何地？大人要仔细想想！"说着，竟流下了眼泪。史弘肇命人牵来坐骑，飞马而去，杨邠担心他会再生出枝节，也赶忙骑马，与他并马而行，一直将他送到家里才罢。从此以后，苏逢吉和史弘肇二人已变得水火不容，隐帝命宣徽使王峻在公子亭设宴和解二人，可是，二人之间的矛盾始终未能消除。苏逢吉产生了离开朝廷，到外地担任节度使的打算，以避开史弘肇，但是，思来想去，又作罢了。有人问他缘故，他说道："假如我当一个方镇的节度使，只需史大人一句话，我就粉身碎骨了！"自从那次宴会之后，王章也突然变得郁郁寡欢起来，盘算着到外地任职，而杨邠和史弘肇都离不开他，极力劝阻，王章的家中屡屡出现怪异现象，王章更感忧虑恐惧，不久，其妻白氏就去世了。

闰五月，皇宫之中屡屡出现怪物，投掷砖头瓦块，打击窗户房门，人们制止不住。二十七日，大梁刮起大风，下起暴雨，毁坏军营房舍，狂风将沉重的郑门（大梁西南面第一门）刮到半空中，然后从十余步开外落下，又将数十棵大树连根拔起，雷电劈死了六七个人，整个大梁城内平地积水一尺多深。隐帝召来司天监赵延义询问祈福避祸之法，赵延义回答："臣的专业在于天文历法，至于祈福避祸之法，臣没有学过。不过，臣听说君王祈福避祸之法，莫过于修德了。"赵延义退下后，隐帝又派遣中使问他："什么是修德？"赵延义回答："请陛下读一读《贞观政要》，效法其中的做法。"

六月，郑州上奏称，黄河在原武县决口。七月，河阳上奏，黄河河水上涨三丈五尺。沧州上奏，积水一丈二尺。安州上奏，河水泛滥，州城内积水七尺。九月，朗州节度使马希萼上奏请求在京师另行设置办事处，后汉朝廷没有答应。当时，马希萼与弟弟马希广已经反目成仇，所以才奏请另行设置办事处，后汉朝廷以湖南已经设置了办事处，所以没有同意，并下诏和解二人。

说到马希广、马希萼兄弟二人，不能不将二人在这三年里的石桥补叙一下。自从后汉高祖天福十二年（公元 947 年）马希范去世、马希广继位后，迄今已有三年。马希广放回奔丧的马希萼，可以说是放虎归山，马希萼对此并不领情。回到朗州（今湖南省常德市）后的马希萼在次年（后汉乾祐元年）就上书后汉朝廷，请求与楚王马希广平起平坐，各自以平等的身份向后汉朝廷进贡，并请后汉朝廷另行加封自己一个官爵。马希广得知后，就采纳了天策府内都押牙欧弘练、进奏官张仲荀的计策，派人给后汉执政大臣们送去了大量贿赂，于是，后汉朝廷拒绝了马希萼的奏请，并告诉马希萼，如果有什么进贡或者奏报，也要经过马希广，由马希广上奏或进贡给朝廷，但马希萼不从。与此同时，马希萼积极备战，将朗州所有的壮丁都征召入伍，组建一支新军，号称静江军，又建造了七百艘战舰，将要进攻潭州（今湖南省长沙市）。马希萼的妻子苑氏劝谏道："兄弟相攻，不论是胜是负，都会被人耻笑。"马希萼不听，领兵直扑潭州。马希广听说后，说道："马希萼是我哥哥，我不能与他相争，当把国家让给他。"刘彦瑫和李弘皋等人极力劝阻，马希广遂任命岳州刺史王赟（楚国名将王环之子）担任都部署战棹指挥使，以刘彦瑫为监军，领兵抵御。后汉隐帝乾祐二年（公元 949 年）八月十八日，当后汉枢密使郭威平定了李守贞叛乱、途经洛阳、擅自免去西京留守王守恩之际，马希广的军队也在仆射洲（今湖南省长沙市西湘江江中小岛）大破马希萼的军队，缴获马希萼三百艘战舰。王赟领兵追赶马希萼，眼看就要赶上，就在这时，马希广派人制止道："别伤害了我哥哥！"王赟只好领兵退回。马希萼从赤沙湖（古洞庭湖西北）乘坐小船逃回朗州，苑氏哭泣道："大祸将要临头了，我不忍看到。"遂跳井而死。

一六三　汉宫惊变（三）

马希萼败回后，贼心不死，他给辰州（今湖南省沅陵县）、溆州（今湖南省怀化市境内）、梅山（今湖南省冷水江市北）的山蛮写信，请求他们出兵一起进攻潭州。

山蛮们素来听说潭州城内非常富裕，接到马希萼的书信后，不禁大喜，争相出兵响应，遂合兵一处，进攻益阳（今湖南省益阳市）。到乾祐三年六月，马希广派遣指挥使陈璠出兵抵御，双方在淹溪（益阳市以南）交战，结果湖南军队大败，陈璠战死。接着，马希萼又派遣山蛮进攻迪田（今湖南省湘乡市以北），八月三日，山蛮军攻破城池，杀掉镇将张延嗣。楚王马希广派遣指挥使黄处超领兵救援，黄处超又战败而死。败报传来，潭州城内一片震恐，马希广赶忙派遣牙内指挥使崔弘琏率领七千人马进驻玉潭（今湖南省宁乡市西）。

也就是在战场上接连取得胜利的情况下，马希萼才派人要求在大梁另行设立办事处，被后汉朝廷拒绝后，马希萼十分不满，觉得后汉朝廷袒护马希广，遂派人向南唐称臣，并请求南唐发兵协助自己。南唐朝廷接到马希萼的书信后，很爽快地答应了他的请求，加授其为同平章事，并命令楚州刺史何敬洙领兵帮助马希萼。十月十二日，马希广上书后汉朝廷告急，称："荆南、岭南、江南联合起来，阴谋分割湖南，请求朝廷发兵进驻澧州（今湖南省澧县），以控制住江南、荆南救援朗州之路。"

马希广见众将纷纷落败，非常忧虑。刘彦瑫劝说道："朗州兵力不满一万，马匹不足一千，我军府有精兵十万，还担心不能取胜？请求交给臣一万人马，一百五十艘战舰，我将径直杀入朗州，活捉马希萼，让大王安心。"马希广听了，非常高兴，就任命刘彦瑫为战棹都指挥使、朗州行营都统，领兵直扑朗州。刘彦瑫进入朗州境内后，百姓们争相拿出美酒、牛肉慰问，刘彦瑫信以为真，说道：

“百姓们不愿追随乱党，盼望军府的大军很久了。”可是，等他们的战舰一过，朗州百姓就运送竹子树木，切断了他们的后路。当天，马希萼派遣六千朗州、山蛮联军以及一百艘战舰，赶赴湄洲（今湖南省汉寿县西沅江中沙洲）迎战。刘彦瑫借着风势纵火焚烧敌舰，可是刚点起火，风向就变了，大火反而烧毁了己方战舰。刘彦瑫大败，下令撤退，可是水路已被切断，数千将士们战死或被大火烧死。马希广听说前方战败，忧愁恐惧，无计可施，只会哭泣。马希广平素很少给士兵们发放赏赐，至此，临时抱佛脚，拿出金帛赏赐给士兵们，以收买人心。有人告发天策左司马马希崇妖言惑众，证据确凿，请马希广将其杀掉。马希广却说：“我要是加害了我弟弟，还有什么脸面到地下见父王啊！”

与刘彦瑫进军同时，马军指挥使张晖率部从另外一条道路进攻朗州，他们行至龙阳（今湖南省汉寿县），听说刘彦瑫战败，遂退守益阳。马希萼又乘胜派遣指挥使朱进忠等人率领三千人马进攻益阳，张晖见势头不妙，就欺骗下属道：“我率领部下出城绕到敌人背后，你们留在城内等我，我们里应外合夹击敌人。”等他出城之后，就从竹头市（今湖南省益阳市东南）逃回了潭州。马希萼的军队见益阳城内失去了主将，遂发起猛攻，益阳守军九千余人全部被杀。

反攻朗州失利，马希广遂派遣幕僚孟骈前往朗州，劝说马希萼：“大人忘记了父兄之仇，甘心勾结南唐，这与三国时期袁谭向曹操求救对付弟弟袁尚，又有什么两样！”马希萼大怒，将要斩杀了他。孟骈说道：“自古交兵，不斩来使，孟骈如果怕死，岂肯来到这里！我刚才说的话并非偏向马希广，实际上是替大人您着想啊！”马希萼放了孟骈，命其回复马希广道：“你我之间的情义已断，不到地下不会再见！”朱进忠建议马希萼亲自领兵夺取潭州，十一月八日，马希萼自称顺天王，留下儿子马光赞守住朗州，自己征调辖区全部军队直扑潭州。

湖南情况危急，后汉朝廷不得不伸出援手，然而，此时的后汉朝廷还须把主要精力用于应对北方辽国的入侵。就在上个月，辽国世宗耶律阮亲自率军南下，相继攻陷了安平（今河北省安平县）、内丘（今河北省邢台市）、束鹿（今河北省辛集市）等地，大获而归。马希萼出兵的同一天，后汉隐帝下诏任命侍卫步军都指挥使、宁江节度使王殷领兵进驻澶州（今河南省濮阳市）。王殷，瀛州人，与曾经弑杀唐哀帝的王重荣养子王殷（蒋殷）同名，但不是同一人。自幼从军，逐渐升至偏将。后唐同光末年曾任华州马步军副指挥使，明宗天成年间，被调任朔方都指挥使，后被征召入朝。后晋建立，王殷升至奉国右厢都指挥使。后汉建立后，王殷随军讨伐杜重威，他与刘词一起苦战，头上中箭，从口中取出箭镞。隐帝继位后，王殷被升任侍卫步军都指挥使。史称：王殷“谦谨好礼，事母以孝闻，每与人结交，过从皆先禀于母，母命不从，殷必不往，虽在军旅，交游不杂。及为刺史，政事小有不佳，母察之，立殷于庭，诘责而杖之”。在派出王殷之后，后汉朝廷又决定任命安远节度使王令温为都部署，调派各镇军队准备南下救援潭州的马希广，然而，很快地，后汉朝廷就爆发了一场突如其来的大变，救援潭州的行动就中止了。

那么这场惊变又是怎么发生的呢？如前所述，后汉的这些辅政大臣们虽说也都公忠为国，可是，他们都是军镇僚佐出身，并不懂多少宫廷规矩，也并没有把隐帝放在眼里，随着隐帝逐渐长大，逐渐对这些辅政大臣们不满起来。武德使李业，是李太后的弟弟。李太后一共有七个兄弟，李业最幼，所以李太后对他最为爱护，有了李太后撑腰，李业开始肆无忌惮起来，往往插手政事。当时，宣徽使出现空缺，李业想得到这个职位，就请李太后给执政大臣们传话，可是，杨邠和史弘肇等人都认为宫中官职的升迁也要讲究次序，不能仅仅凭借是外戚就越级提拔，因此，李业对杨邠等人十分不满，产生了杀掉杨邠等人的想法。内客省使阎晋卿依序应当晋升为宣徽使，由于李太后和隐帝与执政大臣们的意见不统一，阎晋卿也迟迟未能得到升迁，因此也是牢骚满腹。枢密承旨聂文进、飞龙使後匡赞、翰林茶酒使郭允明都是隐帝的宠臣，一直未能升职，都对执政大臣们心怀不满。聂文进，并州人，年少担任普通一兵，擅长计算，在刘知远帐下服务，刘知远担任河东节度使时，他被任命为押司官。后汉建立后，他被任命为领军屯卫将军、枢密院承旨。郭威担任枢密使时，对聂文进很是亲近，后聂文进被晋升为右领军大将军。後匡赞，兖州人，其母是个娼女，往来于其父之家，遂生下後匡赞。後匡赞自幼擅长唱歌，侍奉张延朗。张延朗死后，後匡赞又侍奉刘知远，刘知远对他很是喜爱，以其担任牙将。刘知远即位后，以其为飞龙使，隐帝对其尤其喜欢。後匡赞长大后，怀疑自己不是其父所生，等其尊贵后，就不愿让其父前来。其父径直来到後匡赞在大梁的家中，後匡赞不得已只好把父亲留了下来。郭允明，小名窦十，河东人。原系河东制置使范徽柔的奴仆，范徽柔被杀后，成为刘知远的小厮，深得刘知远的欢心。刘知远担任河东节度使时，郭允明被任命为牙将，后汉建立后，又被任命为翰林茶酒使兼鞍辔库使。

司空、同平章事苏逢吉与史弘肇交恶后，知道李业等人怨恨史弘肇，也时不时地用言语激怒李业等人，李业等人遂趁机在隐帝面前指斥杨邠等人专权跋扈，有不臣之心，终将发动叛乱，隐帝终于信以为真。一天晚上，隐帝听到兵工厂内发出锻造兵器的声音，怀疑是宫外发生了兵变，顿时心惊肉跳，吓得夜不能寐，坐以待旦。经过这场惊吓之后，隐帝决定先下手为强，清除杨邠、史弘肇等辅政大臣集团，提前消除隐患，遂与李业、聂文进、後匡赞、郭允明定下了采取果断措施、诛杀杨邠等人的计划。几人密谋已定，向李太后禀报。李太后说道："此事非同小可，岂可草率用事！应当与宰相们一起商议才是。"李业当时就站在一旁，插言道："先帝曾经说过，朝廷大事不可与书生们商议，这些书生胆小怕事，往往会误事。"李太后没有理会，继续要求隐帝要与宰相们商量，说得隐帝心中烦闷，顿时怒道："国家大事，不是妇道人家该知道的！"遂拂袖而去。十一月十二日，李业等人将计划通报给了内客省使阎晋卿，阎晋卿恐怕行动失败，当天就偷偷来到史弘肇家，想提前密报给史弘肇，然而，可惜的是，史弘肇那天不知何故，竟然借口有事拒绝让阎晋卿进门，阎晋卿也没再坚持，心事重重地回家了。《旧五代史·阎晋卿传》称："晋卿忧事不果，夜悬高祖御容于中堂，泣祷于前，迟明戎服入朝。"

一六四　汉宫惊变（四）

乾祐三年（公元950年）十一月十三日清晨，杨邠等人入朝，杨邠、史弘肇和王章三人坐在广政殿的东厢房内。就在这时，从广政殿正殿内突然冲出了数十名全副武装的士兵，他们手持武器直接闯入东厢房，当即将杨邠、史弘肇、王章三人乱刀砍死。

紧接着，隐帝又下令诛杀了史弘肇的弟弟小底军都虞候宏朗、如京使甄彦奇、内常侍辛从审、杨邠的儿子比部员外郎杨廷侃、右卫将军杨廷伟、右赞善大夫杨廷倚、王章的侄儿右领卫将军旻、女婿户部员外郎张贻肃、枢密院副承宣郭颙、控鹤都虞候高进、侍卫都承局荆南金、三司都勾官柴训等人；又分兵收捕杨邠等家属及部曲、侍从，全部诛杀。《旧五代史·郭允明传》称："杨邠等诸子，允明亲刃之于朝堂西庑下。王章女婿户部员外郎张贻肃，血流逆注，闻者哀之。"《王章传》称："（王章）妻白氏，祸前数月而卒。无子，惟一女，适户部员外郎张贻肃，羸疾逾年，扶病就戮。"

隐帝命枢密承旨聂文进紧急传唤宰相以及群臣，等文武百官在崇元殿依次站好后，当庭宣布："杨邠、史弘肇、王章等人合谋叛逆，欲倾覆社稷，已一并处斩，朕与爱卿们一同庆贺。"群臣无言以对。唯独前西京留守王守恩出班扬言道："陛下今日才能睡觉了！"苏逢吉虽然与史弘肇不和，但并没有参与此次政变，他听说此事后，大吃一惊，对人说道："这事做得太匆忙了，主上要是能问我一下，也不致到这个地步！"

等群臣退下后，又召来各军将校到万岁殿上，隐帝亲自通报了史弘肇等人阴谋作乱的情况，并称："史弘肇等人欺负朕年幼，专权跋扈，经常令你等心怀恐惧，从今以后，朕给你们做主，你们再也不用担忧了。"各军将校们纷纷拜谢而退。然后，又召来前任的节度使、刺史、统军等人上殿通报了情况。快到中午的时候，杨邠等十余具尸体被装到车上，送出宫外，分别拉到大梁南北市场上示众。

与此同时，隐帝还派遣心腹供奉官孟业携带密诏，赶赴澶州和邺都，命令镇宁（治所澶州）节度使李洪义诛杀侍卫步军都指挥使王殷，命令邺都屯驻护圣左厢都指挥使郭崇威、奉国左厢都指挥使曹英（《资治通鉴》记作曹威）诛杀枢密使郭威以及监军、宣徽使王峻。又紧急征召天平节度使高行周、平卢节度使符彦卿、永兴节度使郭从义、泰宁节度使慕容彦超、匡国节度使薛怀让、郑州防御使吴虔裕、陈州刺史李谷等人入朝。任命宰相苏逢吉权知枢密院事，前平卢节度使刘铢权知开封府事，侍卫马军都指挥使李洪建判侍卫司事，内客省使阎晋卿权侍卫马军都指挥使。王殷是史弘肇的心腹大将，深得史弘肇的厚遇；李洪义、李洪建均是李业的哥哥。

隐帝派遣将士们把守住皇宫各个宫门，一直到当天傍晚，群臣们才被允许离开皇宫，步行返回各自家中。当天，天阴沉沉的，雾气蒙蒙，就像下着小雨一般，京城上下人们都惴惴不安。李业等人命令刘铢诛杀郭威、王峻全家，刘铢杀尽郭威全家子孙妇女十几人，极其残忍。又命李洪建诛杀王峻全家，李洪建不忍，只是派人看住，仍然送给他们饮食。此后数日，苏逢吉晚上就住在金祥殿东边的房子里，他对天官正王处讷说："夜里躺下，还没睡着，就见到李崧站在一旁，活人与死人相见，绝对没有好事。"王处讷，洛阳人，年少时，曾经有位老人到他家里，把洛河里的石头煮成面糊，让王处讷吃掉，并对他说："你本性聪颖，将来肯定会当人老师。"他还曾经梦见一个人拿了一个大镜，镜内布满了星辰，那人割开王处讷的肚子，将镜子装入。醒来后，王处讷大汗淋漓，一个多月过去了，还感觉肚子隐隐作痛，此后，王处讷就开始潜心研究占星之学。后晋末年，他逃到太原避乱，被刘知远纳入幕府，后汉建立，王处讷被提拔为司天夏官正，后外调担任许田令，又召回担任国子《尚书》博士，判司天监事。

十一月十四日（《旧五代史·周书一》记作十一月十三日，也就是政变的当天），孟业来到澶州，向李洪义传达了隐帝的指令。谁知，这个李洪义胆小怕事，他觉得王殷肯定已经知道了此事，恐怕不会成功，就不敢动手，反而带着孟业来见王殷，把隐帝的密诏让王殷过目。王殷看后，当即下令逮捕了孟业，派遣澶州副使陈光穗火速赶往澶州，向郭威禀报。十四日这一天，郭威正与监军王峻商议边防事务，接到王殷和李洪义的书信后，赶忙独自回到衙门，连王峻也不知道发生了什么事。郭威先是看到杨邠、史弘肇等人被杀，神情一片茫然，又见隐帝又要加害于己，遂召来心腹魏仁浦商议。他把隐帝的诏书让魏仁浦看后，问道："该怎么办？"魏仁浦回答："大人是国家的重臣，功名素来显赫，加上手握重兵，占据重镇，一旦受到小人们的陷害，突然之间就大祸临头，这不是一句半句话能够化解的了的。事情已经到了这一步，就不可以坐以待毙了！"《东都事略·魏仁浦传》称，魏仁浦让郭威把诏书上的"诛杀郭威、王峻"换成了"诛杀将士"，以激怒众人。《新五代史·周本纪第十一》也记载，王殷和李洪义派人禀报郭威不久，隐帝派来诛杀郭威和王峻的使者也来到了邺都，郭威藏匿了诏书，召来枢密院吏魏仁浦在卧室之内商议。魏仁浦劝郭威造反，另行伪造了一道假诏书，称令郭威诛杀邺都的各个将校们，并用邺都留守的大印倒着盖在诏书之上，于是，郭威就召来了郭崇威、曹威以及众将们，告诉大家杨邠、史弘肇等人含冤而死的情况以及隐帝的密诏内容，并对大家说："我从最低微的职位干到这一步，一直以来都尽心辅佐国家，先帝驾崩前，我亲受托孤，与杨邠、史弘肇等人，尽心尽力，废寝忘食，操劳国事，突然之间无缘无故就被灭门。如今，有诏书要取我首级，你等应当奉行诏命，砍下我的头颅向天子复命，各奔前程，我也不愿连累各位。"郭崇威等人听了，纷纷落泪说道："天子年幼，这肯定不是天子的主意，一定是天子身边的小人所为，假如这帮人得行其道，国家就危险了！我愿意跟着大人一起入朝陈诉，清除这些奸臣以安定朝廷，大人绝不可以就被一介使者所杀，白白蒙受千载的恶名啊！"翰林天文赵修己对郭威说道："大人就这样死掉又会起到什么作用？不如顺应人心，领兵南下，这是上天在给大人引导一个出路啊！"郭威遂留下养子郭荣镇守邺都，命令郭崇威率领骑兵担任先锋，当天就南下了，十五日，郭威也亲自率领大军随后出发了。按：假如《东都事略》所言属实的话，郭威既然已经把诏书篡改为诛杀前线众将士，那么，他就不大可能再说上述之言了，原话最多会是：朝中奸臣指令我杀掉诸位，我违抗诏命，还是死在你们前面算了云云。

泰宁节度使慕容彦超接到隐帝的紧急诏书时，正在吃饭，当即放下碗筷，返回朝廷。隐帝将军事全部交由其处理。隐帝听说郭威起兵的消息，连忙召集群臣商议迎敌之策。前开封尹侯益说道："王者无敌于天下，王师不宜轻易出动，况且，邺都守军的家眷都在京师，官军不可轻率出动，不如紧闭城门以挫其锐气，然后再令其母亲妻子登上城墙召唤其子弟，可不战而胜。"慕容彦超说道："侯益老了，这不过是懦夫之计。"十六日，隐帝遂派遣侯益、阎晋卿、吴虔裕、前保大节度使张彦超率领禁军朝澶州而来。显然，当时的后汉君臣并不清楚澶州的李洪义已经暗中投靠了郭威，所以才做出了御敌于京城之外的决策，这一决策在当时的条件下很难说就一定不妥当，这是因为，按照侯益的计策，固然有一定道理，但是，毫无抵抗就让叛军直抵京师城下，从气势上会处于劣势，且会引起京师的恐慌，届时，很有可能会发生难以逆料的情况。

隐帝君臣并不知道，也就是在侯益大军离开大梁的同一天（十六日），郭威已经领兵从邺都进入了澶州。李弘义打开城门，迎接郭威叛军入城。王殷迎接叩拜，失声痛哭，并将自己统领的军队全部交给郭威指挥，一起南渡黄河，直取滑州。当时，隐帝派遣内养鸗脱前去侦察郭威叛军的动向，反被郭威的侦察骑兵抓获，郭威将一道密奏置于鸗脱的衣领之中，当即放其返回。郭威在密奏中称："臣出身寒微，遇到圣明的先帝，如今又富又贵，实在是超过了平生的期望，一心只想着报效国家，怎敢还有异心！如今接到诏命，突然指令郭崇威等人杀掉臣，当时我就等待被处死，可是众将不肯行刑，逼迫臣入朝，令臣到陛下跟前请罪，并称如今之事，肯定是陛下身边的近臣在陷害臣。如今，鸗脱到此，这是上天给臣一个机会，令臣能向陛下表达内心，三五天之内我就会到达朝廷面见陛下。如果陛下认为臣犯了欺天大罪，臣岂敢爱惜生命；如果的确有人诬陷臣，就请陛下将他们抓住，送到军前，令三军将士们满意，则臣就算是死也没有遗恨了。如今，我托鸗脱上奏给陛下。"

一六五　郭威篡汉（一）

后汉隐帝刘承祐乾祐三年（公元950年）十一月十七日，在郭威放回鸗脱的同时，他也开始领兵直扑滑州而来。

十八日，义成节度使宋延渥开门迎降。宋延渥，后改名为宋偓，他的祖父宋瑶，是后唐天德节度使，其父宋廷浩，娶妻后唐庄宗的女儿义宁公主，生下了宋延渥。后晋初年，张从宾叛乱时，宋廷浩担任汜水关巡检使，被乱兵所杀，当时，宋延渥只有十一岁，因其父死于国事，被后晋朝廷补为殿直，后晋升为供奉官。由于石敬瑭曾是后唐庄宗的部下，因此对宋延渥之母、义宁公主十分尊重，此后，刘知远见宋延渥文武双全，又是后唐庄宗的外孙，就想把自己的女儿嫁给他，起初义宁公主并不同意，无奈，刘知远位高权重，最终只好屈服。后晋末年，刘知远镇守河东时，就把女婿宋延渥带到了太原，任命其担任牙内都虞候，后被晋升为北京皇城使。后汉建立后，宋延渥的妻子被加封为永宁公主，宋延渥也成为驸马都尉，被拜为右金吾卫大将军。隐帝继位后，宋延渥又被任命为昭武节度使，乾祐二年十月，辽军南侵，隐帝改任宋延渥为义成节度使。等到北宋建立以后，宋延渥的女儿、时年十七岁的宋氏又在宋太祖开宝元年成为四十二岁的赵匡胤的第三任妻子，九年后，赵匡胤去世，其弟弟赵光义继位，称宋氏为开宝皇后。

显然，隐帝看走了眼，他这个姐夫一点都不可靠，当他看到郭威率领大军气势汹汹地来到滑州时，内心早已打好了算盘，从顺逆来说，朝廷军队自然是占上风的，然而，在乱世之中，唯有实力才最有发言权。王殷已经带走了禁卫军主力，再加上郭威为抵御辽军而带的军队以及邺都的军队，以大梁宿卫之军又仓促应战，应该不是郭威的对手。郭威进入滑州之后，打开滑州的仓库，拿出财物犒赏士兵们，并对大家说道："我听说侯大人已经率军从南而来，如今，一旦两军相遇，要是交战的话，就违背了我当初入朝的本意，可是，假如不战的话，势必会被他们所屠杀。我真心希望保全你们大家的性命，倒不如遵从诏命，我就算是被你们杀死，也毫无怨言！”《旧五代史》记载当时郭威说的话是：“主上被奸臣所蒙蔽，诛杀功臣，我此次前来，也是身不由己，然而，身为臣子对抗皇帝，还说什么是非曲直呢！你们的家眷都还在京师，不如奉行原来的诏书，我一死向天子谢罪，死而无憾！”将士们纷纷说道：“是朝廷对不起大人，大人并没有对不起朝廷。恳请大人速速前进，不要再迟疑了，安邦定国，正在此时！”等将士们退下后，不一会儿，王峻出来告诉全军将士们：“我得到大人的旨意，等到平定京师以后，允许你们在京师之内大肆劫掠十天。”将士们听了，全军都欢呼雀跃起来。

也就在十八日这一天，内养鸗脱回到了大梁。隐帝打开郭威的奏章，当即召来李业，给他看，当时，聂文进和郭允明也在隐帝身边，都面露恐惧之色。当初，隐帝君臣曾经商议由隐帝御驾亲征，进驻澶州，可是，鸗脱回来后，禀报了郭威已经领兵进抵澶州了，澶州王殷不战而降，顿时大为恐惧。隐帝深感懊悔，私下对宰相窦贞固等人说道：“前日所为之事，也太草率了！”李业等人请求隐帝拿出国库中的全部财物犒赏军队，宰相苏禹珪认为这不行。李业在隐帝面前向苏禹珪跪下叩头，说道：“相公你暂且替官家想想，不要吝惜国库里的钱财了。”于是，隐帝下令分发给侍卫军每人二十串钱，其他军队每人十串钱，叛军将士们也照此办理，并派遣叛军将士在京子弟携带家书，北上劝说叛军将士们。

十一月十九日，郭威率部来到封丘（今河南省封丘县）。封丘距离大梁已近在咫尺，大梁城内一片惶恐。李太后哭泣道：“我不听李涛之言，活该灭亡啊！”隐帝的叔父、泰宁节度使慕容彦超自恃骁勇，对隐帝说道：“陛下不用担忧，臣看北来之军就如同蚂蚁一般，我一定替陛下活捉其匪首！”等慕容彦超退下后，见到了聂文进，问及叛军人数以及将校的姓名，聂文进如实禀报。慕容彦超听后，顿时恐惧起来，脱口说道：“这都是些能征惯战的家伙，不可轻视了。”隐帝又派遣左神武统军袁巃、前威胜节度使刘重进（刘晏僧）、王知则等人率领禁军，与侯益等将会师，驻扎在赤冈（今河南省开封市东北），但是，当晚侯益、李重进等各路朝廷军队都从赤冈南撤了。慕容彦超则率领大军进驻七里店（今河南省开封市以北二十里），开挖壕沟，构筑工事，京城百姓纷纷拿出美酒、食物，慰问朝廷军队。袁巃是后梁太祖朱全忠的外甥袁象先之子。

十一月二十日，南北两军在刘子陂（今河南省开封市以北二十里）遭遇。大战在即，隐帝打算亲自来到前线鼓励士气，李太后说道：“郭威是我们家的老相识，假如不是被逼到绝路，怎么会干出这种事来！只需按兵不动，守好城池，再给他送去诏书，看看他究竟想干什么，假如他态度恭顺，言辞在理，则君臣之礼尚能维系，千万不可轻率出去。”隐帝不从。当时护驾的军队声势很盛，李太后派人告诫聂文进道：“敌军就在眼前，你要千万小心！”聂文进回答：“有臣在，肯定不会出现意外，就算有一百个郭威，我也会将其生擒活捉！”当天，两军相持不战，一直到傍晚，隐帝这才返回大梁。慕容彦超情绪激昂，对隐帝吹嘘道：“明天陛下如果宫中无事，希望能再来前线，看看臣是如何破贼的。臣用不着出马交战，只用大喝一声，即可驱赶他们逃回军营！”

十一月二十一日，隐帝又要再次出城赶赴前线，李太后极力劝阻，但隐帝依然不听。两军列阵之后，郭威告诫部下道：“我此行是来诛杀那群小人的，不敢与天子抵敌，各军千万不可先动手。”过了很久，慕容彦超率先发起攻击，他亲率骑兵直冲叛军阵营，郭崇威与前博州刺史李荣率领骑兵抵御。激战中，慕容彦超的坐骑马失前蹄，摔倒在地上，差一点被叛军生擒。慕容彦超领兵而退，其麾下被叛军杀死了一百多人，于是，朝廷各军军心动摇，有不少士兵开始向叛军投降。侯益、吴虔裕、张彦超、袁巍、刘重进也纷纷派人暗中拜谒郭威，郭威将他们各自遣返回营。郭威对宋延渥说道：“天子正在危难之际，你是皇室近亲，应当率领牙兵前去保护天子，并捎上我的奏请，请求陛下早日驾临臣的大营。”宋延渥领兵前去，还未到御营，就被乱兵阻挡，遂不敢继续前进，只好返回。等到当天天黑，朝廷各军纷纷投降叛军。慕容彦超见大事不好，遂率领麾下十余名骑兵逃回了兖州。当天晚上，隐帝只与窦贞固、苏逢吉、苏禹珪三位宰相以及数十名随从留宿在七里寨，其余人等均已四散而逃。吴虔裕、张彦超等人相继拜见郭威，当晚，侯益、焦继勋二人也偷偷来到郭威的大营，郭威对他们一一进行安抚以后，又遣返回营。

二十二日凌晨，郭威遥遥望见远处的高岗之上矗立着天子旌旗，遂脱去铠甲，下马准备前去，等郭威到了高岗后，发现隐帝已经离去了。按：柏杨在读到此处，叹息道：“史书假得让人作呕！”隐帝骑马跑回皇宫，行至玄化门，刘铢站在城楼之上，询问隐帝的侍从道：“军队呢？”还未等回答，刘铢就弯弓搭箭射向隐帝的侍从。隐帝掉转马头，向大梁西北逃去，行至赵村（今河南省开封市西北六里），追兵已经赶上，藏匿在百姓之家，被叛军搜出乱刀砍死，时年二十岁。苏逢吉、阎晋卿、郭允明均自杀。聂文进在逃跑途中，被乱兵所杀。李业逃奔陕州，後匡赞逃奔兖州。《旧五代史》把隐帝之死栽赃到郭允明头上，称，隐帝系郭允明弑杀，《通鉴考异》就提出质疑，称，郭允明是隐帝的亲信，为何要杀隐帝？正是因为郭威的军队杀了隐帝，等郭威登基以后才掩盖了这段真实的历史，因郭允明自杀了，死无对证，才嫁祸于郭允明的。

郭威听说隐帝被杀的消息后，也假惺惺地说道："这都是我的罪过啊！"又装模作样地号啕大哭不已。当天，郭威进入大梁城，行至玄化门（开封北面最东门），刘铢命令守军向其射箭，顿时箭如雨下，郭威只好改由迎春门（开封东面最北门，又称曹门）入城。入城之后，郭威回到家中，命令前曹州防御使何福进领兵把守住明德门（皇宫正门）。叛军进入大梁之后，大肆劫掠，当晚大梁城内火光冲天，如同人间地狱一般。士兵们闯入前义成节度使白再荣的家中，抓住了白再荣，将其家财悉数抢走，不一会儿，这群乱兵们又转身对白再荣说道："我等原来都在你的麾下，今日竟然对你如此无礼，还有什么脸面再见到你呢！"遂挥刀砍下白再荣的人头，扬长而去。吏部侍郎张允家财上万，又非常吝啬，即便是自己妻子也不放心，经常把库房的钥匙挂在自己的衣带上，当天晚上，他躲藏在佛寺的藻井（天花板）之上，躲避的人越来越多，天花板塌陷，张允也掉到地上，乱兵们剥去他身上的衣服，张允遂被冻死。右千牛卫大将军赵凤（与曾任后唐宰相的幽州人赵凤同名，不是同一人）说道："郭侍中兴兵，为的是清除主上身边的恶人，以安定国家，你等胆敢趁机劫掠，就是反贼，哪里是侍中的本意！"遂手持弓箭，坐在马扎之上，凡是看见抢劫的士兵经过，就弯弓将其射杀，他所居住的里巷才得以保全。这个赵凤，是冀州人，年幼读书，长大以后却凶狠残暴，杀人越货，当了强盗，后被辽国人招抚，命其带兵经常骚扰贝州、冀州。后晋末年，辽军占领大梁，赵凤也遂之南下。辽军北返以后，赵凤就滞留在了中原，后汉建立后，任命其担任了河阳行军司马，后改任右千牛卫大将军。当初，作坊使贾延徽很得隐帝的宠信，他与魏仁浦是邻居，曾想霸占魏仁浦的家，遂屡屡在隐帝面前说魏仁浦的坏话，魏仁浦也差一点被隐帝所杀。至此，有人将贾延徽抓住，送交魏仁浦处治。魏仁浦说道："趁乱报仇，我是不会这么干的。"郭威听说后，对魏仁浦更为器重起来。

一六六　郭威篡汉（二）

乾祐三年（公元950年）十一月二十三日，叛军抓获了刘铢和李洪建二人，将二人关押起来。刘铢对妻子说道："我要是死了，恐怕你就会当别人家的婢女了。"其妻回答："以你的作为，这也是情理之中的事。"

王殷、郭崇威对郭威说道："如果再不制止抢劫的话，等到今天傍晚，大梁就成了一座空城了。"郭威这才命令众将分头约束本部，禁止劫掠，如果不从则予以斩首。直到这一天的傍晚，才逐渐恢复了秩序。《五代史补》记载，郭威叛军进入大梁之后，杀人抢劫的不计其数。当时，一名叫赵童子的防御使见状，在众人中间大喊道："枢密太尉此次进京，目的是要清除君王身边的奸臣，以安定国家，你等竟敢这样，就是贼人！"手持弓箭，坐在自己家所在的里巷巷口，凡是前来抢劫的，他都将其杀掉了，数千家得以保全。人们为了表达感激之情，纷纷给他送来很多财物，赵童子都拒绝了。郭威听到此事后，私下对郭荣说道："我听说民间传闻，赵氏当为天子，我看此人才能胸怀非常接近，不趁早除掉，我与你怎能保住江山？"遂派人诬告赵童子，将其打入大牢，杀掉了。

窦贞固和苏禹珪从七里寨逃回后，郭威派人查访二人，不久让二人又官复了原职。窦贞固担任宰相期间，正值杨邠、史弘肇专权，李业等人发动政变，他只是事不关己，高高挂起，明哲保身。同日，郭威下令将隐帝的灵柩迁至西宫。有人建议郭威效仿曹魏高贵乡公曹髦死后以公爵之礼安葬的先例，安葬隐帝。郭威没有答应，他说道："仓促之间，我没有保护好皇上，罪过已经很大了，更何况胆敢贬低皇上呢？"太师司马冯道率领百官拜见郭威，郭威仍像往常一样对司马冯道叩拜，其目的是让司马冯道感到不安，即行拥戴其登基，然而，司马冯道坦然接受，只是缓缓说道："侍中此行不容易啊！"郭威顿时气馁，以为大臣们没有拥戴自己之意，而自己又难以自立，篡位之谋稍稍延缓下来，只好考虑推举嗣君。

十一月二十四日，郭威率领文武百官赶往明德门，向李太后问安，并上奏称："军国事务繁重，请求早早册立嗣君。"李太后下诰令称："郭允明弑君，天下不可一日无主。河东节度使刘崇、忠武节度使刘信，都是高祖的弟弟；武宁节度使刘赟、开封尹刘勋（刘承勋，因避隐帝名讳去掉承字），都是高祖的儿子。请百官商议，决定该拥立何人为君。"郭威、王峻来到万岁宫，面见李太后，请求拥立刘勋为皇帝。李太后说道："刘勋长期以来就身患残疾，一直卧病，不能下床。"郭威出宫后，通报众将，众将请求见一见，确认一下，李太后遂命侍从将病床抬出，众将看后这才相信，于是，郭威、王峻又建议拥立刘赟。

十一月二十五日，郭威再次率领百官上表请求拥立刘赟为帝。李太后下令有关部门挑选吉日，准备仪仗，前往徐州迎接刘赟。郭威奏请让太师司马冯道、枢密直学士王度、秘书监赵上交前往徐州迎接刘赟。司马冯道问郭威："这是侍中的真心吗？"郭威指着上天赌咒发誓。司马冯道说道："别让老夫当一个说谎之人。"等司马冯道上路之后，他对人说道："我平生不会说谎，如今竟然也当一个说谎之人了！"

郭威讨伐三镇叛乱时，每见朝廷诏书，对军事行动所作出的指示都很得当，就问使者："是谁起草的诏书？"使者回答："是翰林学士范质。"郭威叹息道："真有宰相之才啊。"进入大梁后，郭威派人找到了范质，非常高兴。当时正下着大雪，郭威解下自己身上的紫袍披在范质身上，命其替李太后起草诰令，拟定迎接新皇帝的仪式。仓促之间，范质所起草的诰令以及确定的仪式，都非常合适。起初，隐帝派遣供奉官押班张永德前往昭义，给节度使常思送去生日礼物。张永德，字抱一，并州阳曲人。其家是当地的富豪，其父张颖在后晋时期曾担任安州防御使。张永德四岁的时候，张颖将其母马氏休掉，后娶了刘氏。张永德就被祖母抚养成人，他对祖母、亲生母亲马氏和继母刘氏都很孝顺。郭威与张颖是好友，就把女儿嫁给了张永德。郭威担任枢密使后，推荐其担任供奉官押班。《龙川别志》的记载稍异，称，郭威领兵征讨淮南，路过宋州，宋州城内有一男一女给他人当苦力，等郭威入城后，女子在众人之中大喊："这是我的父亲。"郭威见了，果然是自己失散的女儿，父女二人相抱而泣。女儿说："我已经嫁人了。"郭威就把女儿、女婿都带入军中，将女婿提拔为供奉官，这个女婿就是张永德。这个故事虽然很好听，但是，从一开始就错了，郭威从未征讨过淮南，可能是与郭荣征讨淮南弄混了。

郭威家眷被隐帝所杀时，常思也接到了朝廷密诏，命其杀掉张永德。张永德得知后，就对常思说道："是不是要杀我？我就算死了也没有什么怨恨的，只是恐怕要连累了大人。"常思愕然问道："你这是什么意思？"张永德回答："奸臣乱政，郭大人清除君王身边的小人，希望你暂且把我软禁起来，郭大人事成之后会感激你，就算失败，再杀我不迟。"常思觉得有理，就把张永德软禁了起来，虽然命人严加看管，然而馈赠了很多财物，还亲自问他："你看你家岳父能成功吗？"张永德回答："恐怕会成功吧。"不久，郭威入京，隐帝被杀，使者来到昭义，常思向张永德道贺，并谢罪道："老夫差一点误了大事。"

十一月二十七日，郭威率领文武百官请求："等皇帝来京，恐怕还得十天左右的时间，请太后临朝听政。"二十九日，李太后临朝听政，任命王峻为枢密使，袁巖为宣徽南院使，王殷为侍卫马步军都指挥使，郭崇威是侍卫马军都指挥使，曹威（曹英）为侍卫步军都指挥使，陈州刺史李谷权判三司。

郭威与王处讷关系不错，入京之后，郭威就找到了王处讷，欣喜之余，他向王处讷询问后汉国运。王处讷回答："君王登基之前，曾经对下宽厚仁慈，等登基以后，却总想着报仇。汉家占据中原，继承中华正统，以术数推算，其国运还很长久。可是，高祖登基之后，往往报仇杀人，还喜欢灭人全族，与天下之人结怨，所以国运不会太长。"郭威听了，连连感叹。当时，郭威已经下令发兵包围了苏逢吉、刘铢等人的家，等到次日，就要将数家灭门，郭威听了王处讷之言，赶忙下令制止。只诛杀了刘铢、李洪建及其党羽，赦免了他们的家眷。郭威对朝廷群臣说道："刘铢杀了我家，我再屠杀他们全家，冤冤相报，何时了啊！"王殷屡屡请求饶了李洪建一命，可是郭威不同意。後匡赞逃到兖州，慕容彦超将其逮捕献上。李业逃到陕州，其兄保义节度使李洪信不敢隐匿，李业又怀揣金子准备逃往晋阳，行至绛州，被强盗所杀。

镇州、邢州上奏称："契丹皇帝率领数万骑兵南侵，进攻内丘五天，未能破城。"当时，耶律阮亲率辽军，从两路南侵，内丘城小但防守非常坚固，辽军进攻了五天，未能攻下，死伤甚众。守城另有五百朝廷军队，辽军攻势猛烈，这些朝廷军队投降了辽军，辽军终于破城，屠城之后而去。河北各州纷纷上报，辽军深入。李太后下令："王室多难，边境未安，内难已经平定，外患仍然严重。根据北方奏报，强敌南侵，尚未被消灭，需要上将再不辞劳苦，领兵北上。命令枢密使郭威统领大军抵御，军国事务交由宰相窦贞固、苏禹珪、枢密使王峻等人商议办理，京师马步军由王殷统领。”

十二月一日，郭威领兵离京。四日，任命翰林学士、户部侍郎、知制诰范质为枢密副使。同日，陕州节度使李洪信上奏称，马步都指挥使聂召、奉国指挥使杨德、护圣指挥使康审澄等人与判官路涛、掌书记张洞、都押牙杨绍勍等人阴谋作乱，事发后被杀，康审澄逃回京师。当初，朝廷从三司军将中挑选将领担任各地方镇的僚佐，以制约节度使们，此举引起节度使们的普遍不满，李洪信趁乱诬陷康审澄等人谋反，将他们处死。

武宁（治所徐州）节度使刘赟留下都押牙巩廷美、元从都教练使杨温驻守徐州，遂与司马冯道等人一起返京，一路上的仪仗护卫，都与皇帝无异，身边的侍从也都高呼万岁。郭威行至滑州，停留了数日，刘赟派人前来慰问。众将见到刘赟派来的使者，都相顾无言，拒绝叩拜，私下相互议论道："我等在京城大肆屠杀、劫掠，犯下滔天大罪，如果刘家人再当皇帝的话，我等还有活路吗？"十二月十六日，郭威听到了这些议论，当即领兵继续前进，赶往澶州。十八日，后汉朝廷再次派遣苏禹珪以及十名朝廷官员前往宋州迎接刘赟。十九日，郭威北渡黄河，住进澶州馆驿。二十日一大早，军队还未出发，就见数千将士突然大声呐喊，郭威下令关上馆驿大门，将士们纷纷翻墙，上房，进入院内，向郭威请求道："天子需侍中自己来当，将士们已经与刘氏成了仇人，不可再立刘氏了！"当时，乱兵云集，簇拥在郭威周围，有人将黄色军旗撕下，披在郭威身上，临时代替龙袍，山呼万岁之声，震天动地。当时担任郭威帐下一兵的赵匡胤，应当目睹，并全程积极参与了这次澶州兵变，十年之后，这一幕在陈桥驿再次上演。史称，郭威在万众之中，一脸沮丧，倒地不省人事了数次，他身边的贴身侍卫们都纷纷躲藏了起来。稍后，郭威登上城楼，才稍稍得以休息，各军将士们遂簇拥着郭威一路南下。当时，黄河已经解冻，又没有架设浮桥，奇特的是，就在当晚，寒风凛冽，到了天明黄河之上又结成厚厚的坚冰，各军得以顺利渡过了黄河，人们称之为"凌桥"，等各军全部渡完后，黄河河冰又解开了。郭威遂给李太后上书，请求让他承担继续后汉皇室宗庙的重任，以李太后为自己的母亲。二十三日，郭威抵达韦城（今河南省滑县东南），郭威发布文告，提前告诉大梁军民，称大军昨天从黄河南下，一路秋毫无犯，不用担忧。二十五日，郭威率领大军来到七里店（今河南省开封市东北七里），窦贞固率领后汉百官出城迎接叩拜，并劝其登基称帝，接着，郭威将大营安排在皋门村（大梁北门外）。

一六七　郭威篡汉（三）

此时的刘赟一行已经来到了宋州。

当枢密使王峻、侍卫马步都指挥使王殷听说澶州兵变的消息后，担心刘赟会采取行动，遂立即派遣侍卫马军都指挥使郭崇威率领骑兵赶往宋州，对外声称是护卫刘赟，其实是不让其继续进京了。二人又派遣前申州刺史马铎领兵赶往许州巡视，监视许州节度使、刘知远堂弟刘信。马铎领兵进入许州之后，刘信被杀。史书称，是马铎上奏称刘信因恐惧而自杀，可疑，今不取。

郭崇威领兵突然来到宋州，在府门之外列队。刘赟听说后，大吃一惊，紧闭府门，登上高楼询问原委。郭崇威回答："澶州发生兵变，郭大人担心陛下不知缘故，所以派我领兵前来护驾，并无别的意思。"刘赟命郭崇威入内，郭崇威不从。司马冯道出门，与郭崇威解释一番后，郭崇威才登上高楼，与刘赟见面。刘赟拉住郭崇威的双手，掩面而泣，郭崇威以郭威的名义，对刘赟又安慰了一番。过了一会儿，郭崇威又匆匆出了府衙。当时，护圣指挥使张令超率领步兵担任刘赟的侍卫，判官董裔对刘赟说道："我看郭崇威言语举止，肯定另有阴谋。已经有人传言郭威已经自己当了天子，而陛下再继续前行，势必要大祸临头。请求陛下速速召来张令超，亲自对其分析利弊祸福，命其趁夜领兵劫持郭崇威所部，收缴他们的武器。明天，发兵劫掠睢阳的金银布帛，招募士兵，向北逃往太原。郭威刚刚平定京师，无暇追赶我们，这是上策。"刘赟犹豫不定。当天晚上，郭崇威暗中引诱张令超归顺郭威，遂将刘赟的护驾亲兵全部掌握在自己的手中。刘赟得知后，大为恐惧。

郭威给刘赟写信，称自己受到部下的胁迫，召司马冯道先回京，留下赵上交和王度侍奉左右。司马冯道向刘赟辞行，刘赟说道："寡人此行，所依仗的就是因为大人是当了三十年的老宰相，所以才没有丝毫怀疑。如今，郭崇威夺去了我的卫兵，情况已经非常危险了，你说我该怎么办呢？”司马冯道默不作声。客将贾贞屡屡用眼睛瞄司马冯道，想杀了他。刘赟说道：“你等不要鲁莽，这与冯大人不相干。”司马冯道离开后，郭崇威就把刘赟押送到外面的馆驿，杀掉了刘赟的心腹贾贞、董裔和牙内都虞候刘福、孔目官夏昭度等人。十二月二十六日，李太后将刘赟贬为湘阴王。《五代史补》记载，郭忠恕，被刘赟征辟为判官。当时，郭忠恕斥责司马冯道说：“你身为历朝大臣，诚信闻名于天下，天下之人都觉得你是位忠厚长者，如今突然成了一个骗子，前功尽弃，你内心真的安生吗？”司马冯道无言以对。郭忠恕遂劝说刘赟杀掉司马冯道，逃回晋阳，刘赟犹豫不定，遂被杀。郭忠恕也逃出宋州，流落四方。北宋建立后，郭忠恕被任命为国子监主簿，他是北宋初期著名的书画家，传世作品有《雪霁江行图》，《圣朝名画评》中评他的界画，为“一时之绝”，列为“神品”。

十二月二十七日，李太后下令称：“枢密使、侍中郭威，以英武之才，兼内外重任，剪除大乱，功业很高，深得军民爱戴。应当总理军国事务，以顺应民意，同意让其监国。全国军政事务全部交由监国处理。”二十八日，监国郭威下令称：“寡人出身行伍，本无什么德行名望，因缘际会，才得以飞黄腾达。高祖皇帝把我当成心腹，等到登基即位后，给予我很高的职位。高祖驾崩之际，我也被任命为顾命之臣，辅佐嗣君。接着就发生了三镇叛乱，我受命征讨，尽心尽力，保全社稷。没有想到的是，奸臣离间，将相们接连受到诛杀，寡人肃清祸乱，安定社稷，拥立年长之君，以继承大业，遂推戴徐州相公，但是，很快地，北方危急，敌人深入，我奉命北征，十二月二十日，到了澶州，发生了兵变，我被迫当主，只好服从。如今，奉太后之命，担任监国，也没有理由推辞，日夜忧愁恐惧。”郭威担任监国之后，后汉文武百官、各地郡守等又纷纷劝其登基称帝。

十二月三十日夜，御营西北角步军将校酒后扬言：“前日，澶州之时，是马军出了力，今天，我们步军应当出力。”郭威得知后，命令都虞候查询其人姓名，到次日清晨就将此人找出，斩杀。此人所在之军全部被收缴武器，由中使监护，送往饮食之地。

公元951年一月五日，李太后下诏，授予监国郭威皇帝玉玺，命其登基称帝。郭威从大梁北门皋门进入皇宫，在崇元殿登基即位，下令称：“朕是周王朝的后裔，是虢国之后，国号应当为周。”改元为广顺元年，大赦天下。杨邠、史弘肇、王章等人都予以追赠官爵，朝廷予以安葬，并查找其子孙予以任用。郭威又下令，凡是朝廷主管仓库的官员一律禁止收受百姓们上缴的正税之外的省耗钱，昔日上缴的一切额外税负，一律予以取消。凡是犯了盗窃以及强奸罪的，一律按照后晋天福元年以前的罪名论处，只要不是犯了谋反等大罪，不得株连宗族，查抄家财。后唐庄宗、明宗、后晋高祖的陵墓，各安排十家守陵人家，后汉高祖陵墓的守陵人家、宫女，一切照旧。当初，后唐末年以后，天下大乱，盗贼纵横，朝廷开始严刑峻法，规定凡是偷盗三匹布帛的，一律处死。后晋天福年间，曾经增加到五匹。与有夫之妇通奸的，不管是否强奸或者顺奸，男女一律处死。后汉时期，更是加重了处罚力度，规定凡是盗窃一钱以上的，都一律处死。另外，只要是犯了罪，不管是不是忤逆大罪，往往满门抄斩，妇女、家财全部没收，所以，郭威即位后，发布了这一诏命。

如前所述，后汉时期，宰相杨邠鉴于控制节度使的需要，从中央派出节度使的僚佐，以加强中央对地方的控制，然而，这些人来到地方以后，自恃系朝廷直接委派，根本不把节度使们放在眼里，节度使也拿他们没办法，等郭威登基后，遂下令取消了这一制度。郭威命史弘肇的心腹李崇矩寻访史弘肇的后人，李崇矩说道："史弘肇的弟弟史弘福还活着。"过去，史弘肇曾让李崇矩掌管家财，至此，李崇矩将史弘肇的家财全都给了史弘福。郭威对李崇矩很是赞赏，就让他当了皇子郭荣的手下将领。

一月六日，后周太祖郭威任命前复州防御使王彦超为武宁节度使，又将李太后迁至西宫，七日，上尊号为昭圣皇太后。同日，开封尹兼中书令刘勋去世。死因不详，应当是郭威等人所杀。

十一日，郭威下令任命王峻为同平章事，又任命卫尉卿刘皞负责后汉隐帝的丧事。当初，辽军进攻内丘时，死伤惨重，又碰巧遇上了月食，军中出现很多诡异现象，这让耶律阮很是恐惧，遂不敢继续深入后汉腹地，领兵北返，回国以后，就派人来到中原求和。而这时，后汉已经灭亡了，安国节度使刘词就把辽国使者送到了大梁，刚刚建立的后周政权就派遣左千牛卫将军朱宪出使辽国，并向辽国通报后周建立的消息，给辽国送去金器、玉带。

河东节度使兼中书令刘崇听说隐帝遇害后，曾经决定发兵入京，但很快就传来了拥立其子刘赟的消息，刘崇就打消了主意，说道："我儿子当皇帝，我还有什么奢望呢？"太原少尹李骧偷偷劝说刘崇道："我看郭大人的本意，是想自己当皇帝，大人不如速速发兵，南下太行山，占领孟津要地，等到刘赟继位后，再返回本镇，这样一来，郭大人就不敢乱动了。不然的话，势必会被郭大人欺骗。”刘崇听了，竟然勃然大怒，说道：“你这个白痴书生，竟敢离间我们父子！”命人将其拉出去斩首。李骧大喊道：“我身怀经国大才，竟然给一个愚蠢之人出谋划策，我死了，也是活该！我还有一个年老的妻子，希望一起被杀。”刘崇遂将李骧及其妻子一并诛杀，并上书朝廷，表示自己对朝廷没有二心。等到刘赟被废以后，刘崇这才派遣使者请求朝廷允许刘赟回到晋阳。朝廷对其回复道：“湘阴公现在还在宋州，如今正往京师途中，朝廷肯定会给他安排一个妥当的位置，大人不要担忧了。大人能尽心王室，朝廷自然会给大人加官晋爵，永远让大人镇守河东的。”留在徐州的巩廷美和杨温听说刘赟被贬的消息后，拥戴刘赟的王妃董氏固守徐州，以等待河东援兵，郭威命刘赟给其写信劝降。巩廷美、杨温本欲投降，但又担心归降之后会被处死，郭威又给刘赟写信称：“我念及他们对主公尽忠，足以激励他人，怎会予以责难？等新任节度使到任后，我会给他们都任命为各地的刺史，你可以将我的真心转述给他们。”

郭威觉得邺都地位非常重要，必须派遣心腹之人镇守此地，一月十三日，郭威任命宁江节度使、侍卫亲军都指挥使王殷担任邺都留守、天雄节度使、同平章事，领军如故，并将侍卫司一起迁至邺都。十四日，郭威率领文武百官前往西宫，给后汉隐帝举行丧礼。慕容彦超派人向朝廷进贡，郭威担心其心怀疑惧，专门给其送去诏书予以安抚，在诏书中，郭威说道：“如今，你老哥也都这样了，咱们之间话也不多说了，还望老弟多多扶持，一起安抚天下百姓。”十六日，郭威下令诛杀了软禁在宋州的湘阴公刘赟。

一六八　刘崇称帝

也就在刘赟被杀的同一天，后汉河东节度使刘崇在晋阳登基称帝，仍然使用后汉隐帝乾祐年号，在历史上，刘崇所建立的政权被称为北汉。

北汉所辖之地包括并州（今山西省太原市）、汾州（今山西省汾阳市）、忻州（今山西省忻州市）、代州（今山西省代县）、岚州（今山西省岢岚县）、宪州（今山西省静乐县）、隆州（今山西省祁县）、蔚州（今河北省蔚县）、沁州（今山西省沁源县）、辽州（今山西省左权县）、麟州（今陕西省神木市）、石州（今山西省吕梁市离石区）共计十二个州。刘崇任命节度判官郑珙为中书侍郎，观察判官赵华为户部侍郎，二人均为同平章事；又以次子刘承钧为侍卫亲军都指挥使、太原尹，以节度副使李存瓌为代州防御使，裨将张元徽为马步军都指挥使，陈光裕为宣徽使。

刘崇对李存瓌和张元徽二人说道："朕因高祖创建的大业一旦倾覆，万不得已才登基称帝，仔细看来，我这个天子又算什么呢？你们又算得上是什么节度使呀！"遂不建造宗庙，祭祀祖先也同平常人家一样，宰相的俸禄每月也仅有一百钱而已，节度使更少，只有三十钱，至于其他官员只有少许津贴而已，因官员俸禄太少，所以，北汉国内很少有廉洁的官吏。客省使李光美曾经在朝廷为官，熟悉朝廷惯例，北汉的朝廷制度大多是出自李光美之手。刘崇听说儿子刘赟被杀后，哭道："我不听忠臣之言，才落到今天这步田地啊！"遂下令给李骧修建祠堂，每年都派人前去祭祀。

广顺元年（公元951年）一月十七日，后周太祖郭威任命太师司马冯道为中书令，加授窦贞固为侍中，苏禹珪为司空。新任武宁节度使王彦超上奏称，派遣使者来到徐州，巩廷美等人仍然犹豫不定，不肯开门接纳，郭威下诏发兵进讨。郭威对王峻说道："朕出身寒微，历经艰难，如今当上了皇帝，岂敢厚自奉养，令百姓困苦呢！”遂命王峻整理各地进献的精美食物，一月十八日，郭威下诏全部禁止。他在诏书中说道：“享受这些美味的只有我一人，而受到损害的却是全天下的百姓……堆积在库房之内，成了完全无用之物。”所涉及的各地土产主要有：两浙的细酒、海味、姜瓜；湖南枕子茶、乳糖、白砂糖、橄榄子；镇州的高公米、水梨；易、定二州的栗子；河东白杜梨、米粉、绿豆粉、玉屑粄子面；永兴的御田红粳米、新大麦面；兴平的苏栗子；华州的麝香、羚羊角、熊胆、獭肝、朱柿、熊白；河中的树红枣、五味子、轻饧；同州的石镦饼；晋、绛州的葡萄、黄消梨；陕府的凤栖梨；襄州的紫姜、新笋、橘子；安州的折粳米、糟味；青州的水梨；河阳的各种果子；许州的御李子；郑州的新笋、鹅梨；怀州的寒食杏仁；申州的蘘荷；亳州的萆薢；沿淮州郡的淮白鱼等等。

他还在诏书中提出：“朕出身军旅，没有受过系统的教育，不懂治国之术，文武官员们有什么治国利民之术，各自写好上奏，奏章要直截了当，不要用很多华丽的辞藻。”郭威打算把苏逢吉的私宅赏赐给王峻，王峻说道：“就是因为这座宅院，苏逢吉才冤杀了李崧。”遂推辞掉了。郭威把后汉宫中数十件宝玉器皿拿出来，在庭院上打碎，说道：“凡是帝王，要这些东西有什么用？我听说后汉隐帝每天都与一些佞臣们在后宫嬉戏玩乐，珍宝不离左右，这些前车之鉴并不远，要引以为戒。”并告诫左右，凡是珍贵的珠宝、器物，一律不得送进宫来。

当初，辽军北撤后，横海节度使潘聿撚丢下军镇，随着辽军北返，此后，辽国皇帝任命其担任西南路招讨使。等到北汉建立以后，辽国皇帝耶律阮就让潘聿撚给刘崇的次子、太原尹刘承钧写信，以期拉拢北汉政权。刘崇也想结好辽国，就命刘承钧给其回信，在信中写道：“本朝灭亡，我继承了帝位，想按照后晋时期的规矩，请求辽国予以援助。”耶律阮得到刘承钧的回信后，大喜。刘崇发兵进驻阴地关（今山西省灵石县西南）、黄泽（今山西省左权县东南）、团柏（今山西省祁县东南）。一月二十五日，刘崇任命刘承钧为招讨使，与副招讨使白从晖、都监李存瓌率领一万步骑，入侵晋州（今山西省临汾市）。白从晖，是吐谷浑人，他有勇有谋，后晋时期担任冀州刺史，曾经在衡水击败过辽军，由此驰名。不久，后周朝廷命令前淄州刺史陈思让领兵进驻磁州（今河北省磁县），控制黄泽要隘，防备北汉军队东进。

二月五日，郭威任命皇子、天雄牙内都指挥使郭荣为镇宁（治所澶州）节度使。挑选朝廷官员担任郭荣的幕僚，以侍御史王敏为节度判官，以右补阙崔颂为观察判官，校书郎王朴为掌书记。王敏，字待问，单州金乡人。为人性格纯粹正直，年少勤学，进士及第，后来曾经担任过杜重威的从事，杜重威叛乱时，王敏曾经哭泣劝谏，已见前述。此后入朝担任侍御史。崔颂，字敦美，河南偃师人。其父崔协，曾任后唐的宰相，崔颂年幼丧母，外祖母将其抚养成人，以门荫补河南府巡官，此后历任开封主簿、邓州录事参军等职，此后，上书言事，令宰相桑维翰刮目相看，被提拔为左拾遗，后为右补阙。后汉建立后，他奉命出使吴越国，得到吴越国的丰厚礼物，可是等他回到京师时，正值郭威领兵返京，他带回来的钱财被乱兵们劫掠一空。史称，崔颂喜欢说笑，文笔很好，笃信佛教，性格多疑。王朴，字文伯，东平人。王朴自幼聪慧，好学，富有文采。后汉时期进士及第，被任命为校书郎，服务于枢密使杨邠。王朴见后汉朝廷内争激烈，遂借故辞职还乡，果然，不久杨邠就被李业等人所杀，凡是杨邠的下属大多受到了连累，唯独王朴得以幸免。王朴有胆有识，多谋善断，史称，其人“神气劲峻，性刚决有断”云云。

二月六日，北汉五路大军朝晋州发起进攻，后周建雄（治所晋州）节度使王晏紧闭城门固守不战。刘承钧认为王晏胆怯，遂下令各军开始攻城。王晏提前设下伏兵，杀伤上千北汉军队。刘承钧又派遣副兵马使安元宝焚烧晋州西城，结果安元宝率众投降了后周。王晏派遣儿子王汉伦领兵追击数十里，斩杀北汉军队一百余人。刘承钧见攻不下晋州，又转兵进攻隰州（今山西省隰县）。十一日，后周隰州刺史许迁派遣步军都指挥使孙继业领兵迎击北汉军队，双方在长寿村交战，后周军队活捉了北汉将领程筠等人，将其斩杀。许迁，郓州人，性格刚强偏执。不久，北汉军队进攻州城，攻了数日，始终未能攻克，伤亡很大，遂只好撤离。十五日，辽国皇帝耶律阮派遣大臣袅骨支与朱宪一起回到后周，祝贺郭威登基。十六日，郭威下诏前朝官员不必再居住于两京，可以自愿到外地州县定居。二十五日，郭威派遣尚书左丞田敏出使辽国，北汉皇帝刘崇也派遣通事舍人李辨出使辽国，请求辽国出兵救援。

郭威下诏加授泰宁节度使慕容彦超为中书令，派遣翰林学士鱼崇远（因避刘知远名讳而改名为鱼崇谅）前往兖州传达旨意。慕容彦超上表道谢。三月一日，郭威下诏回复道：“前不久，只因前朝失去民心，少主听信谗言，仓促之间，征召爱卿入朝，爱卿当即火速应诏，仅隔一天就赶到了京师，爱卿拯救国家的灾难，奋不顾身；听到君王的召唤，不等车马备好就立即动身。等到上天灭亡了后汉，军队在大梁郊区溃散，降将败兵纷纷归降，只有你返回了兖州。不论是从尽忠主上还是从时局的角度而言，你都是有始有终，可谓是危难之际见忠臣之气节，疾风知劲草之心啊，假如帝国的臣子都像你这样忠贞，君王谁不愿意重用你呢！至于你提到的在我还是臣子以及在大梁郊区平定内乱之时，因为没有接到我的指示，所以未能派人入朝，况且，我认为侍奉君王之道，何必要这样呢！如果你对汉朝心怀二意，又岂能忠于我周朝呢！要是仅仅因此而心怀恐惧的话，就是多虑了啊！爱卿只用尽心尽力，安定百姓，保护国家，对待朕忠心，就像对待故主一样，不仅百姓平安，而且你还是国家的依靠。只希望你能做个百官的表率，朝廷方面不会调动你的职务的，这些都是我的由衷之言，全都在这里了。”

一六九　辽宫惊变

刚刚建立起来的后周政权，既要应对北汉的反扑，又要对付叛乱的徐州，势必要安抚住兖州的慕容彦超，同时，还需要安抚朝廷重臣、藩镇节度使、前朝旧臣等等，因此，在郭威登基以后，在短短的一两个月内加官晋爵了一大批人，以稳定刚刚建立起来的后周政权。

这些人中主要分几个层次：一是功臣。郭威一一予以提拔，安排担任缺额地方的节度使，控制地方，比如，在他登基的同月，就任命前曹州防御使何福进担任许州节度使，前复州防御使王彦超担任徐州节度使，前澶州节度使李洪义担任宋州节度使，前博州刺史李荣担任滑州节度使，又加授夔州节度使、侍卫亲军马步军都指挥使、检校太傅王殷同平章事、邺都留守，郭崇威、曹威也都一一加官晋爵等等。二是地方大员。郭威对这些人一律加官晋爵，进行笼络，比如，他晋升天平节度使、守太师、兼中书令高行周尚书令，加封襄州节度使、检校太师、守太傅、兼中书令、齐国公安审琦为南阳王，加封青州节度使、检校太师、守太保、兼中书令、魏国公符彦卿为淮阳王，加封夏州节度使李彝殷陇西郡王，荆南高保融为渤海郡王，灵武冯晖为陈留郡王，西京留守白文珂、凤翔赵晖以及前述的慕容彦超均为兼中书令。又晋封镇州节度使武行德、晋州节度使王晏、相州节度使张彦成（本名张彦威）、昭义节度使常思、邠州节度使侯章、泾州节度使史懿、延州节度使高允权、沧州节度使王景、永兴节度使郭从义、定州节度使孙方简均加授兼侍中，鄜州节度使杨信、同州节度使薛怀让、贝州节度使王继宏、华州节度使王饶、河中节度使扈彦珂、邓州节度使折从阮、邢州节度使刘词均加授同平章事等等。三是朝廷群臣。郭威也都根据各自不同的情况，一一予以晋升，比如，他以太子少傅杨凝式为太子少师，以太常卿张昭为户部尚书，以尚书左丞王易为礼部尚书，以兵部侍郎边蔚为太常卿，以翰林学士、中书舍人鱼崇谅为工部侍郎充职，以户部侍郎韦勋为兵部侍郎，以刑部侍郎边归谠为户部侍郎，以礼部侍郎司徒诩为刑部侍郎，以秘书监赵上交为礼部侍郎，以兵部尚书王仁裕为太子少保，以翰林学士、礼部尚书张沆为刑部尚书充职，以尚书右丞田敏为左丞，以吏部侍郎段希尧为工部尚书，以太子詹事马裔孙为太子宾客，以前宗正卿刘皞为卫尉卿，以卫尉卿边光范为秘书监，以前吏部侍郎李详为吏部侍郎，以前户部侍郎颜衎为尚书右丞等等。四是前朝旧臣。郭威对于这批人要么加封食邑，比如，对前鄜州节度使刘重进、前滑州节度使宋延渥，都增加了食邑；要么加授荣誉官位，比如，对于以太子少保官位退休的王延晋升为太子少傅，以户部尚书退休的卢损、左骁卫上将军退休的李肃晋升为太子少保，以兵部尚书退休的韩昭允晋升为尚书右仆射，以太子太师退休的卢文纪晋升为司空等等。

三月，王彦超上奏称，攻克徐州，杀死了巩廷美等人。十五日，郭威下诏称："朝廷与南唐原本没有什么恩怨，沿淮军镇，各自守好边疆，无不纵兵进入南唐国境。不得禁止商旅往来。"十八日，潞州送来涉县生擒的二百六十名北汉士兵，郭威下令赏赐给他们衣服、鞋袜，将他们释放回去。同月，北汉使者李辨来到辽国，辽国世宗耶律阮派遣拽剌梅里前往太原报聘。四月一日，沿淮军镇上报称："淮南饥民越过淮河，来到我国境内买米，没有接到命令，不敢禁止。"郭威下诏称："他们国家的百姓，与我们的有什么不同？应当下令州县、码头，不得禁止。"辽国使者来到北汉以后，告诉刘崇称，后周使者田敏表示，后周每年将要送给辽国十万钱。北汉刘崇派遣郑珙送给辽国很多财物，自称"侄皇帝给叔父天授皇帝送来书信"，请求得到辽国的册封。后周、北汉竞相拉拢辽国，然而，对于辽国而言，扶植一个强大的后周政权，消灭了北汉，最终对辽国是不利的，相反，帮助相对弱小的北汉去对付较为强大的后周，在他们看来，是最为有利的，于是，到了五月，后周再次派遣左金吾将军姚汉英出使辽国时，辽国已经决定公开支持北汉了，遂将姚汉英扣留了下来。同时，被中原政权边缘化的定难节度使李彝殷又派人前往太原，向北汉称臣。

六月十一日，郭威任命枢密使、同平章事王峻为尚书左仆射兼门下侍郎，枢密副使、兵部侍郎范质以及户部侍郎、判三司李谷为中书侍郎，三人均为同平章事，李谷仍然判三司。司徒兼侍中窦贞固、司空兼中书侍郎、同平章事苏禹珪均被罢相，只保留本职。二十三日，郭威又下令以范质参知枢密院事。二十七日，以宣徽北院使翟光邺兼任枢密副使。史称，翟光邺为人"沈默多谋，事继母以孝闻。虽贵，不营财产，常假官舍以居，萧然仅蔽风雨。雍睦亲族，粗衣粝食，与均有无，而光邺处之晏然，日与宾客饮酒聚书为乐。其所临政，务以宽静休息为意。”郭威讨伐三镇叛乱时，李谷担任转运使，当时，郭威就已经心存不轨，曾多次用言语试探李谷，李谷只用人臣只应效忠尽节回答，郭威虽然当时有些许的失望，但内心对他很是敬重，等到郭威即位后，最先提拔李谷当了宰相。当时，后周刚刚建立，四方多事，郭威重用的王峻、范质、李谷这三个宰相都十分称职：王峻尽心尽力，知无不言，在军事谋略方面做出了很大贡献；范质聪敏，明达事理，博闻强记，严明法度；李谷深沉刚毅，气度非凡，在郭威面前往往言辞慷慨，善于用浅显的比喻说明深奥的道理。

同月，辽国皇帝耶律阮命韩延徽制定具体的仪式，派出燕王述轧（《辽史》称派遣耶律牒蜡、高勋）等人前往太原，册封北汉皇帝刘崇为大汉神武皇帝，册封刘崇之妻为皇后。刘崇改名为刘旻。七月，刘崇派遣翰林学士卫融等人出使辽国，向辽国谢恩，并请求辽国出兵。同月，镇州上奏，在平山县以西地区击破河东军队，斩杀五百余人。

八月，义武节度使孙方简（改名为孙方谏）入朝，被郭威调任镇国节度使，以其弟弟、易州刺史孙行友为义武留后；不久，郭威又把建雄节度使王晏调往徐州，改任武宁节度使王彦超担任建雄节度使。当年，幽州发生严重的饥荒，很多流民逃到沧州境内，郭威下诏命令沧州每人发放一斗粟米，给予荒地耕种，免除赋税。

九月，北汉皇帝刘崇派遣招讨使李存瓌领兵从团柏（今山西省祁县东南）入侵。辽国皇帝耶律阮打算亲自领兵协助北汉军队，与各位酋长在九十九泉（今河北省怀来县东）商议，辽国群臣均不愿南下，耶律阮不从。如前所述，辽国泰宁王耶律察割，是耶律阿保机的幼弟耶律安端之子，是耶律阮的堂叔，字欧辛。他擅长骑射，外表恭敬，内心狡猾，在外人看来，误以为此人胆小怕事，可是，耶律阿保机早就看出此人的本性，曾说过：“此人凶狠顽固，可不是胆小。”还在耶律阿保机在世时，一次耶律安端觐见，耶律阿保机对侍从说道：“这孩子眼睛像日行千里的骆驼，一脸反相，我要是独居时，不得令其进门。”在耶律阮与叔父皇太弟耶律李胡的对决中，耶律察割因耶律李胡残忍而劝说其父耶律安端站在了耶律阮一边，耶律阮登基后，耶律察割也因功被封为泰宁王。然而，耶律察割并不满足，他野心勃勃，一直想除掉耶律阮，取而代之。耶律阮继位后，晋升耶律安端为西南面大详稳，而耶律察割则假装受到其父的厌恶，暗中派人向耶律阮哀告，耶律阮心生怜悯，就把他召到了自己身边，命其统领女石烈军。耶律察割由此得以时常出入禁中，受到耶律阮的恩宠。耶律阮每次出外打猎，耶律察割总是谎称手上落有残疾，不拿弓箭，只拿着大锤同行，还经常把自己家中的一些家务琐事都向耶律阮和盘托出，耶律阮更觉得他对自己很忠心。耶律察割见各族都杂处在一起，不便发动叛乱，就把自己的部落稍稍移近耶律阮的大帐。右皮室详稳耶律屋质觉察出了他的阴谋，上表列出他的罪状，向耶律阮告发。耶律阮不信，就把耶律屋质的奏表让耶律察割看。耶律察割痛哭流涕，反说耶律屋质嫉妒自己。耶律阮安抚他道："朕原本就知道没有的事，你又何必哭泣呢！"耶律屋质又提醒耶律阮，耶律阮说道："耶律察割丢下父亲来侍奉我，保证不会有异心的。"耶律屋质回答："耶律察割对父亲不孝，岂能对主上尽忠！"但耶律阮依然不信。

一七〇 晋州之战

还是此前的七月时，耶律察割就决定发动叛乱，刺杀耶律阮了。

当时，耶律阮驾临太液谷，在那里饮宴了三天，耶律察割打算趁机动手，可是一直没有机会，只好作罢。九月四日，辽军行至新州（今河北省涿鹿县）以西的火神淀（今河北省涿鹿县西）详古山。在这里，耶律阮与太后一起祭祀了亡父耶律倍，群臣都喝得大醉。耶律察割前去面见寿安王耶律璟（耶律德光长子），邀请其一起作乱，耶律璟不从。耶律察割又找到了他的堂兄弟耶律盆都，耶律盆都答应了。当时，燕王耶律牒蜡已经喝醉，其妻将其拉到耶律察割的帐篷之内，耶律牒蜡遂参与了此次政变。当晚，耶律察割、耶律盆都领兵冲入耶律阮及其母后的大帐，将耶律阮和太后杀死，遂自称皇帝。百官不从的，逮捕了他们的家属，号令："凡是身穿紫色衣服的，一个都不能让他跑掉。"耶律屋质闻变，逃入南山之中。深夜，耶律察割查验行宫中的珍宝，见到玛瑙碗，在其妻子面前炫耀道："这可是一件稀世珍宝啊，如今成了我的了！"其妻说道："寿安王和耶律屋质都还在，我等就要粉身碎骨了，要这东西有什么用！"耶律察割说道："寿安王年幼无知，耶律屋质不过领着几个奴才，明天一早就会前来朝见，没什么可担忧的。"

耶律屋质逃出后，就派遣召唤诸王，并命令禁卫军官等人一起讨伐乱贼。寿安王回到大帐，耶律屋质派弟弟耶律冲将他迎接过来。寿安王还心存犹豫，耶律屋质说道："大王是嗣圣皇帝的儿子，乱贼抓到你的话，肯定不会饶你。到那时，群臣又会侍奉谁呢？社稷又将归谁呢？万一落到乱党之手，后悔都来不及了。"耶律璟这才明白。众将听说耶律屋质逃了出来，也相继而来，等到次日一早，耶律屋质整顿军队，出其不意，将耶律察割之众包围了起来。

耶律察割发动政变时，耶律阮的皇后萧氏（小名撒葛只、述律平弟弟萧阿古只之女），刚刚生下女儿萌古公主，听说丈夫被杀的消息后，她乘坐步辇（类似没有顶的轿子），来见耶律察割，请求收殓丈夫、婆婆。等到耶律察割见大兵将自己包围后，遂派人在耶律阮的灵柩前杀了萧氏，然后，匆忙整军出战。寿安王耶律璟派人对耶律察割说道："你等既然已经弑杀了皇帝，下一步还将如何？"有个名叫划者的夷离堇率先率领本部归顺了耶律璟，耶律察割身边的剩余部众，也悄悄离开，归于耶律璟。耶律察割见状，遂手持弓箭，胁迫群臣家属道："不过杀了这些人罢了！"遂命人将群臣家属拉出去斩杀。当时，林牙六院部耶律敌猎也在耶律察割一边，他对耶律察割说道："杀了这些人有什么用？我判断耶律屋质是想拥立耶律璟的，所以，发动这次政变，寿安王也未必知道内情，如果派人就以此意告诉寿安王，也许能躲过这一难。"耶律敌猎，字乌辇，六院部夷离堇耶律术不鲁之子，年少多权谋。耶律察割说道："谁担任使者？"耶律敌猎自请道："大王如果不怀疑我，我愿意与太平王耶律罨撒葛（耶律璟的二弟）一同前往。"耶律察割答应了。等耶律敌猎和耶律罨撒葛来到耶律璟处后，耶律璟就让耶律敌猎引诱耶律察割出来，命耶律阮的二弟耶律娄国将其肢解杀死，并处死了耶律察割的儿子们以及耶律盆都等人。耶律牒蜡不降，也被凌迟处死，其妻同时被杀。六院部大王耶律朗，字欧新，是六院部耶律罨古只的孙子，耶律罨古只被其异母弟耶律辖底诈取迭剌部夷离堇，此后耶律辖底被杀，六院部的大王都让外部之人担任。等耶律阮继位后，对这一旧规不熟悉，就让耶律朗当上了六院部大王。耶律察割叛乱后，派人给耶律朗送信，称："事成了！"耶律朗遂派遣详稳萧胡里领兵前来，叮嘱萧胡里道："帮助取胜的一方。"至此，耶律璟下令将耶律朗诛杀，将其家没为奴隶。

九月八日，耶律璟即皇帝位，群臣上尊号为天顺皇帝，改元应历元年。耶律璟对耶律屋质说："朕的性命都是爱卿保护的。"命其负责处理国事，把耶律察割一党的家财全部都赏赐给耶律屋质，耶律屋质坚决推辞，又将耶律阮埋葬在显州（今辽宁省北镇市）西山之上，号称显陵，庙号世宗。耶律阮在位五年，被杀时三十四岁。

耶律璟，小名述律，他即位时年仅二十二岁，是为辽国（契丹）的第四位皇帝辽穆宗。九月九日，耶律璟起驾返回幽州，派人通报北汉即位的消息，刘崇派遣枢密直学士王得中祝贺，仍用叔父的礼节尊奉耶律璟，并请求辽国出兵帮助自己进攻晋州。耶律璟年纪轻轻，喜欢玩乐，不理国政，每夜都通宵达旦地酣饮，直到次日午时才会起床，辽国人称其为“睡王”，此后，耶律璟改名为耶律明。

十月四日，潞州上奏称，巡检使陈思让、监军向训在虒亭（今山西省襄垣县以北）击败北汉军队，杀三百余人，生擒一百人，活捉敌将王璠、曹海金，缴获战马五十匹。十八日，晋州巡检使王万敢上奏称，北汉军队进攻晋州，在州城以北安营扎寨。二十三日，潞州上奏称，北汉军队进入辖区。当时，辽国派遣彰国（治所应州）节度使萧禹厥率领五万奚人、契丹联军与北汉军队会师，一起进攻晋州。北汉皇帝刘崇亲自率领两万人马从阴地关进攻晋州，在晋州城北安营，不分昼夜从三个方向向晋州发起攻击，北汉侦察骑兵已经前突至绛州一带。当时，王晏已经离开晋州，而新任节度使王彦超还未赶到，巡检使王万敢暂时代理州务，与龙捷都指挥使史彦超、虎捷都指挥使何徽一起领兵抵御敌人。史彦超，云州人。他十分骁勇，在后汉时期担任侍卫龙捷（马军）都指挥使，后周建立，郭威命其领兵与侍卫虎捷（步军）指挥使何徽（《旧五代史》记作何徵）一起领兵进驻晋州，防备北汉。何徽，生平不详，后来，后周世宗郭荣即位后，与北汉之间爆发了著名的高平之战，何徽临阵脱逃，被世宗斩杀。

二十九日，郭威任命左卫将军申师厚担任河西（治所凉州）节度使。申师厚年少时落草为寇，后来当上了兖州牙将，与王峻私交很好。等王峻当上枢密使后，申师厚就到王峻家门等待，哭诉自己失职以后家境困难。正巧河西留后折逋嘉施上表请求朝廷派来正式的节度使，郭威认为凉州遥远，没人愿去，就在宫廷近臣们中间招募愿意前去的，月余之后仍然无人愿意，王峻就把申师厚推荐给了郭威。申师厚到凉州后，又推荐押衙副使崔虎心、阳妃谷首领沈念般等人以及唐末镇军子孙王廷翰、温崇乐、刘少英为将吏，以羌族酋长担任所属三州的刺史。由于他能力有限，到后周世宗时期，留下儿子逃回了中原，河西遂被吐蕃六谷部占据，中原王朝遂失去了河西之地。

见晋州形势危急，十一月六日，郭威任命枢密使王峻为行营都部署，领兵救援晋州。同时，郭威下诏命令前线各军均服从王峻的指挥，允许王峻根据前线实际情况，随机应变，自行决定采取军事行动，亦可以自行挑选将吏。七日，王峻领兵离开大梁，郭威亲自到城西给他饯行。王峻离京之后，却在陕州停留了十天之久，迟迟不进，郭威担忧晋州战局，就打算亲自领兵取道泽州，与王峻合兵一处前去救援，并派人通知王峻。十二月一日，郭威下诏决定三日亲征。这时，使者也来到了陕州，王峻让使者转告郭威说：“晋州城防十分坚固，敌人轻易难以攻克，刘崇兵锋正锐，不可与之硬拼。我之所以停留在此地，就是在等待敌人士气低落之时，并不是臣胆怯啊。陛下刚刚即位，不可轻易离开京师，如果陛下渡过了汜水，一旦慕容彦超领兵进入大梁，大事就不好了！”郭威听了使者的汇报，用手扯住自己的耳朵，连连叹息道：“差一点坏了我的大事！”三日，他就下令取消了亲征计划。

十二月十三日，王峻领兵抵达绛州（今山西省新绛县）。十八日，再率军朝晋州而来。晋州以南有一处叫蒙坑的险要之地（今山西省曲沃县西北），王峻一直担心北汉军队会提前把守住这里，这一天，等他听说先头部队已经顺利通过了蒙坑之后，王峻高兴地说道：“我已经大功告成了！”这时，北汉军队已经围攻晋州将近两个月了，而晋州还在后周的手里。时值隆冬，天降大雪，百姓们离家逃到山寨之中，北汉军队无法抢到粮食，军中断粮。辽军早已无心再战，听说王峻的援军已经过了蒙坑，遂烧毁军营北撤。王峻领兵进入晋州，众将请求速速发兵追击，王峻犹豫不定，直到次日，才派遣行营马军都指挥使仇弘超、都排阵使药元福、左厢排阵使陈思让、康延沼率领骑兵追击，终于在霍邑（今山西省霍州市）追上了北汉军队，纵兵截杀，北汉士兵大乱，掉下悬崖摔死的不计其数。霍邑道路崎岖难行，康延沼胆小，不敢穷追，北汉军队才得以逃脱。仇弘超，生平不详。康延沼，后晋侍中康福的长子，北宋初年将领康延泽的哥哥。

药元福说道：“刘崇倾国而来，又联合了辽军，企图一举夺下晋州和绛州，如今，他们已经筋疲力尽，狼狈而逃，不趁此有利时机将其消灭，必有后患。”众将都不愿继续追击，王峻也派人前来阻止，后周军队遂返回晋州。辽军回到晋阳时，兵马损失了十之三四。萧禹厥深感耻辱，就把战败的责任推到一名大酋长的身上，将其钉在集市上，十天之后才下令杀掉。

晋州之战后，刘崇才打消了进取之心。北汉国土面积狭小，土地贫瘠，百姓生活十分困难，国家不仅要供应军需，还需要拿出大量钱财送给辽国，税负十分沉重，弄得民不聊生，纷纷逃到后周国内。

一七一　平定兖州（一）

晋州之战中，郭威幸亏听从了王峻的建议，取消了亲征计划，要不是，后果真的不堪设想。

泰宁节度使兼中书令慕容彦超当初听说王彦超平定了徐州之后，就非常恐惧，唯恐后周朝廷会把下一个目标对准自己，遂招徕亡命之徒，囤聚军粮，暗中派人联络北汉，后周朝廷截获了慕容彦超写给刘崇的书信，但一直隐忍不发。慕容彦超还派人假扮成商人，来到南唐，向南唐朝廷求援。郭威担心慕容彦超会狗急跳墙，就派遣通事舍人郑好谦来到兖州，好言安慰，并与之盟誓。谁知，慕容彦超见郭威这样，内心更加不安起来，屡屡派遣都押牙郑麟进京，表面上向郭威表达自己的忠诚之心，实际上是来打探朝廷方面的消息。慕容彦超又伪造了天平节度使高行周的书信，派人献给朝廷，在伪造的高行周的书信上，他以高行周的口吻，说了很多朝廷的坏话，并表示两镇结好之意。天平镇的大印原本有缺口，印中文字有不连接之处，而慕容彦超伪造的书信上的用印则没有，因此，郭威看后，不禁笑道："这不过是慕容彦超玩弄的诡计罢了！"就把书信转交给高行周。高行周上表谢恩。不久，慕容彦超造反的迹象更加明显，郭威遂派遣阁门使张凝领兵赶赴郓州巡检，以做好防备工作。其间，慕容彦超又上奏请求入朝觐见，郭威明知他说的全是假话，当即就答应了。果然，慕容彦超又借口境内盗贼太多，自己不敢离开军镇。

等晋州之战后，到了广顺二年（公元952年）年初，后周朝廷方面与慕容彦超之间的关系变得更加恶化起来了。一月五日，郭威下令调发开封府五万民工整修大梁城防，十日之后完工。与此同时，慕容彦超也在积极备战，他征调民兵入城，将泗水引入护城河内，又给各镇镇将送去了很多旗帜，命他们招募强盗，劫掠邻近州县，兖州周边地区不少地方官都上奏称慕容彦超已经发动了叛乱。

广顺二年一月七日，从晋州腾出手来的郭威决定收拾慕容彦超，他下令沂州、密州不再隶属于泰宁军镇，以期削弱慕容彦超的实力，同时，他任命侍卫步军都指挥使、昭武节度使曹英担任都部署，以齐州防御使史延超为副部署，皇城使向训为都监，陈州防御使药元福为行营马步都虞候，领兵讨伐慕容彦超。郭威以药元福是四朝老将，命令曹英、向训不得以军礼接见药元福，二人均向对待父辈那样对药元福十分尊敬。史延超，生平不详，怀疑是史彦超之误，但没有确切的证据。向训，字星民，怀州河内人，后来因避后周恭帝郭宗训名讳而改名为向拱。他相貌雄伟，桀骜不驯，曾听说刘知远在太原招募人才，遂前往投靠。刘知远没有看上他，向训就转投到郭威门下，等郭威担任节度使后，向训被任命为知客押牙。郭威登基后，向训被授予宫苑使，不久晋升为皇城使。晋州之战后，向训回到大梁，当天，郭威就任命其担任都监，又投入到讨伐慕容彦超的战争中来了。《洛阳缙绅旧闻记》称，向训有勇有谋，刚强果断，年少善射，轻财慕义。曾经与一个妇人私通，半年以后，他对那个妇人说："怎么近来没见你丈夫？"妇人笑道："因你与我私通，他经常磨刀霍霍要杀我，因为怕你一直不敢动手。因你很长时间不来我家了，我与邻家一男子商议给他点钱，找人杀了丈夫。"向训问："那个邻家男子呢？"妇人说了地点。向训暗中找到了那个男子，将他杀了，而后又回到妇人家里，对那个妇人说道："你与人私通还杀害亲夫，不义。你丈夫的死，都是因为我，我无法忍受。"又杀了妇人，将人头扔到大街之上，说道："是我向某人杀的。"缓缓而去，逃亡在外，后来，遇到大赦才又回到了家乡。此后，结识了一个滕秀才，在滕秀才的帮助下，向训折节自新，辞别家乡，四处寻找主公。见一些王侯都是些寻常之人，也都没有多待，他曾在侯益门下半年，最后也离开了，因中原饥荒，才打算从石会关前往河东。到河东后，刘知远地位太高，向训无缘得见，每天都等候在路边，趁郭威下班请求收留。一开始郭威也很为难，害怕让刘知远知道了，怀疑自己在私下里招徕人才，但最终还是被向训的诚意所感动，为了避嫌，就让向训与自己同住。同住期间，向训对郭威毕恭毕敬，郭威对他非常器重，此后，向训也成了郭威最重要的心腹。

接到慕容彦超的求救信以后，南唐方面也派遣五千人马进驻下邳（今江苏省邳州市），救援慕容彦超。当南唐军队听说后周大军即将到来后，又吓得南撤，退守沭阳（今江苏省沭阳县）。后周巡检使张令彬领兵追击，大破南唐军队，南唐军队被杀、淹死了一千余人，其领兵大将燕敬权也被后周军队生擒。当初，慕容彦超认为后周刚刚建立，局面容易搅乱，所以与北方的北汉和辽国勾结，又与南唐联络，其他令后周朝廷南北疲于奔命，然后自己好伺机而动，可是，北汉和辽军从晋州败北，南唐军队又在沭阳大败，慕容彦超所面临的形势就险恶起来了。

永兴（治所长安）节度使李洪信自以为是后汉的宗室近亲，内心很是不安，城内守军不足千人，王峻在陕州时，还以救援晋州为名，征调了数百名。等北汉军队北撤后，朝廷方面又派了一千多名禁军协防长安，李洪信害怕起来，遂自请入朝，请求辞去节度使一职，郭威答应了，拜其为左武卫上将军。一月十五日，王峻领兵从晋州回到朝廷。与此同时，曹英等人已经来到兖州，开始构筑长墙，准备围困兖州。慕容彦超屡次领兵出战，均被药元福击败，慕容彦超遂不敢再出城。十余日后，长墙合龙，后周军队遂对兖州发起了进攻。

当初，慕容彦超决定造反时，判官崔周度劝谏道："鲁国，是诗书之国，自从春秋时期鲁国第一任国君伯禽以来，从来就不曾在诸侯中间称霸，然而，尊奉礼仪，也可以长期在乱世中立足。大人与朝廷之间并无多少私人恩怨，何必自己怀疑？况且，皇上不断对大人你解释说明，假如大人撤去城防，回心转意，则可以坐享泰山之安。大人难道没有看见杜重威、安从进、李守贞又干出了什么名堂吗？"慕容彦超听了，勃然大怒。等到后周军队包围了兖州以后，慕容彦超下令搜刮城内百姓的家财，用来犒赏军队，因藏匿私财而被他处死了很多人。前陕州司马阎弘鲁，是后梁、后唐大将阎宝之子，因惧怕慕容彦超，将全部家财都拿了出来，可是，慕容彦超仍然怀疑他还有隐藏，又命崔周度带人搜查阎弘鲁的家。崔周度对阎弘鲁说道："你的性命系于献出家财的多少，你最好不要吝惜家财了。"阎弘鲁哭着向妻妾们叩拜，说道："你们快把所有的钱财都拿出来吧，千万要救我一命！"妻妾们都表示："都拿出来了啊！"崔周度回去向慕容彦超复命，慕容彦超不信，将阎弘鲁夫妇打入大牢。一个乳母在泥土中挖出一个金子做的缠臂，献给慕容彦超，希望能赎回主人一命。慕容彦超说道："果然还有私藏的，他藏匿的东西肯定还有很多。"遂命人严刑拷打阎弘鲁夫妇，二人被打得皮开肉绽而死。慕容彦超又认为崔周度包庇犯人，将其拉到市场上斩首。实际上，慕容彦超杀害阎弘鲁、崔周度，还有更深一层的原因：阎弘鲁的儿子阎希俊时任镇宁节度副使，是郭荣的副手，听说朝廷用兵之后，慕容彦超就对阎弘鲁说过："你让你儿子在朝廷效命来对付我，是想灭我一门吗？"而崔周度此前曾在朝中担任过谏官，性格刚烈，早已惹恼了慕容彦超。

同月，北汉军队骚扰府州（今陕西省府谷县），府州防御使折德扆领兵将其击败，杀死敌人两千余人。二月，折德扆上奏称，攻克了北汉岢岚军（今山西省岢岚县），留下军队戍守。二月十八日，郭威下令释放了俘虏的南唐将领燕敬权等人，命其对南唐元宗李璟说："叛臣，是天下人都痛恨的，我没有想到你竟然会去帮助他，这岂不是失策吗？"李璟听了，深感羞愧，遂下令将以前虏获的中原军民都礼送回国。南唐朝中有人建议趁机夺取中原，中书舍人韩熙载说道："郭家虽然刚刚立国，可是，已经控制了局势，我们轻易出兵，必然有害无益。"

兖州的战事一直打到四月，曹英等人依然没有取得进展。郭威很是着急，打算亲征，他召来群臣商议，宰相司马冯道认为，如今正值盛夏，皇帝不宜亲冒矢石。郭威听了，说道："不可轻视敌人，消极对待。如果朕不亲自出马的话，就当让澶州儿子（郭荣）前去破敌，才能办成这件事。"枢密使王峻一直以来就与郭荣不和，不想让郭荣领兵，遂建议郭威亲征。四月三十日，郭威下诏亲征，任命李谷代理东京留守兼判开封府，以枢密副使郑仁诲代理大内都点检，以侍卫马军都指挥使郭崇威（郭崇）为京师巡检。郑仁诲，字日新，晋阳人。后汉高祖刘知远镇守河东时，郭威经常到郑仁诲家中长谈，他端庄仁厚，深受郭威的敬重。后汉建立后，郭威担任枢密使，就将郑仁诲召入自己的幕府，把他当作自己的心腹。

五月五日，郭威从大梁出发，十三日抵达兖州，十四日，郭威命人劝降慕容彦超，而城内守军出言不逊。十五日，郭威下令各军发起进攻。起初，一位术士对慕容彦超说："土星运行到了角亢星域，角亢星域下应兖州，兖州有福了。"慕容彦超命人修建祠堂，焚香祷告，还下令兖州百姓家家都竖起一面黄旗。慕容彦超贪婪吝啬，《五代史补》称，慕容彦超登上城墙，见郭威亲临前线，后周军队势不可当，心生忧惧，鼓励部下道："你等要替我卖命，我府库之中金银堆积如山，如果能保全此城，我将这些钱财全部赏赐给你们，你等就别担心不能富贵了。"不久，一个小卒私下说道："我知道侍中的银子都是铁胎，就算得到了，又有什么用处？"于是，各军将士听到后，逐渐解体，军无战心。原来，过去慕容彦超命人开当铺，后来发现有铁芯银子，慕容彦超设计将其人抓获后，就将其藏在密室，命其专门制造了大量这种劣质钱。

五月二十日，后周军队攻克兖州。慕容彦超正在镇星祠堂内祈祷，率众苦战，不胜，遂焚烧镇星祠堂，与妻子一起投井而死。其子慕容继勋逃出，被官军抓获，斩杀。朝廷军队大肆劫掠兖州，城内被杀近万人。当初，慕容彦超谋反之前，曾经招募了两千余名彪悍的强盗，至此，这些人竟毫无用处。

一七二　平定兖州（二）

入城之后，郭威打算将兖州将吏们全部诛杀。

翰林学士窦仪面见宰相司马冯道、范质，三人一起劝谏郭威说："这些人都是受到慕容彦超胁迫的。"郭威遂赦免了这些人。五月二十二日，郭威任命端明殿学士颜衎权知兖州事。不久，郭威又下诏赦免兖州辖区军民，凡是逃跑藏匿起来的慕容彦超一党，可以在一个月内自首，此前被处死的人，赦免其家眷。二十八日，郭威下令撤销泰宁军镇，将泰宁降格为防御使州。

六月一日，郭威来到曲阜，拜谒孔子庙。祭奠完毕后，郭威又要跪下叩头，近臣们说道："孔子，是个臣子，陛下身为天子，不该叩拜。"郭威回答："孔子是百代帝王的老师，怎敢不叩拜！"又拜谒了孔子陵墓，命人整修孔子祠堂，严禁在孔林砍柴。又找来了孔子、颜渊的后代，分别任命他们担任曲阜县令和主簿。二日，郭威离开兖州。

《五代史补》的记载与此稍异，说的是：在郭威领兵破城之前，梦见一个面容非常奇异之人，对他说："陛下明天会破城。"果然，第二天中午就破城了。郭威的车马进城时，主管官员建议从生门方向入城，遂取道一条小巷，拐了几个弯，见一处高大院墙和大门，郭威问是什么地方，才知道是夫子庙。郭威顿时豁然开朗，对近臣们说道："我梦见的莫非是孔夫子？不然的话，为何要经过这里？"遂下马参观。刚登上大堂，就看到孔夫子的塑像，与梦境之中那人一模一样，于是大喜，当即跪下叩头。有人劝谏，认为天子不该叩拜异代的臣子。郭威说道："孔夫子是圣人，是百代君王的楷模，又给我托梦，能够破城莫非是孔夫子暗中帮助所致？岂能不叩拜！"

六月十五日，郭威回到了大梁。同月，朔方节度使兼中书令、陈留王冯晖去世，其子、牙内都虞候冯继业杀害哥哥冯继勋自立，后周朝廷遂以其担任朔方留后。六月十八日，定州间谍田重霸来到大梁，给郭威献上夺取幽州之策。原来，太子宾客李涛的弟弟李澣，在辽国担任勤政殿学士，与幽州节度使萧海真是好友。萧海真是辽世宗耶律阮的妻弟。等耶律阮被杀后，李澣就劝说萧海真以幽州归顺后周，萧海真欣然同意了。李澣就让田重霸携带奏表禀报后周朝廷，并给李涛送来了一封书信，信中他写道："辽国皇帝年幼，只知饮宴游玩，没有什么远大志向，与前代辽国皇帝不能相提并论。朝廷如果用兵的话，定能取胜；不然的话，就与之和解，也肯定能行。不过，这两点都需要迅速行动，我观察形势，将来他们肯定没有余力再帮助北汉的。"田重霸来到大梁后，郭威因中原多事，遂没有采取行动。

从后汉建立再到后周建立，在这短短的数年里，中原发生了太多的变故，如今，郭威已经登基，并稍稍稳定了内部，我们再来看看这三四年里南方各国又发生了什么大事。

先说后蜀。在郭威讨伐三镇叛乱前后，后蜀后主孟昶也清除了权臣、司空兼中书侍郎、同平章事张业。张业性格豪爽，奢侈无度，为所欲为，强卖他人良田美宅，在家中私藏亡命之徒，还私设牢房，拘押欠债之人，甚至有人在张业的私牢里被活活打死。张业的儿子、检校左仆射张继昭喜欢剑术，曾经与一个名叫归信的僧人四处寻访精通剑术的高人。后蜀右匡圣都指挥使孙汉韶与张业不和，就暗中告发张业、张继昭父子谋反。翰林承旨李昊、奉圣控鹤马步都指挥使安思谦二人又添油加醋，说了张业不少坏话。后汉乾祐元年（公元948年）七月十七日，张业进宫，后主孟昶命令武士在朝堂之上将其击杀，下诏宣布其罪恶，将其家财全部没收。枢密使、保宁节度使兼侍中王处回，也与张业一样，专权贪婪，卖官鬻爵，后蜀各地进贡给后主的财物，都是先送给王处回，剩下的才送入皇宫，王处回聚敛了巨额财富。其子王德钧也十分骄横。等孟昶诛杀张业以后，不忍再处死王处回，就命其回家闲居。王处回惶恐不安，赶忙提出辞呈，孟昶以其为武德节度使兼中书令。不久，王处回提出退休，孟昶加授其太子太傅，令其退休。孟昶遂任命翰林承旨、尚书左丞李昊为门下侍郎兼户部尚书，翰林学士、兵部侍郎徐光溥为中书侍郎兼礼部尚书，二人均为同平章事。

清除了张业、王处回以后，孟昶打算任命普丰库使高延昭和茶酒库使王昭远担任枢密使，有碍于二人名望、官位素来低微，遂授予二人通奏使，知枢密院事。王昭远，成都人，自幼出家当了小和尚，曾经随其师父入宫，后蜀孟知祥爱其聪慧，就让其在孟昶身边服务，遂成为孟昶的心腹。至此，孟昶将军国事务都交由其处理，国库中的金银财宝也任其随意取用。安思谦想把昔日的旧将们彻底清除掉，又诬陷卫圣都指挥使兼中书令赵廷隐意欲谋反，遂趁夜发兵包围了赵廷隐家。正巧，山南西道节度使李廷珪入朝，向孟昶极力表白赵廷隐无罪，赵廷隐才免于一死。赵廷隐自称得病，坚决推辞军职，七月二十七日，孟昶批准了。不久，孟昶又以赵廷隐为太傅，赐爵宋王，国家遇到大事，孟昶会亲自到赵廷隐家中，征求他的意见。在重新掌握大权之后，孟昶认为在张业、王处回执政时期，自己一直受到二人的蒙蔽，又设置了举报箱，后来，改名为献纳函。

接着，就发生了后汉郭威讨伐三镇叛乱的战争，后蜀应王景崇之请，相继派出安思谦等人出兵救援，但均未成功。此后，后汉平定了三镇之乱，后蜀也消停了下来，到了后周广顺元年（公元 951 年），通奏使高延昭坚决推辞知枢密院事，孟昶以云安榷盐使伊审征为通奏使，知枢密院事。伊审征是孟知祥妹妹褒国公主之子，也就是说是孟昶的姑表兄弟，二人自幼就亲密无间，等到他知枢密院以后，后蜀国事不论大小，孟昶都会征求他的意见。伊审征也以天下为己任，然而，他贪婪奢侈，奸邪险恶，与王昭远相互勾结，后蜀政治开始黑暗起来了。次年六月，就在郭威刚刚平定了兖州慕容彦超不久，后蜀发生了严重的水灾，洪水进入成都城内，淹没了上千家居民，有五千余人被淹死，大水还冲毁了后蜀太庙四间房屋。孟昶下诏宣布大赦，拿出钱粮赈济受灾的人家。

祸不单行。就在孟昶忙于安抚成都灾民时，不远的梓州（今四川省三台县）又发生了王承丕未遂叛乱。事情的经过是这样的：工部尚书、判武德军（治所梓州）邵延钧素来与监押王承丕不和，王承丕就一直想着趁机作乱，杀掉邵延钧。正巧左奉圣都指挥使孙钦领兵要移防边境，前去辞别王承丕，王承丕就邀请他一起去军府拜别邵延钧。孙钦不知是计，就答应了。等到二人一起见到邵延钧以后，王承丕却突然命令身边的侍从们杀掉了邵延钧，并称奉了孟昶的密诏，将邵延钧全家灭门，又下令打开仓库，犒赏将士们，放出监狱内的囚犯，召回各地的驻军。等到这一切都处理完毕以后，孙钦就问王承丕："如今邵延钧已经被处死，大人应当拿出诏书，让大家都看看。"王承丕说道："我能让你富贵，就别再追问诏书的事情了！"到了这时，孙钦才恍然大悟，意识到这一切都是出自王承丕个人意愿，也认识到是王承丕在谋反，遂欺骗他说："如今城内城外人心不安，我请求率领本部人马替大人巡查。"说完，转身跨上战马，飞奔而去。王承丕在后面连连呼唤，孙钦头也不回，狂奔回营。等他回到军营后，向部下通报了情况，遂率众攻入军府，王承丕的侍从们还打算抵抗，孙钦厉声斥责，众人听了纷纷放下武器，四散溃逃。孙钦遂活捉了王承丕，将王承丕及其同党一并斩杀，把人头送往成都。孟昶得知后，派遣客省使赵季扎前往梓州，安抚军民。

一七三　楚国灭亡（一）

与相对稳定的后蜀不同，这些年来，一向安定富裕的楚国却陷入了战乱的泥潭，并最终将楚国送入万劫不复的深渊。

此时的楚国，不仅有内忧，还有外患。早在后汉乾祐元年（公元 948 年），当郭威还在平定三镇叛乱前线的时候，南汉皇帝刘晟派遣知制诰钟允章向楚王马希广求婚，马希广予以拒绝。刘晟闻讯大怒，就问钟允章道："他姓马的能不能侵犯我国领土？"钟允章回答："他们马氏兄弟，正内讧不止，岂能加害于我？"刘晟说道："是这样。马希广胆怯而又吝啬，楚国士兵长期没有打过仗了，这正是我开疆拓土的时候。"到了这一年的十二月，刘晟就任命内常侍吴怀恩为开府仪同三司、西北面招讨使和巨象指挥使吴珣，领兵讨伐楚国，进攻楚国的贺州（今广西壮族自治区贺州市）。马希广派遣决胜指挥使徐知新等将率领五千人马南下救援，楚国援军还未赶到，南汉军队就已经攻下了贺州，他们在贺州城外开挖深坑，在上面用竹排覆盖，加上薄薄的一层泥土，下设机关，又从陷阱中横向开挖了一条隧道，直通护城河。等楚军赶到后，向贺州发起进攻，南汉军队派人从陷阱中发动机关，攻城的楚军都落入陷阱之中，南汉军队又从城内杀出。楚军被杀上千人，徐知新等人率领残兵败将，狼狈逃回，马希广闻讯大怒，下令将其斩首。南汉军队又乘胜攻克了楚国的昭州（今广西壮族自治区平乐县）。

刚刚丢掉了贺州和昭州，到了次年，即后汉乾祐二年（公元 949 年），当郭威平定了三镇之叛、回到大梁前后，马希广的哥哥马希萼就从朗州出兵了，仆射洲之战，马希萼大败，逃回朗州。不甘心失败的马希萼，一方面引诱山蛮，另一方面，与后汉断绝了关系，结好南汉、荆南、南唐，又在第二年，即后汉乾祐三年（公元 950 年）卷土重来。湄州之战，马希广之军战败，马希萼遂自称顺天王，率领大军朝长沙杀来。后汉朝廷见湖南情况危急，遂以安远节度使王令温为都部署，准备发兵救援，但紧接着后汉朝廷就发生了广政殿之变、郭威澶州兵变，已自顾不暇，更无力远救马希广了。

这给了马希萼一个消灭弟弟马希广的良机。

当郭威正忙于处理后汉隐帝死后的一大堆事务时，马希萼的大军已经逼近了潭州附近。本年早些时候，马希广曾经派遣牙内指挥使崔弘琏率领七千人马进驻玉潭（在今湖南省宁乡市西），马希萼命令山蛮军队包围了玉潭，这时，他又派遣指挥使朱进忠领兵与山蛮军队会师。崔弘琏战败，逃回了长沙。马希萼领兵乘胜进攻岳州，岳州刺史王赟固守，两军激战五天，岳州城仍然还在守军之手。马希萼派人对王赟说道："大人难道不是马氏的旧臣吗？你不臣服于我，难道是想投靠外国吗？你身为臣子，却怀有二心，难道不是在羞辱先祖吗？"王赟回答："我亡父曾是先王的大将，领兵六次击败南唐军队，如今，大王兄弟之间不相容，我经常担心南唐会坐收渔人之利，假如我们的后辈真的臣服于南唐，就真的是羞辱先人了！大王真能消除怨恨，兄弟和好如初，我怎敢不尽心竭力侍奉大王兄弟，哪有什么二心！"马希萼听了，羞愧得无地自容，只好领兵而去。乾祐三年十一月二十八日，马希萼率部进抵湘阴，焚烧劫掠一番，绕城而过。抵达长沙城外后，马希萼在湘水西岸安营，步兵和山蛮军队则驻军于岳麓山，朱进忠从玉潭领兵赶来会师。

马希广派遣刘彦瑫召来水军指挥使许可琼（许德勋之子），命其率领五百艘战舰驻扎在长沙城北渡口，战舰首尾相连，一直连续到城南渡口，以马希崇为监军。马希广又派遣马军指挥使李彦温率领骑兵驻扎在驼口（浏阳河注入湘江处），扼守通往湘阴的通道；又以步军指挥使韩礼率领两千人进驻杨柳桥（今长沙市以西），切断从西面而来的通道。

当初，山蛮酋长彭师暠归降了马希广，马希广的部下都厌恶其人粗犷，唯独马希广对其十分欣赏，任命其担任强弩指挥使，领辰州刺史，彭师暠对马希广的知遇之恩十分感激，经常打算愿意为马希广献出生命。等到朱进忠和山蛮军队合兵一处，推进到长沙以西以后，彭师暠登上长沙城楼眺望，对马希广说道："朗州人刚刚打了胜仗，心浮气躁，又有山蛮军队掺杂其间，号令不一，容易击败他们。希望大王给我三千步兵，我从巴溪（今长沙市西北）渡过湘江，绕到岳麓山的山后，大王再命令许可琼率领水军正面攻击，前后夹击，一定能将敌人击破。我们击败了朱进忠的前军，朗州大军自然不敢轻率再进了。"马希广将要采纳。

然而，此时的许可琼已经被马希萼重金收买，马希萼给许可琼开出的条件是等到长沙城破之后，将楚国一分为二，送给许可琼一半。在利益的诱惑之下，许可琼已经怀有二心了，他对马希广说道：“彭师暠和梅山的山蛮是同族，怎能相信他的话！我家世代为楚国大将，肯定是不会背叛大王的，他马希萼又能怎样！”马希广遂作罢。不久，马希萼就率领四百余艘战舰停泊在湘江西岸。

马希广命令众将都接受许可琼的指挥，每天还赏赐给许可琼五百两银子。马希广时常亲临许可琼的军中，商议军务，见到许可琼经常紧闭营垒，不令士兵们知道朗州军队的动向。马希广觉得许可琼干得不错，叹息道：“这才是真正的将军啊，我还有什么可担忧的呢！”许可琼有时趁夜乘坐小船，谎称巡查江面，偷偷来到湘江西岸与马希萼会面，约定充当内应。一天，彭师暠见到许可琼后，对其怒目而视，大声呵斥，然后，拂袖面见马希广，说道：“许可琼行将叛国，这是人尽皆知的事，请大王速速杀了他，免得后患无穷啊！”马希广根本不相信，说道：“许可琼是许德勋侍中的儿子，怎会干出这种事？”彭师暠退下后，叹息道：“大王仁慈，当断不断，眼看就要败亡了啊！”

潭州下起了大雪，地面积雪四尺厚，气候恶劣，两军迟迟未能交战。马希广笃信巫术，命人在湘江之上放置恶鬼塑像，以手指向西边，又在高楼上塑了一只大象，大象也手指江西，怒目而视，企图以此来赶走朗州军队。马希广命令僧侣们日夜诵经，他自己也身穿僧服，诵经求福。

后汉乾祐三年（公元950年）十二月十一日，朗州步军指挥使何敬真等人率领三千山蛮军队在杨柳桥列下军阵，何敬真见潭州韩礼所部营中旌旗纷乱，对部下说道：“敌人已经害怕了，可以轻易将其击败。”一个名叫雷晖的朗州士兵假扮成潭州士兵，潜入韩礼的营寨，突然抽出宝剑，企图行刺韩礼，一击不中，韩礼营内顿时一片惊慌。何敬真等人趁着韩礼营内混乱，发起进攻，韩礼军大败，四散溃逃，韩礼带伤逃回家中，很快就因伤去世了。击败韩礼军以后，朗州军队向长沙城发起了总攻。长沙步军指挥使吴宏、小门使杨涤说道：“你我以死报国，正在此时！”各自率领本部出战。吴宏从清泰门杀出，被朗州军队击败；杨涤从长乐门杀出，从辰时一直战至午时，朗州军队稍稍受挫，可是，就在近处的许可琼、刘彦瑫按兵不动，杨涤的士兵们饥饿疲倦，只好退回城中进食。

山蛮军队在长沙城东纵火，彭师暠领兵在城东北角苦战，城上守军召唤许可琼领兵助战，而许可琼却率部投降了马希萼，于是，守军无望，长沙遂陷落了。

破城之后，朗州军队和山蛮在长沙城内烧杀劫掠了整整三天，他们屠杀吏民，焚烧房屋，自从楚王马殷立国以来所修建的宫殿全部被焚毁，积累起来的金银财宝，悉数落入山蛮之手。李彦温见城内燃起了冲天大火，连忙领兵回援，而朗州军队已经登上了城墙，向李彦温发起反击。李彦温率部进攻清泰门，无法得手，遂与刘彦瑫各自率领一千余人，带上马希范、马希广的儿子们一起逃往袁州，又从那里辗转投奔了南唐。张晖投降了马希萼。左司马马希崇率领长沙文武官吏请马希萼即楚王之位。吴宏还在率部血战，衣袖上沾满了鲜血，他见到马希萼后说道："不幸被许可琼出卖，今日就算死了，也无愧于先王了！"彭师暠将长矛扔到地上，大喊求死。马希萼叹息道："都是钢铁汉子啊！"遂都赦免了。

一七四　楚国灭亡（二）

后汉乾祐三年十二月十二日，当遥远的中原大地上，郭威正满腹心事，领兵前往澶州而去，后汉新皇帝、前武宁节度使刘赟正兴冲冲地赶往大梁准备登基之际，马希崇也把马希萼迎入军府。

马希萼正式接管了潭州的全部权力以后，下令紧闭城门，命令军队分头搜捕马希广、掌书记李弘皋及其弟弟李弘节、都军判官唐昭胤以及邓懿文、杨涤等人，将这些人全部抓获。马希萼对马希广说道："继承父兄的家业，难道就不讲长幼顺序了吗？"马希广回答："将吏们推举，朝廷又任命了。"马希萼下令将马希广等人都关押了起来。十三日，马希萼命令内外巡检侍卫指挥使刘宾领兵巡查，禁止再纵火劫掠。十四日，马希萼自称天策上将军、武安、武平、静江、宁远等军节度使、楚王。以马希崇为节度副使、判军府事，凡是长沙军府的要职，都由朗州人盘踞。马希萼想到当初李弘皋等人劝阻马希广给自己让位，仍然怒火难平，下令将李弘皋、李弘节、唐昭胤、杨涤四人剁成肉酱，由士兵们吃掉，在街市上斩杀了邓懿文。十五日，马希萼对众将说道："马希广不过是个懦夫而已，被身边的人所左右，我打算饶他一命，你们看如何？"众将无人吱声。朱进忠过去曾经受到过马希广的杖打，回答说："大王血战了三年，才得到长沙，一国不容二主，假如你这么做的话，将来肯定是要后悔的。"马希萼遂下令将马希广赐死。马希广临刑之前，还口诵佛经，彭师暠将他安葬在长沙东门浏阳门外。马希萼以其子马光赞担任武平留后，以何敬真为朗州牙内都指挥使，领兵戍守。马希萼派人征召拓跋恒，打算让他继续为官，但拓跋恒称病不肯答应。

马希萼和郭威一前一后都如愿以偿，也都各自面临了很多难题，不过，郭威措施得当，顺利地渡过了危险期，而马希萼不然。后周广顺元年（公元 951 年）二月十二日，楚王马希萼派遣掌书记刘光辅向南唐进贡。刘光辅来到南唐后，南唐元宗李璟对他很是厚待，刘光辅就偷偷对李璟进言道："湖南百姓困苦，主上骄横，可以趁机夺取。"于是，李璟就任命营屯都虞候边镐担任信州刺史，领兵进驻袁州（今江西省宜春市），暗中策划入侵行动。又以马希萼为天策上将军、武安、武平、静江、宁远节度使兼中书令、楚王，派遣右仆射孙忌、客省使姚凤为册礼使，前往长沙，对其进行册封。

马希萼即位以后，常常想起昔日的恩怨，开始进行报复，不断杀人，又不分昼夜纵酒荒淫，把军府事务都交由马希崇全权处理。马希崇又有很多私心，弄得楚国政刑紊乱。长沙城破之后，国库被乱兵洗劫一空，马希萼就下令搜刮百姓家财，用来犒赏将士们，甚至封上百姓家门，进行搜刮，即便是这样，士兵们仍然因为赏赐不均而口出怨言。就连随马希萼而来的朗州将士，也都很不高兴，生出了二心。小门使谢彦颙，原本是马希萼的家奴，靠着姣好的面孔而成为马希萼的男宠，马希萼对其很是宠爱，甚至让他与自己的妻妾们杂坐在一起。谢彦颙恃宠而骄，有时与马希崇并坐一处，轻拍马希崇的脊背，这令马希崇非常恶心，一直怀恨在心。根据惯例，当军府饮宴时，小门使的职责是手持武器，站在府门外警戒，马希崇为了激怒众将，故意让谢彦颙也入座，甚至坐在众将位次之上，果然，众将都深感羞耻。

由于宫室都毁于兵灾，马希萼就命令静江指挥使王逵（一作王进逵）、副使周行逢率领本部士兵一千余人重新修建，工程非常辛苦，军府又拿不出多余的钱来赏赐，士兵们都牢骚满腹，私下说道："囚犯们赦免了死罪，才改做苦力，我等追随大王千辛万苦夺取了湖南，犯了什么罪，罚我们干苦力！况且，大王整日饮宴高歌，怎么会知道我等之苦？"王逵和周行逢听说后，商量道："众人怨恨太深了啊，你我不早做打算，行将引火烧身了。"

后周广顺元年（公元 951 年）三月一日一大早，也就是马希萼刚当上楚王两个多月，王逵和周行逢二人率众手持长柄大斧、木棍，逃归朗州。当天，马希萼还酣睡未醒，侍从们不敢叫醒他禀报，直到第二天，才向他禀报了这一消息。马希萼派遣湖南指挥使唐师翥率领一千人马前去追赶，已经在途中追不上了，直追到朗州。王逵、周行逢趁追兵疲惫，设伏截击，将唐师翥所部全歼，唐师翥只身逃回。王逵等人废黜了马希萼之子、武平留后马光赞，拥立马希萼哥哥马希振的儿子马光惠为主。不久，又推举马光惠为武平节度使，王逵、周行逢等人与何敬真以及各军指挥使张倣一起主持朗州军府事务。马希萼上报南唐朝廷，南唐元宗李璟派人送给王逵等人很多财物，想招抚他们，王逵等人接受了钱财，放回南唐使者，却不予答复，南唐朝廷也不敢追问。

马光惠为人怯懦，武平众将对他不服。辰州（今湖南省沅陵县）刺史刘言骁勇，深得山蛮人心，王逵、周行逢、何敬真等人就打算拥立他当武平节度副使。刘言情知王逵等人桀骜不驯，很难控制，他对部下说道："要是我不从命的话，他们势必会发兵进攻我的。"遂单人匹马来到了朗州。刘言到后，王逵等人就废黜了马光惠，将他送往南唐，推举刘言担任武平留后，上书南唐请求南唐朝廷颁发委任状，南唐朝廷没有答应，同时，朗州又向新建立的后周称臣。

这一年，北方有辽国的睡王、辽穆宗耶律璟，南方则有楚国的睡王、楚王马希萼，好在是，耶律璟不理政事，国内倒也安生，而马希萼则因贪睡酗饮而丢掉了自己的脑袋。马希萼攻克长沙以后，就食言而肥，没有赏赐许可琼，他又担心许可琼怨恨，就将其贬为蒙州（今广西壮族自治区蒙山县）刺史。等到朗州兵变之后，马希萼派遣马步都指挥使徐威、左右军马步使陈敬迁、水军都指挥使鲁公绾、牙内侍卫指挥使陆孟俊领兵到长沙城西北构筑营寨，以防备朗州方面来袭。马希萼对干活的士兵们也不慰问，将士们都心生怨恨，阴谋作乱。九月十九日，马希萼在军府内设宴招待众将，徐威等人没有受到邀请，马希崇提前得知了兵变计划，也称病不去参加。就在当天，徐威等人先把十余匹动辄踢咬的烈马赶入军府，然后，率众手持斧头、木棒，声称前来拴马，冲入宴会之上，见人就打，宴会上顿时人仰马翻。马希萼见势不妙，翻墙而逃，徐威等人上前将其抓住。乱兵逮捕了谢彦颙，从头顶到脚跟，一刀一刀将其割死。而后，乱兵们拥立马希崇为武安留后，纵兵大肆劫掠，把马希萼囚禁在衡山县。

马希萼发起夺位之战，历经三年，才登上楚王宝座，谁知仅仅过去两个多月，自己的老巢朗州就丢掉了，八个多月后，他自己也被马希崇所取代，这也着实可叹。

刘言听说长沙发生内乱、马希崇即位后，就对外声称讨伐其篡夺之罪，发兵前来。九月二十三日，朗州军队进驻益阳（今湖南省益阳市）以西。马希崇害怕起来，于次日调派两千人马前去抵御，又派人前往朗州求和，约定各自为政。掌书记李观象劝说刘言道："马希萼的旧部将领们都还在长沙，这些人肯定不会愿意与大人为邻的，不如先假装答应，让马希崇杀掉这些人，然后我们再去夺取长沙，可以全取整个湖南。"刘言采纳了他的建议。马希崇畏惧刘言，急于与朗州方面和解，就命人砍下了都军判官杨仲敏、掌书记刘光辅、牙内指挥使魏师进、都押牙黄勍等十余人的人头，派遣前辰州县令李翊送至朗州。等这些人头送到朗州时，都已经腐败，难以辨认，刘言和王逵等人都说这不是杨仲敏等人的人头，怒斥李翊，李翊百口莫辩，进退为难，恐惧之下自杀而死。

当初马希萼进入长沙时，虽然饶了彭师暠一死，但仍然命人将其杖打一顿，废为平民。马希崇觉得彭师暠肯定会怨恨马希萼，就派他把马希萼送往衡山，实际上就想借彭师暠之手除掉马希萼。彭师暠也不傻，看出了马希崇的险恶用心，说道："这是想让我当一个弑君之人啊！"反而对马希萼更加恭顺。九月二十七日，马希萼一行来到衡山。衡山指挥使廖偃，是马希范时期的十八学士之一廖匡图的儿子，与其叔父、节度巡官廖匡凝商议道："我家世代受到马家的恩惠，如今，马希萼年长却遭到废黜，看样子难逃大祸，何不一起辅佐他！"于是，征召当地百姓入伍，与彭师暠一起拥立马希萼为衡山王，以衡山县为临时政府，用栅栏切断湘江，把竹排改造成战舰，又任命彭师暠为武清节度使，命其招募军队，十余天之间就招来了上万人，湖南南部很多州县纷纷响应。马希萼又派遣判官刘虚己赶赴南唐求援。

一七五　楚国灭亡（三）

就这样，楚国内部已经突然冒出了三股势力：朗州刘言集团、潭州马希崇集团和衡山马希萼集团，而境外势力南唐、南汉也正密切注视着楚国的态势，伺机想火中取栗。

即便如此，终于登上了楚王之位的马希崇，在继位之后，也像他的哥哥马希萼一样，纵酒荒淫，为政不公，言语虚妄，让潭州军民大失所望。徐威等人见马希崇的所作所为，知道前途渺茫，又担心受到朗州、衡山的夹击，唯恐一朝玉石俱焚，遂密谋杀掉马希崇，好洗刷自己。马希崇稍稍嗅出有些异样，顿时吓得魂不附体，偷偷派遣客将范守牧请求南唐出兵相救，南唐皇帝李璟遂命令边镐率领一万人马，从袁州西进，朝长沙杀来。不久，边镐率领的南唐军队就顺利抵达了醴陵（今湖南省醴陵市），十月五日，马希崇派人前来慰问南唐军队，十四日，他又派遣天策府学士拓跋恒携带奏表，赶往边镐的军营，向南唐投降。拓跋恒叹息道："我活得太久了，竟然替这个小儿递交降表！"十五日，马希崇带上弟弟、侄儿们奉迎边镐，望见南唐大军扬起的尘土就倒地叩拜，边镐下马，转述南唐皇帝李璟之命，安慰马希崇一番。十六日，马希崇等人跟在边镐后面进入长沙城，边镐住在浏阳门楼之上，湖南将吏们全部赶来祝贺，边镐均一一予以厚赏。当时，湖南境内发生严重的饥荒，边镐下令打开粮仓，赈济灾民，楚国百姓大喜过望。南楚王国自从马殷公元 907 年建立政权以来，一共历经了四十五年之久，至此，因兄弟内讧而灭亡于仇人之手。

十月二十五日，南唐武昌节度使刘仁赡率领两百艘战舰夺取了湖南的岳州，南唐军队安抚慰问岳州百姓，人们毫无亡国之感。南唐群臣一起向李璟祝贺平定了湖南，唯独起居郎高远私下说道："我们趁着楚国内乱，轻易夺取了楚国，可是，我观察众将之才，恐怕很难守得住啊！"刘仁赡，字守惠，淮阴洪泽人。其父刘金，在南吴曾任濠州团练使。刘仁赡的哥哥刘仁规，是杨行密的女婿，曾担任清淮军节度使。刘仁赡略通儒术，喜欢兵法，在南吴和南唐都很知名。南唐建立后，历任黄袁二州刺史、龙卫军都虞候，后被拜为鄂州（武昌）节度使。

七年前的后晋开运元年，南唐也是趁着闽国兄弟相斗，出兵闽国，经过三四年的苦战，先胜后败，不仅没能打下福州，相反，曾经纳入版图的泉州、漳州等地，又重新回到了闽国旧军阀的手上，可以说是空欢喜一场，得不偿失。就在刚刚过去的乾祐三年（公元 950 年）年初，南唐军队刚又在福州栽了一个大跟头。当时，有个福州人跑到建州（今福建省建瓯市），对南唐留后查文徽说，吴越军队已经从福州撤离了，福州军民请求推举查文徽为主。查文徽信以为真，遂派遣剑州（今福建省南平市）刺史陈诲率领水军从闽江而下，查文徽则率领步骑从陆路进发。正遇上大雨，闽江河水暴涨，陈诲的水军仅仅经过一晚就行进了七百里，突然来到福州城下，击败了福州军队，活捉福州将领马先进等人。乾祐三年二月十二日，查文徽领兵来到福州，吴越知威武军（治所福州）吴程假装投降，派遣数百人出城迎接。陈诲告诫查文徽道："闽地人很诡诈，不可轻易相信，应当暂且构筑营寨再说。"而查文徽却说："再迟疑不定的话，情况就会发生变化，倒不如趁机占据其城。"遂领兵直取福州。陈诲整顿军队，擂响战鼓，将战舰停靠在江边。查文徽毫无防备，吴程突然从城内杀出，南唐军队大败，查文徽在慌乱之中掉下马来，被吴越军队生擒，南唐将士被杀了上万人。陈诲领兵撤回剑州。吴程把查文徽送回钱塘，吴越王钱弘俶将其拉到宗庙上献俘，然后就释放了他。

显然，高远的话就是担心南唐会重蹈闽国之战的覆辙，而司徒李建勋更是说道："从此以后，国家的灾难恐怕要到来了啊！"李璟继位以来，从未亲自祭祀过上天，礼官曾就此请求过他，他的回答是："等到统一了天下以后，我再向上天谢恩。"等南唐军队占领楚国后，李璟顿时觉得信心满满，自以为可以轻松平定各国。一次，魏岑陪同李璟喝酒，对李璟说道："臣年少时候曾经到过元城（魏州）游玩，喜欢那里的风土人情，等到陛下平定中原以后，请求让我当魏博节度使。"兴致勃勃的李璟当即答应下来，魏岑连忙起身，跪下谢恩。通过这件事，就可以看出当时的南唐君臣君王自大、臣子谄媚的丑恶嘴脸。

南唐军队占领潭州以后，马希萼希望南唐能让自己当楚王，而潭州军民都厌恶马希萼，一起请求南唐朝廷以边镐担任湖南的统帅，李璟遂任命边镐为武安节度使。边镐催促马希崇率领马氏宗族离开潭州，迁至南唐京师金陵居住。马氏全族聚集在一起哭泣，想拿出重金贿赂边镐，希望他能向南唐朝廷求情，让他们继续留在长沙。边镐听后，微微一笑，轻蔑地说道：“我们国家与你们家世代是仇敌，两家相斗将近六十年了，其间，我们也不敢生出图谋你们的念头。现在，你们自家兄弟之间相斗，走投无路之际，才投靠了我们，如果你们再不从命，恐怕会有难测之祸了！”马希崇听了，无言以对。

后周广顺元年（公元951年）十一月三日，当后周晋州保卫战正在如火如荼地进行当中，马希崇与马氏宗族、将佐一行一千多人，号啕大哭着也登上了远行的船只，送别他们的人也都失声痛哭，哭声震动山谷，令人生出无限感伤。

楚国原静江节度副使、知桂州的马希隐，是马殷最小的儿子。马希广和马希萼兄弟相争时，南汉皇帝刘晟以内侍使吴怀恩担任西北招讨使，领兵进驻两国边境，伺机而动。马希广当时曾经派遣指挥使彭彦晖领兵进驻龙峒（今广西壮族自治区桂林市西北），以防备南汉军队。马希萼逃到衡山以后，就派人任命彭彦晖为桂州都监、在城外内巡检使、判军府事，以期牵制马希隐。马希隐对眼皮底下的彭彦晖所部十分忌惮，暗中派人联络蒙州刺史许可琼。许可琼正畏惧南汉军队的威胁，见马希隐来召唤自己，遂放弃了蒙州，率部投奔桂州，与彭彦晖所部在桂州城内激战。彭彦晖战败，逃奔衡山，许可琼则领兵驻扎在了桂州。许可琼放弃蒙州以后，南汉军队很快就占领了蒙州，并以蒙州为据点，四处进兵劫掠，楚国桂管（桂州）辖境州县深受其苦。马希隐、许可琼无计可施，只能相对枯坐，饮酒而泣。

南汉皇帝刘晟给马希隐送来书信，他在信中说：“你的父亲武穆王马殷拥有楚国全境，富强安定了五十余年。正是由于三十五舅（马希广）和三十舅（马希萼）兄弟相争（因刘晟之父刘岩娶了马希广、马希萼的姐妹马氏，所以刘晟才称他们为舅舅），自相鱼肉，把亡父创立的基业拱手让给仇人。如今，我听说南唐军队已经占领了长沙，私下以为桂林势必很快将会被他们所攻取。我们两国之间世代友好，再加上又有姻亲关系，眼睁睁地看到你们国破家亡，岂能袖手旁观！我已经调派大军，水陆并进，一定会让舅舅您永做方镇大员的。”马希隐接到刘晟的书信后，与僚佐们一起商议是战是和，支使（行政秘书）潘玄珪坚决反对。

后周广顺元年十一月十八日，南汉将领吴怀恩领兵突然来到桂州城下。马希隐和许可琼既不敢战，又不想降，遂率领部众，弃城而逃，直奔全州（今广西壮族自治区全州县），桂州遂被南汉军队占领。吴怀恩又分兵平定了宜州（今广西壮族自治区河池市宜州区）、连州（今广东省连州市）、梧州（今广西壮族自治区梧州市）、严州（今广西壮族自治区来宾市）、富州（今广西壮族自治区昭平县）、昭州（今广西壮族自治区平乐县）、柳州（今广西壮族自治区柳州市）、象州（今广西壮族自治区象州县）、龚州（今广西壮族自治区平南县）等州，至此，南汉帝国才完全占有了岭南全境。

十一月十三日，南唐武安（治所长沙）节度使边镐派遣先锋指挥使李承戬领兵赶往衡山，敦促马希萼入朝。二十二日，马希萼与将佐、士兵共计一万余人，从潭州登船东下。等马希萼来到金陵以后，南唐皇帝李璟改任镇南节度使兼中书令宋齐丘为太傅，而以马希萼为江南西道观察使、守中书令，镇守洪州（今江西省南昌市），赐爵楚王；又任命马希崇为永泰节度使兼侍中，镇守舒州（今安徽省潜山县）。随从二人入朝的，官位高的则拜为刺史、将军、卿、监，地位低的，也依次拜官。南唐皇帝李璟赞赏廖偃和彭师暠的忠诚，任命廖偃为左殿直军使、莱州刺史，以彭师暠为殿直都虞候，赏赐给二人很多财物。湖南刺史大多到南唐朝廷觐见李璟，唯独永州刺史王赟最后入朝，李璟命人将其毒死。

南汉皇帝刘晟在夺取楚国岭南之地以后，又派遣内侍省丞潘崇彻、将军谢贯领兵北上，进攻湖南的郴州（今湖南省郴州市），南唐武安节度使边镐发兵救援。潘崇彻在义章（今湖南省宜章县）击败南唐军队，遂乘胜夺取了郴州。边镐上书南唐朝廷，请求朝廷任命道州（今湖南省道县）和全州（今广西壮族自治区全州县）刺史，以抵御南汉军队的进攻。广顺元年十二月二十九日，南唐皇帝李璟任命廖偃担任道州刺史，以黑云指挥使张峦为全州刺史。按：此时占领全州的是马希隐和许可琼二人，不知张峦又将如何赴任。

一七六　楚国灭亡（四）

后周广顺元年（公元 951 年），南唐皇帝李璟以安化节度使王延政（闽国亡国之君）为山南西道节度使（遥领），赐爵光山王。

好笑的是：南唐李璟前后灭掉了闽国和楚国两国，仅仅得到了王延政、马希萼、马希崇这几个亡国之君，让他极大地满足了自己的虚荣心，而对于闽国和楚国的土地，南唐朝廷控制起来却很是费劲，过去对闽国的控制是这样，如今，南唐对于楚国的控制亦是如此。

三年前，后汉蒙城镇将咸师朗率众投奔南唐以后，南唐元宗李璟将其部众组建成奉节都，在出兵湖南时，奉节都奉命参战了。南唐占领湖南以后，将当地的金帛、珍玩、粮食，乃至于战舰、亭台、楼阁、花木之中最好的，均运到了金陵。除此之外，南唐朝廷还派遣都官郎中杨继勋等人加收湖南百姓的田租，以供应远征军，杨继勋等人到了湖南以后，横征暴敛，令湖南百姓大为失望。行营粮料使王绍颜克扣将士们的粮饷，奉节都指挥使孙朗、曹进怒道："昔日，我等追随咸师朗大人投降了南唐，南唐朝廷对待我们，哪里有对待他们自己的远征军那样厚待的？如今，我们立下战功，朝廷不仅不予赏赐，反而还克扣我们的粮饷，不如杀了王绍颜和边镐，占据湖南，归顺中原，以换取富贵！"

后周广顺二年（公元 952 年）一月三日夜晚，就在后周郭威正为消灭兖州的慕容彦超做着最后准备之时，身在湖南的奉节都将领孙朗和曹进率领本部突然发动了叛乱，他们在军府门前堆积了大量柴草，准备纵火，可是偏偏柴草潮湿，无法点燃。就在这时，军府内的边镐察觉了异常，领兵出门与叛军格斗，并吹起了号角。孙朗、曹进等人误以为天将破晓，遂无心恋战，率众砍开城门，逃奔朗州。王逵问孙朗："我昔日追随武穆王马殷，与淮南军队交手，屡战屡胜，可见淮南军队战斗力不行。如今，我打算率领朗州之军从南唐人手里夺回湖南，你说可行吗？”孙朗回答：“我在金陵多年，对南唐朝中的情况一清二楚，他们朝中没有贤臣，军中没有良将，忠奸不分，赏罚不当，像这样的国家，勉强能够存活下来就算万幸了，哪有工夫去吞并别国？我愿意担任大人的先锋，夺回湖南，如探囊取物一般容易！”王逵大喜，对孙朗很是厚待。

孙朗之言说出了南唐朝廷的实情。南唐元宗李璟喜欢文学，因此，像韩熙载、冯延巳、冯延鲁、江文蔚、潘佑、徐铉这些文士，都得到了很好的官职。韩熙载，字叔言，北海人。年少时隐居嵩山，后唐同光年间进士及第，其父韩光嗣，曾担任平卢节度副使，平卢兵变驱逐节度使符习，推荐韩光嗣为留后，明宗即位后，韩光嗣被杀，韩熙载南逃到了吴国。徐知诰篡吴后，提拔他为秘书郎，让他辅佐儿子李璟。李璟继位后，韩熙载被任命为虞部员外郎、史馆修撰兼太常博士，权知制诰。韩熙载的文风典雅，有元和之风，与徐铉齐名，当时被人称为“韩徐”。陈觉、冯延鲁在福州战败，韩熙载上书请求予以惩处，在宋齐丘的保护下，二人仅被免官。韩熙载又屡屡上书称宋齐丘结党营私，受到宋齐丘的诬陷，被贬为和州司士参军，此后又被召回朝廷，历任虞部郎中，史馆修撰，又被晋升为中书舍人。《南唐书》称他“才气逸发，多艺能，善谈笑，为当时风流之冠，尤长于碑碣。他国人不远数千里，犛金币求之，然性忽细谨，老而益甚，蓄妓四十辈，纵其出，与客杂居，物议哄然。”冯延巳，字正中，一名延嗣，广陵人。李昪时期，冯延巳起家秘书郎，后担任吴王李璟的掌书记，因与陈觉是好友，通过陈觉依附于宋齐丘。李璟继位后，提拔冯延巳为谏议大夫、翰林学士，此后晋升为户部侍郎、翰林学士承旨，又拜为中书侍郎、同平章事。冯延巳以文学为进身之阶，实际上胸中并无多少韬略，可他喜欢说大话，以迷惑君王。冯延鲁，字叔文，一名谧，自幼以有才闻名，与其兄冯延巳都是李璟的旧僚。李璟继位后，冯延鲁也从礼部员外郎逐渐被提拔为中书舍人、勤政殿学士。福州战败，冯延鲁被流放到舒州。不久，遇到大赦，他又被召回朝廷，担任了少府监，后又被晋升为中书舍人。江文蔚，字君章，建安人，博学多才，后唐明宗时期进士及第，担任河南府馆驿巡官，因秦王李从荣之变而逃往吴国。南唐建立后，被拜为中书舍人，李璟继位后，江文蔚历任给事中判太常卿事、御史中丞等职。福州战败后，江文蔚上书极言要求惩处冯延鲁等人，被李璟贬为江州司士参军，一年以后，又被召回。潘佑，幽州人，祖父潘贵，曾在唐末幽州节度使刘仁恭手下担任将领，此后，刘仁恭之子刘守光叛乱，潘贵被杀。潘佑的父亲潘处常逃往南吴，徐知诰以其为散骑常侍。

潘佑性格狷介，闭门苦学，不与人交往，他写的文章被推荐给李璟，李璟以其为秘书省正字。后主李煜在东宫，开崇文馆，招徕贤才，潘佑也被召入其间。徐弦，字鼎臣，扬州广陵人。十岁就会写文章，与韩熙载齐名，江东称之为“韩徐”。南吴时担任校书郎，南唐建立后，担任知制诰，因与宰相宋齐丘不和，被贬为泰州司户掾，不久，又官复原职。史称，他“性简淡寡欲，质直无矫饰，不喜释氏而好神怪……精小学，好李斯小篆，臻其妙，隶书亦工”。徐铉的弟弟徐锴，与徐铉齐名，人称“二徐”，后来，李穆出使南唐，看了他们兄弟二人的文章，叹息道：“二徐文章，二陆（陆机、陆云）不能及也。”徐铉的诗歌平易浅切，颇有白居易诗风，比较著名的有《送王四十五归东都》：“海内兵方起，离筵泪易垂。怜君负米去，惜此落花时。想忆看来信，相宽指后期。殷勤手中柳，此是向南枝。”等。

当时，南唐文雅在各国中最负盛名，然而，国中并未实行科举制度，士人大多是因上书言事而被拜官的，直到此时，李璟才命翰林学士江文蔚负责主持科举考试，进士王克贞等三人及第。李璟问江文蔚道：“爱卿，你录取进士与前朝相比怎么样？”江文蔚回答：“前朝（指唐朝）公开考试与私下内定各占一半，臣则完全按照考试录取。”李璟听了，很是高兴。中书舍人张纬是在唐朝时期进士及第的，听了这话，就很不乐意，而且，南唐当时的执政大臣们都不是科举出身，遂百般诋毁，刚刚恢复的科举考试也就被取消了。

李璟以太弟太保、昭义节度使冯延巳为左仆射，前镇海节度使徐景运（疑为李璟四弟徐景达之误）为中书侍郎与右仆射孙晟均为同平章事。孙晟，又名孙凤、孙忌，年少进士及第，后唐庄宗时期，宰相豆卢革征辟他为判官，后晋升为著作郎，后在秦王李从荣手下任职，李从荣被杀后，逃往江南，成为徐知诰的心腹。南唐建立后，孙晟被提拔为中书舍人，翰林学士，中书侍郎，后因事被贬。李璟继位后，又将其晋升为宰相。宣布诏命之后，户部尚书常梦锡在众人之中大声说道：“诏书虽好，但不如江文蔚的奏疏好！”孙晟素来轻视冯延巳，经常对人说道：“黄金杯子和白玉盘子，竟然装着狗屎！”冯延巳对李璟说：“陛下亲自处理政务，所以，宰相们是尸位素餐，无法发挥他们各自的才能了，这也是国家未能鼎盛的根本原因。”李璟听了，就把帝国政务都交给他处理。冯延巳也不是个勤于政事的人，很快就把政务又交给属下们办理，军事方面则全听边将的意见，国事更加混乱，李璟只好又重新亲自批阅文件。大理卿萧俨厌恶冯延巳的为人，屡屡上书弹劾冯延巳。正巧，萧俨误判了一个人死罪，钟谟、李德明等人一心要将其置于死地。冯延巳说道："萧俨误杀了一个妇女，你们各位都认为应当处死，萧俨身为九卿，是不是也可以被误杀？"遂上言："萧俨素来以正直闻名，今日所犯已经过了大赦，应当从宽发落。"萧俨因此逃过一劫。人们对冯延巳不计私怨也大为赞许。不久，徐景运就被罢相，改任太子少傅，南唐宰相只剩下冯延巳和孙晟二人了。《南唐书》称："钟谟，字仲益，会稽人，徙建安；李德明，失其家世乡里。保大中，俱为尚书郎，敏于占对，元宗爱之，而天资皆浮躁，沾沾自炫。反覆险巇。朝士侧目，号为钟李，时魏岑已斥复用，奸谀弥甚，谟、德明虽与岑若不同，至为恶则合若符券。"《十国春秋》称，一次，李德明在别殿奏事，拿起李璟的笔记录，李璟很不高兴，说道："下次你再来奏事，拿你自己笔来。"李德明好不介怀。

一七七　楚国灭亡（五）

南唐军队占领潭州以后，李璟就派遣李建期领兵进驻益阳，准备夺取朗州，又派遣知全州张峦兼任桂州招讨使，准备夺取桂州，然而，这两路人马均迟迟没有进展。

李璟对冯延巳、孙晟两位宰相说道："楚国百姓希望我能废除楚王暴政，我不仅没有做到，反而加重他们的负担，这没有满足他们盼望休养生息的愿望。我打算撤回桂林和益阳的军队，授予刘言官爵，你们看怎么样？"孙晟表示赞同。冯延巳却说："我们仅仅派出偏将就一举夺下了湖南，令远近震惊。湖南潭州、朗州、桂州三个大镇，突然之间，就丧失了三分之二，外人会产生轻我之心。请陛下先派边将察看前线形势以后，由他们相机而动。"于是，就在后周太祖郭威亲征慕容彦超之际，南唐元宗李璟派遣统军使侯训率领五千人马从吉州道前往全州，与张峦合兵一处进攻桂州。南汉军队埋伏于山谷之中，张峦等人刚到桂州城下，人困马乏，南汉伏兵突然杀出，与城内守军内外夹击，南唐军队大败，侯训战死，张峦带着数百名残兵败将逃回了全州。

南唐武安节度使边镐昏庸怯弱，优柔寡断，自从进入潭州以后，部下派系林立，相互之间争权夺利，政令朝令夕改，潭州百姓从起初的喜悦，逐渐变得失望起来了。吉水人欧阳广上书南唐朝廷，认为："边镐没有统帅之才，肯定会丢掉湖南的，朝廷应当另行挑选良将去治理湖南，并增派军队以防不测。"但南唐朝廷置若罔闻。

李璟指使边镐伺机夺取朗州，而从朗州而来的人都盛赞刘言忠诚，边镐信以为真，遂对朗州方面放松了警惕。李璟派人征召刘言入朝，刘言不从，对王逵说道："南唐肯定会发兵讨伐我们，你们该怎么办？"王逵回答："朗州就是古代的武陵郡，地势险要，甲士数万，岂能拱手送人！边镐治理无方，不得民心，可一举将其击败。”刘言仍然犹豫不定。周行逢说道：“兵贵神速，稍稍迟缓，敌人就会有所防备，就难以成功了！”于是，刘言遂以王逵、周行逢、何敬真、张倣、蒲公益、朱全琇、宇文琼、彭万和、潘叔嗣、张文表十人为指挥使，部署军队，发兵奔袭潭州。王逵、周行逢这十个是结义兄弟，其中，周行逢最有谋略，《新五代史》称他为“武陵农家子，少贫贱无行，多慷慨大言”。潘叔嗣和张文表也都是朗州人，潘叔嗣果断，张文表勇敢，与周行逢三人配合起来，往往会取得成功，三人私交很深。

朗州众将经过商议之后，打算请求溆州酋长苻彦通支援。周行逢说道：“山蛮贪得无厌，没有信义，前年，他们随从马希萼进入潭州，将潭州焚烧劫掠一空。我们起兵是为了拯救百姓，战无不胜，用不上这些东西，白白让他们去残害百姓！”遂不再联络山蛮。不过，众人还是担心山蛮会乘虚偷袭朗州，思来想去，觉得山蛮的另一名酋长土团都指挥使刘韬在山蛮中很有威望，遂任命其担任西境镇遏使，以备不测。

广顺二年（公元 952 年）十月，王逵等人以孙朗、曹进为先锋使，率领朗州军队兵分数路，朝长沙杀来，边镐闻讯后，赶忙派遣指挥使郭再诚等人领兵进驻益阳抵御。

十月五日，王逵等人攻克沅江（今湖南省沅江市），活捉南唐都监刘承遇，裨将李师德率领本部五百人投降。九日，王逵等人命令士兵们乘坐小船，隐蔽前进，扑向益阳，突然进抵南唐益阳营寨，用大斧砍开营寨，攻入寨内，斩杀了两千名南唐守军。朗州军队攻克益阳之后，潭州即暴露于朗州军队的攻击之下，边镐匆忙向南唐朝廷告急。

十月十一日，王逵等人又率部攻克了桥口（今湖南省长沙市西北）和湘阴（今湖南省湘阴县）。十二日，朗州军队进抵潭州城下。边镐闭城固守，城内已无多少守军，而南唐的援军又没有赶到，城内人心大乱。次日夜晚，边镐放弃潭州逃走，城内军民顿时溃散，蜂拥逃出城去。潭州东门醴陵门护城河桥崩塌，潭州军民砸死、淹死或被乱兵所杀的高达一万余人，南唐道州刺史廖偃也被乱兵所杀。十四日凌晨，王逵率部进入潭州，他自称武平节度副使、权知军府事，以何敬真为行军司马，命其率部追赶边镐。何敬真等人没有追上，只在途中斩杀了五百多人，又撤回了潭州。蒲公益领兵进攻岳州，南唐岳州刺史宋德权弃城而逃，刘言遂任命蒲公益权知岳州。留守在湖南各地的南唐将领们听说长沙陷落的消息后，纷纷弃城逃走。刘言的朗州军队全部收复了马氏岭北的旧地，唯独郴州和连州被南汉夺得。

战后，刘言派人给后周通报情况，称："湖南世代侍奉朝廷，不幸被邻国吞并，臣虽然没有接到朝廷的命令，但已经纠集义军，平定了旧国。"战败之后，南唐元宗李璟下令剥夺边镐的官爵，将其流放到饶州。当初，边镐以都虞候的身份追随查文徽攻克了闽国的建州，对俘虏一概不杀，被人称为"边佛子"，后来，他率部兵不血刃，就进入了潭州，百姓生活没有受到一点影响，他又被人称为"边菩萨"，可是，等他当上武安节度使以后，只知道每天设斋供佛，政令混乱，令潭州百姓大为不满，人们又改称他为"边和尚"。

南唐左仆射同平章事冯延巳、右仆射同平章事孙晟也因此次战败分别上书李璟，请求治罪，李璟都不予追究。孙晟再三恳请，李璟遂下令将他与冯延巳一起罢相，只保留本职。

这七八年来，南唐始终没有消停过，先是出兵闽国，继而又在闽国与吴越军交手，再到如今的出兵楚国，虽说是接连灭掉了两个国家，可是，总是先胜后败，损兵折将又寸土未得，徒劳无功。痛定思痛，李璟决定休兵安民。有人对他说道："希望陛下在以后的数十年里都不要用兵了，如此一来，国家才可小康了。"李璟说道："我将一辈子都不再考虑用兵了，还说什么数十年呢！"这时候，李璟才想起欧阳广曾经提醒过的话来，提拔他为吉水县令。

王逵等人夺取潭州以后，又纠集山蛮军队，组成一支五万人的大军，从潭州南下，准备夺回郴州。南汉将领潘崇彻领兵救援，双方在蠔石（今湖南省郴州市境内）遭遇。临战之前，潘崇彻登上高岗眺望湖南军队，对部下说道："敌人已疲惫不堪，部伍不整，可以将其击败！"遂纵兵出战，大破湖南军，湖南军队死伤累累，尸横八十余里。

刘言上书后周朝廷，称潭州残破，请求朝廷允许将武安军治所迁至朗州，并请求给后周朝廷进贡茶叶，也请后周朝廷允许湖南百姓与中原进行茶叶贸易，恢复马氏楚国时期的旧规，后周朝廷一一予以批准。

广顺三年（公元 953 年）一月五日，后周朝廷任命武平（治所朗州）留后刘言为武平节度使，兼管武安（治所潭州）、静江（治所桂州）等军事、同平章事；以王逵为武安节度使，何敬真为静江节度使，周行逢为武安行军司马。然而，不久之后，王逵等人之间的矛盾就出现了。当初，王逵攻克潭州以后，自行任命指挥使何敬真为静江节度副使，以朱全琇为武安节度副使，张文表为武平节度副使，周行逢为武安行军司马。何敬真和朱全琇都拥有各自的亲兵，与王逵分设衙门，处理政务，弄得潭州军民不知听谁的。潭州众将每次聚会饮酒，借酒发疯，喧哗吵闹，再也不讲尊卑之礼了，唯独周行逢和张文表二人始终对王逵非常尊重，王逵也对二人亲近起来。何敬真和王逵二人之间逐渐产生了矛盾，就率部离开了潭州，回到朗州，等他回到朗州以后，又不能好好侍奉刘言，遂与朱全琇二人密谋作乱。刘言本来就是王逵等人拥立的，素来忌惮王逵等人的势力，等何敬真返回朗州以后，就怀疑何敬真等人是受到王逵的指使，来监视自己的，也决定发兵讨伐王逵，王逵听到消息后，心生恐惧。周行逢对王逵说道："刘言素来就和我等不一心，何敬真和朱全琇又不愿屈居在大人之下，大人应当趁早下手。"听了周行逢的话，王逵大喜道："与你一起清除奸党，你我共同治理潭州和朗州，就可以高枕无忧了！"

当时，正值南汉出兵全州、道州、永州，周行逢对王逵建议道："我亲自去朗州一趟，劝说刘言派何敬真和朱全琇领兵南讨，等他俩到了长沙，再用计谋解决了二人，将易如反掌。"王逵听从了。周行逢来到朗州以后，说服了刘言，刘言遂任命何敬真为南面行营招讨使，朱全琇为先锋使，率领一百余名牙兵随二人来到潭州，准备带上潭州军队一起南下。等二人来到潭州后，王逵出城相迎，双方相见非常高兴，接连饮宴了数日，王逵给二人送来了很多美女，以引诱二人，因此，二人滞留在潭州，迟迟不提上前线的事。朗州指挥使李仲迁所部三千人马一直驻守在潭州，何敬真命其率领本部先期出发，途中，都头符会等人趁将士们思乡，劫持李仲迁擅自返回了朗州。王逵见朗州军队已经离开了潭州，遂趁何敬真酒醉之时，命人假扮刘言的使者，斥责何敬真"敌人深入，不立即领兵迎敌，反而只知道饮宴作乐，大帅命令将你押回朗州"。遂将何敬真打入大牢。朱全琇逃走，王逵派兵追捕。二月一日，王逵下令将其斩杀示众，不久，又抓获了朱全琇及其同党十余人，王逵下令将他们全部诛杀。王逵又派人向刘言通报了斩杀何敬真等人的情况，刘言不得已，也下令诛杀了擅自返回的符会等人。不久，周行逢又建议王逵杀掉了何敬真的亲戚、武平节度副使张倣。到了同年六月，王逵以周行逢知潭州，亲自领兵奔袭朗州，杀掉了朗州指挥使郑珓，逮捕了武安节度使、同平章事刘言。然后，王逵向后周朝廷上表，污蔑刘言"阴谋以朗州投降南唐，又打算进攻潭州，其部众不从，我已经来到朗州稳定了军府"。

并请求将军府治所迁回潭州。后周朝廷派遣通事舍人翟光裔来到湖南慰问安抚，答应了王逵的请求。王逵领兵返回长沙，以周行逢为知朗州事，又派遣潘叔嗣在朗州杀了刘言。

一七八　郭威之死（一）

南方的事情就暂且说到这里。

当外侮消除之后，内争随之出现，湖南的情况就是如此，而对于刚刚建立起来的后周政权来说，亦是如此，广顺二年上半年，当郭威平定了慕容彦超以后，朝廷内部的斗争也凸显了出来。

枢密使王峻性格轻狂急躁，很有心计，他贪权好利，喜欢别人巴结自己，自以为自己有能力把天下治理好。在平定兖州之战中，王峻也随驾同行，担任随驾一行都部署，破城之日，他的军队在城南率先登上城墙，王峻非常得意。他每次在郭威面前奏事，郭威采纳了他的意见还好，假如没有采纳，他顿时就会一脸怒气，说话的语调也都变了，往往口出怨言。因为王峻是郭威贫贱时期的老友，况且又是开国功臣，又素来知道王峻的性格、为人，所以，每当遇到这种情况，郭威往往予以包容。王峻年纪比郭威要大一些，郭威即位以后，还经常称呼他老哥，或者只称他的字，以示尊重，王峻因此更加骄傲起来。枢密副使郑仁诲、皇城使向训、恩州团练使李重进，都是郭威在藩镇时的心腹将佐，等郭威即位后，逐渐把他们提拔起来，这让王峻心生嫉妒，屡屡上书称病辞职，请求解除枢密使一职，以试探郭威的真实想法。郭威屡屡派人到王峻家中解释安抚，而王峻当着使者的面丝毫不给郭威的面子，声色俱厉，大发脾气。王峻的真实意思是想要挟郭威，虽然在郭威的一再敦促之下，王峻就是不肯上班，可是，他暗地里又给各道节度使们送去书信，要求节度使们给自己作保，于是，在旬日之内，各地节度使们纷纷上书，请求郭威重用王峻，令郭威惊得目瞪口呆，过了很久，才派身边的近臣再去王峻那里慰问，命其赶快上班，并传话说："你要是再不上班的话，朕就亲自去请你。"可是，王峻依然置之不理，无动于衷。郭威知道枢密直学士陈观与王峻私交很好，就让陈观去再请。陈观建议说："陛下只需声称要亲自临幸他家，命人准备车马等在宫外，王峻必然不敢不来。”郭威听从了。果然，到了广顺二年七月五日，王峻这才入宫朝见，郭威当面对其安慰勉励了一番，命其恢复上班。李重进，沧州人。他是郭威的妹妹、福庆长公主的儿子，也就是郭威的外甥。后晋天福年间，入仕担任殿直。后汉初年随郭威一起讨伐河中。后周建立后，郭威以他担任内殿直都知，以女婿张永德担任内殿直小底四班都知；不久，又升任李重进为小底都指挥使，以张永德接任内殿直都知。次年，郭威又晋升李重进为大内都点检兼马步都军头，张永德为小底第一军都指挥使，不久，又晋升李重进为殿前都指挥使，张永德为殿前都虞候，掌管殿前亲军。

王峻上班之后，又命人在枢密院以东另建了一座豪华办公楼，等建成之后，请郭威参观，郭威又赏赐给他很多财物。此后，郭威想在宫中修一座小宫殿，王峻反对道："宫室已经很多了，何必再建？"郭威反驳道："枢密院的房子也不少，你又为何再建呢？"王峻听了，无言以对。王峻昔日曾担任过赵岩的下属，赵岩对他很是厚待，至此，王峻就想报答旧主之恩，想请朝廷给赵岩追赠官爵，树碑立传。有人对他说道："赵岩以谄媚巴结主上，致使后梁灭国，就算现在的人提起他来，也都恨得咬牙切齿，大人真这么做的话，肯定会引起非议。"王峻听了，这才作罢。赵岩的侄子赵崇勋住在陈郡，王峻请求郭威把公家的田地、房屋赏赐给赵崇勋，郭威碍于王峻的面子，也只好答应了。

王峻刚刚上班，宰相、判三司李谷又因不小心滑倒，摔伤了胳臂，请假了一个多月。郭威因李谷主管的工作非常繁重，不断督促他重新上朝，李谷推辞说，他胳臂的伤还没有痊愈，无法叩头朝拜。八月十日，郭威传令，只要能上班就行，不必到大殿上见驾。同月，天平节度使、守中书令高行周去世。史称，高行周不仅骁勇而且很讲义气，昔日曾拒绝晋王李存勖之邀，而依然追随旧主李嗣源，他功劳很大，却很谦虚。两军对垒之际，他叱咤风云，平日与宾客相聚之时，又平易近人，因此，当时的人们对他很是敬重。

广顺二年九月十七日，郭威下诏北方边境各个军镇，守好各自的防区，不得私自进入辽国国境劫掠。同月，辽国大将高谟翰率领辽军，用苇草编成小船渡过了葫芦河（滏阳河）南下，进抵冀州（今河北省衡水市冀州区）。成德节度使何福进派遣龙捷都指挥使刘诚诲等将领兵进驻贝州（今河北省清河县）抵御。辽军听说后，赶忙领兵北撤，劫掠的数百冀州壮丁，望见后周军队，争相呐喊，打算反击辽军，可是，后周军队不敢接应，辽军遂将这些壮丁全部杀死。

自从去年九月辽穆宗耶律璟继位以后，国内并不太平。到本年一月，太尉忽古质密谋行刺，事发后被处死；到了六月，又发生了幽州节度使萧海真和勤政殿学士李澣密谋叛逃之事，再到七月，又发生了耶律敌猎叛乱。在去年耶律察割之乱中，耶律敌猎立下大功，可是，等耶律璟即位以后，并没有对他予以厚赏，这让耶律敌猎内心很不平衡，一直是闷闷不乐，遂开始联络一些不得志之人，密谋发动叛乱。耶律璟经常沉湎于美酒之中，不理政事，政事令耶律娄国（耶律阮的弟弟）遂产生了觊觎之心，就引诱耶律敌猎和侍中耶律神都、郎君耶律海思密谋刺杀耶律璟。显然，耶律娄国是想把帝位从耶律德光一系再夺回来，七月事发，耶律璟审问之下，耶律娄国不服。耶律璟说道："我还是寿安王时，你总是教唆我谋反，今天这事难道还有假吗？"耶律娄国无言以对。等其余党全部招供以后，耶律璟下令将其勒死于可汗州西谷，耶律神都等人被杀，将耶律敌猎剁成肉酱。再到了八月，萧海真和李澣阴谋叛逃一事也暴露了出来。耶律璟下令将萧海真杀掉，将李澣杖打一顿，放了。此次辽军南侵，大约也有警告后周的意思吧。

再到十月份，辽国幽州（今北京市）、瀛州（今河北省河间市）、莫州（今河北省任丘市北）遭遇严重洪灾，难民为了逃命，纷纷越过边塞，有数十万流民逃到后周河北一带，辽国州县也不予禁止。郭威下诏命令当地州县开仓赈济灾民，中原百姓此前被辽军劫掠到北方的，由于这次水灾，又有十之五六的人重新回到了家乡。十月二十四日，李谷因胳臂的伤情始终没有好转，再三上表请求辞官。郭威派中使给他传话说："爱卿主管的事务非常重要，朕找不出合适的人选，假设工作能够顺利完成，何必在意没到大殿上参见？朕现在就在便殿上等着你，你可以入宫，咱们暂时见一见。"李谷遂进入金祥殿，当面向郭威解释自己必须辞官的原因，郭威还是没有同意。李谷不得已只好重新上班。李谷无法提笔写字，郭威下诏专门给他刻了一个印章，代替签名。二十八日，郭威下诏："民间遇到诉讼，只有先经过州县以及观察使判决之后，仍然不服的，才可以到朝廷上告。自己不会写字，请人代写诉状的，必须写清代笔人的姓名、住址；如果无人代写，可以手持空白纸张告状。所告之事，必须是自己的事，不得为了私利而替他人告状。"

十一月二十一日，郭威下诏称："从今往后，每年百姓向朝廷缴纳的牛皮减少三分之二。具体计算办法是：有十顷土地的，缴纳一张牛皮，其余的牛皮由百姓自用或者贩卖，但不得卖给敌国。"天下大乱以来，牛皮也成为一种军用物资，主要用来制造皮甲，因此，朝廷一直禁止民间私自贩卖牛皮，要求全部卖给官府。后唐明宗时期，由于国家财政困难，官府只给缴纳牛皮的百姓一点食盐作为补偿。到了后晋天福年间，就连食盐也不给了。后汉建立，法令严酷，规定，凡是私藏一寸牛皮的，一律处死。实际上，百姓们在日常生活中不可能用不到一点牛皮，郭威深知其中的弊端，至此，在李谷的建议下，分摊到田亩之中，百姓们都深感便利。

十二月四日，黄河在郑州、滑州两地决口，后周朝廷派员巡视，修筑堤坝堵塞。十二日，前静难节度使侯章入朝后，送给郭威一千匹绢、五百两银子作为"买宴钱"。五代时期，一些地方官员受到皇帝招待以后，都会送给皇帝很多钱，号称"买宴钱"，实际上是在直接给皇帝送钱。郭威对这种陋习早已深恶痛绝，他说道："诸侯觐见天子，天子本该宴请、犒劳，难道还需要买吗？从今以后，凡是此类进贡，全部予以取消。"遂不予接受。翰林学士徐台符上书请求诛杀诬告李崧的葛延遇和李澄二人，司马冯道认为其间已经过了多次大赦，没有同意。王峻对徐台符的义气很是赞赏，就奏报给了郭威。二十一日，郭威下令逮捕葛延遇和李澄二人，将其诛杀。

一七九　郭威之死（二）

郭威出身寒微，深知民间的疾苦，因此，在他清除了慕容彦超之后，把主要精力还是放在了民生上面。

过去屯田都在边地，由戍边的士兵们耕种，到了唐朝末年，中原大乱，各处都是战场，朝廷就在全国各地设立了屯田区，开荒种地，此后，又招募一些富户承包土地，由政府征收赋税，户部为此设立了专门机构“营田务”进行管理。由于这一机构直属中央，地方官府无权插手，屯田区逐渐出现了很多问题，主要是：一、屯田区的壮丁人数与耕地数量不匹配，出现了壮丁人数多，耕地数量少的问题；二、一些作奸犯科的人为了逃避追究，往往逃到这些屯田区内避难，当地官府又无法将其捉拿归案。三、在后梁太祖朱温时期，朱温曾经领兵讨伐淮南的杨行密，劫掠了上万头耕牛，发放给东南各州的农民，由这些农民每年向朝廷上缴租金，从那个时候起到如今，已经过去了数十年，当年的耕牛早已死亡，可是，朝廷还在征收百姓们的租金，令当地百姓苦不堪言。

阁门使、知青州张凝上书提出取消营田务，李谷也提出了类似建议。郭威素来就深知其中的弊端，当即表示同意，广顺三年（公元953年）一月十四日，当湖南众将火并不已时，郭威下诏：“取消户部的营田务，屯田百姓隶属于本地州县管理；他们的土地、房屋、耕牛、农具，全部赐给正在耕种该土地的农户，作为他们的私人财产，并取消租牛税。”由于这一道诏书，后周朝廷当年就增加了三万余户缴税户。这些原本是屯田区的百姓们，成为普通农户之后，拥有了私人财产，欢欣鼓舞，也才敢修建固定的房屋，种植树木，大力发展农业生产，土地产量比国有时期要高出数倍。不久，郭威又下令将京兆府庄宅务、榷盐务也都交给地方。有人说：“屯田区内有不少肥沃的土地，朝廷不如把这些土地卖掉，能得到三十万钱，增加财政收入。”郭威说道：“把财富藏在民间，就等于是国家的了，我自己要这么多钱有什么用！”

郭威对贪官污吏们处理起来，也不手软。莱州刺史叶仁鲁是郭威的老部下，贪污了一万五千匹绢、一千串钱。一月十九日，郭威下令将其赐死。郭威念及旧情，在叶仁鲁临死前，专门派去宦官给他送去酒食，对他说道：“你自己犯了国法，我也没有救你的办法。你死后，我会照顾好你的母亲的。”叶仁鲁听了，深受感动，泪流满面。两浙吊祭使、左谏议大夫李知损在奉命出使江浙期间，途经各地，强行向方镇大员们借贷钱物，张凝上奏朝廷，郭威下令将李知损贬为登州司马，员外安置。不久，唐州方城县令陈守愚也因克扣百姓蚕盐一千五百斤，中饱私囊，被郭威下令斩杀。李知损，为人轻薄，品行不端。按：《续资治通鉴长编》称：“以官盐贷于民，蚕事既毕，即以丝绢偿官，谓之蚕盐。”是五代到南宋时期，由官府给农村百姓按户配售食盐的制度。

郭威一直关注着黄河决口之事，对此忧心忡忡，王峻请求亲自出京查看决口情况，郭威同意了。王峻一离开京师，镇宁节度使郭荣就请求入朝了。王峻素来忌惮郭荣英明刚烈，郭荣在澶州任职期间，多次请求入朝觐见，王峻每每从中作梗，不让其与郭威见面，至此，郭荣再次上书请求进京，郭威答应了。

闰一月十五日，郭荣来到大梁。李守贞的旧部马全义，也随着郭荣一起入朝，郭威召见了他，提拔他担任殿前指挥使，并对身边的侍从说道：“此人忠于职守，昔日在河中时，屡屡打败我们，你们都要向他学习。”王峻正在黄河视察，听说郭荣入朝的消息后，赶忙回到了大梁。回到大梁之后，王峻再三请求要兼领一个藩镇的节度使，郭威不得已，只好任命其兼任平卢节度使。二月三日，郭荣离开京师，返回澶州。

这次郭荣进京，极有可能与养父郭威达成了清除王峻的共识，而王峻此时似乎有所察觉，但他并没有收手。当年年初，郭威以户部侍郎赵上交权知贡举。赵上交曾拜访王峻，王峻在言谈之间提到一名举子的名字，赵上交没有领会他的意思，等到发榜时，王峻提到的那人没有及第，王峻遂怀恨在心。等赵上交带着新录取的进士们到中书省请求确认时，王峻在政事堂当众斥责赵上交说：“今年选拔进士不公，应当进行复试。”其他几位宰相都说：“已经通过初步审核通过了，就算要复试，等皇上的旨意也不迟啊。”王峻依然不依不饶，厉声责骂赵上交，谩骂之声院子外面都能听到。发泄完了以后，最终还是盖章通过了。退下后，赵上交赶忙到王峻办公室内谢罪，王峻又换了一副脸色，平静地请他坐下喝茶。次日，王峻上奏郭威称赵上交选举不公，请求将其治罪，郭威听后，没有立即表态，只是微微地点点头，表示知道了。

端明殿学士颜衎、枢密直学士陈观都是王峻的心腹，王峻又奏请以颜衎、陈观代替范质、李谷担任宰相。郭威说道：“任免宰相，不可仓促，等朕仔细想想再说吧。”王峻竭力争取，反复提出自己的理由，语气越来越不耐烦。当时，已将近中午，郭威还没吃饭，王峻依然说个不停。郭威说道：“现在正值寒食假期，不便马上执行，等到假期结束以后，就按你说的办。”王峻听了，这才退下，回到中书省。二月十三日寒食节，中午时分，郭威紧急召见宰相、枢密使，等大家进宫后，郭威命人将王峻软禁起来。然后，郭威见到司马冯道等人，哭着对大家说道：“王峻欺朕太甚，他想把大臣们都驱逐出去，剪除朕的羽翼。朕只有一个儿子，他极力在中间制造我们父子的矛盾，我让儿子暂时入京，他就心怀不满。哪有担任枢密使，又兼任宰相，还要兼领重镇的？我看他的内心，是永远也不会得到满足的。像他这样目无君王，谁能忍受得了哇！”当即召来翰林学士徐台符等人起草诏书。十四日，郭威下诏将王峻贬为商州司马，派遣供奉官蒋光远将其送至商州。在郭威的诏书中，王峻的主要罪状是：“把朝廷群臣看作案板上肉，把朕当作婴儿对待。”王峻行至商州，很快就死掉了，死因不详。

郭威诛杀王峻，可能与郭荣进京有直接关系，也极有可能是一个冤案。理由是：一是，现存史料总说王峻到了晚年“益狂躁”，把王峻雷厉风行的性格归结于狂躁，试图给读者造成一种王峻该杀的错觉，可是，又找不出王峻该杀的确凿的罪行。二是，郭威诏书上现实的王峻的罪行就两点：“肉视群后，孩抚朕躬。”可问题是：王峻建议罢免范质、李谷一事，也是郭威自己说的，至于王峻是否言辞激烈，更无他人在场做证，也是出自郭威一人之口，王峻是否言辞激烈，是否曾经推荐过颜衎、陈观也都无从考证了。三是，从当时的情况来看，五十岁的郭威已经在考虑接班人的问题了，而挡在郭荣面前最大的障碍就是王峻。王峻功高盖主，又与郭荣不和，不论在朝廷或者在节度使那里，都有很大的影响力，如果不及时将其除掉，会让郭威寝食难安，因此，在实在找不到理由的情况下，郭威只能亲自出马，就像他澶州兵变、黄袍加身时那样，自导自演一出戏，现身说法，将王峻除掉。

清除王峻之后，另外一个邺都留守王殷也让郭威很是不安。王殷并非郭威的嫡系，在后汉隐帝时期，就已经是侍卫步军都指挥使了，位高权重，由于王殷与史弘肇私交甚深，隐帝担心他发动兵变，才派人诛杀他，在这种情况下，王殷也才率部临时投靠了郭威，为郭威篡汉立下了汗马功劳。后周建立后，王殷也因功被晋升为侍卫亲军都指挥使，成为侍卫司的最高统帅，然而，毕竟王殷及其部队不是自己的嫡系，让他留在京师护卫自己，郭威根本是睡不好觉的，遂在即位不久，就将其调往邺都，命其担任邺都留守去了。不过，为了不让王殷起疑，郭威还加授其为同平章事，仍然让其保留侍卫亲军都指挥使一职。在名义上，王殷依然是禁卫军的统帅，还被加授了使相，又当了重镇的大员，实际上，一旦离开京师以后，王殷是根本无法调动京师禁卫军的，而侍卫司的军队则直接掌握在郭威的两个心腹：侍卫马军都指挥使郭崇和侍卫步军都指挥使曹英的手里。与此同时，郭威还将皇子郭荣安排在澶州，一方面防御辽国，另一方面也有看住王殷的意味。王殷到邺都上任以后，在民间大肆搜刮钱财，郭威听说后，顿生疑窦，命人告诫他说："朕离开邺都时，仓库中的钱粮还有不少，爱卿与朝廷是一回事，你需要的话，随时给我提出，还担心没钱花吗？"显然，郭威对王殷的动向早已十分敏感了。如今，在清除王峻之后，郭威唯恐王殷生变，就命王殷的儿子、尚食使王承诲前往邺都，向王殷解释王峻受到惩处的前因后果。

一八〇　郭威之死（三）

广顺三年（公元953年）三月五日，在除掉王峻半个月之后，郭威就调任镇宁节度使郭荣为开封尹，加封其为晋王；七日，又任命枢密副使郑仁诲担任镇宁节度使。此举显然是确定了郭荣皇位继承人的身份。

十日，郭威又提拔棣州团练使王仁镐担任宣徽北院使兼枢密副使。王仁镐，邢州龙冈人，是郭威的同乡。后唐时期，王仁镐历任作坊副使、西上阁门使、右领军卫将军。后晋时期，历任平卢节度副使、护国军行军司马。后汉时期，历任昭义、天雄二军节度副使。郭威担任邺都留守时，以王仁镐为副留守，是郭威的心腹，参与了郭威兵变的策划。后周建立以后，因王仁镐受到王峻的猜忌，被贬出京师，外调为唐州刺史，后担任棣州团练使，此次王峻被清除之后，王仁镐才得以回到朝廷。史称，他“端谨俭约，崇信释氏，所得俸禄，多奉佛饭僧”。

四月十七日，归德节度使常思入朝，十九日，郭威将其调任平卢节度使。常思临行前，对郭威上奏道：“臣在宋州时，放出了四万一千四百两熟丝，存放在民间，谨以此上贡，请陛下派人前去征收。”郭威微微点头，不置可否。五月九日，郭威下诏给宋州称，凡是常思放出的丝，返还给借券，官府不再索要；已经返还给官府的，由官府再还给百姓。常思知道后，脸上毫无羞愧之色。七月，受到惊吓的王殷接二连三地上书，请求在郭威生日（七月二十八日、后周定为永寿节）入朝，郭威怀疑其诚意，就没有答应。同月，南唐大旱，而后周境内不少地方则出现了水灾。南唐境内井水、泉水枯竭，淮河断流，不少南唐难民来到后周境内逃难。濠州、寿州出动军队阻挡，可是，难民们一面与后周军队搏斗，一面强行北上。郭威得知后，说道：“南唐百姓和我们的百姓都是一家，允许北渡淮河的难民前来买米。”有了郭威这个命令，南唐政府也想投机取巧，他们修筑粮仓，派人到后周国内大量购买粮食，以供应军需。八月十二日，郭威下诏，南唐百姓自己背米或者用牲畜驮运的，不加禁止，凡是用大船、车辆大批量装运的，一律不卖。九月二十二日，义成节度使白重赞上奏称，已经堵塞了黄河决口。同月，辽军入侵乐寿（今河北省献县）。齐州保宁郡的士兵戍守在乐寿，都头刘彦章等人杀掉了乐寿都监杜延熙，阴谋响应辽军，但兵变很快被扑灭，刘彦章及其同党十三人被斩杀。白重赞，宪州楼烦人，沙陀族。白重赞自幼从军，作战非常勇敢。后汉初年，由散员都虞候破格晋升为护圣都指挥使。在平定李守贞之乱中，汉隐帝任命其担任行营先锋都指挥使。后周建立，改任护圣左厢都指挥使，不久，出任郑州防御使，又改任相州留后，授义成军节度使。

十月二日，辽国再次发生未遂政变。耶律李胡的儿子卫王耶律宛、郎君嵇干谋反，事发后，又牵连到耶律璟的二弟、太平王耶律罨撒葛以及林牙华割、郎君新罗等人，嵇干、华割（《辽史》分别记作奚蹇、化葛里）都是被处死的耶律刘哥、耶律盆都的同父异母弟弟。耶律璟下令将耶律嵇干、耶律华割等人处死，赦免了耶律宛和自己的弟弟耶律罨撒葛。辽穆宗即位以后，对辽世宗耶律阮的心腹、北院枢密使耶律安抟弃之不用，至此，有人诬陷耶律安抟也参与了此次未遂政变，耶律璟遂下令将其打入大牢，耶律安抟就死在牢狱之中。

入秋以来，郭威就中风了。进食、行走都已经十分困难，术士们建议施舍钱财，才可消灾。郭威决定到南郊祭祀天神，可是，又感到从后梁以来，朝廷凡是祭祀南郊的，都要在洛阳举行，内心感到十分困惑。宰相们说道：“天子居住的地方就是国都，即可在这里祭祀天神，何必非要去洛阳呢！”于是，郭威下令在大梁修筑天坛、社稷坛和太庙。十月十六日，派遣司马冯道前往洛阳，把祖庙和土地神的牌位请到大梁，并下诏决定在来年一月一日举行祭祀大典，要求各地不得以此为由搜刮民间钱财。

十一月十三日，太常请求按照洛阳的标准在大梁四郊修筑各种祭坛，郭威予以批准。十二月一日，后周祖先牌位从洛阳请到大梁，郭威亲自出城迎接，然后送入太庙。成德节度使何福进素来厌恶王殷，十八日，何福进入朝，暗中揭发王殷的罪状，郭威遂对王殷产生了杀心。次日，王殷入朝，郭威下令把他留在京师，担任京城内外巡检使。

王殷每次出入，其身边的随从不下数百人，而王殷容貌魁伟，见到他的人无不心生敬畏。一天，王殷突然入宫上奏称：“祭祀大典很快就要举行了，军民纷至沓来，臣在城外巡查，请求陛下酌量发给武器，以备非常。”郭威听了，深感为难。当时，郭威的病情始终不见好转，步履艰难，很少上朝，还将举行祭祀大典，而王殷又近在咫尺，有震主之威，郭威的近臣们都对他心存忌惮。十二月二十六日，郭威拖着病体，勉强登上滋德殿，王殷入宫问安。郭威当即下令将王殷拿下，诬陷其将在祭祀大典之日发动政变，把他流放到登州，王殷被送出大梁之后，郭威就命人将其杀掉了。然后，郭威命令镇宁节度使郑仁诲赶往邺都去安抚王殷的旧部，郑仁诲贪图王殷的家财、女伎，擅自诛杀了王殷的儿子，将王殷的剩余家眷迁至登州。

十二月二十九日，重病中的郭威一大早就起身前去祭祀太庙，他身穿龙袍，被左右搀扶着一步一步挪上台阶，才到第一个祭室，刚刚斟上酒献上，已经瘫软在地，无法叩拜了，侍从们只好将他搀扶下去，由晋王郭荣完成整个仪式。当晚，郭威就留宿在大梁南郊，期间病情加重，有几次都进入弥留阶段，直到半夜以后，才稍稍好转了。

除夕过后就是第二年的春节，也就是公元954年的元旦，这一天，郭威到天坛祭祀天神，整个仪式中，他只能勉强低头致敬而已，至于献酒、献祭，都由官员们代替，同日，后周朝廷宣布大赦天下，改元为显德元年，并允许后蜀与中原通商。三日，后周朝廷宣布取消了邺都称号，只称呼为天雄军。五日，郭威加授晋王、开封尹郭荣为兼侍中，判内外兵马事。同时，下令给全国各地的方镇大员加官晋爵：襄州安审琦晋封陈王；郓州符彦卿晋封卫王，调任天雄军；荆南高保融晋封南平王；夏州李彝兴晋封西平王；宋州赵晖晋封韩国公；青州常思晋封莱国公；徐州王晏晋封滕国公；邓州侯章晋封申国公；西京武行德晋封谯国公；许州郭从义加授检校太师；凤翔王景晋封褒国公；华州孙方谏晋封萧国公等等。当时，后周群臣已经很少能见到郭威了，内外十分恐惧，等听说朝廷任命晋王郭荣统领军队的消息后，众人才稍稍放下心来。

祭祀大典过后，军中有人散布流言说，这次大典朝廷的赏赐比后唐明宗那次要少了很多。这话很快就传到了郭威的耳中，一月七日，郭威把军队的高级将领们召到卧室之内，责备他们道："我自从即位以来，不讲究吃穿，一心只想着保证军队的需求。国库的储备，各地的进贡物品，除了供应军队以外，几乎没有什么盈余的了，这些难道你们都不知道吗？到了今天，你们竟然放纵这些恶人肆意胡说八道，不顾主上的勤俭，也不看国家的贫穷，更不想想自己究竟立下了什么功劳，就要得到赏赐，只知道乱发牢骚，你们真的就心安理得吗？"众将听了，诚惶诚恐，纷纷谢罪道歉，各自回到军营后，开始追查散布流言之人，一律予以斩杀，这才平息了流言。

当初，郭威在邺都时，对小吏曹翰非常赞赏，就让其当了郭荣的部下。郭荣镇守澶州时，以曹翰为牙将。等到郭荣被任命为开封尹以后，并未把曹翰带入大梁，这时，曹翰擅自来到了大梁，郭荣深感意外。曹翰说道："大王您是国家的储君，如今，主上卧病不起，大王理当入宫侍奉汤药，为何还在宫外处理日常事务呢？"郭荣听后，顿时如梦方醒，赶忙进宫去了。曹翰，大名人，为郡小吏，经常盛气凌人，当地人对他并不看好。郭威镇守邺都时，与曹翰一番谈话过后，觉得此人不同寻常，就让他当了郭荣的部下。郭荣镇守澶州时，以其为牙校。

一月十一日，郭威病情加重，下令：凡是小事，各部门不再上奏；大事奏请晋王郭荣，由郭荣禀报后，根据郭威的旨意传令执行。同日，调任澶州节度使郑仁诲为枢密使，加同平章事；以侍卫马军都指挥使郭崇担任澶州节度使；以镇州节度使何福进为天平节度使；以侍卫步军都指挥使曹英为镇州节度使等等。其间，郭威屡屡告诫郭荣说："我如果一病不起，你要速速将我安葬，不得久留内殿。陵墓务必简朴，工匠要出钱雇用，不要骚扰百姓。陵墓内不要用石柱，太费人力了，用砖砌就行。只给我穿上纸做的衣服，把尸体放在瓦棺之中。安葬以后，就近招募三十家百姓守陵，下葬前打开瓦棺，查看陵内后，千万不可伤害人命，免除他们的徭役，让他们看好陵墓。不要修建地宫，也不要让宫女们守陵，不要制作石人、石马、石羊、石虎，只用在陵墓前的石头刻下：'周天子临崩前，与嗣皇帝约定，只因平生节俭，只用纸衣、瓦棺下葬，嗣君不敢违背。'你要是违背了我的遗命，我的亡魂不会保佑你。"又叮嘱郭荣道："要给李洪义一个节度使，不要让魏仁浦离开枢密院。"又说："昔日我领兵西征时，见到唐朝十八个皇陵，没有一个不被人盗掘的，这没有别的原因，就是因为里面埋藏了太多的金银财宝罢了。你难道没有听说过汉文帝节俭，死后葬在霸陵，陵墓至今还安然无恙。将来每年寒食节的时候，如果闲暇了，就派人去洒扫祭奠一下，如果没人去，只用遥祭。另外，在河中府、魏州各安葬一副宝剑、铠甲，澶州安葬通天冠、绛纱袍，东京安葬一副平天冠、衮龙袍。切记切记，不可忘了。"

此时，黄河又分别在灵河（今河南省滑县境内）、鱼池（今河南省滑县境内）、酸枣（今河南省延津县）、阳武（今河南省原阳县）、长乐驿（今地不详）、河阴（今河南省郑州市境内）、六明镇（今河南省浚县境内）、原武（今河南省原阳县境内）这八个地方发生决口，一月十五日，后周朝廷派遣使者分赴这八个地方组织人力堵塞决口。十六日，郭威命令速速起草诏书，加授司马冯道守太师，范质尚书左仆射，监修国史李谷加右仆射、集贤殿大学士；以端明殿学士、尚书户部侍郎王溥为中书侍郎、平章事；司徒窦贞固晋封汧国公，司空苏禹珪晋封莒国公，并加开府仪同三司；以宣徽南院使、知永兴军府事袁巖为延州节度使；以宣徽北院使兼枢密副使王仁镐为永兴军节度使；以前安州节度使王令温为陈州节度使；以殿前都指挥使、泗州防御使李重进为武信军节度使、检校太保，典军如故；以龙捷左厢都指挥使、睦州防御使樊爱能为侍卫马军都指挥使、洋州节度使，加检校太保；以虎捷左厢都指挥使、果州防御使何徽为侍卫步军都指挥使、利州节度使，加检校太保；以枢密承旨魏仁浦为枢密副使。

一月十七日，等宣布了这道诏书之后，侍从们禀报给了郭威，郭威说道："我没有遗憾了！"此时，禁卫军侍卫司和殿前司这两大系统，都有了新的主官，侍卫司的两个原任最高长官郭崇、曹英，分别被派往澶州和镇州担任节度使，新提拔了樊爱能和何徽，分别担任侍卫司的马军和步军统领，而实力较弱但更精锐的殿前司的统领是郭威的外甥李重进（殿前都指挥使）和女婿张永德（殿前都虞候）二人。李重进年长于郭荣，郭威将其召入卧榻之前，向其交代后事，并命其向郭荣叩拜，定下君臣之间的名分。当天巳时（上午9点到11点），郭威在滋德殿驾崩，终年五十一岁。朝廷封锁郭威驾崩的消息，一直到三天之后的二十日，才宣布遗诏，命晋王郭荣在灵枢前登基继皇帝位。

显德元年一月二十一日，晋王郭荣登基称帝，是为后周世宗。

一八一 高平之战（一）

郭荣，本姓柴，是郭威结发妻子柴氏的侄儿。

郭威平生一后三妃，分别是：皇后柴氏、淑妃杨氏、贵妃张氏和德妃董氏。柴氏在郭威建国之前就去世了，郭威对她感情很深，当皇帝以后，就没有再立皇后了。杨氏，镇州人，年幼时被选入镇州节度使、赵王王镕的宫中，镇州张文礼之乱中，杨氏流落宫外。当时，李嗣源镇守镇州，杨氏的另外一个姐妹嫁给了安重诲，因此安重诲对杨家十分照顾，此后，杨氏嫁给本乡一个石光辅的平民，数年后，石光辅去世，杨氏寡居。郭威刚投奔刘知远时，柴氏就去世了，他另娶了杨氏。后晋天福年间，杨氏死于太原。杨氏有个弟弟杨廷璋，在后周建立以后，历任皇城使、昭义兵马都监、澶州巡检使。郭荣从澶州回京，提及杨廷璋有才干，郭威提拔其担任了客省使。张氏，是恒州人，其父祖都是赵王王镕的部下，张文礼杀王镕后，庄宗发兵将其讨平。张氏当时还年幼，被幽州偏将武从谏娶为儿媳，居住在太原。郭威随刘知远到太原后，继妻杨氏去世，又娶了张氏。后汉隐帝诛杀杨邠等人后，又派人诛杀了郭威在京家属，张氏遇害。郭威的上述三个妻子的位号都是他即位以后追封的。董氏，是常山人，也是遭遇张文礼之乱，年幼就与家人离散了，被一个潞州将领收养，六七年后才被家人找回，嫁给了一个叫刘进超的官员。辽军灭后晋时，刘进超战死，董氏在洛阳寡居。郭威的第二个妻子杨氏与董氏是同乡，生前多次对郭威说过董氏贤德，等郭威随刘知远进军大梁，途经洛阳时，就又娶了董氏（当时张氏应该在太原，没有随军）。郭威即位后，就册封董氏为德妃，主持后宫。广顺二年夏天，董氏患病，当时正值郭威讨伐慕容彦超之际，等郭威平定慕容彦超回京不久，董氏就去世了，终年三十九岁。

柴荣生于后梁龙德元年（公元 921 年）九月二十四日，其父柴守礼，是郭威夫人柴氏的哥哥。柴荣自幼就跟着姑姑家生活，后被姑父郭威收为养子，改名为郭荣。史称，郭荣长大后“器貌英奇，善骑射，略通书史黄老，性沉默寡言”，到显德元年（公元 954 年）郭荣登基时，他已经三十四岁了。

《五代史补》记载，郭荣曾与邺都一个姓颉跌的富商一起去江陵贩卖茶叶。江陵有个姓王的术士，精通占卜，郭荣与那个姓颉跌的人一起前去问卜。刚排下卦，只见一根蓍草竟然从桌子上竖立起来。术士大吃一惊，说道：“我家占卜十几代了，曾记得曾祖传下遗言说，凡是在占卜过程中，遇到蓍草自己跃出的，此人贵不可言，更何况这蓍草又卓然而立，不会倒下，难道是天下之主吗？”遂赶忙起身，倒地向郭荣叩拜。郭荣假装斥责，可是内心却是欢喜异常。回到客栈，与姓颉跌的人一起饮酒，喝到半醉时，郭荣开玩笑说：“王术士说我会当天子，如果真的如此，你想当个什么官？”那人回答：“我经商三十年了，每次都要经过京洛，每次都能见到收税官们，只需坐在那里就能获利，一天的收入可以比得上商人们几个月的辛苦，内心对他们的工作非常羡慕。如果你当了天子，能给我个京洛税院的官就满足了。”等到后周建立，此人还活着，郭荣就满足了他昔日的愿望。

显德元年（公元 954 年）一月二十一日，后周世宗郭荣继位后，在宫中服丧。二十五日，宰相司马冯道等人率领百官上表请求郭荣听政，二十七日，郭荣在万岁殿门的东面走廊之下，接见了群臣。

北汉皇帝刘崇听说郭威去世的消息后，喜从中来，遂决定趁后周国丧大举入侵，派人向辽国请求援军。二月，辽国派遣其武定节度使、政事令杨衮率领一万多骑兵来到晋阳。北汉皇帝刘崇亲自率领三万人马，以义成节度使白从晖为行军都部署，武宁节度使张元徽为前锋都指挥使，与辽国援军从团柏（今山西省祁县东南）南下，直扑潞州（今山西省长治市）。

北汉、辽国联军很快就进抵潞州西北的梁侯驿，昭义节度使李荣（现因避郭荣的名讳，已改名为李筠）派遣部将穆令均率领两千步骑迎战，李筠则率领大军进驻太平驿（今山西省襄垣县西南），构筑堡垒。北汉先锋张元徽与后周先锋穆令均交战，佯装战败北撤，穆令均挥师追击，中了北汉军的埋伏，穆令均被杀，一千多名后周将士被杀或者被俘。初战失利，李筠赶忙率军从太平驿逃回上党（今山西省长治市），闭城固守。

此时的郭荣正忙于安葬养父，突然就传来了北汉军队入侵的消息，遂召集群臣商议，决定御驾亲征。司马冯道等人认为：“自从刘崇在晋州（平阳，今山西省临汾市）战败以后，已势单力薄，不可能这么快就重新恢复了元气，我们担心他不过是声称南侵，以误导我们。陛下刚刚继位，安葬先帝的日期已经确定，人心容易动摇，不宜轻举妄动，陛下派遣大将领兵抵御，最为合适。”郭荣说道：“刘崇庆幸我们遇到大丧，听说我刚刚登基，自以为是最佳时机，肯定会生出痴心妄想，认为可以趁此时机夺取天下，这一次，他本人肯定会来的，这毫无疑问！”司马冯道等人见郭荣决意亲征，又苦苦劝阻。郭荣说道：“昔日唐太宗创立大唐基业，无不是亲征的，朕又怎能偷安呢！”司马冯道说道：“陛下不一定就能学得了唐太宗。”郭荣说道：“以我们强大的兵力，对付刘崇的乌合之众，就像泰山压卵石一般容易！”司马冯道顶撞道：“不知道陛下能不能当一回大山？”郭荣听了，很不痛快。唯独王溥劝郭荣亲征，郭荣最终下定了决心，接着，郭荣又下诏命令各道从落草为寇的强盗或者一些亡命之徒中招募勇猛之士，送到京师，凡是应招而来的就赦免其罪，补充到禁军中间。

北汉军队乘胜逼近潞州。三月三日，穆令均战败的消息传到大梁，郭荣下诏命令天雄（治所魏州）节度使符彦卿领兵经由磁州（今河北省磁县）到固镇（今河北省武安县西）路奔赴潞州，以镇宁（治所澶州）节度使郭崇担任其副将；命令河中（治所河中府）节度使王彦超领兵经由晋州向东进击，以陕府（治所陕州）节度使韩通为副将；命令宣徽使向训、侍卫马军都指挥使樊爱能、侍卫步军都指挥使何徽、义成（治所滑州）节度使白重赞、郑州防御使史彦超、前耀州团练使符彦能等将，领兵先赶赴泽州（今山西省晋城市），任命向训担任监军。七日，郭荣下诏大赦天下，免除各地去年夏秋的欠租等等。九日，以司马冯道护送郭威的灵柩前往陵墓。同日，郭荣下诏决定在本月十一日亲征。十日，任命枢密使郑仁诲为东京留守。

韩通，并州太原人。自幼从军，担任骑兵队长，后晋末年，刘知远起兵，以韩通为帐下亲兵，后汉建立后，担任禁军军校，后担任奉国指挥使。郭威讨伐三镇之乱时，知道韩通谨慎厚重，将其带在身边。在战斗中，韩通身中六伤，因战功被晋升为奉国都虞候。郭威镇守大名时，以其为天雄军马步军都指挥使，韩通由此也成为郭威的心腹亲将。后周建立后，韩通被任命为侍卫虎捷右厢都指挥使，不久，又晋升为侍卫虎捷左厢都指挥使。郭威亲征慕容彦超时，留下韩通担任在京右厢都巡检。

三月十一日，郭荣领兵离开大梁。十六日，行至怀州（今河南省沁阳市）。

郭荣打算倍道兼行，赶赴战场，控鹤都指挥使赵晁私下对通事舍人郑好谦说道：“敌人声势正盛，应当持重以消耗敌人。”郑好谦把这话转告给了郭荣，郭荣一听，勃然大怒，说道：“你怎敢说出这话！肯定是受人指使的，说出此人则生，不说就死！”郑好谦只好说出是赵晁说的，郭荣当即下令将赵晁、郑好谦二人一并打入怀州监狱。赵晁，真定人，原本是后晋天雄节度使杜重威的部将，杜重威被杀后，郭威镇守邺都，赵晁就成了郭威的部下。后周建立，他也被提拔为作坊副使，后来一直没有得到升迁。世宗即位后，将其任命为殿前司控鹤左厢都指挥使。史称：“以周初与宣祖（赵匡胤之父赵弘殷）分掌禁军，有宗盟之分，故太祖（赵匡胤）常优礼。”

三月十八日，郭荣领兵途经泽州，继续北上，傍晚，在泽州（今山西省晋城市）城东北十五里，郭荣检阅了军队，当晚留宿于泽州东北的农舍之内。与此同时，北汉皇帝刘崇并不知道郭荣已领兵来到了泽州，他也采取蛙跳战术，绕过潞州不攻，领兵继续南下，就在同一天晚上，北汉军队已进驻于高平（今山西省高平市）以南。

一八二　高平之战（二）

显德元年（公元 954 年）三月十九日，北上的后周先头部队与南下的北汉军队遭遇，北汉军队一触即溃，向后退去。

郭荣唯恐敌人逃走，立即命令后周各军发起追击。刘崇率领中军在巴公原（今山西省晋城市东北）列阵，张元徽之军居其东，杨衮的辽军居其西，队伍严整。北汉降卒向郭荣禀报称：“刘崇亲自率领三万步骑，加上辽军一万余骑兵，正严阵以待。”当时，河阳节度使刘词率领的后军尚未赶到战场，兵力不足，军心恐惧，而郭荣却意气风发，斗志昂扬，命令侍卫马步军都虞候李重进、滑州节度使白重赞率军居左，在后周军中的西厢；侍卫马军都指挥使樊爱能、步军都指挥使何徽领兵居右，在后周军阵的东厢；宣徽使向训、郑州防御使史彦超，率领精锐骑兵居中；殿前都指挥使张永德率领禁军保护郭荣。郭荣全副武装，骑马亲临督战。

北汉皇帝刘崇见后周军队人数不多，后悔召来辽军助战了，他对众将们说道：“我自己用汉军就可击破他们了，何必用契丹人！今天，我不仅要大破后周军，还要让契丹人对我们心服口服。”北汉众将都觉得有理。杨衮策马上前，眺望后周军，回来后对刘崇说道：“这是劲敌啊，不可轻举妄动。”刘崇一甩长须，说道：“机不可失，希望大人不要再说了，你就看我如何破敌吧！”杨衮很不高兴，遂闭口不言了。当时，天上正刮着猛烈的东北风，不一会儿忽然风向一转，变成了南风。北汉副枢密使王延嗣让司天监李义对刘崇说道：“开战的时机已到！”枢密直学士拉住刘崇的马缰绳劝谏道：“李义可杀！风向如此，怎么会对我有利！”刘崇说道：“我已经决定了！你这个老书生别乱说话，小心我杀了你！”遂命令东翼军率先向后周军发起进攻，张元徽得令后，立即率领一千骑兵朝后周军的右翼即樊爱能、何徽部杀来。

双方刚交手不久，樊爱能和何徽就率领骑兵先逃走了，后周右翼军顿时崩溃。

有一千余名步兵扔掉武器，解下铠甲，高呼万岁，投降了北汉军。后周军队情势非常危险，一旦引起连锁反应，军心大乱，后果将不堪设想。就在这千钧一发之际，郭荣亲自率领禁军赶到阵前，填补了右翼的位置，向冲上来的北汉军队张元徽部发起反击。当时，赵匡胤在殿前司担任指挥使，他对同僚们说道："主上陷于如此危险境地，我等怎能不拼命杀敌！"又对殿前都指挥使张永德说道："敌人骄傲轻敌，可以苦战将其击败。大人手下有很多将士擅长用左手射箭，请大人领兵登上高岗，从西边左翼杀敌，我率部从右翼进攻。国家安危，在此一举！"张永德与赵匡胤二人遂各自率领两千人分头进战。赵匡胤一马当先，飞马驰入敌军之中，奋勇杀敌。内殿直马仁瑀对部下说道："主上受辱，臣子就去拼死！皇上受困于敌，要我等干什么！"遂跨马断喝，弯弓搭箭，一连射杀了数十名敌人，后周军队士气大振。士兵们无不以一当百，拼死苦战，后周军这才打下了北汉军进攻的势头。殿前右番行首马全义对郭荣说道："敌人的声势已经到头了，行将被我击败。陛下只需勒马别动，看众将去破敌。"遂率领数百骑兵冲入战场。

第一个回合战后，后周军队总算是危而复安。刘崇这时已经知道了郭荣就在对面，他厚赏了张元徽，并命其乘胜继续进兵。张元徽再次领兵冲到后周军队阵前，不料，他的坐骑突然摔倒，张元徽被摔下马来。说时迟，那时快，后周士兵们蜂拥而上，将其乱刀砍死。张元徽是北汉军中一员猛将，张元徽临阵被杀，北汉将士们见状，士气受到沉重打击。当时，南风刮得越来越猛，后周军队顺风杀敌，越战越勇，北汉军大败。《九国志·张元徽传》称："元徽为前锋，与周师遇于巴公，元徽以东师先登陷阵，擒监军使一人，降其步卒千人而旋。刘崇大褒赏之。元徽乘胜复入，马倒，为周师所擒，杀之。"刘崇亲自高举红旗收兵，已不能阻止败兵各自溃逃了。杨衮统领的辽军见后周军队如此勇猛，亦不敢出手相救，加之杨衮怨恨刘崇战前之言，遂不战而退，率众退回了代州（今山西省代县）。

关于此战的情况，还散见于参战将领们的传记当中，比如《宋史·白重赞传》称："世宗征刘崇，以重赞为河东道行营马军都指挥使，重赞与李重进居阵西偏，樊爱能、何徽居阵东偏。既合战，爱能与徽皆遁走，唯重赞与重进率所部力战，世宗自督亲军合势薄之，并人大败。"《宋史·李重进传》记载："从世宗征刘崇，战于高平，不利，大将樊爱能、何徽以其众遁，唯重进与白重赞勒兵不动。既而太祖（赵匡胤）先以麾下犯敌，重赞继领所部力战，世宗躬率卫兵合势，周师复振，崇遂大败。"《宋史·张永德传》记载："世宗亲征，战于高平，大将樊爱能、何徽方战退衄。时太祖与永德各领牙兵二千，永德部下善左射，太祖（赵匡胤）与永德厉兵分进，大捷，降崇军七千余众。”《宋史·太祖本纪》记载：“北汉来寇，世宗率师御之，战于高平。将合，指挥樊爱能等先遁，军危。太祖麾同列驰马冲其锋，汉兵大溃。”《新五代史·史彦超传》记载：“周、汉战高平，彦超为前锋，先登陷阵，以功拜感德军节度使。”《隆平集·马仁瑀传》：“从世宗亲征刘崇，王师不利，仁瑀谓众曰：‘主辱臣死！’因跃马大呼，引弓连毙将卒数十，士气始振。”等等。

樊爱能和何徽率领数千骑兵向南而逃，一路上，他们抽出大刀，弯弓搭箭，劫掠后方的辎重，负责运送物资的百姓吓得四散而逃，物资损失惨重。郭荣派遣近臣和心腹军校飞马前去劝阻，这群乱兵无人肯从命，再折返战场，甚至有的使者还被他们杀掉了。一路上，他们还不断制造恐慌，到处散布道：“辽军大举前来，官军已经败了，剩余的军队都已经投降辽军了。”途中，刘词率领的后军遇到了樊爱能、何徽等人，樊爱能等人劝刘词别再前进了，刘词不从，继续领兵北上。

当时，刘崇手下尚有一万余人，北撤之后，依托山涧再次列好阵势。傍晚，刘词之军终于赶到了战场，注入生力军的后周军队，再次向北汉军队发起新一轮的进攻，北汉军再次大败，临阵斩杀了王延嗣。后周军队乘胜追击，入夜一直追赶到高平，数千北汉军队投降，一路上，被杀的北汉士兵尸体到处都是，北汉军丢弃的武器、驼马及御用器物，数不胜数。当晚，郭荣就住宿在野外。郭荣下令将当天投降北汉的那两千侍卫司的步兵，全部杀掉。《旧五代史》称：“其夕，杀降军二千余人，我军之降敌者亦皆就戮。”与《资治通鉴》遂记载的不同。这时，樊爱能等人也听说了后周军大捷的消息，又带来那逃离战场的数千人渐渐赶了回来，也有人一直到第二天天亮还没有赶回来的。

三月二十日，郭荣领兵来到高平城内，在这里，休整军队。郭荣下令在被俘了北汉士兵们中间挑选出数千人，组成一支新军，军号为效顺指挥，任命前武胜行军司马唐景思担任效顺指挥使，命其率领他们到遥远的南方淮河北岸戍守。剩余的两千余人每人发给两匹绢，并给衣服，释放回家。李谷在激战中被乱兵追赶，逃窜到山谷之中，数日之后才出来。三月二十三日，郭荣领兵进入潞州。唐景思原为前蜀将领，郭崇韬伐蜀时，最先投降了后唐，已见前述。此后，他在中原王朝任职，一直郁郁不得志，到后汉时期，担任沿淮巡检使。当时，史弘肇当权，大开告密之门，经常罗织罪名，诛杀南北往来客商，将商人的钱财充公。唐景思也受到仆人的诬陷，称他收受了南唐巨额钱财，私藏武器，图谋不轨。史弘肇当即派遣亲吏率领三十名骑兵前去逮捕唐景思。告密者对这位官吏说道："唐景思孔武有力，十个人都打不过，见了他就杀掉，要不然就不行了。"等见到唐景思后，有人要上前拿下唐景思，唐景思双手抱住，大呼冤枉，使者搜查了他的住所，只有一箱衣物和军中账簿而已。再审告密者，最终告密者承认是诬陷的，遂斩杀告密者，释放了唐景思。高平之战战前，唐景思跨马连连挡在世宗面前，请求："希望赐给臣一副坚甲，看看臣的效用！"由此，世宗才知道了他。

刘崇身穿粗布衣服，骑着辽国送给他的黄骝马，率领一百余名骑兵，从高平西北的雕窠岭向北逃窜。由于是夜晚，他们在乱山之中迷路了，就抓住一个村民给他们当向导，这个村民估计也分不清晋阳和晋州的区别，竟然把他们带向了后周的晋州方向。他们走了一百多里，才发现不对劲，遂杀掉了那名村民，不分昼夜向北而逃。一路上，得到食物，往往还没拿起筷子，就听说后周军队赶上来，吓得仓皇而去。刘崇年老体衰，趴在马上，日夜赶路，差一点坚持不下来了，最终总算是回到了晋阳。

一八三　潞州整军

在潞州的郭荣打算杀掉临阵脱逃的樊爱能等侍卫司高官，以严明军纪，但一直犹豫不定。

后周禁军分为两大系统：殿前司、侍卫司，两司各自又分为马步两军，其中殿前司分为：铁骑军（马军）、控鹤军（步军）以及皇帝的贴身卫队诸如内殿直、散指挥等所谓的“班直”兵马。侍卫司分为：龙捷军（马军）、虎捷军（步军）等。侍卫亲军由来已久，后梁时期就有侍卫亲军以及侍卫亲军都指挥使称号，其侍卫亲军是四军，分别是龙骧、天兴（控鹤）、神捷（拱宸）、神威（广胜），其中，龙骧军是马军，天兴（后来改称控鹤）军则最重要，是直接保护皇宫的一支军队。后唐建立后，庄宗整编了禁军，创设了侍卫马军（军号为捧圣）、侍卫步军（军号为严卫）、控鹤军，控鹤军守卫皇宫，形成了侍卫亲军三足鼎立的格局，后唐末帝李从珂时期，又将侍卫马军的军号由捧圣改为彰圣，侍卫步军的军号由严卫改为宁卫。后晋、后汉时期，禁军制度变化不大，只是在后晋建立后，侍卫马军军号又由彰圣改为护圣，侍卫步军军号由宁卫改为奉国。后周建立后，郭威将侍卫马军军号改为龙捷，侍卫步军军号改为虎捷，这是禁军中的主力，而由于王殷在侍卫军中的势力，郭威又不得不另行组织一支自己更加信任的部队，于是，就产生了殿前都指挥使和殿前军，与侍卫马步军形成了三足鼎立的局面。

后周的侍卫司和殿前司两大禁军机构，应该有一个逐渐发展完善的过程，在高平之战前后，其内部组织结构究竟如何，因史料缺乏，我们已不得而知，但由于北宋军制在一定程度上是在后周军制沿袭下来的，通过研究北宋军制，大约能够对了解后周军制会有所帮助。根据《宋史·职官六》记载：殿前司设都指挥使、副都指挥使、都虞候各一人，这三人是殿前司的最高长官，下辖马军和步军，马军又分出殿前指挥使、内殿直、散员、散指挥、散都头、散祗候、金枪班、东西班、散直、钧容直、捧日各军指挥（相当于营），步军分出御龙直、骨朵子直、弓箭直、弩直及天武各军指挥（相当于营），骑兵各班设置都虞候、都指挥使、都军使、都知、副都知、押班；步军中的御龙直、骨朵子直、弓箭直、弩直四直设置一个四直都虞候，每个直之下各设置本直的虞候、指挥使、副指挥使、都头、副都头、十将、将虞候。班直是皇帝最贴身的卫队，而殿前司的骑兵和步兵主力则是骑兵中的捧日军和步兵的天武军，各自分为左右两厢，有一个总的统兵官叫捧日、天武四厢都指挥使，每一个厢又有本厢的统兵官都指挥使。每厢下辖有军、指挥、都三级单位，一般来说一厢十个军、一军五个指挥、一个指挥五个都，每个都一百人，但实际上兵力都不足，每军（相当于师长）设置有都指挥使、都虞候，每指挥（相当于营）设置指挥使、副指挥使，每个都设置军使（相当于连长）、副兵马使、十将、将虞候、承局、押官。宋代取消了侍卫司，也就没有了侍卫司的最高长官，侍卫司原属的侍卫亲军马军和侍卫亲军步军各自独立。

侍卫亲军马军设置都指挥使、副都指挥使、都虞候，这是整个马军的最高长官。马军有龙卫等军，各自分为左右厢，每四厢设有四厢都指挥使（相当于司令），各厢又有各自的都指挥使（相当于军长），每军也有都指挥使（相当于师长）、都虞候，每指挥使设置指挥使（相当于营长）、副指挥使，每都设置军使（相当于连长）、副兵马使、十将、将虞候、承勾、押官。侍卫步军的情况大体与马军相同。只不过每都的长官（连长）不叫军使，而叫都头。

由此可见，侍卫军有着一个庞大而又复杂的指挥体系，虽然殿前军是一支精锐部队，但侍卫军毕竟是一支老牌的禁军，人数和实力都很强，在这个时候，杀掉侍卫军的一大部分中高级将领，对于刚刚继位的后周世宗郭荣来说，无疑是一个极大的考验，弄不好，就会引发一场始料不及的兵变。

显德元年三月二十五日，郭荣白天躺在行宫的大帐之内，张永德在一旁侍候，郭荣就把自己的想法告诉给了他，并向他征求意见。张永德回答："樊爱能等人素来没有立过大功，侥幸登上高位，看见敌人就先溃逃，就算杀了也不足以抵消他们的罪责。况且，陛下要想平定天下，如果不能贯彻军令，就算有了能征惯战的猛士，拥有百万之众，又能有什么用呢！"郭荣听后，一把将枕头扔到地上，连连称善。当即下令逮捕樊爱能、何徽以及侍卫司军使以上七十余人，斥责他们道："你等都是历朝的老将，并非不能作战。如今，望风而逃的原因没有别的，就是想把朕当作一件珍宝，出卖给刘崇罢了！"遂将这七十余人全部斩杀。郭荣想到何徽此前在晋州之战中立过战功，原打算赦免了他，他考虑了一会儿，转念又想，不可因其一人坏了军法，于是，不再宽恕，只是命人赏赐给其家属一口棺材，将其送回家乡安葬。世宗严惩樊爱能等人，取得了良好的效果，一些骄兵悍将开始怀有敬畏之心，朝廷对违反军纪的人也不再姑息迁就了，为后周建立起一支强大的军队提供了纪律保障。

紧接着，三月二十六日，世宗又赏赐高平之战中的有功将领，以侍卫马步都虞候李重进兼任忠武节度使，以宣徽南院使向训兼任义成节度使，以殿前都指挥使张永德兼任武信军节度使；任命义武节度使白重赞为鄜州节度使，以郑州防御使史彦超为华州节度使。又下令释放了赵晁。张永德盛赞年仅二十八岁的赵匡胤有勇有谋，世宗破格将其提拔为殿前都虞候，领严州刺史，又提拔马仁瑀为殿前控鹤弓箭直指挥使，马全义为殿前散员指挥使。其余将校又递补了数十人，不少人从普通一兵直接被晋升为厢级指挥使。

同时，世宗又做出以下调整：以晋州节度使药元福为同州节度使，以宣徽北院使杨廷璋为晋州节度使，以同州节度使张铎为彰义军节度使，以客省使吴延祚为宣徽北院使，以侍卫龙捷（马军）左厢都指挥使李千为蔡州防御使，以侍卫龙捷（马军）右厢都指挥使田中为密州防御使，以侍卫虎捷（步军）右厢都指挥使张顺为登州防御使，以侍卫龙捷（马军）左第二军都指挥使孙延进为郑州防御使，以前耀州团练使符彦能为泽州防御使，以殿前散员都指挥使李继勋为殿前都虞候［在赵匡胤被晋升为都虞候以后，就改任侍卫虎捷（步军）都指挥使了］，以殿前都虞候韩令坤为侍卫龙捷（马军）左厢都指挥使，以殿前铁骑第一军都指挥使赵弘殷（赵匡胤之父）为侍卫龙捷（马军）右厢都指挥使，以殿前散员都指挥使慕容延钊为侍卫虎捷（步军）左厢都指挥使，以殿前控鹤（步军）第一军都指挥使赵晁为侍卫虎捷（步军）右厢都指挥使，并遥授团练使。

张铎（张公铎），河朔人，年少从军，后汉初年，担任奉国右第六军都指挥使，郭威镇守邺都时，张铎也率部从行，等到郭威起兵，张铎也参与其中。后周建立，张铎担任奉国左厢（侍卫步军左厢）都指挥使，韩通为右厢都指挥使。广顺三年，担任镇国节度使。同一时期，还有另外一个张铎，是棣州人，后晋时期在奉国军中任职，后汉时，随郭威平定河中，因功被晋升为奉国军指挥使，后周建立后，晋升为控鹤指挥使，殿前控鹤军左厢都指挥使。因这个张铎与其老上级河朔张铎同名，被朝廷改名为张令铎。吴延祚，字庆之，并州太原人。曾任郭威的心腹军校，后周建立以后，历任庄宅副使、内军器库使、皇城使。世宗即位，被晋升为右羽林将军，充内客省使。李继勋，大名元城人。郭威帐下将领，后周建立，改任为禁军将领，后被晋升为虎捷左厢都指挥使。按：此为《宋史》记载，似与《旧五代史》所记载的不同。韩令坤，磁州武安人。年少就在郭威帐下任职，后周建立，他历任殿前铁骑散员都虞候、殿前控鹤右第一军都校。世宗即位，晋升其为殿前都虞候。赵弘殷，赵匡胤的父亲，年少骁勇，擅长骑射，曾在赵王王镕手下任职。后唐庄宗与后梁夹河之战时，赵弘殷奉命率领五百骑兵驰援庄宗，庄宗爱其骁勇，就留在了帐下。后汉时，随从讨伐凤翔的王景崇，与后蜀军队在陈仓大战，被流箭射中左眼，战后因功被晋升为护圣（侍卫马军）都指挥使。后周广顺末年，改任殿前铁骑第一军都指挥使。慕容延钊，太原人。郭威帐下将校，后周建立，历任西头供奉官、尚食副使、殿前铁骑都虞候。世宗即位，被晋升为殿前散指挥使都校。原侍卫司的李千、田中、张顺等人，被调到地方上以后，就销声匿迹了。

由此可以看出，世宗将没有被杀的侍卫司次一级的高级将领全部替换成了殿前司的人了：马军两厢分别被殿前司的韩令坤和赵弘殷取代；步军两厢分别被殿前司的慕容延钊和赵晁所取代，而将侍卫司的厢级都指挥使都派到并不重要的地方了，对侍卫司进行了一次大换血。

一八四　无功而返

显德元年（公元 954 年）三月二十八日，世宗在潞州休整五天之后，任命天雄军节度使、卫王符彦卿为河东行营都部署，知太原行府事；以澶州节度使郭崇为行营副部署，以宣徽南院使向训为行营兵马都监，以侍卫马步都虞候李重进为行营都虞候，以华州节度使史彦超为先锋都指挥使，率领步骑二万，从潞州出发，北上进攻晋阳。与此同时，世宗又下诏命令河中节度使王彦超、陕府节度使韩通，率兵从阴地关（今山西省灵石县西南）方向进击，配合主力部队一起围攻晋阳。又任命河阳节度使刘词为随驾都部署，以鄜州节度使白重赞为随驾副部署。

刘崇逃回晋阳后，收拾残兵败将，整修城防，以备后周军队的进攻，同时，他又派遣王得中赶赴辽国，向辽国告急，辽国穆宗耶律璟送回王得中，答应出兵相助。

四月，北汉盂县（今山西省盂县）向后周投降。符彦卿领兵进驻晋阳（今山西省太原市）城下，王彦超进攻汾州（今山西省汾阳市），北汉汾州防御使董希颜投降。《宋史・王彦超传》记载："彦超自阴地关与符彦卿会兵围汾州，诸将请急攻，彦超曰：'城已危矣，旦暮将降，我士卒精锐，驱以先登，必死伤者众，少待之。'翼日，州将董希颜果降。"世宗派遣莱州防御使康延沼领兵进攻辽州（今山西省左权县），密州防御使田琼（似与前文的田中是同一人）进攻沁州（今山西省沁源县），均未能攻下。供备库副使李谦溥单人匹马前去说服北汉辽州刺史张汉超，张汉超很快就投降了。李谦溥，字德明，并州盂人。史称，他"性慷慨，重然诺"。他年少精通《左氏春秋》。后晋时期担任殿直、西头供奉官，后汉初年，郭威讨伐三镇叛乱，李谦溥担任中使往来于朝廷和前线之间，深得郭威的喜爱。后周建立以后，他被晋升为供备库副使。李谦溥家与赵弘殷家是邻居，李谦溥的弟弟李谦升与赵匡胤是好友。

世宗派遣符彦卿等将北上晋阳，起初的想法只是在晋阳城下展示一下武力，吓唬吓唬刘崇君臣，并没有打算灭掉北汉政权。可是，等到后周军队进入北汉境内以后，北汉百姓纷纷拿出食物，迎接后周军队，哭诉刘崇政权赋税沉重，民不聊生，愿意给后周军队提供军需，帮助周军攻打晋阳，并且，后周军队进展顺利，不少北汉郡县也相继投降了。在这种情况下，世宗遂改变了主意，产生了趁机消灭北汉的想法，就派出使者到前线与众将商议，众将们的一致意见是："粮草不足，请求暂且班师，等待适当的时机再来。"世宗认为前线将领们怯战，就没有听从，反而不断向晋阳城下增兵。由于后周大军对围攻晋阳准备不足，数十万大军齐聚在晋阳城下，军中粮食出现短缺，不少士兵们开始劫掠北汉百姓，北汉百姓开始失望，逐渐逃离家乡，到山谷之中自卫。世宗听到这一情况后，赶忙下诏严禁各军劫掠当地百姓，并下诏安抚百姓，提出只征收本年的赋税，鼓励百姓上缴粮食，根据上缴的粮食数量分别授予不同的官职，还征调泽州、潞州、晋州、绛州、慈州、隰州以及太行山以东邻近各道百姓向前线运粮。四月十六日，世宗命令宰相、判三司李谷赶赴晋阳前线，核算军粮需求。同月，身在大梁的太师、中书令司马冯道主持安葬了郭威，不久，司马冯道也去世了。

四月十八日，符彦卿上奏称北汉宪州（今山西省静乐县）刺史韩光愿、岚州（今山西省岚县）刺史郭言均献出城池投降。十九日，世宗册封符彦卿之女符氏为皇后。王彦超、韩通领兵进攻石州（今山西省吕梁市离石区），顺利破城，活捉了北汉石州刺史安彦进。二十日，北汉沁州刺史李廷诲投降。二十七日，世宗从潞州出发北上，赶往晋阳。三十日，北汉忻州监军李勍杀死忻州刺史赵皋以及辽国通事杨耨姑，向后周投降。世宗以李勍为忻州刺史。五月三日，世宗郭荣来到了晋阳城下。后周军队的战旗环绕晋阳四十里。

辽将杨衮怀疑北汉代州防御使郑处谦暗中与后周联络，派人召其前来议事，打算趁机将他杀掉。郑处谦察觉了杨衮的阴谋，拒不前往。杨衮派出数十名辽军骑兵把守代州城门，郑处谦派兵将这些辽军杀死，关闭城门不令辽军进入，杨衮遂领兵逃回了辽国。辽国皇帝耶律璟怒其无功，将其打入大牢。郑处谦遂以代州投降了后周。五月四日，后周在代州设立静塞军，以郑处谦为静塞军节度使。五日，世宗命令将被俘的北汉石州刺史安彦进在晋阳城下斩杀。辽军有数千骑兵驻扎在忻州和代州之间，声援北汉，七日，世宗命令符彦卿、郭从义、向训、白重赞、史彦超等将率领一万多步骑北上，符彦卿领兵进入忻州，辽军退守忻口（今山西省忻州市以北）。当晚，狂风大作，摧毁房屋，将大树连根拔起。九日，世宗任命宰相李谷为判太原行府事。十四日，世宗下令在汾州设立宁化军，下辖汾州、石州、沁州。代州将领桑珪、解文遇诬陷郑处谦私通辽国，将其杀死。

此时，辽国皇帝耶律璟已派遣南院大王耶律挞烈统领辽国西南各道军队南下，讨伐背叛的代州和忻州。耶律挞烈，字涅鲁衮，六院部人，史称，他“沉厚多智，有任重才。年四十未仕”。耶律璟继位后，将其由边部令稳升任南院大王。他在任期间，劝课农桑，平均赋税，稳定了辽国南部边疆。当时，耶律屋质是北院大王，他是南院大王，都很称职，被人称为“富民大王”。耶律挞烈还善于用兵，他赏罚严明，深得将士们的爱戴。见辽国大军南下，符彦卿连忙请求世宗向忻州增兵。五月二十日，世宗派遣李筠、张永德率领三千人马前往增援。此时，辽国侦察骑兵已经闯到了忻州城下了，二十三日，符彦卿与后周众将严阵以待。史彦超率领二十名骑兵担任先锋，遇到了辽军，双方交战，李筠领兵增援，斩杀辽军两千人。史彦超自恃骁勇，继续追击，与后周大军相距越来越远，遭遇辽军主力，被团团围住。史彦超左冲右突，从敌人的包围圈中杀出，但又被敌人围住，就这样反复了四五次，终因众寡不敌，被辽军所杀，李筠仅仅逃出一命，周军死伤惨重。符彦卿率众退守忻州，不久，就退出忻州，回到了晋阳。

府州防御使折德扆率众赶赴晋阳前线，二十六日，世宗下令恢复在府州设置永安军，晋升折德扆为永安军节度使。当时，后周军队迟迟未能攻克晋阳。又遇上连绵大雨，士兵们都很疲惫，等听说猛将史彦超战死的消息后，世宗遂决定班师。

当初王得中从辽国南返时，正值后周军队包围了晋阳，王得中只好暂且留在了代州。等桑珪杀掉郑处谦以后，囚禁了王得中，把他送到了后周军中。世宗下令解下他身上的绳索，还赏赐给他马匹、玉带，问他道：“辽军什么时候能抵达这里？”王得中回答：“臣只是奉命把杨衮送回国，别的就不知道了。”有人对王得中说道：“辽国答应发兵，你不说实话的话，等辽军到了，你不是有性命之忧了吗？”王得中叹息道：“我吃刘家的俸禄，老母亲也在晋阳城内，如果说了实话，后周肯定会发兵扼守险要，如此一来，不仅是我的家而且我的国也都一起完蛋了，我自己活下来还有什么用！不如杀身成仁，保全家国。”

六月一日，世宗下令班师。二日，世宗以王得中欺诈，下令将其勒死。三日，世宗离开晋阳。匡国节度使药元福对世宗说道：“进军容易，撤军就难了。”世宗说道：“交给你全权负责。”药元福遂整顿本部人马殿后。当时，世宗下令大规模征调民夫，东自怀州、孟州，西到蒲州、陕州，征调了大批农夫运送粮食，支援前线，一副不打下晋阳决不收兵的架势，等到突然之间传出撤军的命令，各部队均一片混乱，一些人甚至在军中散布流言，趁机劫掠随军物资，运到晋阳城下的数十万粮食，全部焚毁抛弃。《晋阳见闻录》称："六月旦，周师南辕返旆，惟数百骑，间之以步卒千人，长枪赤甲，炫趫捷跳梁于城隅，晡晚杀行而抽退。"刘崇果然派兵出城追击，被药元福击败。后周所得的州县，任命的官吏纷纷弃城逃走，唯独代州的桑珪既背叛了北汉，又不敢逃归后周，闭城固守，刘崇派兵将州城攻破。

一八五　精兵之路

显德元年（公元954年）六月七日，世宗回到潞州。十二日，抵达郑州。二十四日，拜谒养父郭威的陵墓。二十八日，回到了大梁。

高平之战，是在世宗力排众议的情况下夺取了胜利，从此以后，他对帝国政务，不论大小都由自己决断，不听从群臣的建议，朝中文武群臣只是奉命执行而已。河南府推官高锡徒步来到大梁，上书劝谏道："天下之大，事务之多，就算是尧舜也没有那么精力一个人治理好了，必须要挑选人才，委任官员，帮助治理。如今，陛下独自一人亲自处理，天下之人不会赞扬陛下聪明睿智，足以处理起百官们的工作，都会说陛下您心胸狭隘，猜忌群臣啊。不如挑选能知人善任的人担任宰相，能爱惜百姓的人担任地方官，能让国库增收的人主管财政，能执法如山的人掌管审判，陛下只需高坐在朝堂之上，根据他们的功过予以赏罚，则天下怎能不会太平？何必降尊纡贵，代行臣子微贱的工作，这难道不是违背了为政的根本了吗？"但世宗不从。高锡，字天福，河中人。自幼聪颖，后汉时期进士及第。

七月三日，世宗赏高平之功，加授天雄军节度使、卫王符彦卿为守太傅，改封魏王；加授天平节度使郭从义为兼中书令；调河阳节度使刘词为永兴节度使，加授兼侍中；加授昭义节度使李筠加兼侍中；河中节度使王彦超移镇许州，加授兼侍中；许州节度使、侍卫都虞候李重进移镇宋州，加授同平章事兼侍卫亲军都指挥使；以武信军节度使兼殿前都指挥使张永德为滑州节度使，加授检校太傅，仍然在京师统领禁军；同州节度使药元福移镇陕州，加授检校太尉；鄜州节度使白重赞移镇河阳，加授检校太尉；陕州节度使韩通移镇曹州，加授检校太傅。七月二十一日，世宗郭荣加授门下侍郎、同平章事范质守司徒，以枢密直学士、工部侍郎景范担任中书侍郎、同平章事、判三司，加授枢密使、同平章事郑仁诲兼侍中。二十三日，晋升枢密副使魏仁浦为枢密使。《东都事略》称：议者以仁浦不由科第进，世宗曰："顾才何如耳！"遂用之。范质当了司徒以后，原任司徒窦贞固就返回了洛阳，当地官府只把他当成平民，赋税、劳役一概不予免除，窦贞固向西京留守向训申诉，向训置之不理。至此，后周朝廷重臣分别是：宰相范质、李谷、王溥、景范；枢密使郑仁诲加授同平章事兼侍中，魏仁浦；三司使景范；殿前侍卫马步军都指挥使张永德、殿前侍卫马步军都虞候赵匡胤；侍卫亲军马步军都指挥使李重进、侍卫亲军马军都指挥使韩令坤、侍卫亲军步军都指挥使李继勋。景范，淄州人，他为人厚重刚直，从不巴结他人，然而，他不擅长处理繁重的事务，他判三司后，虽然尽心尽力，人们还是觉得他不很称职。

高平之战中，世宗命令前泽州刺史李彦崇领兵把守江猪岭（今山西省长子县西），以切断刘崇北逃之路。等李彦崇听说樊爱能等人南唐的消息后，也领兵南撤，结果，让刘崇从那里逃走了。八月八日，世宗下令将其贬为太子宫副率。十月三日，左羽林大将军孟汉卿因贪污草料税、放纵下属扰民、滥收省耗钱，世宗下令将其赐死。有关部门上奏称，根据法律孟汉卿的罪不至死，世宗说道："我知道，我是用他的人头来警醒众人的！"十八日，世宗下令举行盛大的阅兵仪式，他亲自检阅京师军队。五代时期的禁卫军，都是各朝沿袭下来的，父子相承，盘根错节，朝廷对他们也都姑息纵容，不愿沙汰，恐怕会引起兵变，因此，军中老弱之兵很多，平日里横行不法，到了战时，遇到小敌，还能应付，遇到大敌，不是临阵逃走，就是投降敌人，所以，五代时期很多王朝灭亡也都与此有一定的关系。高平之战中，樊爱能、何徽等人一触即溃，深深地刺激了世宗的神经，令其意识到建立起一支强大的禁军的重要性。在潞州整顿侍卫司高级将领的基础上，回到大梁以后，世宗又决定狠抓基层官兵的素质问题。二十二日，他对近臣们说道："侍卫兵士，老幼参半，强弱不分，这都是因为顾及人情，没有经过挑选的原因。今年春上，朕在高平与刘崇以及辽军对垒，就出现了临阵退却的情况，要不是朕亲自上阵，险些兵败。况且，现在一百户农家还养活不起一名士兵，难道要用老百姓的血汗来养活这群无用之兵吗？兵在精，不在多，要对军队进行选拔，精锐的升至上军，胆怯的任其自便，这样一来，军队才能发挥其应有的作用，也不浪费了国家的钱财。"世宗又见藩镇中有大批骁勇之士，又颁布命令招募天下壮士，命各地藩镇送至朝廷，命赵匡胤负责选拔，将武艺超群的充实殿前司各班，殿前司也有了散员、散指挥使、内殿直、散都头、铁骑、控鹤等军号。在殿前司挑选之后，又命侍卫司进行挑选，并在其内部淘汰老弱之兵。经过这一大规模的整军，后周禁军各部队的战斗力得到很大提升。史称："诸军士伍，无不精当，由是兵甲之盛，近代无比，且减冗食之费焉。"

二十七日，世宗对侍臣们说："各道的盗贼还很多，官府搜捕一直未能清除，其原因就在于，各朝都由朝廷派出使臣到各地巡察督促，导致各地地方官反而把责任都推到巡检使身上，不肯尽力。从今往后，应当把所有的巡检使都召回来，把这一工作交由军镇、州县负责，由他们去肃清。"当时，黄河从杨刘到博州一百二十里间，连年决口，从那里一分为二，流入大泽之中，淹没了方圆数百里。又在东北方向冲毁堤坝，横贯齐州、棣州、淄州各地，奔腾入海，淹没良田、民宅不计其数，灾民们靠采摘莲藕，捕鱼勉强存活，朝廷屡屡派人前去堵塞决口，都没有成功。十一月二十八日，世宗派遣宰相李谷前往澶州、郓州、齐州察看河工，前后征调六万农夫整修河堤，经过三十天的施工，终于堵上了黄河决口。

高平之战后，北汉皇帝刘崇就又愁又怒，终于染病在床，把国事全都交给了其子、侍卫都指挥使刘承钧处理。到了十一月，刘崇病情加重，命刘承钧监国，不久，他就去世了。刘承钧派人向辽国报丧。辽穆宗耶律璟派遣骠骑大将军、知内侍省事刘承训册封刘承钧为皇帝，改名为刘钧，史称北汉孝和帝（又称北汉睿宗）。刘承钧为人孝顺谨慎，继位以后，勤于政事，爱民如子，礼遇士人，国内稍稍安定下来。每次上书辽国皇帝，他都自称儿子，耶律璟给他颁布的诏书中也称其为儿皇帝。

一八六　孜孜求治（一）

从后晋、后汉以来，朝廷不考虑途中粮食的损耗，以致很多负责运输的官吏因亏欠皇粮而被处死，显德二年（公元955年）一月十日，世宗郭荣下令从今往后，允许每斛损耗一斗。

一月二十一日，世宗下诏："在朝的文官，各自举荐一名初级官员，即便是自己的姻亲、同族也无妨。朝廷授予被举之人官职时，要在委任状上注明举荐之人的名字，该人一旦出现贪赃枉法之事，或者不能胜任工作的，要根据其所犯情节的轻重，连带惩处举荐之人。"二十五日，世宗又下诏称："逃亡户的土地，一律允许他人进行耕种，缴纳赋税；如果在三周年以内，本户回来的，其桑田不论土地上农作物是否成熟，一律连同土地返还给本主一半；五周年以内回来的，交还三分之一；五周年以外回来的，本主的土地，除了土地上其家的坟墓之外，现有耕作之家不用返还。北方邻近辽国的各州，那些落入辽国的人家，从辽国逃回的：五周年以内回来的，交还原有土地的三分之二；十周年逃回的，交还一半；十五周年逃回的，交还三分之一；十五周年以外逃回的，不再交还。"

二月十三日，世宗下诏，要求群臣不讲情面指出自己的过失，他在诏书中说道："就算是尧舜禹汤，文武成康这些圣王，尚且思逆耳之言，求苦口之药，更何况是后来之人呢？朕自从登基以来，所做出的事情，岂能尽善尽美，可是，朝廷群臣没有一人指出朕的过失，也没有一人说出时政的不当，难道说朕太愚昧了，不值得跟朕说吗？还是因为明哲保身，不肯替朝廷尽心呢？还是有所顾忌呢？还是因为尊卑悬殊自生隔阂呢？士大夫吃朝廷俸禄的，不能不进言，然而，作为君主的，不能让群臣感动而让其进言，这就是朕的过错。朕与士大夫们，不可能完全知道你们的才能，也不可能完全认识你们，如果不听其言，观其行，了解其内心，认识其忠诚，则如何才能知道任用是否得当呢？如果我不采纳你们的建议，罪过在我，如果征求你们直言，你们闭口不言，那罪过又在谁呢？因此，要求内外群臣，今后有所见闻，要上书提出意见建议。如果朕有什么不当之处，要及时提出；时政有什么瑕疵，也不要有所隐瞒。朕只求实，不尚虚华，有些人素来不会写文章，那就直接说出是什么事情。言辞失当的，朕自会留中，不要多虑。各部门所办理的公务，有不妥之处，及时提出，不要因循守旧，以致形成陋习。臣子们出使外地的，见到百姓有什么疾苦或者官吏优劣，也要禀报于我。在官吏升迁之时，要结合此人提出建议的优劣，对于奉公守法又能提出好建议的，要予以晋升，对于那些遇事不敢担当的，要予以贬谪。翰林学士和两省以及御史台的官员，本身的职责更与群臣不同，更要积极建言献策，对于任职届满的，要优先考虑予以晋升。”

三月二日，世宗下令在李晏口设立静安军。其地往南与冀州相距一百里，往北与深州距离三十里，在胡卢河两岸构筑城池。过去，贝州和冀州紧邻辽国，辽军骑兵时常渡过胡卢河南下，令当地百姓苦不堪言，无法安心生产生活。世宗查看地图，决定在此构筑城池，留下军队戍守，遂派遣许州节度使王彦超和曹州节度使韩通等人领兵筑城，在周军筑城过程中，辽军前来骚扰，被周军击退。城池建成以后，即便辽军南侵，再也不敢渡河了。世宗还召来德州刺史张藏英询问安边之策，张藏英一五一十地说出沿边的各个险要之处，请求朝廷安排守军，并招募当地的骁勇之士，由其率领，伺机进攻来犯之敌。世宗都答应了，任命张藏英为沿边巡检招收都指挥使。张藏英到任一个多月就招募了上千人。张藏英，涿州范阳人，自称是唐朝宰相张嘉贞之后。在唐朝末年，张家全族都被强盗孙居道所害，当时，张藏英年仅十七岁，侥幸逃脱。此后，张藏英在幽州遇见了孙居道，拔刀就砍，但没有砍死孙居道。幽州节度使赵德钧对其很赞赏，就赦免了他的罪过，让他当了自己的卫士，此后，张藏英终将仇人杀死，当地的人们都称之为“报仇张孝子”。辽国以其为卢台军使，后周广顺三年，他率领部众一千余人以及百姓七千余人，牛马上万，船只数百艘，从海路回到了中原。世宗即位后，任命其为德州刺史。

三月二十三日，礼部呈上新录取的十六名进士名单以及他们所写的论文、诗赋、策文等。世宗一一看过后，认为，一直听说科举考试存在舞弊现象，有的是因为年纪大了进行照顾，有的则是因为关系而被录取。我看了今年录取进士试卷，果然存在很多问题，只通过李覃等四人，其余十二人暂且继续学习以后再来。

四月，世宗对宰相们说道："朕总在思索治理好国家的办法，一直不得要领，令我寝食难安。自从后唐后晋以来，吴国、蜀国、幽州、并州，都割据一方，朝廷未能统一天下，要责令近臣们撰写《为君难为臣不易论》《开边策》两篇。"于是，翰林学士徐台符以下二十余人分别写了文章，这些文章大多是说要"修文德、来远人"这些老生常谈，唯独窦仪、杨昭俭、王朴在文章中提出，南唐与国家紧邻，应当发兵夺取。自从高平之战后，世宗产生了统一天下之志，等看了他们的文章，更坚定了他讨伐南唐的决心。王朴在文章中写道："中国失去吴、蜀、幽、并，都是因为失道。如今必须明白了失去的原因，才有可能找出夺回的办法。失去这些地方，无不是因为君王昏庸，臣子奸邪，军队骄横，百姓疲惫，奸党内斗不已，武将在外跋扈，由小到大，逐渐才脱离了中原王朝。现在要夺回，莫过于要反其道而行之。要进用贤才，黜退小人，以收揽天下人才；推恩施惠，以争取民心；赏功罚罪，令军民尽力；提倡节俭，以增加国家财富；减轻劳役，让百姓们富裕。等到人才济济，政事清明，国家富裕，人心归附，然后再使用民力，就没有干不成的事了。当他们的百姓看到我们肯定能够取胜，就会自愿担任我们的间谍、向导，民心已经归于我们，天意也将随之保佑我们。凡是攻占敌国，必须要先易后难。南唐与我国的边境线接近两千里，很容易骚扰他们。骚扰他们的时候，也要从他们疏于戒备的地方下手，他们防御东面，我们就进攻西面，他们防御西面，我们就骚扰东面，总之，让他们疲于奔命，在他们东西奔走救援当中，我们就可以观察出他们哪里薄弱，哪里强大，然后，避实就虚，予以打击。开始打击的时候，也无须大军出动，只出动轻装部队进行骚扰。南方人素来胆怯，遇到一点小小的警报，就会出动所有的军队前去救援。他们的军队出动的次数多了，就会百姓困顿，财源枯竭，假如他们不全军出动的话，我们又可以乘虚夺取他们的土地。采取这种办法，我们就会拿下南唐长江以北各个州。再用这个办法，长江以南也容易得到。等消灭了南唐，像岭南、巴蜀，送去一纸文书即可令其投降。南方已定，幽州也必定会望风归顺。如果不归顺的话，则转兵进攻，可一举平定。只有北汉，是一个负隅顽抗的仇敌，只能依靠强大的武力去征服，然而，自从高平之战后，其内部早已无力进攻，肯定给我们带来不了多大的威胁了，应当等到统一全国之后，再伺机一举将其消灭。如今，我们兵强马壮，众将效命，明年以后可以随时出动，从夏秋开始就该在边境囤积军粮了。"世宗看了，欣然予以采纳。杨昭俭，字仲宝，长安人。他的曾祖杨嗣复，是唐朝的宰相；父祖也都在唐末五代时期担任高官。杨昭俭自幼聪慧，后唐时期进士及第，历任成德军节度推官、左拾遗、殿中侍御史、礼部员外郎、知制诰、中书舍人、翰林学士等职。当时，朝廷群臣大多因循守旧，明哲保身，唯独王朴多谋善断，提出的建议往往让世宗非常满意，世宗对其很是看重，不久就提拔他为左谏议大夫，知开封府事。

一八七　孜孜求治（二）

显德二年（公元 955 年）五月七日，世宗又发布诏书，提出整顿佛教。

他在诏书中指出："佛教劝人从善，是非常好的。前代以来都非常规矩，近代以来，却经常扰乱法纪。我近期查看各州奏表，经常有一些僧徒作奸犯科，因朝廷没有相关禁令，致使这种情况愈演愈烈，他们私下剃度僧人，创建佛寺，僧侣和佛寺数量日渐增多。一些恶人往往落发为僧，以躲避官府。全国各地，凡是经过朝廷正式同意建立的寺院，继续保留，凡是没有经过朝廷许可的，一律予以废止，其中的佛像、僧尼转至正规的寺庙内安置。当地没有一座经过朝廷许可建立的寺院，则安置于其中最大的一座寺庙内。二百户以上的军镇也按照县里的办法办理。朝廷群臣从今往后不得再申请修建佛寺。凡是要出家的，必须经过父母的允许，没有父母的，要经过同住伯父、叔父、哥哥的同意，方可出家。十五岁以上的男子、十三岁以上的女子，要出家的，男子必须会读下一百页经文，女子会读七十页，由当地官府组织测试。私自剃度的，要勒令还俗，剃度僧人也要勒令还俗，并服劳役三年。在东西京、京兆府、大名府、青州设置剃度坛，剃度时，由政府出面考试。父母、祖父母还活着，无人供养的，不得出家。曾经犯过罪的以及不孝敬父母、逃亡的奴婢、没有抓获的通缉犯等等，一律不得出家。如有寺院擅自收容，依法论处。一些僧尼，过去经常搞一些焚烧胳臂、手指等等幻术，都是在哗众取宠，以后一律禁止。每年各地要制作两本僧侣人数的账簿，一本上奏朝廷，一本交给祠部，每年四月十五日，各县开始登记各寺院僧侣的人数，五月底登记完毕，上呈朝廷，凡是不在账簿的僧尼，一律勒令还俗。"当年，各道上呈的账簿显示：全国留下寺院 2694 所，废弃寺院 30336 所，在册僧尼 61200 人，其中，僧人 42444 人，尼姑 18756 人。

五月十二日，世宗下令将刑部员外郎陈渥赐死。陈渥生平清苦，很有操守，因为他奉命到齐州临邑县核查百姓土地，核查失实，被人告发，世宗竟然下令将其处死。当时的人们都认为，陈渥的错误不致死，都为其感到可惜。六月三日，世宗亲自在内苑审理囚犯。有个叫马遇的汝州百姓上诉称，其父亲和弟弟都被官吏陷害致死，此案经过各级官府的屡次审理，都不能替他伸冤。世宗亲自查问，最终查明了事实，人们都认为世宗断案如神，从此以后，各级地方长官无不亲自审理案件。二十三日，世宗下诏要求："两京以及各道州府，从今往后不得推荐留守判官、两使判官、少尹、防御使团练使军事判官，如果幕府内有人曾经担任过此类官职的，则可以上奏推荐。防御使、团练使所在的州，各设置一名推官。"这道诏书是世宗加强对地方控制的举措之一。

九月一日，世宗下令设立造钱厂，开始铸造铜钱。当时，朝廷很长时间都不铸钱了，而民间又有很多人把铜钱销毁，铸造佛像、器皿，导致市面上流通的铜钱越来越少。世宗在诏书中要求："如今开始开采铜矿，铸造铜钱，以方便公私，特制定规定。从今以后，除非朝廷的仪仗、军器、官府之物、镜子以及寺庙内的钟磬等物之外，其余铜器，一律禁止。"《资治通鉴》称，诏令要求民间的铜器、佛像，五十日内全部上缴官府，由官府出钱；过期不上缴的，五斤以上处死，不足五斤的，根据多少论罪。世宗对侍臣们说道："你们不要对毁坏佛像心存疑虑。佛，是用善道来教化人的，只要心存善念，就是在信佛。那些个铜像难道就是佛吗？况且，我听说佛的志向在于造福万民，就算眼睛、头颅都可以施舍，如果朕的身体可以对百姓有利，也在所不惜。"

闰九月二十九日，世宗与群臣在万岁殿上一起吃饭。席间，他对大家说："这两天天气非常寒冷，朕在宫中吃着美味珍馐，深感自己对百姓没有功劳而坐享上天的恩典，非常羞愧。既然我不能亲自耕作吃饭，只有亲临战场，为民除害，才多少能心安一些了啊！"

汴水自从唐末决口以后，就在埇桥（今安徽省宿州市埇桥区）东南冲出了一大批污秽的沼泽。世宗打算南征南唐，就先命武宁节度使武行德组织人力，沿着旧堤进行疏导，一直通到泗水上。人们都认为困难重重，很难成功，而世宗却说："数年以后，肯定会看到好处的。"

十一月十三日，世宗与近臣们讨论刑赏问题。他说道："朕一定不会因恼怒而随便处罚人，也不会因高兴而随便赏赐人。"过去，大梁城内的居民经常侵占路面，致使街道变得日益狭窄，能通行大车的地方很少。世宗下令全部取直、拓宽，最宽的街道有三十步。他又决定拓宽大梁城，还是在四月的时候他就命人先规划好了，在大梁城外设置标志，在标志内等到官府规划好街道、仓库、衙门以后，任由百姓随便找地方建房。冬季农闲时即组织人力一点点营建，农忙后就停工，再等来年，逐渐建成。他又下令从今往后，凡是安葬死人的，一律埋在规划范围七里之外，并把规划区内的坟墓迁到七里之外。他说道："扩宽城池涉及迁坟，确实给百姓带来了很多不便，引起民怨，朕自己承受，将来终归是会给百姓们带来好处的。"

显德二年的世宗除了把精力放在国内之外，还决定在关中用兵，夺回被后蜀占领秦州和凤州。如前所述，后唐明宗去世后，后蜀建立，当时的后蜀仅仅占有两川之地，不久，后唐内乱，潞王李从珂从凤翔起兵，朝廷军队战败后，后唐山南西道（今陕西省汉中市）节度使张虔钊和武定（今陕西省洋县）节度使孙汉韶遂投降了后蜀。此后，到辽国灭掉后晋，中原无主，后晋雄武（治所秦州，今甘肃省秦安县北）节度使何重建以秦州、成州（今甘肃省成县）、阶州（今甘肃省陇南市武都区东）三州投降了后蜀，不久，后蜀又攻占了凤州（今陕西省凤县）。到后周世宗显德二年一月十八日，后蜀在凤州设置了威武军。

高平之战后，世宗一方面搞好内政，另一方面还在思索着下一步的用兵方向。就在这时，秦州的百姓有人来到大梁，献上恢复关中失地的计划，世宗就采纳了。后蜀孟昶很快就听到了这一消息，遂派遣客省使赵季札巡视边防。赵季札素来自视甚高，等他回到成都后，就对孟昶说道："雄武节度使韩继勋和凤州刺史王万迪都没有将帅之才，不足以抵御大敌。"孟昶听了，就问谁行。赵季札就毛遂自荐，要去前线，显德二年三月二十七日，孟昶任命赵季札为雄武监军使，并把一千余名禁卫精兵交给了他，作为他的部下。孟昶仍不放心，到了四月十三日，他又命知枢密院王昭远再次来到北方边境，视察边防。与此同时，世宗也在挑选领兵将领。王溥推荐宣徽南院使、镇安节度使向训。世宗遂命令向训与凤翔节度使王景、客省使昝居润一起主持战事。五月一日，王景率部从散关出发，打响了收复失地的第一枪。王景，莱州掖人，世代务农。王景年少擅长骑射，游手好闲，最终落草为寇。此后，被后梁招降，当了后梁的一名将领。后唐建立后，王景被任命为奉圣都虞候。后唐末年，随张敬达围困晋阳，后归降了石敬瑭。后晋建立以后，王景被任命为相州刺史，此后，历任耀州团练使、京城巡检使、洺州团练使、侍卫马军左厢都校、横海节度使等职。辽国灭掉后晋以后，以辽将代替了王景，等耶律德光在北返途中死去以后，王景又返回横海，辽国守将逃走。后汉建立后，朝廷加授王景为同平章事。郭威过去就与王景是好友，等他建立后周以后，又加授王景为兼侍中。王景虽然出身低微，也没有什么谋略，但是，在治理地方期间，会亲自处理民间诉讼，为政宽简，深受当地百姓的爱戴。此后，郭威将他改任为护国节度使，不久又调任凤翔节度使。世宗即位后，又加授其兼中书令。昝居润，博州高唐人。赏赐文书会计，后唐时期担任枢密院小吏，此后，担任过陕州节度使白文珂的佐吏，等白文珂退休时，就把他推荐给了郭威。世宗担任开封尹时，郭威让他在开封府任职，等世宗即位后，遂提拔他担任了军器库使。高平之战后，因功被提拔为客省使，知青州。史称，他“性明敏，有节概，笃于行义……与太祖（赵匡胤）同事世宗，情好款洽”。

一八八　移兵南唐（一）

王景率领后周军队势如破竹，接连攻克了后蜀黄牛（今陕西省凤县以北）等八座营寨。

显德二年五月十一日，孟昶任命捧圣控鹤都指挥使、保宁节度使李廷珪为北路行营都统，左卫圣步军都指挥使高彦俦为招讨使，武宁节度使吕彦珂为副使，客省使赵崇韬为都监。赵季扎行至德阳，听说后周大军入境，不敢继续北上，上书请求孟昶解除自己边将职务，召回京师上奏国事，遂先把辎重和姬妾送回成都。二十日，赵季扎单人匹马跑回成都，后蜀君臣都误以为是前方战败了，都吓了一大跳。孟昶问他究竟要上奏何事，赵季扎一脸愁容，张口结舌，竟然一句话也说不出来。孟昶大怒，当即下令将其交付御史台论罪，二十七日，将其斩杀于崇礼门外。

六月五日，后周军队与后蜀李廷珪等人在威武城（今陕西省凤县东北）东交战，后周军队战败，排陈使、濮州刺史胡立等人被后蜀军队生擒。十日，孟昶派人从小路赶赴北汉、南唐，联络两国一起出兵进攻后周，两国皇帝都答应了。

前线战况不利，世宗又任命彰信节度使韩通担任西南行营马步军都虞候，七月一日，以王景兼任西南行营都招讨使，向训兼任行营兵马都监。宰相们见王景等将迟迟未能破敌，加上粮运不继，坚决请求世宗退兵。世宗派遣殿前都虞候赵匡胤赶赴前线察看，赵匡胤回京后，汇报了前线的情况，提出一定能够夺取秦州和凤州，世宗听后，就采纳了他的建议。

到了八月，双方战事陷于胶着。王景等将击败了后蜀军队，生擒后蜀三百名士兵。二十三日，孟昶派遣通奏使、知枢密院、武泰节度使伊审征赶赴前线督战。李廷珪先派遣先锋都指挥使李进领兵占领了马岭寨，又派遣奇兵出斜谷（今陕西省太白县境内），进驻白涧（今陕西省凤县东北），另分兵出击凤州以北的唐仓镇、黄花谷，以切断后周军的粮道。

闰九月，后周军统帅王景派遣裨将张建雄率领两千人马进抵黄花谷，又派兵一千直扑唐仓镇，切断了后蜀军队的退路。后蜀染院使王峦领兵从唐仓镇杀出，在黄花谷与后周的张建雄所部交战，后蜀兵败，逃回了唐仓镇，又与后周军队遭遇，后蜀军再次战败，王峦及其手下三千将士均被后周俘虏。后蜀进驻马岭和白涧的军队闻讯，也望风奔溃，李廷珪、高彦俦等人退守青泥岭（今陕西省略阳县以北）。后蜀雄武节度使兼侍中韩继勋放弃秦州，逃回成都。观察判官赵玭举城投降，后蜀驻扎在斜谷的军队也溃退了，成州、阶州全部投降了后周。后蜀上下一片震恐。赵玭，澶州人。其家很富，后晋时期，向朝廷缴纳钱财被补为集贤小吏，调任濮州司户参军。濮州刺史白重进试用他以后，觉得他很有才能，等到白重进调任成州刺史以后，就提拔他当了从事。世宗打算提拔赵玭担任节度使，宰相范质坚决阻止，以为不可，世宗遂任命其担任了郢州刺史。史称：赵玭“性狂躁，不能容人”。

闰九月十七日，百官入宫向世宗道贺顺利收复了秦州、成州和阶州。世宗举起酒杯给王溥劝酒道：“此次成功，全有赖于爱卿挑选领兵将帅之功啊！”

十月，后蜀领兵将领李廷珪、伊审征等人相继上书请求处罚，后蜀孟昶都赦免了他们的败军之罪。孟昶派人向世宗送来书信求和，在信中他自称大蜀皇帝。世宗见其以平等的礼节相称，十分恼火，遂不予理睬。孟昶对后周的下一步行动深感恐惧，遂在剑门关和白帝城集结兵力、军粮，做好保卫两川的战斗准备。由于后蜀此次招募的军队人数过多，朝廷开支巨大，入不敷出，又开始铸造铁钱，严禁境内私人买卖铁器，百姓深受其苦。

王景等人在夺取秦州、成州、阶州之后，又乘胜包围了凤州，韩通又分兵构筑固镇（今甘肃省徽县）城防，以拦截后蜀可能到来的援军。十一月十四日，后周军队攻克凤州，生擒后蜀威武节度使王环以及都监赵崇溥等将士五千人。赵崇溥绝食而死。王环，真定人。后唐天成初年，孟知祥镇守西川，王环前去投靠，等到孟知祥建立后蜀以后，王环一直担任禁卫军将领，承担守卫皇宫的职责，此后被任命威武（治所凤州）节度使。王环被送到大梁以后，世宗以其尽忠职守赦免了他，任命其为右骁卫大将军。二十一日，世宗下诏赦免了成州、阶州、秦州、凤州境内，对于在战争中俘获的后蜀将士们，愿意留在后周的，给予优厚的待遇和俸禄；对于愿意返回后蜀的，则发给盘缠送回。世宗在诏书中指出：“这么做是为了安抚人心，免得违背人性。上述四州百姓，除了朝廷征收夏秋两税之外，后蜀征收的其他苛捐杂税一律予以免除。”

世宗用兵秦州，实际上是虚晃一枪，在夺取秦州等地以后，就消除了后蜀对关中地区的威胁。在北有辽国、北汉，南有南唐的威胁下，全力去夺取后蜀，是要冒很大危险的，因此，对于世宗君臣来说，先解决掉面前的南唐，当属题中应有之义，这也是王朴对策中所确定的先南后北战略。当西线已取得初步胜利、顺利拿下秦州、成州、阶州之后，世宗君臣已经决定对南唐发起了进攻。当王景等将还在围困凤州之际，同年十一月一日，世宗就下诏任命李谷担任淮南道前军行营都部署兼知庐州、寿州等行府事，以忠武节度使王彦超为副都部署，率领侍卫马军都指挥使韩令坤等十二名将领领兵向南唐发起了大举进攻。

南唐元宗李璟性情温和柔弱，喜欢舞文弄墨，还特别喜欢听别人拍自己的马屁，因此，一些阿谀奉迎之徒纷纷得到重用，而国家政事则变得日益不堪起来。数年以来，南唐出兵闽国、楚国，一开始都很顺利，这让李璟也感到自负起来，逐渐产生了吞并天下之志。中原王朝李守贞、慕容彦超叛乱时，南唐都曾经出兵声援，又派人北上辽国、北汉，约定一起对付中原王朝。这些年来，由于中原战乱频仍，中原王朝无暇顾及。实际上，不仅中原王朝无力南下，南唐朝廷也是虚张声势而已，李璟两次出兵，都是先胜后败，损兵折将，寸土未得，又弄得国库空虚，得不偿失，也根本无力实现他统一天下的壮志，到后来甚至表态一辈子再也不愿谈及军事行动了。过去，每年冬天枯水季节，淮河水浅时，南唐经常派兵进驻淮河南岸，以备不测，称之为“把浅”（水浅时的防守）。为了不刺激中原王朝，南唐寿州监军吴廷绍认为边境安定，“把浅”军白白浪费粮食，遂上书朝廷请求全部撤除。清淮（治所寿州）节度使刘仁赡上书强烈反对，但李璟没有听从，这就给后周军队顺利南下提供了便利条件。

南唐人听说后周军队大举南下的消息，都十分惊恐，刘仁赡神情自若，从容部署，与平时没有两样，人们这才稍稍安定了下来。南唐皇帝李璟任命神武统军刘彦贞担任北面行营都部署，领兵两万增援寿州，又任命奉化（治所江州）节度使、同平章事皇甫晖担任应援使，常州团练使姚凤为应援都监，领兵三万进驻定远（今安徽省定远县）。他又征召镇南节度使宋齐丘返回金陵，一起商议对策，任命翰林承旨、户部尚书殷崇义担任吏部尚书、知枢密院。

李谷等将架设浮桥，从正阳（今安徽省颍上县东南渡口）南渡淮河。十二月十日，李谷上报称，王彦超所部在寿州（今安徽省寿县）城下击败南唐两千余人。十五日，李谷再次上奏称，先锋都指挥使白延遇在山口镇（今安徽省寿县东）击败南唐一千余人。二十二日，枢密使兼侍中郑仁诲去世。世宗打算前去亲临吊唁，近臣们说该年份不宜临丧。世宗说道："君臣情义深厚，还管什么适宜不适宜的！"遂前去凭吊，哭得极为伤心。

到次年（显德三年，公元956年）一月三日，李谷再次上奏称，在上窑（今安徽省蚌埠市西南）击败了南唐一千余人。四日，世宗下诏征调开封府、曹州、滑州、郑州十余万百姓开始构筑大梁外城。六日，他再次下诏亲征淮南，任命宣徽南院使、镇安节度使向训权东京留守，端明殿学士王朴担任副留守，彰信节度使韩通为权点检侍卫司及在京内外都巡检。又命令侍卫都指挥使、归德节度使李重进领兵先奔赴正阳前线，河阳节度使白重赞率领三千亲兵进驻颍上（今安徽省颍上县）。八日，世宗领兵离开大梁南下。

李谷迟迟未能攻克寿州，南唐刘彦贞又领兵前来救援，行至来远镇，距离寿州二百里，又派出两百艘战舰直扑正阳，做出要摧毁后周浮桥的架势。李谷很是担心，就召来众将商议道："我军不善水战，如果敌人切断了浮桥，我们就腹背受敌了，后路就被切断了。不如从寿州撤回，守住浮桥，以等待陛下的到来。"众将都觉得有理。当世宗听说李谷此议以后，连忙派遣中使前去制止，并派李重进率领军队火速南下，他叮嘱李重进道："一旦与敌人遭遇，就果断发起进攻！"等使者赶到前线后，李谷等将已经烧毁了辎重，从寿州撤退了。后周军队北撤时，非常混乱，丢失了大量物资，一些征调的淮北的农夫也落入了南唐军之手。

一月十七日，李谷再次上奏称："如今敌人的战舰在淮河中央前进，两岸的弩炮无法击中，一旦浮桥陷落，则军心动摇。如今，敌人的战舰正在逼近，淮河水位上涨，如果陛下亲临前线，万一粮道被敌人切断的话，就太危险了。希望陛下暂时驻扎在陈州、颍州之间，等李重进之军赶到后，臣与其一起研究对策，有什么良策，将立即上奏。就算今春撤兵，等冬天再来，也足以令敌人疲惫，我们再发起攻击也不迟。"世宗见了，大为恼火。

一八九　移兵南唐（二）

南唐领兵主将刘彦贞出生于富贵之家，不懂军事，胸无韬略，又很骄横，在他担任各地节度使期间，贪婪残暴，聚敛了巨额财富，用来贿赂朝中的权贵们，因此，魏岑等人争相说他的好话，把他比作韩信、彭越再世，因此，等后周南下时，李璟最先想到的统兵将帅人选就是他了。刘彦贞手下的将领像武彦晖、张廷翰、咸师朗等人都是些有勇无谋的斗将，素无谋略，他们见后周军队撤退，都觉得是敌人被吓退了，唯恐把后周军队放跑了，士兵们还没吃早饭，就命令部队朝正阳杀来。

南唐援军旌旗、辎重绵延数百里，声势浩大，刘仁赡以及池州刺史张全约坚决阻止。刘仁赡说道："大人的援军还未赶来，敌人就已经提前撤退了，这是畏惧大人的声威，何必要与敌人速战？万一失利，就大事不好了。"可是，刘彦贞就是不听，说道："我是统帅，你们懂什么！再敢动摇军心，斩首！"刘彦贞之军出发以后，刘仁赡说道："一旦与敌人相遇，肯定会败的。"遂增兵登城防御。果然，刘彦贞所部在正阳以东地区，与南下的后周主力李重进的精锐部队遭遇了。刘彦贞排列大阵，在阵前设置拒马，拒马上安置利刃，用铁绳将拒马连缀起来，又用木头刻了很多猛兽，立在阵前，号称捷马牌，又用皮布袋装满铁蒺藜，布设在阵地上。后周军队见状，都嘲笑南唐人胆怯，士气大涨。一战下来，后周军队大破南唐军，临阵斩杀刘彦贞，生擒咸师朗等人，斩首两万级（一说一万余级），缴获铠甲三十万副、战马五百匹，敌人的尸体布满三十余里。三千南唐士兵投降，全被赵晁所杀。

刘彦贞战败的消息传来，南唐军民大为恐惧，张全约率领本部人马逃回寿州，刘仁赡上表举荐张全约担任马步左厢都指挥使。皇甫晖和姚凤则退守清流关（今安徽省滁州市西南），南唐滁州刺史王绍颜弃城而逃。

显德三年（公元956年）一月十八日，世宗驾临永宁镇（今安徽省阜阳市东南）。他对侍臣们说道："听说我们解除寿州之围以后，很多百姓又重回到了村落，如今，他们听到我大军再至，肯定还会重新逃回城内。我可怜他们再入城内之后，终将会因我们长期围城而饿死，应该先派人前去安抚，令他们各自安心。"二十日，世宗来到正阳，免去了李谷的职务，改任李重进为淮南道行营都招讨使，而以李谷为判寿州行府事。二十二日，世宗来到寿州城下，在淝水以北扎营，命令各军团团围住寿州，又将正阳的浮桥移动至下蔡镇（今安徽省凤台县）。二十三日，世宗下诏征招宋州、亳州、陈州、颍州、徐州、宿州、许州、蔡州等州数十万民夫，协助军队一起猛攻寿州，日夜不停。有一万多名南唐军队驻扎在涂山（今安徽省怀远县东南）之下，战舰停靠在淮河南岸。二十六日，世宗命令赵匡胤领兵出击，赵匡胤派遣一百多骑兵冲到敌营前挑战，而后佯装败退，南唐军乘胜追击，结果在涡口（今安徽省怀远县东、涡河注入淮河口）中了后周军队的埋伏，大败，南唐都监何延锡等人被杀，后周军队缴获了敌人五十余艘战舰。

在世宗发兵南唐的同时，他又下诏命令武平节度使兼中书令王逵担任南面行营都统，命其率部进攻南唐的鄂州。王逵、周行逢在杀掉刘岩等人以后，就控制了湖南，到显德元年五月一日，王逵从潭州将军府迁至朗州，而让周行逢知潭州事，以潘叔嗣担任岳州团练使，不久，又派遣部将王虔朗说服了山蛮酋长苻彦通，遂代行皇帝职权任命苻彦通担任黔中节度使，以王虔朗为都指挥使。王逵得到世宗的命令后，即领兵进攻鄂州，途经岳州时，潘叔嗣对王逵非常恭谨，供应也很丰厚，然而，王逵的部下却贪得无厌，一些没有得到满足的人就在王逵面前说潘叔嗣的坏话，称其势必要谋反，王逵怒形于色，潘叔嗣遂心生不安。李璟听说湖南军队将至，遂命令武昌节度使何敬洙把城外的百姓迁至城内，固守城池。何敬洙不从，反而命人砍伐树木、杂草，开辟战场，说道："敌人到了，我将与军队、平民们一起战死在此！"李璟对他的做法很是满意。

二月三日，下蔡的浮桥建成，世宗亲自前去视察。他见桥梁附近的道路修得不好，当即下令将济州马军都指挥使康俨斩首。五日，后周庐寿巡检使司超上奏称，在盛唐（今安徽省六安市）击败三千余名南唐军队，生擒其都监高弼等人，缴获战舰四十余艘。司超，大名元城人。起初是安叔千的部下，刘知远在太原时，司超前去投靠，担任一名帐下小校。后汉建立，司超被任命为宋、宿、亳三州游奕巡检使，后改任宿州西固镇守御都指挥使，移驻颍州下蔡镇，曾屡屡与南唐军队作战。此次李谷征讨南唐，司超也被任命为周步军先锋副都指挥使，又担任庐、寿、光、黄等州巡检使。

世宗命令赵匡胤领兵倍道兼行，奔袭清流关（今安徽省滁州市西北）。南唐军统领皇甫晖等人在山下列阵，双方刚一交手，赵匡胤就率领一支奇兵绕到山后，皇甫晖等人大吃一惊，慌忙撤回滁州城内，想砍断桥梁自守。赵匡胤飞马指挥军队渡过河去，直抵滁州城下。皇甫晖说道："人各为其主，希望容我排好阵势再战。"赵匡胤笑笑答应了。皇甫晖整顿军队出战，赵匡胤抱住马脖子，径直冲进南唐阵中，他大喊道："我只取皇甫晖一人，不干你们的事！"一剑击中皇甫晖的脑袋，将其生擒，南唐军大败，另外一名主将姚凤也被生擒，后周军队遂攻克了滁州。王铚《默记》称：李璟闻世宗亲至淮上，而滁州其控扼，且援寿州，命大将皇甫晖、监军姚凤提兵十万扼其地。太祖以周师数千与晖遇于清流关隘路，周师大败，晖整全师入憩滁州城下，会翊日再出。太祖兵聚关下，且虞晖兵再至，闻诸村人，云有镇州赵学究在村中教学，多智计，村民有争讼者，多请以决曲直。太祖往访之，学究曰："我有奇计，所谓因败为胜，转祸为福。今关下有径路，人无行者，虽牌军亦不知之，乃山之背也，可以直抵城下。方值西涧水大涨之时，彼必谓我既败之后，无敢蹑其后者，诚能由山背小路率兵浮西涧水至城下，斩关而入，可以得志。"太祖大喜，且命学究以指其路，学究亦不辞，而遣人前导，即下令誓师，夜从小路行，三军跨马浮西涧以迫城，晖果不为备。夺门以入，晖始闻之，率亲兵擐甲与太祖巷战，三纵而三擒之，遂下滁州。

数日后，赵匡胤的父亲、时任侍卫马军副都指挥使，领兵在半夜来到滁州城下，传话城内打开城门。赵匡胤说道："父子虽然是至亲，可是，守好城门则是国事，不敢奉命。"直到次日凌晨才让赵弘殷所部入城。世宗派遣翰林学士窦仪来滁州登记缴获的钱粮，赵匡胤派遣心腹小吏来索取仓库中的绢。窦仪说道："你刚克城之时，就算把库房内的东西都取出，也无所谓。如今，既然已经经过了登记，就是国家的财产了，没有皇帝的诏命，我不敢私自送给你。"赵匡胤遂对窦仪刮目相看。世宗又下诏任命左金吾卫将军马崇祚担任知滁州。当初，永兴节度使刘词去世前，曾向宰相范质举荐其幕僚赵普是个人才，等到赵匡胤打下滁州以后，范质就推荐赵普担任了滁州军事判官。当时，赵弘殷在滁州生病了，卧床不起，赵普日夜在一旁伺候，赵弘殷由此把赵普当成一家人。赵匡胤曾与赵普深谈一次之后，对他很是喜爱。后周军队抓获了一百多名强盗，赵匡胤命令全部斩杀，赵普担心其中有无辜之人，就请求先进行审讯，然后再做决定。经过赵普一番审讯，救活了十之七八的人，赵匡胤觉得赵普很不一般。赵普，字则平，幽州蓟人。此后，赵普的父亲赵迥因躲避战乱，举家迁至常山，后来又迁到了洛阳。赵普沉默寡言，镇阳豪强魏氏将女儿嫁给了他。后周显德初年，刘词征辟赵普为从事。赵普与赵匡胤二人之间的关系扑朔迷离，野史有很多不同的记载，比如前引的《默记》所言的赵学究就是指的赵普，还有《孙公谈圃》又称："艺祖（赵匡胤）生夹马营，营前陈学究，聚生徒为学，宣祖（赵弘殷）使艺祖从之。上（赵匡胤）微时，疾恶不容人过，陈时时开论。后得赵学究，即馆于汴第。杜后录陈之旧，令至门下与赵俱为门客。然艺祖独与赵计事，陈不与也。其后艺祖践祚，而陈居陈州村舍，聚生徒如故。逮太宗判南衙，使人召之。居无何，有人言开封之政，皆出于陈，艺祖怒，问状。太宗（赵光义）惧，遂遣之，且以白金赠行，半道尽为盗掠。居陈，生徒日衰，馆于驿舍，一夕醉饱而卒。赵学究即普也。"《湘山野录》则称："祖宗（赵匡胤）居潜日（指还没有发达时），与赵韩王（赵普）游长安市。时陈抟乘一卫遇之，下驴大笑，巾簪几坠。左手握太祖，右手挽太宗（赵光义）：'可相从市饮乎？'"祖宗曰：'与赵学究三人并游，可当同之。'陈睥睨韩王（赵普）甚久，徐曰：'也得，也得，非渠不得预此席。'既入酒舍，韩王足疲，偶坐席左，陈怒曰：'紫微帝垣一小星，辄据上次，不可！'斥之使居席右。"这两处记载似乎又令人觉得赵匡胤与赵普早就相识了。

一九〇　移兵南唐（三）

赵匡胤在军中的威名越来越高了。每次作战，他总让人用华丽的丝线装饰自己的坐骑，铠甲武器耀眼夺目。有人劝他道："如此一来，就会成为敌人的目标。"赵匡胤回答："我就是要他们认识我是谁！"

南唐皇帝李璟派遣泗州牙将王知朗携带书信，送达已经被后周占领的滁州。李璟在信中称："南唐皇帝给大周皇帝送信：请求罢兵和好，愿意以兄长之礼侍奉大周皇帝，每年进贡钱财作为军费。"二月十一日，滁州方面将信转呈给了世宗，世宗不予理睬。十五日，世宗命令前武胜节度使侯章等将进攻南唐寿州水寨，破坏了水寨西北角的堤坝，把水寨内的水引入淝水。赵匡胤派人把被俘的南唐将领皇甫晖等人送到世宗那里，当时，皇甫晖已被赵匡胤打成了重伤，见到世宗时，皇甫晖说道："我累了，坐一会儿。"坐下之后，又说："我躺一会儿。"不等世宗同意，就躺下了。他就这样躺着，神色自若地对世宗说道："臣并非不忠于职守，只是因为两国士兵们的军事素质相差太远了。臣昔日与契丹人交战，也从来没有见过如此精锐之兵啊！昨日，我退守滁州时，没有想到周军士兵竟然攀缘城墙而上，如飞一般，臣已经身心俱疲，所以被活捉了。"遂盛赞赵匡胤之勇。世宗下令赦免了他，赏赐给他金带、鞍马，数日以后，皇甫晖就死掉了。

世宗见南唐扬州（今江苏省扬州市）没有防备，二月十六日，他下令韩令坤等将领兵奔袭，告诫他们不得残害当地百姓，对于南唐皇室的陵墓，派人与李姓家属一起看护。

迟迟没有接到世宗的回复，南唐皇帝李璟非常焦急，而前线又接连传来败报，他担心这样打下去，有亡国之危，又派遣翰林学士、户部侍郎钟谟与工部侍郎、文理院学士李德明携带奏表，向后周称臣，请求停战，并献上龙袍、玉带、茗茶、药物等，另外进贡金器一千两、绫罗两千匹、牛五百头、酒两千斛，二月十九日，钟谟一行来到寿州城下。钟、李二人素来伶牙俐齿，世宗知道二人此行是想游说，就安排了盛大的军队，再接见二人。刚一见面，世宗就开门见山，直接对二人说道："你们的主子自称是大唐后裔，应该比别的国家更懂得礼仪。与朕仅一水之隔，未尝派遣一个使者与我和好，只知道通过海路去联络契丹，丢下同族，去侍奉夷狄，礼仪何在？现在还想说服我罢兵吗？我不是战果时期六国的愚蠢之主，难道你等伶牙俐齿就能迷惑得了我吗？你们可以回去告诉你们的主子：速速前来面见朕，再拜谢悔过，就无事了。不然的话，朕将去看看金陵城，借那里的仓库来犒劳我军士兵，到了那时，你们君臣难道不会后悔吗？"钟谟、李德明二人听了，吓得浑身发抖，一句话也说不出来。当天，世宗赏赐给二人绫罗二百匹，银器一百两以及衣服、金带、鞍马等物。

在世宗讨伐南唐之前，除了传令湖南王逵同时进兵之外，还命令吴越王钱弘俶、荆南高保融出兵从其他方向牵制南唐军队。钱弘俶派军进驻于南唐的边境上，等待后周世宗的下一步命令。吴越苏州营田指挥使陈满对丞相吴程说道："周军南征，南唐全国一片惊慌，常州疏于戒备，可唾手而得。"正巧，南唐元宗李璟下诏安抚江阴（今江苏省江阴市）百姓，陈满对吴程谎称说："后周的诏书已到！"吴程遂建议钱弘俶速速发兵，夺取常州。吴越另位宰相元德昭说道："南唐是个大国，不可小视。如果我军攻入南唐而周军并未到来的话，谁还能帮助我们？能不危险吗？请稍稍再等一等。"吴程坚持认为机不可失，最终钱弘俶采纳了吴程的建议。二月二十日，钱弘俶派遣吴程统领衢州刺史鲍修让、中直都指挥使罗晟领兵直扑常州。吴程对吴越将士们说道："元德昭不想出兵。"吴越将士们听了，都很恼火，传出话来要杀掉元德昭。钱弘俶把元德昭藏在王宫之中，传令逮捕散布流言之人，叹息道："正要出兵，而士兵们竟然要杀掉丞相，这也太不吉祥了吧！"

二月二十二日，后周侍卫马军都指挥使韩令坤领兵突然出现在扬州城下。远离前线的扬州毫无防备，一大早，扬州刚刚打开城门，韩令坤就命令先锋都指挥使白延遇率领数百骑兵冲入了扬州城内，南唐城内百姓还对此浑然不觉。接着，韩令坤率部随后赶到，南唐东都营屯使贾崇下令焚烧了官府、民宅，弃城而逃，东都副留守、工部侍郎冯延鲁剃去头发，身披僧衣，藏匿在佛寺之中，但还是被人抓了出来。韩令坤下令安抚扬州百姓，命他们照常生活。《东都事略》称，韩令坤所部整队入城，扬州百姓都很高兴。接着，韩令坤又乘胜攻克了泰州，南唐泰州刺史方讷逃奔金陵。世宗任命给事中高防权知泰州事。二十三日，南唐寿州城内左神卫军使徐象等十八人投奔了后周。二十七日，王逵上奏称攻克了南唐鄂州长山寨，歼灭南唐三千余人，活捉南唐将领陈泽等人，已派人送往后周。二十八日，后周殿前都虞候赵匡胤上奏称，南唐天长（今安徽省天长市）制置使耿谦投降，缴获南唐军粮二十余万。南唐皇帝李璟派遣园苑使尹延范前往泰州，把吴国让皇杨溥家族迁至长江南岸的润州（今江苏省镇江市）。尹延范因道路难行，又唯恐杨家人会趁乱叛乱，就杀掉了杨家六十名男子，李璟闻讯大怒，下令腰斩了尹延范。二十九日，静安（治所李晏口，今河北省深州市东南）军使何继筠，截获了南唐皇帝李璟给辽国送去的求救蜡丸书信。何继筠，字化龙，河南人。其父何福进，曾任在后唐、后晋、后汉、后周为官，历任忠武、成德、天平三镇节度使。后晋初年，何继筠被补为殿直。他曾随郭威讨伐三镇叛乱，平定叛乱后，改任供奉官。后周建立，其父何福进担任成德节度使，何继筠被任命为牙内都指挥使，曾经率领偏师从土门关出击，与北汉军队交战，斩首数千级。辽军高谟翰领兵骚扰深州和冀州，何继筠和侍卫步军都指挥使刘诚诲领兵抵御，高谟翰退去。不久，何继筠随父亲何福进入朝，被拜为内殿直都知。何福进去世后，何继筠被任命为濮州刺史，领兵镇守静安军。

二月三十日，吴越王钱弘俶派遣上直都指挥使路彦铢领兵进攻南唐的宣州（今安徽省宣城市宣州区），罗晟率领吴越水军进驻江阴。南唐静海制置使姚彦洪率领一万多军民归顺了吴越。

就在这时，西线的王逵所部却停止了攻势。话说潘叔嗣与王逵产生隔阂以后，等王逵领兵进攻南唐鄂州时，潘叔嗣就对部下们说："我对王大人已仁至义尽，如今，王大人竟然相信谗言，怀疑于我，并对我等心生怨恨，等王大人回师时，肯定会进攻我们的，我等不能坐以待毙，你们能与我一起西上，袭占朗州吗？"众人也都非常愤慨，遂从岳州出发，奔袭朗州。王逵听说潘叔嗣领兵西上的消息后，赶忙从鄂州前线撤军，追赶潘叔嗣之军。两军在武陵（治所朗州，今湖南省常德市）城外相遇，潘叔嗣所部以逸待劳，将王逵之军击败，王逵也临阵被杀。

有人劝说潘叔嗣就此夺占王逵之位，潘叔嗣却说："我这么做不过是救命而已，岂敢自立，应该把军府让给潭州的周太尉（周行逢），周太尉难道不会把武平（朗州）给我吗？"遂领兵返回了岳州，派团练判官李简率领朗州将吏们去潭州迎接武安节度使周行逢。众人对周行逢说道："一定得把潭州送给潘叔嗣才好。"

周行逢说道："潘叔嗣擅自杀掉大帅，罪该灭族。唯一可以饶恕的是，他占领朗州以后，并未自立，而是交给了我。如果马上就任命其担任节度使的话，天下之人就会认为我是他的同党，我如何才能洗刷这个罪名！应该暂且任命其担任行军司马，等到过了年以后，再提拔他担任节度使，比较合适。"遂以潭州刺史莫弘万权知潭州事，领兵进入朗州，自称武平、武安留后，禀报后周朝廷，以潘叔嗣为行军司马。

潘叔嗣闻讯，勃然大怒，称病不去朗州。周行逢说道："我就当过行军司马，这个职务的权力与节度使没有什么两样，而潘叔嗣仍不满意，他难道还想搞掉我吗？"有人劝说周行逢："不如就任命其担任武安节度使，引诱其回到军府，等他来到朗州以后，就是我们掌中之物了。"周行逢听从了。果然，潘叔嗣欣然接受了这一职务，就要赴任，其心腹劝阻他别去，然而，他觉得自己一直把周行逢当作自己的兄长看待，两人过去非常亲密，根本不会想到周行逢会杀了自己，遂高高兴兴地去朗州上任了。一路上，周行逢不断派人问候，等潘叔嗣到了朗州郊外时，周行逢亲自出城慰问，二人相见，相谈非常融洽，可是，等潘叔嗣入城到军府晋见时，还未走到大庭，就被人拿下了。潘叔嗣被带至周行逢面前，周行逢立刻换了一副脸色，斥责道："你身为小校，从未立过大功，王逵提拔你担任了团练使，你竟然突然杀了主帅。我念及昔日我俩的友情，不忍杀你，任命你担任行军司马，你竟敢抗拒我的命令，拒不接受吗？"

到了这个时候，潘叔嗣才知上当，但已明白今日自己只有一死了，遂请求周行逢饶了自己全家。周行逢遂下令将其斩首示众了。

一九一　移兵南唐（四）

湖南方面这场内讧，对后周的南征行动并没有产生太大的影响。

显德三年（公元 956 年）三月一日，世宗巡视水寨，行至淝桥，他亲自抱起一块石头，带到水寨内，作为攻城炮的炮弹，见皇帝如此，随从官员们每人也都抱了一块石头过了桥。此时，后周军队已经夺取了寿州附近的滁州以及稍远的扬州和泰州，集中力量进攻寿州。赵匡胤乘坐牛皮小船深入到寿州的护城河中，城上守军发射连发强弩，箭杆如同房屋的椽子一半粗长。赵匡胤的牙将张琼赶忙用自己的身体保护赵匡胤，弩箭射中张琼的大腿，顿时血流如注，昏死过去。回到营中后，医生前来诊治，可是，箭头已经深入骨髓，无法取出。张琼命人拿来一大碗酒，一口喝下，让医生敲碎骨头，终于取出了那枚箭头，鲜血流了数升，而张琼神色自若，赵匡胤对其非常看重。张琼，大名馆陶人。他自幼就力大无穷，擅长射箭，应当是在赵匡胤奉命整军时，到赵匡胤的殿前司任职。此前不久，赵匡胤领兵进攻南唐十八里滩营寨，被南唐战舰围困，南唐一名壮士身披重甲，手持盾牌，猛冲周军军阵，后周无人能挡。赵匡胤命令张琼射杀此人，张琼弯弓搭箭，那人是应弦而倒，南唐军队遂被击退。

后周军队攻势不减，令南唐君臣如坐针毡。世宗对南唐方面提出的停战条件是，让南唐皇帝李璟亲自来见，这显然让南唐无法接受，可是，眼看着前线日益吃紧，南唐君臣不得不再次派员前来求和。这一次，李璟派出了更高级别的使者，他任命尚书右仆射孙晟为司空，与礼部尚书王崇质携带奏表前往周军，又献上一千两黄金、十万两白银、两千匹丝绸。在奏表中，李璟表示："自从唐末以来，四海分崩，群雄并起，有的割据一方，有的改朝换代，臣继承先王之业，拥有江东，只因真命天子没有出现，所以臣才自立。如今，天命归属大周，陛下声威远播，希望允许我像两浙、湖南那样，臣服陛下，奉行大周年号，替陛下守护一方。请求陛下收回征讨之兵，赦免臣的罪过。”孙晟对冯延巳说：“这次应当是你这个左相出使的，可是，如果我孙晟推辞的话，就辜负了先帝。”出发后，孙晟自知难以幸免，夜半叹息，对王崇质说道：“你一家老小一百多人，要替自己打算了，我考虑再三，无论如何，我是不会辜负永陵（李昪之墓）一把土的，剩下的就不是我所考虑的了。”（亦见《钓矶立谈》）

后周光州（今河南省潢川县）、舒州（今安徽省潜山县）、黄州（今湖北省武汉市新洲区）招安巡检使、行光州刺史何超率领安州（今湖北省安陆市）、随州（今湖北省随州市）、申州（今河南省信阳市）、蔡州（今河南省汝南县）的数万人马进攻南唐的光州。三月三日，何超上奏称南唐光州刺史张绍弃城逃走，都监张承翰举城投降，世宗任命张承翰为集州刺史（遥领）。世宗任命郭令图为代理舒州刺史，由殿前铁骑右第二军都指挥使王审琦与司超率领精锐骑兵夜袭舒州（今安徽省潜山县），经过一夜的激战，后周攻克舒州，缴获武器、军粮数十万。四日，郭令图向世宗告捷。王审琦，字仲宝，祖上是辽西人，后来迁至洛阳。王审琦为人纯正谨慎，后汉年间，他成为郭威帐下亲校，深得郭威的信任。后周建立以后，他被晋升为东西班行首、内殿直都知、铁骑指挥使；世宗继位后，在高平之战中立下战功，被晋升为东西班都虞候，后改任为殿前铁骑都虞候，又转任本军右第二军都指挥使。世宗曾经召集禁卫军各军将校们在皇家园林中饮酒校射，王审琦连连射中，受到世宗的赞赏。

南唐蕲州（今湖北省蕲春县）守将李福杀掉其知州王承巂，投降了后周。世宗派遣六宅使齐藏珍领兵进攻南唐黄州，并命令王审琦前去增援。等后周王审琦所部离开舒州以后，当地军民又把郭令图赶出了舒州，王审琦闻讯，又挑选精锐骑兵，趁夜回军，奔袭舒州，又重新夺回了城池，郭令图这才又回到了城内。世宗对王审琦很是赞赏，晋升其为殿前散员都指挥使。

在去年后周与后蜀的战争中，对于一些愿意归顺后周的后蜀降兵，世宗专门把他们组成了一支军号为怀恩军的军队，此次南讨，这支军队也随着大军南下，谁知他们竟然投降了南唐。三月十日，李璟上书送还了一百五十名后蜀降兵，世宗下令将其全部斩杀。十三日，南唐右相孙晟等人来到世宗的大营。十七日，世宗派遣中使将孙晟送至寿春城下，向守将刘仁赡展示，并让孙晟招降刘仁赡。刘仁赡见到孙晟后，身穿军服，在城墙上向孙晟叩拜。孙晟对刘仁赡说道：“你深受朝廷厚恩，不可开门接纳敌人！”世宗听说后，怒不可遏，孙晟从容地对世宗说道："臣身为南唐宰相，岂能让节度使投降外国呢？"世宗见他义正词严，虽然内心恼怒，但也只好放了他。

李璟派到后周的两拨使者都被世宗扣留了下来。显然，两次谈判，南唐方面一直在被迫加码：第一次没有使者，请求的条件是称弟弟，每年进贡；第二次是派了钟谟和李德明，表示称臣，并献上财物；第三次是派来了孙晟、王崇质，表示称臣，另献上财物。世宗对李璟提出的撤军条件仍不满足，谈判中间，李璟又让李德明和孙晟向世宗表态，请求去掉自己的皇帝称号，割让寿州（今安徽省寿县）、濠州（今安徽省凤阳县）、泗州（今江苏省盱眙县淮河北岸）、楚州（今江苏省淮安市）、光州（今河南省潢川县）、海州（今江苏省连云港市）六个州给后周，并每年进贡给后周一百万金帛。在李璟提出割让的这六个州中，全部在淮河沿岸，并且，光州已经被后周军队占领，如果按照这个条件，后周军队已经占领的舒州、扬州、泰州、蕲州还得归还给南唐，这个条件世宗自然不会答应。在世宗看来，南唐长江以北之地有一半的土地已经被周军占领，各路将领每天都会送来捷报，因此要全取长江以北之地，遂没有答应。李德明见后周军队攻势凌厉，就对世宗表态说："南唐主不知陛下的兵力如此强大，希望给微臣五天时间，让我回到南唐劝说南唐主，令其献出长江以北的全部土地。"世宗答应了。孙晟趁机请求世宗让王崇质与李德明一起回去。世宗派遣供奉官安弘道把李德明、王崇质等人送回金陵，并给李璟下诏，内容大致是："只要内心如严冬时松柏一样的节操，就算你保留帝号也无不可；如果你坚守侍奉大国之心，我自然不会乘人之危……等到割让了各州以后，大军马上就会撤退。话就说到这里，无须再多费口舌，如果你不同意，就此断绝和谈。"同时世宗又给南唐将相们送去书信，命南唐君臣好好商议以后做出回复。南唐主李璟又上表谢恩。

回到南唐朝廷的李德明盛赞世宗的威望和恩德以及周军的强大，劝说李璟满足世宗的要求，李璟听了很不高兴。宋齐丘认为就算割让江北土地也毫无益处，并称李德明轻佻浮躁，夸大其词，南唐朝中群臣也都不大相信。枢密使陈觉、副使李征古素来就厌恶李德明和孙晟，就指使王崇质提出不同的情报和看法，并趁机向李璟进谗言，称："李德明卖主求荣。"李璟大怒，下令将李德明斩杀于金陵街市之上，决定放弃求和，与周军决一死战。

李璟任命各道兵马元帅、齐王李景达统领大军反击周军，以陈觉为监军使，前武安节度使边镐担任应援都军使。中书舍人韩熙载上书认为："说到信任，莫过于亲王了；说到重要，也莫过于元帅了，还设置监军使干啥？”但李璟不从。与此同时，李璟又派遣鸿胪卿潘承祐赶赴泉州和建州招募骁勇之士，潘承祐举荐前永安节度使许文稹、静江指挥使陈德诚、建州人郑彦华、林仁肇，李璟任命许文稹为西面行营应援使，又拜郑彦华和林仁肇为领兵将领。郑彦华，南唐福建宁化人，世代为闽国各州刺史，郑彦华年少曾射杀过幼虎，在福州节度使李弘义手下任职。南唐李璟发兵进攻福州时，南唐统帅王崇文命士兵李兴登上楼车谩骂李弘义，李弘义恼羞成怒，招募能抓获李兴之人。郑彦华应募，趁夜偷偷出城，埋伏在护城河边，次日遂抓获了李兴。此后，南唐剑州刺史陈诲又率领水军参战，郑彦华遂率部投降了陈诲，被任命为军校。林仁肇，是十二年前诛杀闽国叛臣连重遇的林仁翰之弟。《南唐书》记载，林仁肇性格刚毅，身材魁梧，武艺高强，身上刺有虎形文身，被人称为林虎儿。闽国灭亡后，在家闲居。

一九二 移兵南唐（五）

此时，南线吴越军对常州的攻势也在加强。

吴越丞相吴程领兵进攻南唐的常州，并很快就攻破了常州外城，活捉了南唐常州团练使赵仁泽，将其送往钱塘。赵仁泽见到吴越王钱弘俶，立而不拜，并斥责其违背了盟约。钱弘俶大怒，命人用刀插入赵仁泽的口中，一直割到耳朵那里。元德昭怜悯其是个忠臣，命人给他敷上好药，赵仁泽才没死掉。

南唐皇帝李璟见吴越已兵临常州，威胁到了润州的安全，觉得宣州、润州大都督燕王李弘冀年纪太轻，恐怕应付不了复杂的局势，遂将其调回金陵。李弘冀的部将赵铎对李弘冀说道："大王身为元帅，是军队的依靠，一旦大王退回金陵，部队肯定是会乱的。"李弘冀觉得有理，就拒绝从命，部署众将，做好应战准备。

龙武都虞候柴克宏是南吴名将柴再用的儿子，平日里沉默寡言，乐于助人，从不聚敛家财，虽然担任禁卫军将领，却整日里与客人们一起饮酒赌博，不曾谈论军事，众人都觉得他没有将帅之才。如今，有人称柴克宏一直未曾得到晋升，李璟就任命其为抚州（今江西省抚州市临川区）刺史。柴克宏提出请求，愿意调往军队任职，为国杀敌，他的母亲也上书称柴克宏有其父亲之风，堪当将领，如果儿子不胜任，情愿与儿子一起被朝廷处死。李璟这才任命柴克宏担任右武卫将军，命其领兵会同袁州（今江西省宜春市）刺史陆孟俊一起救援常州。

当时，南唐的精锐部队都在长江以北，与后周作战，柴克宏所统领的数千人马都是些羸弱之卒，枢密使李征古又发放些朽坏的铠甲武器。柴克宏找到李征古理论，反被李征古谩骂一顿，部众们得知后，群情激愤，而柴克宏却丝毫没有放在心上。他们行至润州，李征古又派人要召回柴克宏，改任神卫统军朱匡业接管柴克宏的军队。燕王李弘冀对柴克宏说道："你只用领兵出战，我会向朝廷解释的。"遂上书称柴克宏才能足以破敌，常州危在旦夕，不宜中途换将。柴克宏领兵直奔常州，李征古又派人召其还朝。柴克宏说道："我很快就能击破敌人了，你来召我回朝，定是内奸！"遂下令将使者斩杀。使者说道："我是奉枢密使之命前来的！"柴克宏回答："就算枢密使自己来，我照样杀他！"

九年前，鲍修让和罗晟驻守福州时，吴程是二人的上级，双方发生矛盾，至此，吴程遇事每每压制二人，二人对其怀恨在心。在此之前，南唐李璟曾经派遣中书舍人乔匡舜出使吴越，三月十九日，柴克宏领兵来到常州，用布把战舰包裹起来，战士们藏匿在幕布之内，对外谎称是来接回乔匡舜的。吴越的巡逻部队向吴程禀报，吴程说道："两国交战，使者穿梭其间，不可疑神疑鬼。"不久，南唐军队就登上岸，直扑吴越军大营，罗晟所部消极应战，致使南唐军队直扑吴程大营，吴程仅仅逃出一命。柴克宏大破吴越军，斩首一万余级。朱匡业来到行营后，对柴克宏毕恭毕敬。吴程逃回钱塘，钱弘俶免除了他所有的官职。

当初，柴克宏担任宣州巡检使的时候，来到宣州就发现城防工事无人修整，城内铠甲武器也都不足。宣州官吏们解释说："自从田頵、王茂章、李遇镇守此地，相继发动叛乱，后来治理宣州的人都不敢再整修城防了。"柴克宏说道："时代不同了，情况也发生了变化，哪有这个道理！"遂下令整修了宣州的城防。至此，当吴越路彦铢领兵进攻宣州时，迟迟未能攻下，又听说吴程在常州战败的消息，三月二十二日，路彦铢也率部撤离。南唐李璟任命柴克宏为奉化节度使，柴克宏又上书请求领兵救援寿州，途中就因病去世了。

击退了吴越两路敌军，才让李璟腾出手来，集中兵力对付长江以北的后周军队。四月，南唐右卫将军陆孟俊率领一万余人从常州北上，直扑泰州，后周军队寡不敌众，只好弃城而去。陆孟俊兵不血刃，就重新夺回了泰州，留下陈德诚率部驻守。接着，陆孟俊又直扑扬州，驻扎在蜀冈（今江苏省扬州市西北），后周扬州守将韩令坤弃城而逃。世宗得知扬州危急，赶忙命令张永德领兵前去救援，韩令坤又重新回到了扬州。与此同时，世宗任命武宁节度使武行德为濠州城下行营都部署，以前邓州节度使侯章为寿州城下水寨都部署，以侍卫亲军都指挥使、归德节度使李重进为庐州、寿州等州招讨使，在继续围攻寿州的同时，又把兵锋对准了寿州以东的濠州（今安徽省凤阳县），世宗也离开寿州，沿着淮河东下。当扬州危急以后，世宗再命赵匡胤率领两千人进驻六合（今江苏省南京市六合区），赵匡胤下令："扬州驻军有胆敢越过六合的，砍下他们的双脚！"韩令坤闻讯，才决心固守扬州。

实际上，此时的周军已经有些强弩之末的味道了。周军自从去年十一月份以来已经连续作战了半年之久，即便是从世宗抵达寿州城下开始计算，迄今也已经四个月了，后周军队在寿州城下不分昼夜发起攻城战，却迟迟未能破城，军队已十分疲惫。再加上遇上大雨，营中积水深达数尺，攻城器械和士兵都有很大损失，后方的粮食运输也跟不上，前去南唐复命的李德明又迟迟不回，在这种情况下，后周群臣就提出了撤军的动议。不过，有人劝说世宗前去濠州，对外声称已经攻破了寿州，世宗就答应了，四月七日，世宗离开寿州东下，十三日，到达了濠州。

与此同时，韩令坤率部在扬州以东击败南唐军，生擒南唐领兵主将陆孟俊。五年前，陆孟俊废黜马希萼拥立马希崇，曾经把前舒州刺史杨昭恽一家灭门，霸占了杨家的全部家财，杨家有个女儿非常漂亮，陆孟俊把杨氏送给了马希崇。等韩令坤攻入扬州后，马希崇又把杨氏献给了韩令坤，韩令坤对杨氏非常宠爱。等到韩令坤抓获了陆孟俊以后，原本打算将其押送至世宗那里。在门帘后面的杨氏偷眼看见，突然捶胸顿足，号啕大哭，韩令坤大吃一惊，连忙询问缘由。杨氏回答："陆孟俊在长沙时，杀了我全家二百余人，今日相见，请大人替妾身做主。"韩令坤遂下令将陆孟俊杀掉了。

虽然扬州的韩令坤击败了南唐陆孟俊部，可是，南唐齐王李景达所部也到了江北。他率领两万人马从瓜步（今江苏省南京市六合区东南）北渡长江，直逼赵匡胤所部，然而，他们刚刚上岸，就在距离六合二十余里的地方安营扎寨，不敢继续前进了。后周众将请求立即发动攻击，赵匡胤说道："敌人设立营寨固守，说明他们是害怕我们的。如今，我军人数不足两千，如果主动前去进攻，反而会暴露出我军的兵力，倒不如等到他们前来进攻时，再予以还击，就一定能将其击败。"两军相持数日，南唐军队果然开始向六合移动，赵匡胤领兵奋勇杀敌，大破南唐军，杀死、俘虏了近五千人，剩余一万余众四散南逃，争夺船只，又淹死了很多人，南唐的精锐部队在此战中全部丧失。在激战中，后周有些士兵没有尽力，赵匡胤佯装督战，用宝剑顺便砍破这些士兵头戴的皮斗笠，次日战后，他下令军中查出斗笠上有剑痕的数十人，全部予以斩首，从此以后，赵匡胤的部下无人敢不拼死效命。四月十七日，韩令坤又上奏称，在湾头堰（今扬州市东北）击败南唐楚州（今江苏省淮安市）一万余人，生擒南唐涟州刺史秦进崇。张永德上奏称，在曲溪堰（今盱眙县西南）击败南唐泗州（今江苏省盱眙县淮河北岸）援军一万余人。

四月二十四日，世宗任命宣徽南院使向训担任淮南（治所扬州）节度使兼沿江招讨使。《宋史·向拱传》记载："扬州初平，南唐令境上出师谋收复，韩令坤有弃城之意，即驿召拱（向训，后改名为向拱）赴行在，拜淮南节度使，依前宣徽使兼沿江招讨使，以令坤为副。时周师久驻淮阳，都将赵晁、白延遇等骄恣横暴，不相禀从，惟务贪滥，至有劫人妇女者。及拱至，戮其不法者数辈，军中肃然。"涡口（今安徽省怀远县东）上奏新架设的浮桥建成。二十五日，世宗从濠州撤至涡口。五月一日，世宗以涡口为镇淮军。世宗原本是锐意进取，打算亲自领兵前往扬州，范质等人认为大军早已疲惫不堪，又军粮短缺，哭泣劝谏世宗，世宗这才作罢。翰林学士窦仪被任命为判行在三司，负责督运粮草，世宗因粮草不继，打算杀掉窦仪。范质闻讯赶忙入内相救，世宗望见范质，知道他的来意，起身就走。范质快步上前，跪地叩头，说道："窦仪的罪过不致杀头，臣身为宰相，令陛下枉杀近臣，这是臣的罪过啊！"又哭出声来，世宗怒气稍稍平息，就放了窦仪。

五月七日，世宗留下侍卫亲军都指挥使李重进等人继续围攻寿州，从涡口北返。十四日，回到了大梁。

一九三　夺取寿州（一）

回到大梁以后，六月十一日，世宗下诏赦免淮南各州监狱内的囚犯，取消南唐不合理的赋税；凡是对百姓不便的政策，由地方长官上报朝廷。

侍卫步军都指挥使、彰信节度使李继勋所部驻扎在寿州城南，南唐守将刘仁赡见李继勋疏于戒备，出城发起攻击，杀死后周数百人，焚烧了洞屋、云梯等攻城器械。《旧五代史·世宗本纪》也称，将士死者数百人，而《宋史·李继勋传》则称“死者数万”，似乎是不正确的。世宗将李继勋征召回朝，调任河阳三城节度使。世宗不但没有贬谪李继勋，反而授予其节度使一职，朝廷群臣都认为世宗的这一做法，不太妥当。实际上，世宗这么做，自有他的道理。当后周大军南下时，北汉已蠢蠢欲动，世宗将戴罪立功的李继勋调任河阳节度使，其目的就是令其防御北汉。

李继勋兵败后，后周军心不稳，众将商议退军，幸赖赵匡胤奉命从六合撤兵返回朝廷，途经寿州，逗留了十余日，后周军队的士气才又振作起来。七月二十一日，世宗的符皇后去世，终年二十六岁。史称，世宗南征，符皇后苦苦劝谏，对世宗的身体十分担忧，最终一病不起而死。

当初南唐朝廷强迫百姓用粟米和布帛购买茶叶、食盐，称之为“博征”，又在淮南地区施行屯田，令淮南百姓苦不堪言。等后周军队南下以后，百姓们争相拿出牛肉、美酒慰问后周军，然而，后周的将领们不知体恤百姓，一心只想着掳掠，把淮南百姓视同草芥，不久以后，淮南百姓就对后周军失望起来了，相互聚集到山谷之中，构筑堡垒自守，拿起农具当作武器，把纸张粘在一起制作成铠甲，人称为“白甲军”。后周军队前去讨伐，屡屡被这些农民武装击败。等到南唐军队反攻、世宗北撤以后，后周先前所占领的很多城池又重新被南唐军收复。南唐驾部员外郎朱元因奏事对李璟谈起用兵方略，李璟觉得他是个将才，遂命其领兵北渡长江收复江北各州。不久，朱元就夺回了舒州，后周舒州刺史郭令图弃城北逃。南唐将领李平夺回了蕲州，南唐元宗李璟任命朱元为舒州团练使，以李平为蕲州刺史。朱元又乘胜夺回了和州（今安徽省和县）。朱元和李平均为李守贞派至南唐求援的使者。

南唐的援军在收复江北不少州县以后，就杀向寿州，驻扎在寿州以南紫金山，与城内守军互举烽火，遥相呼应。后周淮南节度使向训上奏世宗，请求主动放弃扬州，以扬州之兵与寿州城下的军队合兵一处，一起进攻寿州，等到攻克寿州以后，再攻取扬州，世宗同意了。向训接到世宗的诏书后，即封好仓库，交给扬州当地官员，命令扬州牙将领兵巡视城内，秋毫无犯，扬州百姓都深受感动。等后周军队北撤时，有些百姓甚至背上干粮给他们送行。后周滁州守将也弃城而去，均率部赶往寿州。

南唐众将建议扼守险要，截击北撤的后周军队。宋齐丘却反对说："如此一来，两国的怨恨就更深了，倒不如任由其归去，以感动敌人，战事才容易化解。"遂命令江北众将各自守好防区，不得擅自截杀后周军队，在这一错误方针的指引下，后周散处于江北各地的军队得以顺利撤回寿州，后周军队对寿州的进攻就更猛烈了。南唐齐王李景达率军进驻濠州，声援寿州，军政都由陈觉决定，李景达只是在文书上签字而已，二人拥兵五万，却根本没有与后周军队决战的意思，部将们都害怕陈觉，无人敢言。

后周殿前司都指挥使、义成节度使张永德领兵驻扎在下蔡（今安徽省凤台县），南唐将领林仁肇、郭廷谓分别率领水陆两军增援寿州。郭廷谓，字信臣，徐州彭城人。其父郭全义，任南唐濠州观察使。郭廷谓自幼好学，擅长书法、骑射，被任命为殿前承旨，后改任濠州中军使。郭全义去世后，李璟任命郭廷谓为庄宅使、濠州监军。

张永德领兵与之交战，林仁肇在船上堆积干柴，借着风势，打算烧毁下蔡的后周军浮桥，可是，不巧的是，不一会儿风向就变了，转而烧着了自己，南唐军队遂败退了。张永德组织人力，在距离浮桥十余步的地方，在河面上拉起一条铁索，铁索上系上巨大的木头，南唐战舰遂无法靠近浮桥了。

九月十七日，世宗任命端明殿学士、左散骑常侍、权知开封府事王朴担任户部侍郎、充枢密副使；以右统军焦继勋担任左屯卫上将军，以左卫上将军杨承信担任右羽林统军；以左监门上将军宋延渥担任右神武统军。十月十四日，李重进上奏称南唐军队进攻盛唐（今安徽省六安市），铁骑都指挥使王彦升等将将其击退，斩杀三千余级。王彦升，字光烈，蜀地人。前蜀灭亡后，迁居洛阳。王彦升事奉宦官孟汉琼，因矫捷勇猛被举荐给了后唐明宗，补任东班承旨。他生性残忍，膂力过人，擅长击剑，人称“王剑儿”。此后，他先后效力于后唐、后晋、后汉、后周。后晋天福年间，王彦升改任内殿直。后晋末年，辽军南下，围攻大名，后晋少帝招募猛士，王彦升、罗彦瓌应募，因功升任护圣指挥使。后周建立后，向训领兵在虒亭击败北汉军队，王彦升临阵斩杀了北汉大将王璋，升任龙捷右第九军都虞候，此后，又被晋升为铁骑右第二军都校。

山南东道节度使、守太尉兼中书令安审琦镇守襄阳十余年，至此入朝，世宗晋升其为守太师，放其返回本镇。安审琦离京后，世宗问宰相：“你们送行了吗？”宰相们回答：“送到城南，安审琦非常感激陛下的恩德。”世宗说道：“近代以来，朝廷大多对诸侯不诚信，诸侯们虽然想尽忠朝廷，也没有门路。君王只要不失去信义，还怕诸侯不会尽忠吗？”世宗对近臣们说：“近朝以来，朝廷征收粮食、布帛，往往不等收获、纺织完毕以后。”遂下令三司，从今往后，夏税六月征收，秋税十月征收，百姓们感到很方便。

十月二十三日，张永德上奏称在下蔡击败了南唐军。当时，南唐又派出水军进攻张永德所部，张永德命令擅长游泳的士兵趁夜摸到南唐战舰下面，用铁索固定住战舰，然后纵兵出击，南唐战舰无法行动，士兵们淹死了很多人。张永德解下自己的金带赏赐给那位擅长游泳的士兵。二十五日，世宗晋升赵匡胤为定国节度使兼殿前都指挥使。赵匡胤上书推荐滑州军事判官赵普担任节度使推官。

后周前线的两位主将殿前都指挥使张永德和侍卫都指挥使李重进，虽说都是世宗的近亲，一个是世宗的妹夫，一个是世宗的表兄，可是二人的关系却十分恶劣，这里面大约更多还是殿前司和侍卫司之间的权力之争。张永德秘密上奏世宗称李重进心怀异志，但世宗不信。当时，两位主将都拥有重兵，不论是朝廷还是前线，人人都深感忧虑。张永德这个人很奇怪，后周最终被赵匡胤篡夺在很大程度上与此人有关。《龙川别志》记载，张永德喜欢道术，道士们经常出入张家。昔日他曾认识了一个有道术的书生，等世宗亲征时，张永德又在寿州偶然遇见了这名书生，张永德大喜，将书生留宿在帐中。夜半时分，他偷偷询问书生该如何保住三十年的富贵生活，书生回答：“你如果见了两个属猪的人，要好好侍奉，就能够保全富贵。”当时，赵匡胤力战有功，功名日盛，而家境困难，张永德时常接济，遂问及赵匡胤的属相，赵匡胤回答属猪。张永德闻听大喜，凡是赵匡胤需要的东西，张永德总会尽力满足，赵匡胤对张永德非常感激。此后，赵匡胤的弟弟赵匡义（赵匡胤登基后为了避讳改名为赵光义）要迎娶符彦卿之女，与哥哥赵匡胤商量："符氏是大家，我家贫困，拿不出太多的钱当聘礼，这可怎么办呢？"赵匡胤说道："张太尉与我私交很好，你去求求他。"赵匡义就找到了张永德。张永德把赵匡义拉入内室之中，见其相貌不凡，就问他的生年，谁知赵匡义也是属猪的（比赵匡胤小十二岁），张永德又惊又喜，把家财全部拿出帮助赵匡义。此时的张永德已经对赵匡胤另眼相看了，他诬陷李重进是否是赵匡胤给他提供的"黑材料"，已不得而知，但是，根据《宋史·李重进传》记载："会太祖自六合归，道出寿州，因驻师旬余，重进倚以为援，兵威复振。"也就是说，在赵匡胤从六合领兵回到寿州、停留十余日以后，张永德才派遣心腹给世宗揭发李重进的，只有赵匡胤曾经在李重进的军中过，因此，赵匡胤有很大嫌疑。

一九四　夺取寿州（二）

《宋史·李重进传》另称：“永德每宴将吏，多暴重进短，后乘醉谓重进有奸谋，将吏无不惊骇。”

消息传到李重进耳中，李重进单人匹马前往张永德的营中，与张永德一起饮酒。席间，李重进亲自端起一杯酒给张永德敬酒，并说道：“我与大人都是国家的心腹之臣，当齐心协力，一起辅佐朝廷，大人为何如此怀疑我呢？”张永德这才释怀，两军将士们也放下心来。南唐皇帝李璟也风闻两将不和的消息，给李重进送来蜡丸书信，信中充斥着挑拨离间之词，又许诺给李重进高官厚禄，李重进把书信转呈给了世宗。

等世宗接到李璟的蜡丸书信后，不禁勃然大怒，当即下令召见滞留在后周的南唐宰相孙晟。当初，世宗把孙晟、钟谟带到大梁以后，对二人十分厚待，每次上朝，就让二人站在中书省大员之后，还时不时地召见二人饮宴，询问南唐政事，孙晟总说：“南唐主畏惧陛下神武，对陛下绝无二心。”此时，盛怒中的世宗把蜡丸书信交给孙晟看，斥责其过去所言不实。孙晟毫不畏惧，只是求死而已。世宗又问南唐的虚实，孙晟低头不语，始终不予回答。十一月十七日，世宗命都承旨曹翰把孙晟送至右军巡院，再次询问孙晟。曹翰与孙晟喝了数杯酒以后，又问及此事，孙晟还是不予回答。曹翰遂对孙晟说道：“有诏命，赐你死。”孙晟神色不变，穿上鞋，找来笏，向南叩拜道：“臣以死报国。”遂被处死。孙晟的随从一百余人也同时被杀，又把钟谟贬为耀州司马。不久，世宗又觉得自己误杀了孙晟这个忠臣，深感后悔，遂召回钟谟，拜其为卫尉少卿。《南唐近事》称，钟谟聪敏，博闻强记。被贬途中，凡是见到路边古碑，总会停下马来观看，抄录下来。一次，他见到一个规模很大的墓碑，倒在荒草之中，一半被水所淹，无法观看。钟谟欣然脱下衣服下水，一个字一个字用手摸，记在心上，然后上岸记下，等征还入朝时，重回此处，石碑露出水面，钟谟逐字对照，一个不差。

世宗素来风闻华山道士陈抟有道术，就将其征召入朝，询问成仙以及白银炼成黄金之术。陈抟回答："陛下身为天子，当以治理天下为第一要务，问这些干什么呢！"世宗知道陈抟并无其他道术，遂于十一月二十日，下令将其放回华山，并命令当地官员经常拜访、看望陈抟。陈抟，字图南，亳州真源人。后唐长兴年间，没有考中进士，遂不再仕进，游山玩水。其自称曾经遇到孙君仿、獐皮处士两位高人，随二人在武当山隐居二十余年，采气辟谷，每天只喝几杯水酒。此后，又隐居华山云台观、少华山石室。陈抟睡觉，一次往往会睡一百多天才起来。陈抟直到宋太宗端拱二年（公元989年）才去世，终年一百一十八岁。二十二日，张永德上奏称，在下蔡击败南唐濠州运粮军两千人，夺取十余艘粮船。

十二月三日，世宗任命许州节度使韩通兼任侍卫马步军都虞候，四日，任命右领军大将军、权判三司张美领三司使。十四日，世宗任命张永德为殿前都点检，位次在赵匡胤之上。征调陈州、蔡州、宋州、亳州、颍州、曹州、单州百姓修筑下蔡城。张美，字玄圭，贝州清河人。他年轻时善于做会计工作，起初担任库房小吏，以精明强干闻名。后经三司推荐，成为库房的主管，此后，张美出任澶州粮料使。当时，郭荣镇守澶州，每逢粮草缺乏时，郭荣就私下向张美求取，张美往往予以满足，此后，郭威得知后大怒，准备处罚张美，但碍于郭荣的脸面，就改任张美为濮州马步军都虞候。郭威去世后，郭荣就把张美召回京师，以其为枢密院承旨。在范质患病期间，世宗命其暂时代替宰相主管三司事务。世宗亲征淮南时，张美留在大梁，担任大内部署。一天，他刚刚上床休息，突然感到心惊肉跳，赶忙起身巡视，就见内衙起火了。张美迅速组织扑火，避免了一场损失。虽然张美担任三司使以后，工作很是出色，保证了后周军队的粮草、军饷，世宗对他也很是倚重，可是，每每想到在澶州时张美曾经干出过弄虚作假、欺骗朝廷之事，从内心深处对他还是很鄙视的。

南唐军队夺回江北各州以后，李璟也下诏取消了淮南屯田中很多害民弊政，他又派遣兵部郎中陈处尧携带重金远赴辽国，请求辽国出兵。辽国皇帝耶律璟仍昏睡、酗酒如故，根本不能出兵南下，不仅没有满足南唐的要求，反而还扣留了陈处尧。陈处尧口才很好，留在辽国时间长了，心生怨恨，屡屡怒斥耶律璟，耶律璟也不怪罪。

后周宰相们屡屡请求世宗册封皇子们为王，世宗说道："我的孩子们都还年幼，况且，功臣们的儿子都还未受到赏赐，唯独先封朕的儿子，朕怎么会安心！”

时间很快就到显德四年（公元 957 年）了。后周军队已经围困寿州整整一年有余了，可是，寿州依然还在南唐手里。后周朝廷提出撤军的声音，也甚嚣尘上。当时，李谷已经卧病在家，世宗命范质、王溥到李谷家中征求他的意见。李谷亲笔书写奏章，建议世宗再次亲征，并指出一旦夺取了寿州，后周将有三大好处，世宗看后，大喜，遂采纳了他的意见。

不过，此时的寿州城内，粮食也已经吃尽，危在旦夕了。南唐方面对此也是心知肚明，南唐齐王李景达从濠州派遣应援使、永安节度使许文稹，都军使边镐，北面招讨使朱元率领数万大军沿着淮河，逆流而上，进驻紫金山，修建了十余座营寨，又构筑甬道直通寿州，试图向城内运送粮食，连绵数十里。等南唐的运粮队伍行将来到寿州城下时，李重进领兵截杀，大破南唐军队，斩杀五千余人，又趁机夺取了南唐两座营寨。南唐人对李重进很是害怕，因李重进是个黑脸大汉，南唐人就称其为“黑大王”。

显德四年（公元 957 年）一月十九日，李重进的捷报不失时机地送到了后周朝廷，次日，世宗下诏定于下月亲征。南唐寿州守将刘仁赡请求让边镐守城，自己亲自率军出城与后周军决战，但李景达不同意，刘仁赡忧愤成疾。刘仁赡的幼子刘崇谏感到绝望，趁夜乘坐小船准备偷渡到淮河北岸，向后周军投降，被南唐军队抓获，刘仁赡下令将刘崇谏腰斩。刘仁赡的亲随们都不敢劝说，监军使周廷构在门前痛哭哀求，刘仁赡依然不同意。周廷构又派人向刘仁赡的夫人求救，夫人说道：“妾不是不爱刘崇谏啊，可是，军法不可徇私，名节不可缺失，如果宽恕了他，我刘家一门就成了不忠之家，我们夫妇还有什么脸面去与将士们相见呢！”催促行刑。杀掉儿子之后，刘仁赡夫妇又给儿子办理了丧事，将士们都感动得涕泗横流。

二月十六日，世宗以王朴担任代理东京留守兼判开封府事务，以三司使张美为大内都巡检，以侍卫都虞候韩通为京城内外都巡检。十七日，郭荣离开大梁南下。上次世宗亲征时，亲眼看到南唐水军非常厉害，后周军队在水面作战时，根本不是南唐水军的对手，等世宗回到大梁以后，就下令在大梁城西的汴河岸边建造了数百艘战舰，命令南唐的降兵训练后周士兵水战，经过半年来的艰苦训练，后周军队掌握了水战的技巧，驾驶战舰，左冲右突，十分灵活，战斗力已超过了南唐水军。等世宗这次亲征时，他任命右骁卫大将军王环率领数千水军从闵河，进入颍河，再进入淮河之中，南唐军队见了，大吃一惊。

二月二十七日，世宗抵达下蔡。三月二日夜，世宗渡过了淮河，来到寿州城下。三月三日凌晨，世宗亲率各路大军进驻紫金山下，命令赵匡胤率领亲军登山，进攻南唐驻扎在山上的军队。赵匡胤领兵一连击破南唐的先锋营寨以及山北一座营寨，斩杀、俘虏了三千余人，又切断了南唐军队的联系，摧毁了甬道，南唐各个营寨之间无法相互策应。直到日暮，世宗分兵包围了南唐的各座营寨，自己回到了下蔡。当天夜里（一说次日夜里），南唐将领朱元、朱仁裕、孙璘各自献出营寨，投降了后周军队。当时，朱元自恃有功，不听统帅的调度，与陈觉产生了激烈的冲突。陈觉屡屡上书李璟，称朱元反复无常，不可让其带兵，李璟遂以武昌节度使杨守忠来接替朱元。杨守忠来到濠州后，陈觉以齐王李景达的名义召朱元前来濠州商议军情，企图趁机夺取他的兵权。谁知有人把这个情况透漏给了朱元，朱元大怒，打算自杀。其门下客宋洎劝道："大丈夫到哪不愁富贵？何必替妻子着想去死呢！"遂与先锋壕寨使朱仁裕等人率领一万多南唐士兵投降了后周，裨将时厚卿不从，被朱元杀掉了。

一九五　夺取寿州（三）

世宗担心南唐援军的余部会顺着淮河向东逃走，赶忙命令侍卫虎捷左厢都指挥使赵晁率领数千水军，沿着淮河一路东下，提前切断了南唐军的退路。

三月五日凌晨，世宗率军进驻赵步（今安徽省凤台县东北淮河北渡口），命令众将一起进攻紫金山上的南唐各个营寨，大破南唐军队，斩杀俘虏了上万人，生擒南唐将领许文稹、边镐、杨守忠。南唐败兵果然沿着淮河向东逃窜，世宗亲自率领数百步骑，从赵步沿着淮河北岸追赶，众将则率领步骑在淮河南岸追杀，赵晁率领水军在淮河上顺流而下，南唐军队战死、淹死、投降的，将近四万人，后周缴获南唐战舰、粮草、武器、铠甲达十万多。直到当天傍晚，世宗已经追赶到赵步二百余里之外的荆山洪（今安徽省怀远县）。当晚，世宗留宿于镇淮军（今安徽省怀远县）。次日，侍从官员们才赶到这里。

寿州城内的刘仁赡听说援军战败的消息后，手掐着脖子，连连叹息。三月七日，世宗下令征调附近县里的数千百姓，修筑镇淮军，并在这里再修建一座浮桥，连接淮河南北，把镇淮军修成南北两座城池，切断南唐濠州增援寿州之路。当时，正巧淮河河水暴涨，南唐濠州都监郭廷谓率领水军逆流而上，试图掩袭后周军，焚烧浮桥。后周右龙武统军赵匡赞得知后，设下伏兵，在半路上截杀，将其击退。南唐齐王李景达、陈觉从濠州逃回金陵，唯独静江节度使陈德诚全师而还。李璟叹息道："我国家竟然到了这步田地！"遂流下眼泪。枢密副使李征古说道："陛下应该整军御敌，光是哭有什么用？是不是你喝多了？还是乳母没来？"李璟听了，顿时脸色大变，而李征古却神情自若。十一日，世宗任命淮南节度使向训担任武宁节度使、淮南道行营都监，领兵镇守镇淮军。十二日，世宗从镇南军又返回到了下蔡，十三日，世宗给寿州守将刘仁赡下书，让他选择是降是死。

南唐军大败后，李璟召开会议也打算亲自领兵北上迎敌。中书舍人乔匡舜上书坚决反对，李璟认为乔匡舜动摇军心，将其流放到了抚州。李璟询问神卫统军朱匡业、刘存忠有什么退敌之策，朱匡业无计可施，只是背诵罗隐的诗句："时来天地皆同力，运去英雄不自由。"刘存忠也觉得朱匡业说得有理。李璟大怒，将朱匡业贬为抚州副使，将刘存忠流放到饶州，但最终，李璟还是不敢亲征。

三月十七日，世宗在寿州城北检阅军队，向城内守军示威。此时，南唐清淮节度使兼侍中刘仁赡已经病危，认不出人来，十九日，监军使周廷构、营田副使孙羽等人以刘仁赡之名起草降表，派人出城向后周投降。二十日，世宗给刘仁赡下诏，派遣阁门使张保续入城安抚城内军民，刘仁赡的儿子刘崇让又出城向世宗谢罪。二十一日，世宗排开大军，在寿州城北举行盛大的受降仪式，周廷构等人用担架将刘仁赡抬出城外。刘仁赡无法起身，世宗安抚慰问他一番，又命人将他送回城内，继续养病。二十三日，世宗下令将寿州治所迁至下蔡，赦免辖区死罪以下的囚犯。接受南唐命令逃往山林之中的百姓，召回他们，命其恢复农业生产。在战乱中，被人杀伤的，不得复仇或者告状。以前对百姓不便的政令，由地方政府一一上报。二十四日，世宗任命刘仁赡为天平节度使兼中书令，同日，刘仁赡病死。世宗追赠其爵位彭城郡王，南唐李璟听到刘仁赡病死的消息后，也追赠其为太师。世宗又将清淮军改名为忠正军，以表彰刘仁赡的忠勇，任命右羽林统军杨承信担任忠正节度使、同平章事。

前许州司马韩伦是韩令坤的父亲，韩令坤兼领镇安（治所陈州）节度使，所以韩伦得以住在了陈州。在陈州期间，韩伦干预政事，贪污不法，成为陈州一大公害，被人告发。世宗大怒，要处死韩伦，韩令坤屡屡哭泣，向世宗求情，至此，世宗遂下诏赦免了韩伦的死罪，将其流放到沙门岛（今山东省蓬莱市东北小岛）。后来，韩伦遇到大赦回到洛阳，与郭荣的生父柴守礼以及当时的宰相王溥、王晏、王彦超的父亲们混在一起，这些人依仗着儿子们的权势，无法无天，洛阳百姓对他们又恨又怕，称之为"十阿父"。郭荣被郭威收为养子以后，人们再也不敢明言说他是柴守礼的儿子，郭荣也把父亲看作老舅一样对待，给其优厚的待遇，但不让其回到大梁。柴守礼曾经因为一件小事发火，盛怒中竟然将人杀死，洛阳当地官员不敢追究，世宗知道此事后，也置之不理。

世宗下诏打开粮仓，赈济寿州饥民。三月二十九日，世宗从下蔡北返。四月十二日，回到了大梁。下诏修复永福殿，命令宦官孙延希主持这项工程。二十日，世宗来到工地查看，发现有的工人用木片当筷子，用瓦片当碗盛饭，顿时大怒，当即下令将孙延希拉到街市上杀掉。十八日，世宗命令怀恩军指挥使萧知远等人率领由后蜀降卒组成的怀恩军数百人，返回后蜀。李谷已经得病多日，屡屡上书请求辞职，但世宗一直没有同意。二十五日，他带病入宫拜见世宗，世宗不让其叩拜，命其坐在自己身边。李谷恳请辞职，世宗安慰他道："就比方是一家有四个儿子，一个儿子得病了，就丢掉不管，这不是为父之道。朕君临万方，爱卿身处宰辅之位，君臣相得，是情义所在，为何总提俸禄呢？"李谷羞愧拜谢而退。二十七日，世宗把南唐降兵编为六军、三十指挥，军号为怀德军。二十八日，世宗下诏疏通汴水水道，向北汇入五丈河，由此，山东的船只可以直接到大梁城下。

五月三日，世宗将新建成的永福殿改名为广政殿。七日，世宗加授侍卫马步军都指挥使、宋州节度使、淮南道行营都招讨使李重进检校太傅兼侍中；以宣徽南院使、淮南节度使向训为武宁节度使，加授检校太尉、同平章事。十一日，世宗任命义成节度使兼殿前都点检、驸马都尉张永德为澶州节度使，加授检校太尉；任命殿前都指挥使赵匡胤兼任义成节度使，加授检校太保，殿前都指挥使如故；以侍卫马军都指挥使、洋州节度使韩令坤为陈州节度使，加授检校太傅；以权侍卫步军都指挥使、岳州防御使袁彦为曹州节度使，加授检校太保。十三日，世宗提拔左神武统军刘重进为邓州节度使，以虎捷左厢都指挥使赵晁为河阳节度使，以兖州防御使白延遇为同州节度使。其他朝廷重臣也都一一加官晋爵。同月，世宗下诏侍御史知杂事张湜等人对国家法律条文一一进行注释，取名为《大周刑统》。

后周撤军以后，南唐军队又卷土重来，双方在淮南地区仍然摩擦不断。知庐州行府事刘重进上奏称，接连击败南唐军队，缴获战舰三十艘。后周将领张从恩、焦继勋率部驻守涡口浮桥，南唐濠州监军郭廷谓对濠州观察使黄仁谦说道："这座浮桥是濠州、寿州最大的危害。周军骑兵精锐，利于陆战；我军水军强大，利于水战。今年夏天河水暴涨，请给我两千水军，我将切断其浮桥，攻克其城，直抵寿州。"黄仁谦一开始不同意，最终还是答应了。郭廷谓遂率领水军偷偷进抵涡口，焚毁了后周的浮桥，周军大败，南唐军队又焚毁周军粮草，得胜而归。郭廷谓因此功被李璟晋升为武殿使。后周军队退守定远，郭廷谓又招募壮士，假扮成商贩潜入定远侦察，间谍回来后，向郭廷谓禀报称："后周主将是武行德、周务勍。"郭廷谓说道："这两人可以对付。"遂招募一万多民兵以及原有五千士兵，日夜训练，又在定远偷袭后周军队，周军大败，后周武宁节度使武行德单人匹马逃脱。南唐皇帝李璟晋升郭廷谓为濠州团练使，兼任淮河上游水陆应援使。

七月二日，世宗追究武行德、李继勋战败之责，以武行德为左卫上将军，李继勋为右卫大将军。八月一日，兵部尚书张昭上书认为，应当比照唐朝制度，设置制举考试，以招揽英才。世宗看后，深表赞赏，命张昭具体列出有关步骤上报。四日，世宗下诏命令朝廷武将们各自举荐一名堪当武官之人。怀恩军回到成都以后，后蜀皇帝孟昶也把中原被俘人员梓州别驾胡立等六十人送回后周，并给郭荣来信道谢，请求恢复友好关系。八月二十九日，胡立等人回到大梁。孟昶在信中与郭荣叙同乡之谊，世宗见其以平等的身份来信，遂不予答复。孟昶得知后，怒道："朕当天子，祭祀天地之时，你还是个蟊贼，怎敢如此对我！"

九月，窦仪的弟弟、中书舍人窦俨上书请求朝廷有关部门研究古今礼仪，制定《大周通礼》，校正乐器，制作《大周正乐》，世宗表示同意。十月三日，世宗给大梁城内四座寺庙分别赐名为天清寺、天寿寺、显静寺、显宁寺。五日，世宗下诏规定制科考试，考试门类分别为贤良方正直言极谏、经学优深可为师法、详闲吏理达于教化等科。不论门第、出身，谁都可以应诏。九日，世宗下令将左藏库使符令光斩首示众。当时，世宗打算再次南征，先命令符令光准备将士们的衣装，符令光没有立即办妥，世宗大怒，将其斩杀。符令光出身名家，清廉谨慎，洁身自好，屡屡被委以重任，世宗一直对他很是看重，至此，仅因一点小错就被斩首，当时的人们都觉得他是冤枉的。宰相们听说后赶忙入朝相救，世宗起身回到后宫，符令光遂不处死。十日，北汉麟州（今陕西省神木市）刺史杨重训举城投降，世宗任命其为麟州防御使、检校太傅。杨重训，其父杨信是麟州豪强，后被郭威任命麟州刺史，不久，杨信又背叛后周，投降了北汉。杨信的长子杨重贵，就是宋初名将杨业，杨重训是杨业的二弟。

一九六　三征淮南（一）

郭荣的性格是不达目的决不罢休的，在经过了半年的休整以后，他又决定第三次亲征淮南了。

显德四年（公元957年）十月十六日，世宗任命王朴担任东京留守，允许他全权处理京师事务；又任命张美担任大内都巡检。十九日，世宗离开大梁，开始了他第三次亲征南唐。十一月四日，世宗抵达镇淮军（今安徽省怀远县）。五日凌晨，世宗南渡淮河，抵达濠州（今安徽省凤阳县）城西。

在濠州城东北十八里的地方有一处浅滩，南唐人在其上构筑营寨，四周全是淮河河水，南唐人认为后周军无论如何是不可能攻上来的。十一月六日，世宗亲自领兵向这座营寨发起进攻，命令内殿直康保裔率领数百甲士，骑着骆驼蹚过淮河，赵匡胤则率领骑兵紧随其后，遂一举攻克了这座营寨。康保裔，河南洛阳人。他出身将门，其祖父康志忠在讨伐王都之战中战死，其父康再遇，也是禁卫军将领。另外一路进攻部队，李重进所部则攻破了濠州南关城。南唐濠州团练使郭廷谓趁夜派出一千余名敢死之士，出城偷袭周军，焚烧了车洞屋，周军大乱，死伤累累。十一日，世宗亲自领兵进攻濠州，王审琦率部攻克了南唐军的水寨。南唐人将数百艘战舰集中在城北，又在淮河中竖起巨木阻挡后周军队。世宗命令水军发起攻击，拔出巨木，焚毁敌舰七十余艘，斩杀两千余级，接着，后周军队又攻克了濠州羊马城（一面临水，三面筑墙的堡垒）。

濠州城内守军一片惶恐。十四日夜，郭廷谓上书世宗，称："臣家在江南，如今如果突然投降，恐怕南唐会灭了我全族，请允许我先派人向南唐朝廷禀报以后，再出城投降。"世宗答应了。十九日，世宗听说南唐有数百艘战舰停靠在泗水以东，打算救援濠州，遂亲自领兵夜袭南唐军队。二十一日，后周军队在洞口（今安徽省五河县东）大破南唐军，斩杀五千余人，另有两千南唐士兵投降，遂趁势继续东进，所到之处，南唐守军土崩瓦解。二十三日，后周军队进抵泗州（今江苏省盱眙县淮河北岸），赵匡胤领兵进攻城南，焚烧泗州城门，击破水寨和月城。世宗进驻月城，命令后周军队向泗州发起进攻。

十二月三日，南唐泗州守将范再遇献出城池，向后周投降，世宗任命其担任宿州团练使。世宗亲自来到泗州城下，严禁部队外出砍柴的士兵践踏农田，泗州百姓都深受感动，争相向后周军送来粮草。攻克泗州后，后周士兵无一人敢擅自闯入城内。原在洞口的南唐数百艘战舰退守清口（今江苏省淮阴市西南）。六日，郭荣亲自领兵从淮河北岸继续前进，命令赵匡胤领兵从淮河南岸前进，众将则乘坐战舰顺流而下，继续追击南唐军队。长期以来，淮河两岸都没有行人，芦苇丛生，泥坑遍布，后周将士们乘胜前进，士气高涨，全都忘记了疲惫。八日，后周军终于追上了南唐军，两军边打边走，战鼓声传出数十里之遥。九日，后周军队又在楚州（今江苏省淮安市）西北，大破南唐军。世宗亲自追击另一支沿着淮河东逃的南唐军队，赵匡胤率部担任先锋，一直追赶了六十里，活捉南唐保义节度使，濠州、泗州、楚州、海州应援使陈承昭，缴获战舰三百余艘，俘虏七千余人。至此，南唐在淮河的舰队全部覆灭。

与此同时，郭廷谓派往金陵的使者返回了濠州，郭廷谓得知南唐朝廷已无兵可派，遂命令录事参军李延邹起草降表。李延邹以忠义责备郭廷谓，郭廷谓拔出佩刀强迫其起草，李延邹扔掉毛笔，说道："大丈夫就是死，也不会给叛臣起草降表的！"郭廷谓遂将其斩杀，献出濠州投降了后周。后周得到一万濠州军队，数万斛粮食。李璟得知李延邹的忠义之举后，赏给其子一官。

十二月十日，郭荣南渡淮河，进抵楚州城下，在楚州城西北安营扎寨。十三日，南唐雄武军使、涟水知县崔万迪向后周投降。十四日，世宗任命郭廷谓为亳州防御使。十五日，世宗领兵进攻楚州，攻克了楚州月城。十七日，郭廷谓来见世宗，世宗说道："朕南征以来，江南众将纷纷败亡，唯独你能焚毁了涡口的浮桥，击破定远营寨，你以此报效南唐，也足够了。濠州不过是一座小城，就算让李璟自己来守，也是守不住的。"命其率领濠州降兵去进攻天长。世宗派遣铁骑左厢都指挥使武守琦率领数百骑兵直扑扬州，当周军行至高邮时，南唐人焚毁了扬州的官府、民房，驱赶扬州百姓南渡长江，数日后，后周军才赶到扬州，城内只剩下十几个害了重病、无法行走之人了。二十一日，武守琦向世宗禀报了这一情况，世宗听说泰州没有多少守军，遂命其前去奔袭，二十五日，周军攻克了泰州。

南汉皇帝刘晟听说南唐节节败退的消息后，忧形于色，派人向后周进贡，可是又被湖南的周行逢阻隔，遂下令整修战舰，加强战备，不久，他又纵酒寻欢，说道："我这辈子能幸免就行了，哪有工夫管后代呢！"

显德五年（公元958年）一月五日，后周右龙武将军王汉璋上奏称攻克了南唐的海州（今江苏省连云港市）。七日，世宗任命侍卫马军都指挥使韩令坤代理扬州军府事。世宗打算率领战舰从淮河进入长江，但在北神堰（今江苏省淮安市北，因运河水位高，淮河水位低，在此处有一处堤坝，防止运河水倒灌入淮河，称为北神堰）受到阻挡，舰队无法通过。世宗决定挖开楚州西北的鹳河，打通水路，遂派人前去查看地形，使者回报说地形不便，工程量太大了。世宗亲自前去查看，主持设计，征调楚州当地百姓疏通，仅仅用了十天就完工了。一百艘巨型战舰全部从淮河进入长江，南唐人大吃一惊，以为周军得到了神助。

世宗亲率大军进攻楚州，登上楚州水寨内的飞楼，仅距楚州一百步之遥，城内守军破口辱骂世宗，世宗身边的侍从却射不中那人。世宗叫来马仁瑀，只见马仁瑀弯弓搭箭，一箭就将那人射死。周军进攻楚州四十天，南唐楚州防御使张彦卿固守不降。张彦卿正与众将在城墙上，其子哭泣着劝谏张彦卿投降。张彦卿一言不发，只是微微点头，回头看了看众将，说道："你们看那是什么！"众将转头看时，张彦卿一刀就砍下了儿子的人头，扔到地上，哭着说道："这是我的儿子，劝我投降后周，我深受李家厚恩，定不会投降，这座城就是我的死地！你们想降就降，千万不要劝我，如果劝我投降，就与我的儿子一样了！"众将惊愕之下，也流下眼泪，谁也不敢说投降了。

显德五年一月二十三日，世宗亲自指挥众将向楚州发起猛烈的进攻，周军用云梯接近城墙，在城墙上挖出很多洞，在洞内放入干柴点燃，城墙终于崩塌，二十四日，周军攻入城内。张彦卿与都监郑昭业又组织军队，与周军进行激烈的巷战，一直战至天黑，南唐守军长短武器全部用尽。张彦卿依然手持板凳，与周军搏杀，最终，与郑昭业等一千余人全部战死，无一人投降。后周军队也是死伤惨重，世宗大怒，下令将楚州城内军民全部屠杀，焚烧城池，周军大肆劫掠，城内军民被杀了一万余人，而抓到张彦卿的儿子张光祐之后，世宗没有让人杀掉。

二月二日，南唐天长军使易文赟投降。六日，世宗从楚州出发，十五日来到扬州。世宗见扬州已被南唐人焚毁，命令韩令坤调发一万多农夫，在扬州旧城东南角构筑了一座小城居住。二十三日，后周黄州刺史司超上奏称，与控鹤右厢都指挥使王审琦领兵进攻南唐的舒州，生擒其刺史施仁望。二十四日，后周建雄（治所晋州）节度使杨廷璋上奏，在隰州城下击败了北汉军队。当时，隰州刺史孙议暴死，杨廷璋对都监、闲厩使李谦溥说道："如今皇上南征，隰州没有戒备，北汉人肯定会趁机下手。如果等到奏报朝廷以后，隰州这座孤城就危险了。"遂以李谦溥暂时负责隰州事务。李谦溥来到隰州后，立即组织防御，不到十日，果然北汉军队就杀来了。李谦溥身穿单衣，手持羽扇，带着两名小吏，悠闲地城墙上散步，北汉军见状，满腹狐疑，不敢行动。众将纷纷请求杨廷璋速速救援，杨廷璋说道："敌人刚到，未必会立即攻城。"遂招募了一百名壮士，又与李谦溥约定里应外合，一起发起进攻，遂趁夜突袭北汉军营，北汉人顿时大乱，被斩杀了一千余人，狼狈退去。

一九七　三征淮南（二）

显德五年（公元 958 年）三月一日，世宗动身来到泰州，六日，他又回到了扬州，同日，南唐宣布大赦，改元为交泰元年。

南唐皇太弟李景遂前后上了十道奏表，坚决请求辞去太弟之位，并称："如今，国难当头，我无力解救，恳请让我回到藩镇。燕王李弘冀是嫡长子，又立有战功，应当被封为皇位继承人。"齐王李景达也因战败，请求辞去元帅一职。李璟遂立李景遂为晋王，加授天策上将军、江南西道兵马元帅、洪都大都督、太尉、尚书令，以李景达为浙西道元帅、润州大都督。李景达见浙西在周军的威胁之下，坚决推辞，李璟遂改任其为抚州大都督。册立李弘冀为皇太子，参与朝政。李弘冀为人猜忌严苛，李景遂的侍从还未来得及搬出东宫，李弘冀当即下令将他们赶了出去。李弘冀的弟弟、安定公李从嘉害怕李弘冀，遂不敢参与国政，只在家中看书，自娱自乐。

三月十日，世宗来到迎銮镇（今江苏省仪征市），多次来到长江渡口查看。世宗望见数十艘南唐战舰，命令赵匡胤率领水军追击，敌军退去，赵匡胤率部登上长江南岸，焚烧了南唐军的营垒后撤回。不久，世宗又听说南唐有数百艘战舰停泊在东沛州（今江苏省启东市），行将杀向海口，切断通往苏州和杭州之路，于是，世宗派遣殿前都虞候慕容延钊率领步骑，右神武统军宋延渥率领水军顺江而下。十日，慕容延钊上奏称，在东沛州大破南唐军队。世宗又派遣李重进领兵直扑庐州（今安徽省合肥市）。

李璟听说世宗就在长江北岸，唯恐周军南渡，可是，又羞于取消帝号称臣，就派遣兵部尚书陈觉送来奏表，表示要传位给太子李弘冀，由李弘冀向后周称臣，并送来三千匹细绢，三千斤奶茶以及香料等物。当时，南唐整个淮南地区只剩下庐州、舒州、蕲州、黄州还在南唐手里，其余各州全部被周军攻克。三月十五日，陈觉来到迎銮镇，见到周军声势浩大，周军战舰已经停靠在长江北岸，以为是从天而降，顿时大惊失色。他连忙恳求世宗，请求派人返回江南，取来降表，献出庐州等四州，两国划江而治，结束战争。世宗说道："我此行原本就是只要江北之地，今日你的主子既然能臣服，我还有什么不满意的呢。"十六日，陈觉请求派遣其下属、阁门使刘承遇返回金陵，世宗让其带去书信，信的开头写道："皇帝问候江南国主"，对李璟予以安抚。同日，荆南高保融上奏称，自己已经派遣军队推进到鄂州城下。十七日，吴越钱弘俶上奏称，已经派遣上直都指挥使、处州刺史邵可迁、秀州刺史路彦铢率领四百艘战舰、一万七千名士兵进驻通州（今江苏省南通市）南岸，请求进攻日期。

三月十八日，赵匡胤率领水军又在瓜步击破南唐一百余艘战舰。同日，李璟派来刘承遇献出庐州、舒州、蕲州、黄州，并请以长江为界，每年进贡数十万财物。于是，后周夺取了南唐长江以北的全部土地，得到南唐江北寿州、光州、庐州、扬州、海州、蕲州、黄州、楚州、泰州、和州、舒州、濠州、通州、滁州十四个州，六十个县，二十二万六千五百七十四户。十九日，世宗给李璟回信，称，沿江军队已经北撤，两浙、湖南、荆南军队，我也命其撤军；庐州、黄州、蕲州三路将士，也已撤至附近，等待交割。江中战舰全部停靠在长江北岸。起初，知贡举刘涛率领本年刚及第的十五名进士来见世宗，世宗命李昉复试，结果发现十五人良莠不齐，十九日，世宗下诏沙汰了郭峻等人，并以刘涛选举不当，贬为右赞善大夫，令其思过。

二十日，陈觉辞别，世宗又给李璟回了一封信，安慰他说不必传位给儿子。二十一日，世宗回到了扬州。二十二日，世宗下诏命令吴越和荆南军队撤军，赏赐给钱弘俶三万匹布帛，用于犒赏军队；赏赐给高保融一万匹。二十三日，世宗下令在庐州设置保信军，由右龙武统军赵匡赞担任保信节度使。二十五日，李璟派遣冯延巳献上银子十万两、细绢十万匹、钱十万贯、茶叶五十万斤、小麦二十万石，犒赏周军。二十八日，世宗命令宋延渥率领三千水军逆流而上，巡查长江。二十九日，世宗下诏酌情安排人户，守护前淮南节度使杨行密以及徐温的陵墓，南唐群臣在江北的祖坟，也由官员们在逢年过节时进行祭奠。三十日，李璟派遣临汝公徐辽代替自己，前来给世宗祝寿，送上买宴钱二百万，并派来了五十名戏子助兴。同月，后周开挖汴口（汴河注入淮河处），将黄河水引入淮河，长江、淮河之间的船只才畅通无阻了。

四月二日，世宗设宴款待群臣以及冯延巳等人，徐辽代替李璟给世宗敬酒，又献上金酒器、御衣等。四日，世宗离开扬州北返。五日，世宗下令将太常博士、权知宿州事赵砺除名。当初，翰林医官马道玄称，在寿州境内遇到强盗，杀害了自己的儿子，抓获了强盗，现押在宿州，而州官不闻不问。世宗大怒，立即派遣端明殿学士窦仪乘坐驿马车赶赴宿州处理此案。窦仪临行之前，世宗要求他要严厉惩处，因此，等窦仪到了宿州后，大开杀戒，下令将涉案的二十四人全部灭族。

周军南征时，辽国耶律璟命令其南京留守萧思温率领一万余骑兵南下，骚扰后周。萧思温，小字寅古，他是宰相耶律敌鲁的族弟耶律忽没里之子。辽太宗时，萧思温娶了太宗之女燕国公主。萧思温很注重个人仪表，在军中还总是拿着发簪，部下们都觉得他没有将帅之才。萧思温奉命南下不久，又畏惧天热，不敢深入，只是攻克了后周边境几个城池，就撤军了。《东都事略》记载，郭崇（郭崇威）领兵在束鹿击败辽军，斩首数百级，缴获人口、牛羊三万余。四月二十一日，世宗回到大梁，二十二日，世宗任命宣徽北院使昝居润判开封府事。二十三日，世宗命令镇宁（治所澶州）节度使张永德领兵北上，抵御辽军。

五月一日，世宗驾临崇元殿接受群臣的朝贺，下诏犒赏南征将士，免除淮南新归附百姓们的赋税。十一日，世宗改任襄州节度使安审琦为青州节度使；以许州节度使韩通为宋州节度使，原侍卫马步都虞候不变；以宋州节度使向训为襄州节度使；以赵匡胤为忠武节度使，殿前都指挥使不变。史称，淮南之战中，赵匡胤的战功最多，此次封赏，只是给其换了一个军镇而已，人们都认为赏赐太轻了。十三日，世宗任命左武卫上将军武行德为鄜州节度使，以右神武统军宋延渥为滑州节度使，以前同州留后王晖为相州留后。十五日，给大梁外城城门命名：东面两座城门分别为寅宾门、延春门；南面三座城门分别是朱明门、景风门和畏景门；西面两座城门分别是迎秋门和肃政门；北面三座城门分别是元德门、长景门、爱景门。二十五日，世宗下诏命令朝廷群臣再次举荐一名幕僚人选。南唐李璟避郭威曾祖父郭璟之名，改称李景，下令去掉帝号，改称国主，去掉年号，改用后周年号。其左仆射、同平章事冯延巳改为太子太傅，门下侍郎、同平章事严续改为太子少傅，枢密使兼兵部侍郎陈觉只保留本职。二十八日，世宗赏赐给李景御衣、玉带以及十万匹绫罗绸缎，一千两金器，一万两银器，御马五匹，一百匹马，三百头羊。刘承遇从金陵返回时，曾经通过陈觉请求世宗，称江南没有产出食盐之地，请求将海陵以南的盐田划归南唐，以供应军需。世宗说道：“海陵在长江以北，两国军民难以杂居，我会另有安排。”至此，世宗下令每年给南唐送去三十万石食盐。又送给南唐本年的日历，不久，世宗又下令将被俘的南唐士兵四千七百人释放回国。

六月二日，后周昭义节度使李筠（李荣）上奏称在石会关击败北汉军队，攻克北汉六座营寨。五日，晋州上奏称，都监李谦溥领兵击败北汉军队，攻克孝义（今山西省孝义市）。同月，荆南高保融派人劝说后蜀孟昶向后周称臣，孟昶答复称，去年曾送回胡立等人，可是世宗并不答复。

七月七日，后周开始实施《大周刑统》。八日，世宗给各道节度使、刺史颁发一张唐朝元稹所作的《均田图》。当时，世宗一直想平均天下赋税，当他在阅读元稹的《长庆集》时，看到元稹在担任同州刺史时的一篇《均田表》，提出当时的诸多弊端，深受启发，遂复制了元稹的《均田图》，送给天下节度使、刺史，由大家先认真体会。闰七月，南唐清源节度使留从效派遣牙将蔡仲赟假扮成商人，辗转来到大梁，向后周称臣。

一九八　壮志未酬（一）

在征服南唐以后，环视全国，荆南、湖南、南唐、吴越均已臣服，而南汉也要臣服未果，加之地处偏远，暂且不在世宗的考虑范围，也只有后蜀和北汉以及北方的辽国，还没有臣服后周，因此，在征服南唐后不久，世宗自然而然就把征服后蜀纳入到计划之中了。

为此，他采取了一系列的部署。还是在去年后周与南唐激战正酣之际，世宗就主动放归了怀恩军士兵，态度十分明显，就是要拉拢后蜀，以不战而屈人之兵的方式，赢得后蜀称臣，这对于世宗来说暂时就达到目的了，至少是，等他清除北方大患时，后蜀不会分散后周太多的兵力。然而，当后蜀皇帝孟昶礼尚往来、也送还一部分被俘的胡立等人时，世宗发现孟昶毫无向后周称臣的意思，世宗的计划落空，显然让世宗很不满意，也就未予答复，这又令孟昶十分恼火，两国之间的关系不仅没有得到缓和，反而变得些许紧张了起来。

世宗继位之初，就已经夺取了后蜀秦州、凤州等地，消除了后蜀对后周本土的威胁，对于世宗来说，暂时并没有贪图后蜀土地的打算，因此，在征服南唐以后，世宗又指使荆南的高保融敦促孟昶向后周称臣，也就是说，世宗只需后蜀承认臣属关系即可。然而，孟昶却并不买账，同样心高气傲的孟昶把责任又推给了世宗，他在给高保融的回信中写到，去年自己曾经派遣胡立给世宗写信，是世宗没有给自己回信。当然，世宗在先礼后兵的策略下，并没有放弃动用武力，在征服南唐不久，他就把长期割据一方的山南东道节度使安审琦调离襄阳，同时任命自己最得力的助手之一向训镇守襄阳，而他授予向训的职务是山南东道节度使，兼任西南面水陆发运招讨使，就是一个明证。不久，世宗又任命户部侍郎高防担任西南面水陆制置使，右赞善大夫李玉为判官，将粮草转运至凤州，为伐蜀做准备。高防，字修己，并州寿阳人。他性情朴实稳重，遵守礼法，对母亲很孝顺，喜欢学习，擅长作诗。张从恩任北京副留守时，让高防当了太原府仓曹掾，此后，张从恩改任澶州防御使，又以高防为判官，后来，高防一直在张从恩手下任职。等张从恩投降辽军后，高防与王守恩一起杀了留后赵行迁，归顺了后汉高祖刘知远。后汉时期，高防曾任屯田员外郎，后周建立以后，郭威又以其为刑部员外郎，后改任开封令、开封府少尹、刑部郎中。世宗继位后，高防又历任给事中、左散骑常侍、蔡州、宋州知州、户部侍郎。

到了十月，世宗再次让高保融给孟昶送去书信，敦促其向后周称臣。孟昶召集群臣商议，宰相李昊说道："从命的话，则君臣受辱，不从命的话则后周大军就会入侵，众将能抵御周军吗？"众将纷纷说道："陛下圣明，江山险固，岂可望风归顺？厉兵秣马，为的就是应付今日之事，臣等请求以死保卫国家。"于是，显德五年十月二十日，孟昶命令李昊起草回信，严词拒绝了高保融的请求。消息传来，世宗命令武胜（治所邓州）节度使宋延渥率领水军南下长江巡逻，而荆南的高保融听说后周将要伐蜀，也上书请求率领水军直扑三峡，世宗下诏予以褒奖。与此同时，世宗开展的均分田租运动也轰轰烈烈地展开了，他派遣左散骑常侍艾颖等三十四人奔赴黄河以南六十州，主持此次运动。世宗对百姓生活十分关心，命人刻成木质农夫、蚕妇的雕像，放在大殿之上，时刻提醒自己要关心农民疾苦。十月二十三日，世宗下诏各州合并乡村，每一百户人家成为一团，设置三名耆长。在此期间，世宗还对已经归顺的南唐关爱有加，相继放归了冯延鲁、钟谟、许文稹、边镐、周延构等人，还赏赐给南唐一万口羊、三百匹马、三十头骆驼，赏赐给吴越五千口羊、二百匹马、二十头骆驼。李景深受感动，把世宗的恩德比作父母之恩。此时的南唐国内，到处都是宋齐丘的朋党，战败之后，陈觉、李征古等人甚至想逼迫李景把国主之位让给宋齐丘，最终，李景采取果断措施，勒令宋齐丘回九华山归隐，流放了陈觉，将李征古赐死，不久，宋齐丘也自杀而死了。

十一月，李玉来到长安后，有人对他说："后蜀的归安镇（今陕西省安康市北）在长安以南三百里，可以将其袭占。"李玉信以为真，就向永兴节度使王彦超索要了二百士兵，王彦超认为归安镇道路艰险，难以进兵，李玉称："我奉了皇上的密旨。"王彦超不得已，只好从命。李玉领兵前去，十二月，后蜀归安镇遏使李承勋领兵拒守险要，阵斩李玉，这二百周军被全部歼灭。

十二月十日，后蜀皇帝孟昶以右卫圣步军都指挥使赵崇韬任北面招讨使，又以奉銮肃卫都指挥使、武信节度使兼中书令孟贻业为昭武、文州都招讨使，左卫圣马军都指挥使赵思进为东面招讨使，山南西道节度使韩保贞为北面都招讨使，领兵六万，分别进驻边境各个要塞，以抵御后周可能发起的进攻，不久，孟昶又任命峡路巡检制置使高彦俦担任招讨使。一时之间，一场大战行将到来。

然而，预期的伐蜀之战并没有打响，到了显德六年年初，世宗就放弃了这一计划，而将兵锋对准了辽国。世宗君臣主动放弃伐蜀计划，无疑是正确的，这是因为：一是战略态势问题。辽国占领燕云十六州以后，整个华北平原全部暴露在辽军铁蹄之下，这是后周的肘腋之患，必须先予以清除，而后才能占据主动，而后蜀帝国，虽然还没有臣服，但自从后周占领了秦岭一带险要之后，就基本上消除了后蜀对关中地区的威胁，而三峡方向，下游又由荆南的高保融和湖南的周行逢作为后周的第一道屏障，可以说，后蜀就是自守之贼，只要后周内部不乱，根本对后周构不成太大的威胁，哪个紧迫哪个不紧迫，一目了然。二是人心向背问题。辽国占领幽云十六州，始终是中原军民心中的痛，世宗本人就出生在邢州，亲身经历了辽军对中原百姓带来的痛苦，夺回失地，符合后周军民的全体意愿，而进攻后蜀则不然，没有了这种紧迫性，反而给人造成穷兵黩武、兼并他国的不良印象，一旦兵连祸结之后，已经臣服的荆南、湖南、南唐、吴越，会不会产生唇亡齿寒、再度背叛，这都不是没有可能的。三是难易程度。如果后周打响了伐蜀之战，对于后蜀来说，是存亡之战，要全力一搏，并且后蜀也已经做好了战前准备，后周军队势必会遭受重大伤亡，届时，具有一定进攻能力的辽军再乘虚南下，直逼大梁，后果将不堪设想。而北上夺取幽州，一方面距离较近，另一方面，刚刚结束南征的后周军队、粮草都便于北调，并且，辽国南京留守萧思温已外戚之尊盘踞高位，无将帅之才，也根本不是周军的对手，而辽国睡王耶律璟为人残暴，国内政治十分黑暗。世宗以皇帝之尊，率领后周精兵与之对敌，应当是能够夺回幽云十六州的，甚至于能大败辽军，一雪前耻，因此，先易后难，是世宗君臣的必然选择。四是地形因素。后周军队尽管非常强悍，但擅长野外作战，攻城略地并非强项，寿州之战就暴露了这一问题。在冷兵器时代，地形因素在战争中的作用是不容回避的。后蜀地形险要，虽然在历朝伐蜀之战中，地形因素似乎都没有起到太大的作用，但是，在出兵之前，往往这是决策者必须首先要面对和解决的问题。除此之外，占领蜀国之后的善后问题也非常棘手，蜀地自成一国，往往是先乱后服，打下蜀国以后，弄不好的话，统兵将领往往会自立，再造一个更加强大的蜀国，就如同孟知祥建立后蜀那样，真的到了这个地步，就得不偿失了。

综合以上诸多因素之后，世宗决定暂时咽下这口恶气，先解决了北方的威胁再说。显德六年（公元959年）二月一日，世宗命令王朴前往河阴（今河南省郑州市以北）巡查黄河河堤，决定在汴河注入黄河之处设置一道闸门。七日，世宗又命令侍卫都指挥使韩通、宣徽南院使吴延祚征调徐州、宿州、宋州、单州等州数万农夫疏浚汴河。九日，世宗命令侍卫马军都指挥使韩令坤征调滑州、亳州数千农夫，从大梁以东引导汴水注入蔡水，以连通陈州、颍州的运粮船，又命令侍卫步军都指挥使袁彦率众疏通五丈渠，向东一直通往曹州、济州、梁山泊，打通青州、郓州的漕运。

淮南地区发生饥荒，世宗下令由政府借贷给饥民粮食。有人说道："百姓贫困，恐怕将来无力偿还。"世宗回答："百姓就是我的儿子，哪有儿子陷于苦难，当父亲的袖手旁观的道理？为何非要百姓偿还不可呢？"三月十五日，枢密使王朴因病去世。当时，王朴奉命在汴口设置闸门，圆满完成任务之后，回到京师，当天，他路过前司空李谷家，顺道拜访李谷，二人正在交谈，王朴突然发病了，倒在地上，被人抬回家后，当晚就去世了，终年四十五岁。《默记》称："王朴仕周世宗制礼作乐，考定声律，正星历，修刑统，百废俱起。又取三关，取淮南，皆朴为谋。然事世宗才四年耳，使假之寿考，安可量也。"另称，世宗曾将李谷、郑仁诲等功臣的画像放在宫中的功臣阁里，后来，等赵匡胤登基以后，一次偶然路过功臣阁，风吹开了阁门，一眼就看到王朴的画像。赵匡胤一见之下，浑身顿时打了个冷战，赶忙整顿龙袍，朝画像鞠躬。侍从们说道："陛下贵为天子，王朴不过是前朝的臣子，对他太过礼遇了吧？"赵匡胤用手指着身上的龙袍说道："此人要是活着，朕是穿不上这龙袍的！"《五代史阙文》也记载，一次，一个殿直骑马冲撞了赵匡胤的卫队，赵匡胤亲自到枢密院投诉。当时，王朴和魏仁浦任枢密使，魏仁浦听后，就命令宣徽院调查此事，王朴却对赵匡胤说道："太尉的名位虽高，毕竟没有加授同平章事，而殿直则是内廷之臣，与太尉平等地侍奉君主，况且，你的太尉只是个兼职太尉，你不该说出这话。"一句话就把赵匡胤给顶了回去，赵匡胤无言以对，只好退去。

史称：王朴"性敏锐，然伤于太刚，每稠人广座之中，正色高谈，无敢触其锋者，故时人虽服其机变而无恭懿之誉。其笔述之外，多所该综，至如星纬声律，莫不毕殚其妙，所撰《大周钦天历》及《律准》，并行于世”。《资治通鉴》亦称其“智略过人，上（世宗）以是惜之”。听到王朴突然去世的消息，世宗大吃一惊，当即驾临王朴家中吊唁，在灵前用玉斧擅地，好几次失声大哭。

一九九　壮志未酬（二）

重臣离世，从一开始就给世宗的北伐蒙上了一层不祥的阴影，不过，世宗并没有停下北伐的脚步。

显德六年（公元959年）三月十九日，世宗下诏以还未收复北伐国土，决定于本月之内驾临沧州；命令义武节度使孙行友防御西山之路，以备北汉东下；以宣徽南院使吴延祚代理东京留守，判开封府事，以宣徽北院使昝居润为副使；以三司使张美担任大内都部署。二十二日，世宗命令侍卫亲军都虞候韩通等将率领水陆大军先头出发，奔赴沧州。二十九日，世宗离开大梁，开始北伐之路。

四月十五日，韩通上奏称：从沧州疏浚河道，直通辽国境内，在乾宁军（唐朝的卢台军，今河北省青县）以南安营扎寨，整修毁坏的堤坝，开挖了三十六个泄洪口，水路可以直通到瀛州（今河北省河间市）和莫州（今河北省任丘市以北）。十六日，世宗来到沧州，当天，他就率领数万步骑从沧州北上，直扑辽国。世宗这次北伐的进攻路线取道沧州东线偏僻之地，没有惊动河北，因此，当后周军队北上时，河北百姓浑然不觉，达到了突袭的目的。十七日，世宗就进抵乾宁军，辽国守将、宁州刺史王洪猝不及防，不战而降。二十日，世宗命令舰队全部赶上，以侍卫亲军都虞候韩通为陆路都部署，以殿前都指挥使赵匡胤为水路都部署，二十二日，世宗登上战舰，率领水军顺流而下，后周战舰连绵数十里，浩浩荡荡向辽国境内杀来。二十四日，世宗抵达独流口（今天津市静海区北），而后，舰队转入子牙河，逆流西上。二十六日，舰队抵达益津关（今河北省霸州市）。辽军守将终廷晖献出城池投降。从益津关再向西，水道开始变窄，后周大型战舰无法通行，世宗遂弃船登岸，继续前进。二十七日，世宗一行留宿在野外。当时，侍从卫队不过五百人，由赵匡胤率领殿前司骑兵护驾，从行官员们都忧心忡忡。辽军骑兵不是在四周出没，但始终不敢近前。

二十八日，赵匡胤领兵先进抵瓦桥关（今河北省雄安新区）。辽军守将姚内斌献出城池投降。姚内斌，平州人。姚内斌投降后，世宗任命其为汝州刺史。二十九日，辽国莫州刺史刘楚信献出莫州，向后周投降。五月一日，侍卫亲军都指挥使、天平节度使李重进等将才率领后周大军赶到瓦桥关，辽国瀛州守将高彦晖献出城池，向周军投降。至此，世宗从沧州出兵半月左右，采取大迂回战略，兵不血刃，未发一箭，就轻松夺取了辽国瓦桥关以南的大片土地，夺回瓦桥关以南三个州，十七个县，一万八千三百六十户。

五月二日，世宗在瓦桥关召开军事会议，讨论下一步的作战方向。众将纷纷说道："陛下离京四十二天，兵不血刃，夺取幽州以南之地，这是盖世奇功啊。如今，辽军骑兵都聚集在幽州以北地区，我军不宜再深入了。"世宗听了，一脸不悦之色。当天，世宗决定继续前进，命令李重进率领军队先出发，挺进固安（今河北省固安县）。当天，世宗亲自到安阳河（海河支流之一，现已不存在）查看，命令架设桥梁，天黑以后，世宗又返回瓦桥关，也就在当天，世宗就突然得病了，遂下令停止了下一步的军事行动。《五代史补》称，当世宗顺利拿下瓦桥关后，登上高岗，意气风发，当地百姓纷纷献上牛肉、美酒。世宗随口问道："这里叫什么地名？"百姓们回答："历代相传，这里叫病龙台。"世宗听后，沉默不语，连忙上马飞奔而去。当晚，世宗果然就得病了。

也就在这个时候，发生了一件非常奇怪的事。《旧五代史·世宗纪六》记载："帝之北征也，凡供军之物，皆令自京递送行在。一日，忽于地中得一木，长二三尺，如人之揭物者，其上卦全题云：'点检做'，观者莫测何物也。"《宋史·太祖本纪》也记载了此事，称："世宗在道，阅四方文书，得韦囊，中有木三尺余，题云'点检做天子'，异之。时张永德为点检，世宗不豫，还京师，拜太祖检校太傅、殿前都点检，以代永德。"《旧五代史》说的是世宗在查看从京师投递的物品时，一个长两三尺的木片掉到了地上，他一看，上面写了三个字"点检做"，人们当时都不知道是什么意思。而《宋史》则写得十分明确，说是世宗在批阅各地文书时，从中发现一个苇编的袋子，里面装了一根三尺有余的木片，木片上面写着"点检做天子"五个字。当时，掌握着后周兵权的两个人物，一个是侍卫司都指挥使李重进，他是后周太祖郭威姐姐的儿子，是世宗姑表哥；另外一个就是殿前都点检张永德，他是后周太祖郭威的女婿，是世宗的妹夫，都是世宗的至亲。那么，是谁送给世宗这个木片呢？是洞悉未来的术士？还是另有他人？企图借世宗之手除掉张永德，取而代之呢？不知道。收到这个木片之后，世宗难道就没有派人追查吗？按理说应该追查了，但肯定是毫无头绪。而世宗究竟是得了什么病，史无明文，也让人感到蹊跷。

得知世宗北伐，辽国南京留守萧思温方寸大乱，赶忙向耶律璟禀报。耶律璟打算等到秋天以后再出兵，翰林学士刘景劝谏道："河北益津关、瓦桥关、淤口关三关已经沦陷了，如今，周军还将入侵幽州，岂能坐视不顾？"耶律璟依然不听。心急如焚的萧思温无计可施，只能哄骗部下，称耶律璟行将亲征，辽军将士踊跃请战，萧思温不从。很快地，后周军队就夺取了瀛州、莫州等地，幽州军民一片恐慌，很多人逃往山谷避乱。萧思温唯恐朝廷会降罪于己，就上书请求耶律璟亲征。这次，耶律璟采纳了萧思温的建议，来到了幽州。与此同时，耶律璟还派出使者赶赴晋阳，命令北汉皇帝刘承钧发兵骚扰后周边境，牵制周军的侧翼，等听说世宗得病南返后，辽军这才罢兵。

五月四日，孙行友上奏称，攻克了易州，生擒辽国易州刺史李在钦，世宗下令将其军营集市上斩杀。五日，后周朝廷以瓦桥关为雄州，将容城（今河北省容城县北）、归义（今河北省容城县）两县划归其管辖；又以益津关为霸州，以文安（今河北省文安县）、大城（今河北省大城县）两县归其管辖。征调滨州（今山东省阳信县）、棣州（今山东省惠民县）数千农夫修筑霸州，命韩通主持这项工程。

五月六日，世宗命令侍卫亲军马步都指挥使李重进领兵从土门（今河北省鹿泉市西）出击，进攻北汉来犯之敌。七日，又任命侍卫马军都指挥使韩令坤担任霸州都部署，义成节度使陈思让担任雄州都部署，各自率领本部人马戍守两地。八日，世宗开始从雄州南返。二十五日，李重进奏报称，在百井（今山西省阳曲县西北）击败北汉军队，斩杀两千余人。

在南返途中，世宗一直在思索着那个小小的木片。《却扫编》记载了这样一段史实，说的是：周世宗既定三关，遇疾而退，至澶渊迟留不行，虽宰辅近臣问疾者皆莫得见，中外汹惧。时张永德为澶州节度使，永德尚周太祖之女，以亲故，独得至卧内，于是，群臣因永德言曰："天下未定，根本空虚，四方诸侯惟幸京师之有变。今澶、汴相去甚迩，不速归以安人情，顾惮旦夕之劳而迟回于此，如有不可讳，奈宗庙何！"永德然之，乘间为世宗言如群臣旨，世宗问："谁使汝为此言？"永德对以君臣之意皆愿为此，世宗熟思久之，叹曰："吾固知汝必为人所教，独不喻吾意哉！然观汝之穷薄，恶足当此！”即日起驾归京师。这段史料给我透露了一点：在见到那个木片之后，世宗应该对张永德产生了怀疑，就故意停留在澶州，不让群臣入内，仅让张永德一人与自己见面，其目的就是为了引蛇出洞。如果张永德真的心存不轨的话，就会利用这一时机，对外谎称世宗已经驾崩，采取行动弑杀世宗夺位。然而，经过这番考验，张永德不仅毫无动静，反而还替群臣们传话，请求世宗速速回京以稳定时局，世宗这才多少打消了一点疑虑，动身回京了。

显德六年（公元959年）五月三十日，世宗回到了大梁。

二〇〇　世宗驾崩

显德六年（公元959年）六月一日，后周昭义节度使李筠上奏称，攻克辽州（今山西省左权县），生擒北汉辽州刺史张丕。次日，郑州上奏，黄河在原武决口，世宗命令宣徽南院使吴延祚征调附近县里两万名民工前去堵塞。建雄节度使杨廷璋上奏称，攻入北汉境内，攻占十三座堡垒。

回到大梁以后，世宗就开始安排起后事了。一是册封皇后、皇子。六月九日，世宗册封符氏为皇后。符氏是世宗第一任皇后符氏的妹妹，世宗再立符氏为皇后，还是为了争取天雄节度使符彦卿对后周的支持。同日，又以皇长子郭宗训为特进、左卫上将军，封梁王；以第二子郭宗让为左骁卫上将军，封燕国公。世宗有七个儿子：长曰郭宜哥，下面两个不知名字，四子郭宗训，五子郭宗让（后改郭熙让），六子郭熙谨，七子郭熙诲。郭宗训的三个哥哥都被后汉隐帝所杀。二是安排辅政大臣班子。六月十五日，世宗命令宰相范质、王溥都参知枢密院事，又任命枢密使魏仁浦为中书侍郎、同平章事、集贤殿大学士，保留原枢密使一职；晋升宣徽南院使吴延祚为枢密使；晋升归德节度使、侍卫亲军都虞候韩通为侍卫亲军副都指挥使，加授检校太尉、同平章事；解除澶州节度使兼殿前都点检、驸马都尉张永德的军职，加授检校太尉、同平章事；晋升殿前都虞候赵匡胤为殿前都点检，加授检校太傅，保留原有的忠武节度使。十七日，世宗又任命宣徽北院使、判开封府事昝居润为左领军上将军、宣徽南院使；以三司使、左领卫大将军张美为左监门卫上将军，充宣徽北院使，判三司。

世宗在提出让魏仁浦担任宰相时，有人提出魏仁浦不是科举出身，不可以担任宰相。世宗说道："自古以来，文武将相难道都是科举出身的吗？"魏仁浦虽然长期担任高官，却能谦虚谨慎，世宗性格严厉、急躁，在他身边任职的人犯了错，魏仁浦往往把责任揽到自己身上，救活了十之七八的人，所以，他虽然出身于刀笔小吏，最终当上了宰相，人们也都认为并不过分。世宗也曾经考虑过以翰林学士王著担任宰相。王著，字成象，他性格豁达，胸无城府，会写文章。后汉时期进士及第，郭威镇守大名时，郭荣从行，听说王著之名，就将其招致门下。后周建立，世宗镇守澶州，以王著为观察支使，世宗继位后，王著历任殿中丞、度支员外郎、翰林学士。史称，王著“有俊才，世宗以幕府旧僚，眷待尤厚，常召见与语，命皇子出拜，每呼学士而不名。屡欲相之，以其嗜酒，故迟留久之”。世宗几次都想提拔王著为宰相，只因他喜欢喝酒，才迟迟没有任命。

经过世宗的这一安排，后周朝廷重臣分别是：宰相范质（参知枢密事）、王溥（参知枢密事）、魏仁浦；枢密使魏仁浦（同平章事）、吴延祚；三司使张美；殿前都点检赵匡胤；侍卫马步都指挥使李重进；侍卫马步军副都指挥使韩通，加授同平章事；侍卫马军都指挥使韩令坤；侍卫步军都指挥使袁彦。从世宗临终前这一安排上可以看出：一是世宗有意让宰相与枢密使几个重臣职权叠加，便于相互牵制，避免出现军政大权集中于一人之手。二是疏远殿前司和侍卫司两大最高长官。后周禁军掌握在李重进和张永德二人之手，李重进年长于郭荣，从血缘关系上来说，与郭威甚至比郭荣还更亲密一些，因此在郭威去世前，专门让李重进叩拜郭荣，才定下了君臣之分，此后在寿州之战中，又传出一些李重进的风言风语，这都不能不让郭荣有些疑虑；对于张永德，郭荣还是有点在意那个小木片上的谶语，因此，在这次调整中，解除了张永德殿前都点检的职务。在世宗安排中，也许有让李重进和张永德分别居于地方重镇，以屏护朝廷的意思。三是提拔殿前司和侍卫司的两个资历稍浅的韩通和赵匡胤。与李重进和张永德既是重臣，又是皇亲相比来说，韩、赵二人资历较浅，给韩通晋升为侍卫司副都指挥使，加授同平章事，实际上就把他置于李重进之上了，这与提拔赵匡胤，调出张永德是同一个意思。世宗提拔赵匡胤可能还有另外一层因素，赵匡胤的弟弟赵匡义之妻是符彦卿的第六女，有了符彦卿这一层，赵匡胤与世宗也有了一种特殊的姻亲关系，也就是说世宗与赵匡义是连襟。

六月十九日，世宗进入弥留阶段，他召入范质等人进宫接受遗命。他对范质等人说道：“王著是我的藩邸旧人，我如果死了，要任命他当宰相。”然而，范质等人退下后，却说道：“王著终日喝得大醉，岂能担任宰相？千万别把这话给传出去了。”同日，世宗驾崩于万岁殿，年仅三十九岁。据说，王朴生前精通术数，世宗曾问他：“朕当皇帝几年？”王朴回答：“陛下以苍生为念，自当蒙福。

臣以所学推算，三十年后我都不知道了。”世宗高兴地说道：“假如真的像爱卿所言的话，寡人将用十年时间开疆拓土，再用十年休养百姓，再用十年天下就太平了。”后人根据世宗在位时间计算，其在位仅仅五年六个月，五六三十，王朴不过是委婉说出罢了。

世宗出身下层，关心百姓疾苦，文韬武略，可惜的是，他身处乱世，迷信严刑，性格急躁，果于杀戮，遇下无恩，人畏其法，而不感恩，这也是在他去世后不久，赵匡胤能够轻而易举地篡夺后周的原因之一。他临终之前叮嘱辅政大臣们提拔王著，这些被他视为能够辅佐幼主的朝廷重臣们，一转眼就拒绝执行他的遗命，竟无一人提出异议，从这一点来说，后周政权的覆亡也是必然的，只是个时间问题罢了。

显德六年六月二十日，后周朝廷宣布世宗的遗诏，七岁的梁王郭宗训登基继皇帝位，史称后周恭帝。恭帝继位以后，后周包括赵匡胤在内的辅政大臣们，对朝廷内外又进行了一系列符合他们自己意愿的人事安排。七月，以邢州节度使王仁镐为襄州节度使，晋封开国公；以侍卫步军都指挥使、曹州节度使、检校太保袁彦为陕州节度使、加检校太傅；以右羽林统军、权知邢州事、检校太保李继勋为邢州节度使，加检校太傅；以滑州留后、检校太保陈思让为沧州节度使；以侍卫马军都指挥使、陈州节度使、检校太傅韩令坤为侍卫马步都虞候，依前陈州节度使，加检校太尉；以龙捷（马军）左厢都指挥使、岳州防御使、检校司徒高怀德为夔州节度使，充侍卫马军都指挥使、检校太保；以虎捷（步军）左厢都指挥使、常州防御使、检校司空张铎为遂州节度使，充侍卫步军都指挥使、检校太保，改名张令铎。又以郓州节度使、充侍卫马步军都指挥使、检校太傅兼侍中李重进为淮南节度使、检校太尉兼侍中，依前侍卫马步军都指挥使；以襄州节度使、检校太尉、同平章事向拱（向训，因避恭帝名讳而改）为河南尹，充西京留守，加检校太师兼侍中；以宋州节度使、充侍卫马步军副都指挥、检校太尉、同平章事韩通为郓州节度使，依前侍卫亲军马步军副都指挥使；以澶州节度使、检校太尉、同平章事、驸马都尉张永德为许州节度使，晋封开国公；以赵匡胤为宋州节度使，依前检校太尉、殿前都点检，晋封开国侯；以淮南节度使兼殿前副都点检、检校太保慕容延钊为澶州节度使、检校太傅，依前殿前副都点检，晋封开国伯；以殿前都指挥使、江州防御使、检校司空石守信为滑州节度使、检校太保，依前殿前都指挥使。七月二十三日，后周朝廷宣布大赦天下。

除去繁复的官职，实际上，通过这次调整，赵匡胤集团在禁军中的实力大大加强了。主要表现在：一是把侍卫司的异己势力排挤出京。侍卫司最高统帅李重进，虽然还是名义上的侍卫马步都指挥使，但外调出京，担任淮南节度使，命其到扬州上任去了，侍卫司的最高长官成了韩通（当然，韩通也不是赵匡胤的人）；侍卫司两大主力之一的步军都指挥使袁彦被外调，马军都指挥使韩令坤（赵匡胤好友）被提拔为侍卫马步军都虞候，地位仅次于韩通；新上任的侍卫马军都指挥使高怀德和步军都指挥使张令铎二人，虽然没有明文是赵匡胤的亲信，但政治态度中立，不会成为赵匡胤夺权的障碍，更何况二人上面还有韩令坤坐镇，既可以架空韩通，又能镇抚住高怀德和张令铎二人。二是殿前司则牢牢地掌握在赵匡胤手里。赵匡胤依然是殿前都点检，副都点检慕容延钊是赵匡胤的好友，殿前都指挥使石守信是赵匡胤的结义兄弟。三是将可能影响到将来兵变的人调至相对偏远的地方，比如，把邢州的王仁镐调至襄阳，而以赵匡胤的结义兄弟刘继勋镇守邢州，陈思让调至偏远的沧州，把张永德从相对重要的澶州调至许州等等。

八月，后周朝廷又进行新一轮的加官晋爵。天下兵马都元帅、守尚书令、兼中书令、吴越国王钱弘俶加食邑一千户，实封四百户；天雄军节度使、检校太师、守太傅、兼中书令、魏王符彦卿加守太尉；夏州节度使、检校太师、守太保、兼中书令、西平王李彝兴加守太傅；荆南节度使、检校太师、守中书令、南平王高保融加守太保；秦州节度使、西面沿边都部署、检校太师、守中书令、褒国公王景晋封凉国公；徐州节度使、检校太师、兼中书令郭从义加开府仪同三司；鄜州节度使、检校太师、兼中书令、邢国公武行德进封宋国公；永兴军节度使、检校太师、兼侍中李洪义加开府仪同三司；凤翔节度使、检校太尉、兼侍中郭崇加检校太师；潞州节度使、检校太傅、兼侍中李筠加检校太尉；朗州节度使、检校太尉、兼侍中周行逢加检校太师；寿州节度使、检校太师、同平章事、韩国公杨信封鲁国公；邠州节度使、检校太师刘重进，庐州节度使、检校太尉赵赞，邓州节度使、检校太尉宋延渥，均加开府仪同三司；泾州节度使、检校太尉白重赞，河中节度使、检校太尉张铎，并加爵位等等。又加封皇弟郭宗让检校太傅，晋封曹王，改名郭熙让；郭熙谨拜光禄大夫、检校太保、右武卫大将军，封纪王，食邑三千户；郭熙诲拜金紫光禄大夫、检校司徒、左领卫大将军，封蕲王，食邑三千户。并对宰相范质等人加官晋爵。

十一月一日，后周朝廷将郭荣安葬于庆陵，庙号世宗。十二月，改万岁殿为紫宸殿。一切似乎都很平静，人们不知道，一场惊人的阴谋早已在酝酿之中了。